西华师范大学出版基金资助

语文课程的实践品格探论

YUWENKECHENG DE SHIJIAN PINGE TANLUN

陈勇 著

人民出版社

策划编辑:李　惠
责任编辑:李　惠
责任校对:虹　雨

图书在版编目(CIP)数据

语文课程的实践品格探论/陈勇 著. —北京:人民出版社,2016.8
ISBN 978－7－01－016287－4

Ⅰ.①语…　Ⅱ.①陈…　Ⅲ.①语文教学-教学研究　Ⅳ.①H19

中国版本图书馆 CIP 数据核字(2016)第 121825 号

语文课程的实践品格探论

YUWEN KECHENG DE SHIJIAN PINGE TANLUN

陈　勇　著

人 民 出 版 社 出版发行
(100706　北京市东城区隆福寺街 99 号)

北京市十月印刷有限公司印刷　新华书店经销

2016 年 8 月第 1 版　2016 年 8 月北京第 1 次印刷
开本:710 毫米×1000 毫米 1/16　印张:24.5
字数:375 千字

ISBN 978－7－01－016287－4　定价:58.00 元

邮购地址 100706　北京市东城区隆福寺街 99 号
人民东方图书销售中心　电话　(010)65250042　65289539

目　录

绪 论

一、问题的提出

人是语言的动物，言语能力是人最为基本而重要的能力之一。"在某种意义上，言语活动决定了我们所有其他的活动。我们的知觉、直观和概念都是和我们母语的语词和言语形式结合在一起的。"[①] 的确，人是通过语言认识自我、走向世界的，也是以语言的方式塑造自我、拥有世界的，人要在这个世界上谋求生存和发展、探知过去和现在、追求自由和幸福，就必须具备一定的言语能力。人的言语能力一方面基于先天的遗传，一方面源自后天的学习和培养。

语文课程就是为培养人的言语能力（对于语文课程来说，我们把它叫做"语文能力"，下同）而产生和存在的。不管是我国古代蒙学中的识字写字、读书、作文课程，还是民国时期的国语、国文课程；不管是当代中国的语文课程，还是世界上其他国家的"语文"课程，培养学生的语文能力始终是它们最为核心的目的，也是它们得以存在的根本理由。

我们生活在一个开放而充满活力的时代。这个时代，信息化浪潮席卷全球，知识经济已然兴起，文化发展多元并存，作为信息、知识、文化的重要载体，语言文字的功能得到进一步释放，语文能力在生活、工作、学习中

---

① ［德］恩斯特·卡西尔：《人论》，甘阳译，上海译文出版社 2004 年版，第 185 页。

的基础性作用、核心作用也更为凸显，这正如美国著名学者约翰·奈斯比特在谈到由工业社会转变到信息社会人们应该记住的最重要的五件事情时所说，"在这个文字密集的社会里，我们比以往更需要具备基本的读写技能"①。奈斯比特把"基本的读写技能"作为迈向信息社会的五件最重要的事情之一，不无道理。在现今这个时代，从日常交际、读书看报到数字化阅读、网购网聊再到商务谈判、广告营销、教育培训，人们生活在了一个更加"语言化"的世界里，有了更多的机会接触语言文字，同时也需要更多地运用语言文字来应对日常生活、工作和学习的需要；不仅如此，社会还对人们的语文能力提出了更高的要求：它不仅要求人们具有传统意义上的读写能力，还要具有在多种媒体上搜集、处理和发布信息的能力；不仅要能够在现实世界里进行有效的言语交际，还要能够在虚拟空间里进行有质量的语文活动；不仅要在语言文字的运用上做到正确规范，还要做到快捷高效……所有这一切，都向以培养语文能力为根本目的的语文课程提出了挑战。现在的语文课程能够应对这种挑战吗？

现实情况不容乐观。

翻阅学生作文，字迹潦草、语法不通、词不达意者不在少数；阅读书籍报刊杂志，错字别字、病句也时有出现；浏览网页，语言文字运用上的病况、粗俗也让人触目惊心。近些年来，报纸杂志关于国民语文水平滑坡的报道和批评屡屡出现，虽然有的说的并非普遍现象，批评中也难免有言过其实的偏激之辞，但国民语文水平总的来说还不能适应现时代的需要却是不争的事实：

——2005 年，一篇题为《广东考生语文水平值得严重关注》的文章报道，广东语文高考考生作文题得 50 分以上的不足 7%，一些学生照抄流行歌曲的歌词或作文考题说明中的文字了事，古文翻译题有一万多考生得 0 分，而第 6 大题第 23 小题的"模仿造句"，得 0 分的考生竟然多达四分之一——

---

① [美]约翰·奈斯比特：《大趋势——改变我们生活的十个新方向》，梅艳译，姚综校，中国社会科学出版社 1984 年版，第 18 页。

10万多人。广东省语文科阅卷组负责人严厉地指出："广东考生语文水平值得严重关注!"①

——2007年，一项大学生语文能力情况调查显示：35%的人常常写错别字，46%的学生对外界的错别字不敏感，还有30%左右的学生根本不注意自己或者外界是否有错别字。调查中有一个项目是请学生按规定格式写请假条，结果是：70%合格，27%不合格，还有3%的人基本不会写。"30%的学生写不好请假条，这打破了我们的'底线'（最低标准）。"②

——2009年《中国义务教育质量检测报告》（由中央教科所、中国教育报社联合主持）对小学四门课程（语文、数学、科学、品德和社会）的大面积检测结果表明，合格率最低的依然是语文，仅为62.8%。而且"报告"指出，还有近30%的语文成绩仅处于基本合格的水平，对一些基础知识和技能掌握不足……③

——2012年，一篇题为《大学生不会写请假条　语文水平让人担忧》的文章在各大网站被频繁转载。文章报道说，湖北经济学院新闻传播系彭书雄教授在课堂上让学生口述请假条，向5个人提问，没有1人能准确回答，有的人甚至连格式和落款等基本内容都交代不清楚。武汉大学李敬一教授则说，即便是博士生，有时候也会在论文中出现标点错误和错字。④

——2013年8月9日的《人民日报》发表南京大学教授、博导王彬彬的《语文病象令人忧》一文，文章指出，1951年6月6日《人民日报》社论《正确地使用祖国的语言，为语言的纯洁和健康而斗争!》中提到的语文病象，"在今天并没有减少"，"随意翻阅今天的报纸、杂志、书籍，用词不当和语法、逻辑方面的问题，经常能碰到。电视上，网络上，这种现象也同

---

① 秦晖：《广东考生语文水平值得严重关注》，《广州日报》2005年6月25日。

② 常月华：《大学生语文能力现状调查与分析》，《郑州大学学报（哲学社会科学版）》2007年第5期。

③ 中央教育科学研究所课程教学研究中心、中国教育报社：《中国义务教育质量检测报告》，《中国教育报》2009年12月4日。

④ 周治涛等：《教授：大学生不会写请假条，语文水平让人担忧》，《楚天都市报》2012年4月20日。

样严重。"①

……

面对这些事实，我们每一个以培养学生语文能力为首要职责的语文教育工作者都需要反思：为什么我们的语文课程不能很好地培养学生的语文能力？为什么经过这么多年的努力，吕叔湘在 30 多年前所批评的"咄咄怪事"还是没有从根本上得到改观？语文教育的问题究竟出在什么地方？

当然可以罗列出很多原因，如：社会、学校、学生不重视语文学习；由于学校科目增多，学生用于母语学习的时间减少；读图时代的到来，学生课外接触语言文字的机会部分地被剥夺；教师自身的语文素养有待提高；等等，但笔者认为其中一个重要原因甚至根本性的原因就是语文教育有意无意地漠视、误解、扭曲了语文课程的实践品格，或者说语文课程的实践品格未受到应有的尊重，未能在语文教育实践中得到充分体现。

语文课程具有显著的实践品格。语文课程的根本目的在于培养学生的语文能力，而语文能力的培养必须通过语文实践。这正如只有通过下水游泳才能学会游泳、只有通过在钢琴上练习才能提高钢琴演奏技艺、只有通过课堂教学实践才能学会教书一样，只有语文实践才是提高语文能力的根本途径。关于这一点前人早有论述。中国古谚云："熟读千赋能善赋"，又云："熟读唐诗三百首，不会做诗也会吟"。捷克著名教育学家夸美纽斯在《大教学论》中说："一切语言通过实践去学比通过规则去学来得容易。"② 我国当代语文教育家吕叔湘也说："语文的使用是一种技能，一种习惯，只有通过正确的模仿和反复的实践才能养成。"③ 这些言论告诉我们：语文课程应该是一门实践性很强的课程。

但长期以来，语文课程的实践品格遭到了有意无意的漠视、误解和扭曲。新课程改革以前，很多人把语文课程当作一门学科课程来对待，以知识

---

① 王彬彬：《语文病象令人忧》，《人民日报》2013 年 8 月 9 日。

② [捷] 夸美纽斯：《大教学论》，傅任敢译，教育科学出版社 1999 年版，第 159 页。

③ 吕叔湘：《吕叔湘论语文教学》，山东教育出版社 1987 年版，第 53 页。

为中心，把"语文教学的实践过程变成了语文知识的宣讲过程"①；课堂上讲风盛行，教师滔滔不绝，学生端坐静听，课堂成为老师锻炼口才的地方而不是学生历练能力的场所。在科学主义哲学的主导下，语文教育领域又出现了种种技术主义倾向：抽筋剥骨式的理性分析代替了融情入境的阅读自悟，一篇篇气韵生动的作品被肢解为零碎的语言符码；机械枯燥的语言训练遮蔽了语言背后真挚的感情、火热的生活、丰富的人性，题海战术成为应试教育紧抓不放的"救命稻草"。这些实质上都是语文课程的实践品格遭受漠视、扭曲和异化的表现。漠视、扭曲语文课程的实践品格，必然导致语文教育高耗低效、少慢差费。

我国 2001 年颁布的《全日制义务教育语文课程标准（实验稿）》在"课程的基本理念"中明确指出："语文是实践性很强的课程，应着重培养学生的语文实践能力，而培养这种能力的主要途径也应是语文实践"，"应该让学生更多地直接接触语文材料，在大量的语文实践中掌握运用语文的规律。"②2003 年颁布的《普通高中语文课程标准（实验）》也在"教学建议"中指出："语文课程具有丰富的人文内涵和很强的实践性。""应该让学生在广泛的语文实践中学语文、用语文，逐步掌握运用语言文字的规律。"③2011年颁布的《义务教育语文课程标准》更是在"课程性质"中就开宗明义地指出："语文课程是一门学习语言文字运用的综合性、实践性课程"。明确指出语文课程的实践性特征，这在我国历次颁布的语文课程标准（教学大纲）中尚属首次。随着语文新课程的实施，"语文实践"的问题被推到了前台，成为"当前我国语文课程改革十大特点与趋势"之一④。但是，从近几年的情况看，语文新课程的实施中仍然存在一些违背语文课程实践性的做法，比如：一些教师依然沿着应试的轨道，或以讲代练，或机械训练，忽视真正的

① 李海林：《"语文学科"和"语文课程"辨——兼论语文教学的整体失误》，《中国教育学刊》1993 年第 1 期。
② 《全日制义务教育语文课程标准（实验稿）》，北京师范大学出版社 2001 年版，第 2 页。
③ 《普通高中语文课程标准（实验）》，人民教育出版社 2003 年版，第 14 页。
④ 倪文锦：《当前我国语文课程改革的十大特点与趋势》（上），《教学月刊》2002 年第 1 期。

语文实践；一些人错误地认为只有"体验""感悟""合作""探究"才能体现新课程理念，于是把语文训练当作过时的做法大加挞伐，抛在一边；一些老师过分迷信多媒体的作用，架空语言，一味求新，于是，语文实践又在频繁变换的多媒体画面中成为虚幻。凡此种种，说明语文课程的实践品格已经发生了新的变异。

为什么语文课程的实践品格总是遭到这样那样的漠视、误解和扭曲？如何正确理解语文课程的实践品格？怎样遵循学生语文能力发展的规律和语文实践的特点设计语文课程、编制语文教材和实施语文教学？如何才能使语文课程成为一门真正的实践性课程？正是这些令人局促不安的问题促使笔者重新审视和思考"语文课程具有很强的实践性"这个似乎已成为"常识"的问题。

二、文献综述

虽然 2001 年《全日制义务教育语文课程标准（实验稿）》才开始明确强调语文课程的实践特性，但在此之前，早就有人关注语文课程中的"实践""实践性""语文实践""语文训练"等问题了，不过直接以"实践性"为话题的讨论多散见于语文教育学教材及论著之中，直到 2001 年第八轮基础教育课程改革之后，才开始有人围绕这一问题展开专门讨论。就已经搜集到的文献来看，关于这一论题的研究成果主要有以下一些：

（一）教材及专著中的相关讨论

早在新课程标准颁布以前，人们就在各种"语文教育学""语文课程与教学论"教材和著作中反复提到"语文课程的实践性"这一命题。张隆华主编的《语文教育学》明确指出："中学语文课具有工具性、实践性，应当在听说读写的言语活动中对学生进行严格的语文训练，培养和提高学生的语文能力。"① 谢象贤主编的《语文教育学》说："能力是只能在实践中形成的，我们还必须充分认识到实践对于语文学习的重要性，明确训练在整个语文教学过程中的地位和作用。"② 王世堪主编的《中学语文教学法》也指出语文学科具有"技能性和实践性"③。张鸿苓主编的《语文教育学》谈道："语文的工具性，构成本学科的又一个特点，即其'实践性'。要熟练地掌握一种工具，非在实践中多次地反复地使用不可。语文作为思想性很强的一门智能工具，更需要这样做。"④ 李顺在《语文教学本质新探》一书中指出："语文课的主要任务是培养学生听说读写能力，那么，语文课可视为言语实践课。""语文能力的形成依赖于言语实践……言语实践，是学生的实践，要求学生'事必躬亲'……教师是讲不出学生的能力来的。"⑤ 李海林的专著《言语教学论》区分了语言学习中的"习得"和"学得"两个概念，认为"言语能力是'习性'的产物，从根本上来说，它是'习得'的"，而"习得"与"学得"的区别就在于实践性，"习得"要求主体必须参与言语实践活动，从中获得言语能力。⑥

此外，还有多部教材、著作提到"语文训练"的问题，如阎立钦主编的《语文教育学引论》、戴宝云主编的《小学语文教育学》、庄静肃主编的《语文教育学》、于亚中主编的《中学语文教育学》等。

语文新课程标准颁布以后出版的语文教育学教材及著作，鲜有不论及"语文课程的实践性"的。

首先是语文新课程标准的研制者、阐释者、宣讲者纷纷谈到这一特性。巢宗祺在《全日制义务教育语文课程标准解读》中解释说：中小学语文课程目标指向学生的语文实践能力，不是要帮助学生掌握一个由若干概念、规则、原理构成的理论系统，也不是要系统地传授有关语言、文字、文章、文

---

① 张隆华主编：《语文教育学》，重庆出版社1986年版，第67页。
② 谢象贤主编：《语文教育学》，浙江教育出版社1991年版，第227页。
③ 王世堪主编：《中学语文教学法》，高等教育出版社1995年版，第14—17页。
④ 张鸿苓主编：《语文教育学》，北京师范大学出版社2000年版，第21页。
⑤ 李顺：《语文教学本质新探》，云南教育出版社1991年版，第27、28页。
⑥ 李海林：《言语教学论》，上海教育出版社2000年版，第510—511页。

学、文化的知识，中小学语文教育的过程是学生读、写、听、说不断实践的过程，是学生在语文实践中受到熏陶感染的过程。① 杨再隋、夏家发等人在《语文课程的理论与实践——〈全日制义务教育语文课程标准〉学习辅导》一书中从"语文课程的实践性与学生语文实践能力的关系"的角度阐发了"语文课程的实践性"的内涵以及"教学中的注意事项"。② 陆志平在《语文课程再探》中则把语文课程放在人文学科中考察，认为与哲学、历史等相比，语文课程具有很强的实践性。"阅读与表达本身既是一种实践的行为，又是一种实践的能力。"③

另有多部专著也谈到语文课程的实践性。周庆元的《语文教育研究概论》把"实践性"作为除工具性和人文性之外的"语文学科的其他性质"之一，说："语文学科还有很强烈的实践性。这种实践性主要体现在语文学科社会功能的广泛性和语文学习训练途径的普及性上。"④ 李维鼎在专著《语文课程初论》中也讨论了"语文是实践性很强的课程"这一论断，说："教育、教学活动在本质上是实践活动，作为教育中的应用型课程的语文教育、教学尤其具有实践性，实践性是语文课程的本性。"⑤ 温立三在《语文课程的当代视野》中把"实践"作为新一轮语文课程改革十大聚焦之一，强调要"加强语文的实践性。"⑥

语文课程的实践性也成为新近编著的语文教育学教材一个绕不开的话题，只要介绍语文新课程理念，就不可能不涉及"语文课程的实践性"。倪文锦主编的《初中语文新课程教学法》把讨论的着眼点放在"言语实践活动"上，强调言语实践活动是一种情境性活动，也是一种过程性、综合性

---

① 教育部基础教育司组编：《全日制义务教育语文课程标准解读》，湖北教育出版社 2002 年版，第 36 页。

② 杨再隋等编写：《语文课程的理论与实践——〈全日制义务教育语文课程标准〉学习辅导》，语文出版社 2001 年版，第 27 页。

③ 陆志平：《语文课程再探》，东北师范大学 2005 年版，第 10 页。

④ 周庆元：《语文教育研究概论》，湖南人民出版社 2005 年版，第 27 页。

⑤ 李维鼎：《语文课程初论》，浙江教育出版社 2004 年版，第 187—194 页。

⑥ 温立三：《语文课程的当代视野》，社会科学出版社 2007 年版，第 60 页。

和合作性活动。① 潘新和主编的《新课程语文教学论》对"语文课具有很强的实践性"这一论断作了简要阐释，指出这一论断可以衍生出两个子命题：(1) 语文课不以掌握知识为价值目标；(2) 语文课是学生的实践课。② 朱绍禹主编的《语文课程与教学论》围绕语文课程的实践性强调了如下教学意识：阅读教学要避免繁冗分析，加强言语实践；要努力构建课内外联系、校内外沟通、学科间融合的语文教育体系；在语言实践中要加强"规律"意识。③ 钱加清主编的《语文课程与教学论》也指出：语文课程的价值目标在于培养学生的言语能力。言语能力是不能靠语言规律理论的学习而形成的，而是在大量言语实践的基础上，在听说读写的体验中培养和生成的。④ 彭小明主编的《语文课程与教学新论》分别对"语文训练观"和"语文实践观"进行了阐述。此外，曹明海主编的《语文课程与教学论》、刘永康主编的《语文课程与教学新论》、陈勇主编的《中学语文教学论学程》等都谈到了"语文课程的实践性"。

（二）期刊论文所反映的研究成果

搜集到的期刊论文，大部分为"操作性"探讨，即主要探讨教学中语文实践活动的设计和操作问题，重在谈做法、谈经验，如《"语文实践课"的冷漠者》（陈桂芬，《学科教育》2000 年第 11 期）、《语文实践活动——一条改变我国语文教学现状的有效途径》（张伟，《当代教育科学》2004 年第 4 期）、《注重语文教学的实践性》（李丽，《教育导刊》2004 年第 6 期）、《开展语文实践活动的实践与思考》（郑梅秀、代吉娥，《当代教育科学》2005 年第 5 期）、《语文实践活动的"五性"与"五环"》（贾相忠，《教学与管理》2005 年第 11 期）、《以语文实践活动促学生创新与实践能力的培养》（张灵敏，《教学与管

---

① 倪文锦主编：《初中语文新课程教学法》，高等教育出版社 2003 年版，第 35—37 页。
② 潘新和主编：《新课程语文教学论》，人民教育出版社 2005 年版，第 49—50 页。
③ 朱绍禹主编：《语文课程与教学论》，中国社会科学出版社 2007 年版，第 49 页。
④ 钱加清主编：《语文课程与教学论》，山东人民出版社 2008 年版，第 95 页。

理》2012 年第 3 期）、《探索语文实践活动，培养学生综合素质》（秦仲菊，《语文建设》2013 年第 20 期），等等。这类文章基本上是中小学语文教师结合自己的教学实践撰写的，属于"有感而发"类。另一部分属于"原理性"探讨，如《试论语文课程的实践性》（丁培忠）、《语文课是实践活动课》（王尚文、王诗客）、《解读"语文实践"》（王荣生）、《语文实践活动是语文课程的生命线》（戴汝潜），等等。这类文章讨论的问题主要集中在以下几方面：

1."语文课程实践性"的理论阐释

这一问题包含两个小问题：一是"语文课程的实践性"的内涵是什么，二是为什么说"语文课程具有很强的实践性"。关于第一个问题，丁培忠认为，"语文课程的实践性包含两层意思：第一，语文课程要培养的是语文实践能力；第二，培养语文实践能力的基本途径是语文实践。"① 这一观点与语文新课程标准的说法合拍，具有相当的代表性。赵晓霞、靳健则从语文实践的角度来理解语文课程的实践性，认为：语文实践是学习主体言语涵养的过程，也是语文思维培养的过程，语文实践必须以语文知识为中介。② 还有学者主张从"对话与理解""体验与感悟""训练与养成"三方面来理解语文课程的实践性。③ 关于第二个问题，丁培忠从人们学习语文的经验、掌握工具的基本途径、语文自身的特点三方面加以论证④；王尚文则运用皮亚杰的心理学理论予以说明，指出："语言教学实际上是必须以一定的背景和学习者在这一背景中基于学习者的要求、经验开展的能动的实践活动。"⑤

另外，周纪焕还对叶圣陶的语文实践思想进行了研究，认为其内涵包括以下几个方面：第一，语文实践是实现语文教学目标的必由之路；第二，语文实践不仅仅是语文基础知识和基本技能的训练，还包括对文本思想内容的感悟、表达形式的揣摩和自我内心情感的积蓄与倾吐，是工具性和人文性

---

① 丁培忠：《试论语文课程的实践性》，《课程·教材·教法》2003 年第 8 期。
② 赵晓霞、靳健：《深化语文课程的实践特性》，《语文建设》2013 年第 2 期。
③ 田水、柯华桥：《语文课程实践性的多层次理解》，《教学大参考》2006 年第 9 期。
④ 丁培忠：《试论语文课程的实践性》，《课程·教材·教法》2003 年第 8 期。
⑤ 王尚文、王诗客：《语文课是语文实践活动课》，《课程·教材·教法》2009 年第 4 期。

的统一；第三，语文实践以听说读写等为基本形式，其中读写是主要形式；第四，语文实践要加强学法指导，避免盲目性。①

2."语文实践"的解读与分析

正确解读"语文实践"是正确理解"语文课程是一门实践性课程"这一论断的关键。什么是"语文实践"？有学者认为：语文教学中的听、说、读、写活动即语文实践。② 还有学者认为："所谓'语文实践'是学生以现实生活的语言需要为表征的生命活动。"③ 有学者则从学生、课程、教材、教学等多角度、多层面作了深入细致的解读。④ 与"语文实践"相近的还有一个概念——语文实践活动。在有的文章中，两者常常混用。关于什么是"语文实践活动"，有人解释道："语文实践活动是以大语文教育观为指导，以发展学生的语文素养为目的，以活动为载体，以引导学生在自主活动中获得直接经验和及时信息为内容，以学生自我活动探究、自我操作体验为基本形式，以激励学生主动参与、主动实践、主动创新为原则，以实现语文知识综合运用、听说读写等能力整体发展为价值取向的主体性活动。"⑤ 除了内涵阐释外，还有学者对语文实践的类型进行了分析。王荣生认为有三种类型：带有自然学习性质的听说读写实践，潜藏着特定语文教学内容（语文知识）的实践活动，语识转化为语感的语文实践。⑥ 刘从华、谢牛则从教学实践中归结出"阅读交流型""趣味竞赛型""体验表演型""语文游艺型""鉴赏创造型""社会实践型"六种类型，这六种类型都属于语文综合性学习的范畴。⑦

3.语文实践与语文训练、语文知识等的关系

"语文训练"淡出语文新课程标准引起众多学者的议论。语文教学还要不要进行语文训练？语文训练和语文实践是什么关系？对于这一问题，有学

---

① 周纪焕：《论叶圣陶语文实践思想》，《课程·教材·教法》2008年第5期。

② 夏家发：《略论语文训练和语文实践的关系》，《小学语文教学》2005年第3期。

③ 戴汝潜：《语文实践活动是语文课程的生命线》，《教育科学研究》2004年第3期。

④ 王荣生：《解读"语文实践"》，《课程·教材·教法》2006年第4期。

⑤ 刘从华、谢牛：《语文实践活动：综合性学习的重要途径》，《教育研究》2002年第7期。

⑥ 王荣生：《解读"语文实践"》，《课程·教材·教法》2006年第4期。

⑦ 刘从华、谢牛：《语文实践活动：综合性学习的重要途径》，《教育研究》2002年第7期。

者认为"语文训练是语文实践的必要构成部分。把语文训练与语文实践对立起来的做法和看法不仅是对语文实践的一种误读，还从一个侧面反映出我们对语文教育本质的认识上的偏差。"① 还有学者认为："语文实践在语文课堂上的具体体现就是学生在教师指导下的训练。"② 不要将"语文实践"和"语文训练"对立起来，反映了部分学者的看法，但也有学者旗帜鲜明地主张"'实践'有别于'训练'"③。

　　谈到语文课程的实践性，不能不涉及语文知识与语文实践、语文能力间的关系问题。有学者对"语文知识是语文能力的基础"这一说法表示怀疑，认为问题的关键是要弄清"语文知识到底指的是什么"。④ 王荣生认为，"在语文课程里，语文实践活动主要应该采用在课程指引下的语文实践活动和语识转化为语感的语文实践活动"⑤，而这两类实践活动都与"知识"密切相关。韩雪屏指出，用相关知识来引导学生的语用实践，是我国现代百余年语文课程与教学历史中的优良传统，而引导学生语言实践活动的知识应该具有动态性能。⑥ 蔡可则通过梳理胡适"五四"前后对"文法"的认识轨迹来探讨语文知识特别是语法知识与语文实践的关系，认为"语文课程是一门实践课程……所以必须要求学生在听、说、读、写的实践上下功夫，避免围绕烦琐的知识与概念耗费精力……语法的学习要精当，不必刻意去追求掌握语法体系的全部"⑦。

　　4. 教学实践中的"语文实践"状况及问题

　　语文新课程标准明确地把"语文是实践性课程"作为课程的基本理念，

---

① 夏家发：《略论语文训练和语文实践的关系》，《小学语文教学》2005 年第 3 期。

② 吴忠豪：《关于语文训练的讨论》，《课程·教材·教法》2008 年第 12 期。

③ 王尚文、王诗客：《语文课是语文实践活动课》，《课程·教材·教法》2009 年第 4 期。

④ 丁培忠：《试论语文课程的实践性》，《课程·教材·教法》2003 年第 8 期。

⑤ 王荣生：《语感、语识与语文实践活动——对语感教学的课程论思考》，《语文教学通讯》（初中刊）2006 年第 10 期。

⑥ 韩雪屏：《语文课程知识初论》，江苏教育出版社 2011 年版，第 39—41 页。

⑦ 蔡可：《语文实践与语法学习——从胡适"五四"前后对"文法"的认识说起》，《中学语文教学》2009 年第 7 期。

新课程改革以来，这一理念在教学一线的落实情况怎么样？教师们在教学中是否重视了学生的语文实践？据研究，目前还存在如下问题：第一，对语文实践的内涵认识不清，语文实践出现窄化倾向：或者将语文实践等同于语文课外活动，或者排斥语文知识，将语文实践等同于与语文实践能力具有同一形态的听说读写。第二，对语文实践的特殊性认识不到位，"语文实践"因而丢失了"语文味儿"。第三，对语文实践能力理解的片面性，使语文实践沦为一种纯"技术性"的训练。① 另外，近年来报刊杂志上反映语文课程改革的进展和问题的文章连篇累牍，其中一些文章实际上就从不同侧面反映了教学实践中的"语文实践"状况。比如其中关于自主学习、合作学习、探究式学习、综合性学习、阅读、写作、口语交际教学的研究文章，关于语文新课程实施的反思性文章，等等。由于这些文章与本书探讨的不是同一论题，因而这里不赘述，但其中某些材料将在正文中被引用。

5.关于语文训练、语文练习、语文作业等的研究

在当代语文教育史上，钱梦龙先生对语文训练情有独钟，他蜚声语文教坛的语文导读法就旗帜鲜明地提出要"以训练为主线"。近年来，针对语文新课程讳言、淡化甚至排斥训练的现象，钱老师又撰写了一系列文章强调"训练"之于语文教学的重要性，认为训练是语文教学的基本形态，疾呼"请给'训练'留个位置"。② 吴忠豪也认为：中小学生学习听说读写技能，其关键在训练；语文训练的价值不仅在于掌握一种工具，更在于民族文化的认同；语文训练可以从理解语言、积累语言和运用语言三个维度进行。③ 王建峰对"语文训练"在现代百余年语文教育实践中的兴衰历程进行了检讨，提出要建构存在论视野下的语文训练观。④ 博士论文《语文教学中的语言训练研究》从语文教学内容的角度切入，对语文教学中语言训练的异变、本

---

① 周纪焕：《语文实践的冷思考》，《教育探索》2008 年第 3 期。
② 见钱梦龙：《请给"训练"留个位置》，《中学语文教学》2008 年第 1 期；钱梦龙：《训练——语文教学的基本形态》，《课程·教材·教法》2009 年第 7 期；钱梦龙：《语文导读法的理论设计和结构模式》，《课程·教材·教法》1989 年第 11、12 期。
③ 吴忠豪：《关于语文训练的讨论》，《课程·教材·教法》2008 年第 12 期。
④ 王建峰：《语文训练的检讨》，《河北师范大学学报（教育科学版）》2009 年第 2 期。

质、路径与方法等进行了探讨。①

与语文课程实践性密切相关还有有关语文练习、语文作业的研究。关于语文练习的研究主要集中在语文教科书练习编制的研讨上。乔晖的专著《语文教科书中的学习活动设计》从活动理论、学习理论出发，对我国语文教科书中的学习活动形态和国外语文教科书中的学习活动设计范式进行了探讨，提出了语文教科书学习活动设计的若干策略。② 张勇对语文教科书课后练习和综合性专题活动的类型进行了分析，认为课后练习的主要类型有：理解、积累、迁移运用、拓展延伸等等。③ 黄厚江对外国语文教科书练习系统的主要特点进行了探讨，并通过对比指出了我国语文教科书练习系统的不足。④ 郑宇梳理了新中国成立五十多年来小学语文教材中课文后练习题编排的历程，将其划分为四个阶段并对这四个阶段的编制特点进行了分析。⑤ 何文胜运用修订版的布鲁姆认知分类理论对语文教科书中阅读练习所涉及的学生思维水平进行了研究。⑥ 张永祥对现行初中语文教科书中练习设计中存在的问题进行了检讨，提出练习设计要有明确的目的性和针对性、尊重学生的主体地位、发展学生的思维、突出整体性、追求多样性和层次性。⑦ 此外，还有关于语文作业的若干探讨文章，多为一线教师结合教学实践而撰写，介绍了他们在作业布置和设计上的做法、经验，如琚金民的《新课改下初中语文作业设计的度》（《教学与管理》2009 年第 4 期）、李安全的《语文作业创新设计举隅》（《语文建设》2009 年第 12 期）、雷小荣的《例谈小学语文作业设置的创新》（《教育导刊》2011 年第 7 期）、卢友玮、李忠霞的《小学语

① 李功连：《语文教学中的语言训练研究》，博士学位论文，湖南师范大学，2013 年。
② 乔晖：《语文教科书中学习活动的设计》，华东师范大学出版社 2013 年版。
③ 张勇：《关于语文教材练习设计的类型归纳与思考》，《语文建设》2005 年第 6 期。
④ 黄厚江：《外国语文教科书练习系统的主要特点》，《语文建设》2008 年第 7、8 期。
⑤ 郑宇：《从课文后练习的编排看当代小学语文教育的走向》，《课程·教材·教法》2006 年第 3 期。
⑥ 何文胜：《语文教学与思维训练：教科书阅读教学的练习体统研究》，《语文建设》2013 年第 4 期。
⑦ 张永祥：《初中语文教科书练习设计中存在的问题及反思》，《语文建设》2007 年第 2 期。

文作业设计与评价的探索与实践》（《中国教育学刊》2013 年第 12 期）、张春雅的《生字抄写指定遍数与自主抄写的效果比较——基于小学三年级语文作业的实证研究》（《上海教育科研》2014 年第 7 期），等等。

（三）对已有研究的评析

综上可见，近年来，语文课程的实践性受到了一定程度的关注，研究者从不同的侧面对此进行了探讨，取得了一些认识成果。已有研究为本研究开启了思路，奠定了基础。但是，从目前的情况看，不管是学术界还是实践界，都对语文课程的"实践性"这一重要特性缺乏深度关注和研究。

1. 缺乏系统性研究

目前尚未有关于这一论题的专著或者博士论文出现，已有研究多散见于语文教育学、语文教学论教材、著作及期刊文章，而绝大多数教材、著作又只是提及这一论断，寥寥数语，未作详细论证。期刊文章限于篇幅，也难以充分、深入地论证。显然，对于"语文课程的实践品格"这样一个比较复杂的、理论性很强的课题，这样的研究是很不够的。就具体问题的研究而言，关于"什么是实践""什么是语文实践""'语文课程的实践品格'的内涵""为什么说语文课程具有很强的实践性""语文实践与语文知识的关系"等问题的研究都还有待深化。比如"实践"的问题。"实践"是哲学中的一个重要概念，也是马克思主义哲学最基本的范畴，其内涵深刻而复杂，但目前很多研究者都仅将其简单地理解为"活动"，这显然不够深刻。再比如"为什么说语文课程具有很强的实践性"的问题。虽然已有研究者从心理学、教育学、历史经验、语文的特点等多个角度对其进行诠释，但这些诠释一是相对来说还显得不够深入，缺乏理论上的说服力；二是逻辑性不强，如有研究者将历史经验和心理学放在同一层面来展开论证，显然不符合逻辑。至于"语文课程实践品格的本体视角""语文课程实践品格的历史呈现""语文实践中的主客体关系""语文实践促进语文能力发展的内在机制""语文课程设计和实施怎样才能正确地体现实践性"等问题，则少有人论及。

2. 研究视阈有待扩展

新课程改革以前出版的语文教育学、语文教学论教材、专著谈及"语文课程（教学）的实践性"时，或从人们学习语文的经验出发、或通过学习游泳之类的比喻、或引用语文教育家的经典言论来说明"语文学习为什么具有实践性""语文教学为什么必须加强训练"等问题，而课程意识的淡薄又导致人们绝少从课程的层面来讨论这一命题。新课程改革以后出版的语文教育学、语文教学论教材及专著在谈到这一问题时，大多局限于语文新课程标准的架构之内，成为对语文新课程相关理念的图解、说明和修补，论述大同小异。当然，这是由教材或专著本身的性质决定的，不必苛求。再从期刊论文及学位论文来看，"原理性"研究的内容主要集中在前文所说的五个方面，"操作性"研究的内容则多由一线教师完成，经验性强而理论深度不够；研究视阈多局限于语文教育或语文本身，很少有人从哲学、教育学、心理学、语言学等多学科视阈来论证这一命题，也很少有人从理论与实践、历史与现实等多维视野来审视这一命题。因此，从总体上看，目前关于这一命题的研究内容单薄，视角褊狭。

综上可见，"语文课程的实践品格"这一课题尚有很大的研究空间，许多问题有待于深入研究。

三、研究目的与内容

（一）研究目的

本研究旨在从多角度、多层面深入阐释语文课程的实践品格，探明语文能力形成于语文实践的内在机制，在此基础上，对当代语文教育中的"实践迷失"现象进行系统考察和剖析，提出合理彰显语文课程实践品格的路径和对策。具体来说，试图探明和解决以下问题：

● 为什么说语文课程是一门实践性课程？语文能力形成于语文实践的内

在机制是怎样的?

●在语文教育的发展历程中,语文课程的实践性是如何得到体现的?留下了哪些历史经验和教训?

●在当代语文教育实践中,语文课程实践性的迷失有何具体表现?是什么原因导致了语文课程实践性的迷失?

●语文课程和教学怎样才能合理彰显语文课程的实践性?

实践性是语文课程的一个重要特性,因此,阐释语文课程的实践性并提出合理彰显语文课程实践性的对策和路径,其最终目的在于为语文课程设计、语文教材编制、语文教学改革提供可资参考的信息和思路,启发语文教育工作者更好地践行语文新课程的"实践"理念,遵照语文课程的实践性规律从事语文教育工作,从而更加有效地培养学生适应现代社会生活的各项语文能力。

(二)研究的内容

为达到上述目标,拟围绕以下内容展开研究:

1.语文课程本体考辨。通过"'语文'内涵的正本清源"和"语文课程性质的检讨",对语文课程本体进行考辨,探究"语文课程究竟是干什么的"。对语文课程本体进行考辨是讨论语文课程实践品格的基点和前提,因为要判断一事物具有何种特性,总得先弄清楚这一事物"是什么"。

2.语文课程实践品格的理论阐释。包括三部分内容:(1)对语文课程实践品格的内涵进行阐释;(2)对"语文能力""语文实践"这两大核心概念进行探讨;(3)从哲学、心理学、教育学、语言学等多学科维度对语文课程的实践品格进行理论阐释。以此回答两个问题:为什么说培养语文能力的根本途径是语文实践?语文能力形成于语文实践的内在机制是什么?

3.语文课程实践品格的历史透视。"语文课程是实践性课程"不仅仅是一个停留在理论领域的命题,也是一个真真切切的事实存在。那么,在语文教育发展史上,前人在课程层面是如何对语文实践活动进行设计和安排的?

在教学层面又是如何引导学生从事语文实践活动的？在理论探讨之后，对语文课程实践品格呈现的史实进行梳理与分析，不仅有助于加深对语文课程实践品性的认识，而且有助于总结历史经验与教训。

4. 当代语文课程中的"实践迷失"现象之考察。拟从课程设计和教学实践两个维度进行考察。课程设计维度：一是对教学大纲（课程标准）进行分析，二是对语文教材中的实践体系进行考察。教学实践维度：通过问卷调查、课堂观察和课例分析等方法探究语文教学实践性迷失的具体表现及根源。

5. 语文课程实践品格的彰显：课程设计。首先对语文实践与语文课程内容的关系进行探讨，弄清楚语文实践在整个语文课程架构中的存在方式；然后在分析若干中外语文课程标准、语文教材和语文教学案例的基础上，对语文实践的类型以及语文实践与语文知识的关系进行探讨。在此基础上，从课程标准和教材编制两个层面提出彰显语文课程实践性的建议。

6. 语文课程实践品格的彰显：教学建议。语文课程的实践品性最终是通过语文教学体现出来的，因此，如何在教学层面合理彰显语文课程的实践性，也是本研究关注的重点。拟从三方面进行探讨：（1）教学范式的转换；（2）课堂情境中语文实践的组织和方法；（3）课外语文实践活动的引导。

显然，对第4—6三个问题的讨论都是建立在"语文课程是一门实践性课程"这一论断为真的基础上的，而对这三个问题的探讨又反过来赋予"语文课程是一门实践性课程"这一论断以现实意义。

四、研究思路与方法

（一）研究思路

本研究以马克思主义实践哲学为基点，遵循"理论阐释→历史透视→问题考察→策略探讨"的研究路线，对"语文课程的实践品格"这一论题进行深入系统地研究。从研究目的可以看到，本研究着重解决的核心问题有二：(1) 为什么说"语文课程是一门实践性课程"？(2) 语文课程和教学如何合理地体现"实践性"？下面，就从这两个问题出发谈谈本研究的研究思路。

1. 从理论和历史两个维度深入论证语文课程的实践品格。本研究首先面临的一个问题是：为什么说语文课程是一门实践性课程？尽管此前已有若干探讨，但从总体上看，还不够深入，有的甚至还停留在经验层面上，因此，对这一问题作出深层次的、更令人信服的回答是有必要的。本研究打算从理论和历史两个维度来回答这一问题。

理论维度。从理论维度论证语文课程的实践品格，涉及三个问题：(1)"语文课程是实践性课程"这一论断的逻辑前提是什么？我们知道，"实践性"表述的是语文课程的一个特性，哲学认识论告诉我们，要认识事物的特性，首先应该对事物作本体论的考量，"任何认识都包含着本体论的承诺"，因此，判断语文课程是否具有"很强的实践性"，其逻辑前提应该是对语文课程本体的认识。本研究拟从"'语文'的内涵"和"语文课程性质"两方面出发，探讨语文课程本体，弄清语文究竟是一门什么样的课程，以此确立讨论的基点。(2)"语文课程的实践品格"的内涵是什么？研究"语文课程的实践品格"，当然需要明确"语文课程是实践性课程"这一论断究竟说的是怎么一回事。在研究中，我们将运用逻辑分析方法对"语文课程的实践品格"的理论内涵以及其中涉及的重要概念"语文能力""语文实践"作详尽阐释。(3)"语文课程的实践品格"的理论依据是什么？为什么说"语文课程具有很强的实践性"？这是从理论维度论证"语文课程的实践品格"的关键。本研究拟从哲学、语言学、心理学、教育学等学科理论出发，对"语文课程是一门实践性课程"这一论断作出理论阐释，力图清楚地回答"为什么学习语文必须通过语文实践""语文能力形成于语文实践的内在机制是什么"等问题。

历史维度。仅仅从理论维度论证"语文课程的实践品格"是不够的，因为语文课程本身就是一种事实存在，我们不可能无视语文课程发展的历史事实而仅仅把讨论停留在理论层面上。况且，"事实胜于雄辩"，用语文课程发展的史实来论证"语文课程是一门实践性课程",将更具说服力。因此,在研究中,我们还将通过对我国古代语文课程、现代语文课程的实践品格的透析以及国外母语课程的实践品格的考察来进一步论证"语文课程是一门实践性课程"这一论断,同时也从中总结、借鉴有益经验。

2. 针对现实问题,探讨如何合理塑造语文课程的实践品格。论证"语文课程是一门实践性课程"并非研究的最终目的,我们的目的是基于这一论断,考察和解决现实中的问题。既然语文课程是一门实践性课程,那么就应该按照实践性课程的特点去从事语文教育工作,否则,语文教育的质量和效率就难如人意。现实情况怎么样?本研究将从语文教材、语文教学两方面对当代语文课程实践品格的迷失现象进行调查、分析,探明语文课程实践品格迷失的原因,然后针对这些现象和原因,从课程设计、教材编制、教学实施等方面着手,依据语文课程的实践性特点,借鉴国内外的有益经验,提出合理塑造语文课程的实践品格的路径和策略,建构以"语文实践"为轴心的课程设计和实施框架,为解决语文课程实践品格的迷失问题提供参考。

3. 理论联系实际,将一般理论研究和语文课程实践结合起来。课程与教学论研究具有鲜明的实践指向性,它的生命力在于解释实践、指导实践,而课程与教学论一旦指向实践、进入实践层面,必然涉及具体的学科,因为学校中不存在与任何学科都无关的抽象的课程和教学。本选题正属于"学科课程与教学论"的范畴,其研究对象的具体性决定了它具有贴近实践、密切联系实际的得天独厚的优势。从这一点出发,本研究尝试把"语文课程与教学论"研究与"一般课程与教学论"研究结合起来,既运用一般课程与教学理论来阐释和解决语文课程与教学中的具体问题,作理论上的深层次思考,又将研究落到语文课程实践的"地面"上,走进真实的语文课程,关注现实中的问题;既系统论证"语文课程是一门实践性课程"这一理论论断,又针对当代语文课程实践品格迷失的现象,提出塑造语文课程的实践品格的具体措施;既研究"是什么""为什么",又研究"怎么做"。总之,本研究力求避免坐而论道、面壁虚构的研究作风,把研究的问题落到实处,真真切切地解决语文课程中的具体问题。

（二）研究的方法

本研究坚持辩证唯物主义和历史唯物主义的方法论原则，积极吸收近年来哲学、教育学、心理学、语言学等学科的研究成果，综合运用文献研究法、参与式观察法、问卷调查法、案例分析法等方法展开研究。

1. 文献研究法　通过对各时期具有典型意义的语文课程标准（教学大纲）、语文教科书、语文教育论著、教育史资料、语文教育史资料、多个国家和地区的母语教育资料、语文教学实录等文献资料的分析来探讨语文课程的实践品性和历史呈现，多方位论证"语文课程是一门实践性课程"这一命题及其当代境遇。

2. 参与式观察法　在研究期间，研究者曾到北京、上海、江苏泰州，安徽铜陵，山东聊城，四川成都、绵阳、遂宁、南充，重庆市主城区、永川区及石柱县等地的 18 所中小学校听记语文课 326 节，对课堂上的语文实践状况进行了深入细致的观察，并对部分老师和学生进行了访谈，由此触摸到了语文课堂的真实情境脉络，搜集到了来自教学一线的鲜活材料。

3. 问卷调查法　研究者自编了"语文教学中语文实践现状调查问卷"教师卷和学生卷，于 2013 年 8 月至 2014 年 10 月期间，分别在江苏泰州、河南洛阳、河北邢台、内蒙古牙克石市以及多个语文教师培训班上发放教师问卷 400 份，在四川成都、南充、泸州，江苏宜兴，河南洛阳，河北邢台，内蒙古牙克石市，湖南浏阳，陕西安康，重庆市中区等地的 19 所中学发放学生问卷 1000 份，对"关于语文课程实践性的认识""课堂中的语文实践""语文作业""课外语文实践"等相关问题展开了调查。

4. 案例分析法　通过图书馆、网络、课堂观察等多种渠道搜集若干中外语文课程标准、语文教科书中的实践活动设计案例，以及语文教学案例（包括纸质和电子案例），试图通过对这些案例的描述、分析，梳理中外语文课程在彰显实践性上的有益经验，同时剖析当代语文课程"实践"迷失的现象及其原因。

5.比较研究法 在搜集文献资料的基础上，对多个国家和地区的语文课程标准（语文教学大纲）中的实践项目设计、语文教材中的实践活动设计、语文教学中的实践教学状况进行分析、比较，从中探求经验，借鉴方法。

第一章

立论基点：语文课程本体考辨

在中国古代哲学中，"本体"一词的基本意思是本来的状态、状况或恒常状态①，如朱熹所谓的"性之本体""形器之本体""天理自然之本体""心之本体"，王守仁所讲的"心之本体"等等。在西方哲学中，"本体"一词的含义极为丰富，归结起来，大致有四种②：一是指"万物之源"或世界本源，即存在的时间先在性。如亚里士多德就视本体（substance）为"本原"，认为它是"最初的存在"，"一切存在物都由它构成，最初都从其中产生，最后又都复归为它"，它是"常住不变的"③。二是指世界万物之"始因"或"绝对第一因"。如斯宾诺莎认为"神"就是"本体"，就是世界的"始因"，是"绝对的第一原因"④，他说："神是唯一的，这就是说，宇宙间只有一个实体，而且这个实体是绝对无限的。"⑤ 三是指"存在"。如康德就用 Noumenon 来称呼他所说的"物自体（界）"，同"现象（界）"相对而言。所谓"物自体"，一方面，它是不依赖人的主观意识的客观存在物；另一方面，它又是

---

① 刘立群：《"本体论"译名辨正》，《哲学研究》1992 年第 12 期。

② 郑又赞：《关于实践唯物主义的几个问题》，《中国社会科学》1991 年第 3 期。

③ 北京大学哲学系外国哲学史教研室编译：《古希腊罗马哲学》，商务印书馆 1961 年版，第 4 页。

④ 北京大学哲学系外国哲学史教研室编译：《十六——十八世纪西欧各国哲学》，生活·读书·新知三联书店 1958 年版，第 176 页。

⑤ 北京大学哲学系外国哲学史教研室编译：《十六——十八世纪西欧各国哲学》，生活·读书·新知三联书店 1958 年版，第 173 页。

"理智（存在）物"、"思想（存在）物"。四是指本质。如柏拉图把世界分为现象世界和理念世界，认为理念世界是现象世界的本质、依据，而现象世界则是理念世界的摹本、表现；黑格尔认为绝对观念就是事物存在变化的本质或根据；等等，都是从"本质"的意义上来理解"本体"的。

在课程中借用"本体"一词，是指课程的存在和本质。课程的存在和本质问题，即课程本体问题，说到底，就是"课程是什么"的问题，一方面，它是对课程客观存在的反思以及通过这种反思对课程的终极意义、存在之存在的领悟和把握；另一方面，它又是对课程这一事物成其为自身以及与其他事物相区别的内在规定性的探寻。"课程是什么"，可以有多种提问方式：课程实际是什么？这是就课程的既成事实、客观存在提问；课程应该是什么？这是就课程的存在价值、终极意义提问；课程其实是什么？这是就课程的共同本质、存在共性提问；什么是课程，什么不是课程？这是就课程的判断标尺、边界范畴提问……这些不同的提问方式显示了课程本体问题的复杂性。课程本体问题虽然复杂，但却是我们认识课程、从事课程工作时不得不思考的问题，因为"课程本体涉及课程的最基本框架"[1]，它是课程理论的根基，是分析、批判现实课程的武器，为人们认识课程提供哲学信念，为课程的发展提供方向和动力[2]，任何关于课程的认识都必须从对"课程是什么"的回答开始。同样，对于语文课程来说，要判定它具有何种品格、特征，首先也必须回答"语文课程是什么"的问题，即语文课程本体的问题。在语文教育研究领域，语文课程本体问题是一个备受关注却又并不自觉的问题。说它"备受关注"，是因为自 1904 年语文独立设科起，教育界从来就没有停止过对语文课程存在和本质的思考，这一思考具体体现为对语文课程性质的追问，事实上，语文课程性质问题已成为语文教育领域特有的"本体"问题；说它"并不自觉"，是因为"在我国，作为独立的语文课程本体论还没有建立，语文课程研究者的本体论意识不强"[3]，很多研究者并没有有意识地从本

---

① 郭思乐：《课程本体：从符号研究回归符号实践》，《教育研究》2003 年第 7 期。

② 傅敏：《课程本体论：概念、意义与构建》，《西北师大学报（社会科学版）》2004 年第 5 期。

③ 于源溟：《预成性语文课程基点批判》，社会科学文献出版社 2007 年版，第 126 页。

体的层面去探究语文课程的性质。有鉴于此，本书特意把语文课程性质放在本体论的框架内进行考辨，力图弄清楚"语文课程究竟是什么"。

第一节　正本清源话"语文"

虽然语文课程早已有之，但以"语文"二字来为课程命名却是比较晚的事。1949 年，华北人民政府教科书编审委员会在讨论"国语""国文"科教材时，根据叶圣陶（时任主任委员）的提议，决定将"国语"和"国文"一律更名为"语文"。① 自此，"语文"作为课程名称正式启用并沿用至今。

"语文"的课程命名虽然得到人们的普遍认可，但关于什么是"语文"，却各有各的说法。有人认为语文课就是语言文学课：语文＝语言＋文学；有人认为语文课是语言文章课：语文＝语言＋文章，有人认为语文课是语言文字课：语文＝语言＋文字；也有人认为语文课是语言文化课：语文＝语言＋文化；还有人认为语文课是语言、文字、文学、文章、文化的综合：语文＝语言＋文学＋文章＋文化。② 那么，孰是孰非？究竟什么是"语文"？

一、立名之本意：语文 = 口头语言 + 书面语言

溯其渊源，才能察其真义。要了解"语文"的确切含义，就要追溯立名者当初的立名之意。作为为语文课程立名的当事人，叶圣陶是这样解释"语文"的："什么叫语文？平常说的话叫口头语言，写到纸面上叫书面语言。语就是口头语言，文就是书面语言。把口头语言和书面语言连在一起说，就叫语文。"③ "'语文'一名，始用于一九四九年华北人民政府教科书编

---

① 张世栋：《语文学科名称之百年流变》，《中国矿业大学学报（社会科学版）》2004 年第 4 期。

② 周庆元：《语文教育研究概论》，湖南人民出版社 2005 年版，第 20 页。

③ 中央教育科学研究所编：《叶圣陶语文教育论集》，教育科学出版社 1980 年版，第 138 页。

审委员会选用中小学课本之时。前此，中学称'国文'，小学称'国语'，至是乃统而一之。彼时同人之意，以为口头为'语'，书面为'文'，文本于语，不可偏指，故合言之。亦见此学科'听'、'说'、'读'、'写'宜并重，诵习课本，练习作文，固为读写之事，而苟忽于听说，不注意训练，则读写之成效亦将减损。"①叶圣陶的这两段话，把"语文"二字解释得清楚明白：所谓"语文"，就是口头语言和书面语言的合称。

将原有名称"国文""国语"更名为"语文"，绝不仅仅是课程命名标记的简单变更；将"语文"解释为"口头语言＋书面语言"，也不仅仅是无聊的文字拆合游戏。细究起来，叶圣陶关于"语文"的命名及其阐释大有深意，反映了他和当时的语文教育同仁们特定的语文课程观念。

（一）为什么将"国文""国语"更名为"语文"？

"解放以前，这门功课在小学叫'国语'，在中学叫'国文'。为什么有这个区别？因为小学的语文全都是语体文，到了中学，语体文逐渐减少，文言文逐步加多，直到把语体文彻底挤掉。可见小学'国语'的'语'是从语体文取来的，中学'国文'的'文'是从'文言文'取来的。"②为什么新中国成立后不沿用"国文""国语"的名称而将其更名为"语文"呢？在叶圣陶及其同人们看来，不管是侧重于语体文学习的"国语"，还是侧重于文言文学习的"国文"，在课程内容上都有失偏颇，有些不合时宜，他们"经过研究，认为小学和中学都应当以学习白话文为主，中学逐渐加学一点文言文；至于作文，则一律写白话文。总之，在普通教育阶段，这门功课应当教学生在口头上和书面上掌握切近生活实际，切合日常应用的语言能力。"③而且，叶圣陶还特别强调"语文教学应该包括听话、说话、阅读、写作四项"，"口头语言和书面语言都有两方面的本领要学习：一方面是接受的本领，听

---

① 中央教育科学研究所编：《叶圣陶语文教育论集》，教育科学出版社1980年版，第730页。
② 叶至诚、叶至善、叶至美主编：《叶圣陶集》第13卷，江苏教育出版社1992年版，第247页。
③ 张志公：《说"语文"》，载《张志公文集》第3卷，广东教育出版社1991年版，第60—61页。

别人说的话，读别人写的东西；另一方面是表达的本领，说给别人听，写给别人看。口头语言的说和听，书面语言的读和写，四种本领都要学好。"① 既然语文课程包括听、说、读、写四项，那么不管是"国文"还是"国语"都不足以全面反映"语文课程"的目的和内容，"过去的'国语'，给人一个印象，似乎只指口头语言；'国文'，似乎只指书面语言，甚至只指文言文"②，因此，"语文"这个名称应运而生。"语文"这个名称不但统合了"国文"之"文"和"国语"之"语"，也涵盖了口头语言和书面语言，它所反映的课程目的任务和内容是全面的，"功课不叫'语言'而叫'语文'，表明口头语言和书面语言都要在这门功课里学习的意思"③。"用了'语文'这个名称，表明在这门功课里要向学生进行全面的语言训练"，纠正了"把书面语言和口语语言截然分开"和"教学里只管读文章、写文章，不管口头语言的训练"的弊病④。可见，将"国语""国文"更名为"语文"，是为了更为全面、恰切地反映"语文课程"的目的、内容。

（二）为什么将"语文"解释为"口头语言＋书面语言"？

"语文"名称的解释绝非随心所欲，不同的解释体现着解释者对语文课程的不同认识。比如，将"语文"解释为"语言＋文字"，表明解释者认为语文课程是教"语言"和"文字"的；将"语文"解释为"语言＋文学"，表明解释者认为语文课程是教"语言"和"文学"的；将"语文"解释为"语言＋文化"，表明解释者认为语文课程是教"语言"和"文化"的；等等。

前文指出，叶圣陶是将"语文"解释为"口头语言＋书面语言"的。除叶圣陶外，吕叔湘、张志公等对"语文"也有同样的解释。吕叔湘说：

---

① 叶至诚、叶至善、叶至美主编：《叶圣陶集》第 13 卷，江苏教育出版社 1992 年版，第 247 页。

② 张志公：《说"语文"》，载《张志公文集》第 3 卷，广东教育出版社 1991 年版，第 60—61 页。

③ 叶至诚、叶至善、叶至美主编：《叶圣陶集》第 13 卷，江苏教育出版社 1992 年版，第 247 页。

④ 张志公：《说"语文"》，载《张志公文集》第 3 卷，广东教育出版社 1991 年版，第 61 页。

"'语文'有两个意义：一、'语言'和'文字'；二、'语言文字'和'文学'。……一般说到'语文教学'的时候总是用的'语文'的第一义。""这里所说的'语言'是'口语'的意思，这里所说的'文字'是'书面语'的意思。"① 可见，吕叔湘与叶圣陶一样，也是把"语文"解释为"口头语言＋书面语言"的。张志公则明确地说："'语文'就是'语言'的意思，包括口头语言和书面语言，在口头谓之语，在书面谓之文，合起来称为'语文'。"② 叶、吕、张三老对"语文"的解释表明了他们对语文课程根本目的任务的认识。语文课程是教什么的？语文课程就是教"口头语言"和"书面语言"的。这里所谓"口头语言"和"书面语言"，都是指人使用语言工具的行为及其结果，其着眼点在语言的使用上。因此，说语文课程是教"口头语言"和"书面语言"的，就等于说语文课程的根本目的任务是培养学生使用语言工具的能力，帮助他们掌握听说读写的本领。这样的目的任务观正是叶、吕、张三老所一贯主张的。叶圣陶一贯强调语文这门功课的根本目的在于帮助学生"学习运用语言的本领"；吕叔湘也说，"语文课的主要任务是培养学生使用语文的技能"③；张志公也认为，语文课程的根本目的是"教学生在口头上和书面上掌握切近生活实际，切合日常应用的语言能力。"④ 可以说，叶、吕、张三老正是从他们的语文课程目的任务观出发对"语文"名称作出"口头语言＋书面语言"的解释的。

（三）如何看待关于"语文"的其他解释？

将"语文"解释为"口头语言＋书面语言"，并不意味着对其他解释的完全排斥，对于后来出现的多种解释，叶圣陶有自己的看法，他说，"其后有人释为'语言''文字'，有人释为'语言''文学'，皆非立此名之原意，第二种解释与原意为近，惟'文'字含义较'文学'为广，缘书面之'文'

---

① 吕叔湘：《吕叔湘论语文教学》，山东教育出版社 1987 年版，第 44—45 页。
② 张志公：《说"语文"》，载《张志公文集》第 3 卷，广东教育出版社 1991 年版，第 61 页。
③ 吕叔湘：《吕叔湘论语文教学》，山东教育出版社 1987 年版，第 59 页。
④ 张志公：《说"语文"》，载《张志公文集》第 3 卷，广东教育出版社 1991 年版，第 60—61 页。

不尽属于'文学'也。课本中有文学作品，有非文学之各体文章，可以证之。第一种解释为'文字'，如理解为成篇书面语，则亦与原意合矣。"[1] "文谓文字，似指一个个的字，不甚恰当；文谓文学，又不能包容文学以外之文章"，所以，"语文，似以语言文章为较切"[2]。从叶圣陶的这两段话可以看到：（1）叶圣陶对"语文"名称的解释是慎重的，因为名称的解释关乎语文课程的目标、任务、内容等问题，不同的解释就意味着对语文课程目的、任务、内容的不同理解；（2）将"语文"理解为"语言＋文字"并非一定不正确，关键要看如何理解"文字"二字，如果把"文字"理解为"成篇书面语"，"则亦与原意合矣"；如果理解为"一个个的字"，则"不甚恰当"；（3）叶圣陶基本上赞同将"语文"理解为"语言＋文章"，不过他这里所说的"文章"是指与口语相对的、包括文学在内的成篇书面语。（4）将"语文"释为"语言＋文学"，是窄化了"语文"的内涵，因为"书面之'文'不尽属于'文学'"。

叶圣陶对关于"语文"的其他解释作出上述分析和判断，可以看作是对"语文＝口头语言＋书面语言"这一解释的补充和说明。的确，将"语文"解释为"口头语言＋书面语言"，并不意味着"语文"课程名称解释的终结，因为关于"口头语言"和"书面语言"，还存在着进一步理解的极大空间。首先，我们可以将它们理解为一种语言符号系统。在这种情况下，所谓"口头语言"，就是凭口、耳进行交际的口头形式的语言符号系统；所谓"书面语言"，就是"用文字记载下来供'看'的语言，它在口语的基础上形成，使听说的语言符号系统变成'看'的语言符号系统"[3]。其次，我们可以将它们理解为一种言语行为。当被理解为言语行为时，与"口头语言"相对应的就是说和听，与"书面语言"相对应的就是写和读。其中，"说"和"听"、"写"和"读"还可以进一步细分为或综合为各种不同的形式，如朗

---

[1]　中央教育科学研究所编：《叶圣陶语文教育论集》，教育科学出版社 1980 年版，第 730 页。

[2]　叶至诚、叶至善、叶至美主编：《叶圣陶集》第 25 卷，江苏教育出版社 1994 年版，第 7 页。

[3]　叶蜚声、徐通锵：《语言学纲要》，北京大学出版社 1997 年版，第 167 页。

诵、演讲、交谈、辩论；写字、写作、朗读、默读、浏览；边听边记、先听后读、读写结合；等等。再次，我们还可以将它们理解为言语行为的结果，即言语作品。在这种情况下，所谓"口头语言"，就是指对话或独白所产生的言语作品；所谓"书面语言"，就是指用文字记录下来的言语作品。其中，用文字记录下来的成篇言语作品，从作品是否存在"虚构"的特质看，又有"文章"和"文学"的分野。①从对"口头语言"和"书面语言"这些不同层面、不同角度的理解出发，我们看到，将"语文"解释为"口头语言＋书面语言"，其实已经内在地包含了文字、文章、文学、听说读写等丰富多彩的内容，所以，将"语文"解释为"语言＋文字""语言＋文章""语言＋文学"等并没有错，其间的分歧不过是由于对"口头语言"特别是"书面语言"所应包含的内容以及对"文字""文章""文学"这些概念有着不同的理解和侧重罢了。

需要认真辨析的是"语文＝语言②＋文学"这一解释。因为从根本上来讲，语言是科学，文学是艺术，语言教育和文学教育是两种性质不同的教育：语言教育是一种工具教育，其根本目的在于帮助学生掌握语言这个"工具"，其教学形态是"阅读教学、写作教学、口语交际教学，它们分别对应于阅读能力、写作能力、口语交际能力的培养"③；而文学教育是一种人文教育，其根本目的在于培养学生的文学赏读能力，对学生进行文学熏陶、文化濡染，其主要教学形态是"文学作品的鉴赏教学，它进行的是精神教育、心灵教育、情感教育、审美教育。"④语言教育虽然也可借助文学作品来进行，但它却不能代替专门的文学教育；文学教育虽然也必然涉及语言文字应用的问题，但它却不能取代专门的语言运用能力培养。所以，语文课程中就确实存在一个如何处理语言教育和文学教育的关系的问题。

如何处理呢？我们先来看看叶、吕、张三老的意见。叶圣陶说："国

① 周杰林：《论文章与文学的分野》，《河南社会科学》2000 年第 5 期。
② 此处的"语言"应指广义的"语言"，而非专指"口语"，与叶圣陶的前述解释有别。
③ 王尚文：《论语文课程的复合性》，《课程·教材·教法》2006 年第 12 期。
④ 王尚文：《论语文课程的复合性》，《课程·教材·教法》2006 年第 12 期。

文的涵义与文学不同，它比文学宽广得多，所以教学国文并不等于教学文学。"① 他认为，中小学生学习语文，"人人要做基本练习"，以"普通文字的阅读和写作"为主，"在初中阶段，虽然也读文学，但是阅读与写作的训练应该偏重在基本方面，以普通文为对象"，到了高中阶段，虽然所学文学作品增多，"但是基本训练仍旧不可忽略"，因为，学生应付生活"所要阅读的不纯是文学，他们所要写作的并非文学，并且，惟有对于基本训练锲而不舍，熟而成习，接触文学才会左右逢源，头头是道。"② 吕叔湘也说："中小学这个课程的名字叫语文，原来的意思可能是语言文字，但是很多人把它理解为语言文学，因此，在小学且不说，中学里头就有很多老师把这门课当作文学来教了"，他认为，这种教法是"语文课现在没有把它当作语文课来教。"③ 吕叔湘还明确指出，"文学和语言比较，语言是主要的，文学是次要的。读文艺作品，首先是把它作为范文来学习。"④ 张志公也认为，语文课要进行全面的语言训练，要教学生读许多各式各样的文章，至于文学作品，也要教读，但语文课教读文学作品，"一则因为好的文学作品运用语言比较好，便于进行语言训练，再则也因为受过普通教育的人应当懂得一点文学，而语文课之外，再也没有别的课管这件事了。"⑤ 看来，叶、吕、张三老都是主张语文课程要以听说读写的语言教育为主的，至于文学教育，也应该有，但它不是中小学语文教育的主体，不应与语言教育等量齐观。

在将语言教育和文学教育糅合在一起进行的情况下，三老的意见有一定的参考价值。比如我国当代的语文课程，除了20世纪50年代实行过短暂的汉语、文学分科之外，其余的绝大部分时间都没有把语言教育和文学教育分开，在这种情况下，我们认为，语文课程就应该像三老所说的那样，把培养学生的语言文字运用能力作为核心目标，以读写听说的言语教育为主体，

---

① 中央教育科学研究所编：《叶圣陶语文教育论集》，教育科学出版社1980年版，第56页。
② 中央教育科学研究所编：《叶圣陶语文教育论集》，教育科学出版社1980年版，第60—63页。
③ 吕叔湘：《吕叔湘论语文教学》，山东教育出版社1987年版，第73—76页。
④ 吕叔湘：《吕叔湘论语文教育》，河南教育出版社1995年版，第68页。
⑤ 张志公：《说"语文"》，载《张志公文集》第3卷，广东教育出版社1991年版，第61页。

教学生读写各式各样的文章；而文学则作为语言文字运用的一个方面存在于语文课程之中，语文课所进行的读写听说教育中自然而然地包含文学的赏读乃至写作、听说教育。

但是，也存在一些问题：语文课程既然总是包含着文学教育的成分，那么，课本中哪些文学作品应该按照文学教育的方式来处理？哪些文学作品又不应该按照文学教育的方式处理而应该用作语言文字的训练？或者，一篇作品的教学是不是既要兼顾语言教育又要兼顾文学教育？正是在这个问题上拿捏不准，所以在实际教学中，有的老师就把语文课上成了语言训练课而完全忽视文学教育的存在，有的老师把语文课上成了文学分析课而忽视对学生进行语言训练，有的老师则在教学中努力兼顾语言教育和文学教育，力求"两手抓"。其结果是：要么造成文学教育的失落，要么造成语言教育的失落，要么语言教育和文学教育互相掣肘，两败俱伤。

为了改变这种状况，我们认为，还有一个处理办法，那就是实行语言和文学分科教学。其实，在我国现当代语文教育史上，早就有人注意到了将言语教育和文学教育糅合在一起进行的弊端，认为两者性质不同，应该分而治之。如 20 世纪上半叶，黎锦熙就将语文教育分为"语文方面"和"心意方面"，朱自清则将其分为"技术训练"和"精神训练"。就连叶圣陶先生，也曾在 1955 年发表的《关于语言文学分科的问题》一文中说："语言和文学在一块儿教学，教学任务不具体。""只有语言和文学分开来，一科分成两科，各自组成完备的课程，才能使学生受到充分的系统的语言教育和文学教育，才能有效地提高教学质量。"① 在 20 世纪 80 年代，张志公先生也曾就语言教育和文学教育分治的问题开出三张处方：一是"一分为二"，就是把语文一门课程分为"汉语"和"文学"两门课程；二是"一课两本"，即一门语文课设"语言"和"文学"两种教材；三是"一本两线"，即在一本语文课本中分语文教育和文学教育两条线索。②1990 年，王尚文在其专著《语文

---

① 叶圣陶：《关于语言文学分科的问题》，《人民教育》1955 年第 8 期。

② 张志公：《语文教学全过程规划的初步设想》，载顾黄初、李杏保主编：《二十世纪后期中国语文教育论集》，四川教育出版社 2000 年版，第 799 页。

课改的第三浪潮》中也明确指出"语文课是进行语言教育和文学教育的语言文学课"①，并以专节分别论述了语言教育和文学教育不同的宗旨、目的、内容和方法；2004 年他又呼吁"语文"一分为二，即将语文教育分为语言教育和文学教育。② 从其他国家的经验看，许多国家在对待语言教育和文学教育上都有所区别。如，从 20 世纪 40 年代末起，前苏联就把语文课分为"俄语"和"文学"两个科目，分别列入普通学校的教学计划；直到现在，俄罗斯仍然实行"俄语""文学"分科教学。美国的语文课程也分为语言和文学两大类，"语言类课程有的称为'英语'，也有的称为'语言艺术'，其中包括语言技能、实用写作、有效交流等课程。文学类课程包括当代文学、英国文学、美国文学、欧洲文学等等。"③ 英国、日本、新加坡等国也有类似做法。有的国家，即使不单独设科，在教材上也是按语言类和文学类分别处理的。④ 我国语文教育家的上述言论和国外语文课程"语言""文学"分科的经验启示我们：语文教育实行语言教育和文学教育分治是必要的，也是可行的。将语文课程分为"语言"和"文学"两科，语言课程专门负责语言教育，对学生进行听说读写的言语训练；文学课程专门负责文学教育，培养学生的文学趣味和文化品位，这样，目的明确，任务清楚，就能保证语言教育和文学教育都收到实效。

当实行"语言""文学"分科教学时，我们这里所说的"语文课程"，主要就是指以培养汉语读写听说能力为根本目的的"语言课程"。

至于"语文＝语言＋文化"的解释，也有一定的道理，因为语言总与特定的文化背景联系在一起，而且它本身也是一种文化；学习某种语言，总会涉及与之相关的价值观念、思维方式、传统习俗、风土人情、民族精神等等。比如，阅读李白的《春夜洛城闻笛》"此夜曲中闻折柳，何人不起故园

---

① 王尚文：《语文教改第三浪潮》，广西师范大学出版社 1990 年版，第 35 页。

② 王尚文：《呼吁"语文"一分为二》，《语文学习》2004 年第 4 期。

③ 江苏母语课程教材研究所主编：《当代外国语文课程教材评介》，江苏教育出版社 2004 年版，第 68 页。

④ 郑国民等：《当代语文教育论争》，广东教育出版社 2006 年版，第 85 页。

情"一句，就关涉古人"折柳送别"的文化习俗，如果学习者对此不甚明了，就很难将"闻折柳"与"故园情"联系起来，读懂诗句的深层内涵。但是，语文课程中的"文化"，也仅仅是"关涉"而已——即在语言文字的学习中涉及"文化"时附带学习，其目的一方面是为了提高学生的综合素质，另一方面也是为了更好地学习语言文字。在语文课程中，"文化"不是一项独立内容，更不是一项与语言文字学习并驾齐驱的核心内容。

二、语文与语言、言语：来自索绪尔的启示

瑞士语言学家索绪尔（F. de Saussure）在德国语言学家洪堡特提出的"言语"概念基础上，系统研究并严格区分了"语言（langue）"和"言语（parole）"。他指出："在我们看来，语言和言语活动不能混为一谈"，"它们是两种绝对不同的东西"。语言"既是言语机能的社会产物，又是社会集团为了使个人有可能行使这机能所采用的一整套必不可少的规约"，"语言以许多储存于每个人脑子里的印迹的形式存在于集体中，有点像把同样的词典分发给每个人使用。所以，语言是每个人都具有的东西，同时对任何人又都是共同的，而且是储存在人的意志之外的。语言的这种存在方式可表示为下面的公式：$1+1+1+\cdots\cdots=1$（集体模型）"；而言语则是"多方面的、性质复杂的，同时跨着物理、生理和心理几个领域"，"是个人的意志和智能的行为。""言语中没有任何东西是集体的；它的表现是个人的和暂时的。在这里只有许多特殊情况的总和，其公式如下：$(1+1'+1''+1'''\cdots\cdots)$"① 从索绪尔的论述看，语言和言语的区别是明显的：其一，语言系统是社会共有的交际工具，因而是稳固的，具有相对的静止状态；言语是人们运用这个工具进行交际的过程和结果，是自由结合的，具有运动状态。其二，语言是个系统，是社会共有的交际工具，社会因素是它的本质因素；言语是人们运用这

---

① ［瑞士］费尔迪南·德·索绪尔：《普通语言学教程》，高铭凯译，商务印书馆1980年版，第30—35页。

个工具说（写）的过程和结果，因此，除了具有社会的因素外，还具有个人的因素。其三，语言系统的各个结构成分是有限的，但我们每个人都可以用它们说出无限多的句子来。① 简言之，语言是从现实的、鲜活的言语中提取出来的一套语音、词汇、语法系统，是社会成员用来交际和思维的工具，它是静态的、稳定的、公共的；而言语则是个人运用语言的行为和由此产生的结果，它是动态的、鲜活的、个性化的。

根据索绪尔"语言""言语"分立的理论，我们看到，在语文课程范畴内，"语文"实际上有两种用法：（1）作为交际工具的"语文"——即索绪尔所说的语言（langue），如叶圣陶说的"语文是工具，自然科学方面的天文、地理、生物、数、理、化，社会科学方面的文、史、哲、经，学习、表达和交流都要使用这个工具"②，张志公说的"语文是个工具，进行思维和交流思想的工具，因而是学习知识和科学技术的工具，是进行各项工作的工具"③，吕叔湘说的"使用语文是一种技能"④，等等，其中的"语文"都是指作为交际工具的一套音义结合的符号系统——语言（langue）。（2）作为课程名称的"语文"。当它被用作指一门课程时，"语文"的含义主要是"言语"（parole）而非"语言"（langue），这可由叶圣陶等人对"语文"的阐释推演而来——正如前文所说，叶圣陶对作为课程名称的"语文"的解释是"口头为'语'，书面为'文'"，"把口头语言和书面语言连在一起说，就叫语文"。这里，不管是作为"口头语言"的"语"，还是作为"书面语言"的"文"，都是指人理解和运用语言的行为及其结果，这当然是"言语"而非"语言"。

在理论上正确区分"语言"和"言语"，认识到作为课程的"语文"主要不是指"语言"而是指"言语"，对于语文课程的理解和建构具有特别重要的意义。曾经有一段时间，人们习惯于把"语文"理解为"语言"，认为

① 岑运强：《言语的语言学导论》，北京大学出版社2006年版，第44—45页。
② 中央教育科学研究所编：《叶圣陶语文教育论集》，教育科学出版社1980年版，第138页。
③ 张志公：《说工具》，载《张志公文集》第3卷，广东教育出版社1991年版，第50—59页。
④ 吕叔湘：《吕叔湘论语文教学》，山东教育出版社1987年版，第52页。

语文课程就是学语言的。"语言是什么？语言就是一个知识系统，即关于语音、词汇、语法的知识系统。基于这样的认识，学语文，于是也就是学语音、词汇以及语法知识。"① 这样，"语言"作为一套静态的符号体系及相关知识就成为"语文"课程的核心内容，语文课程就被视作跟数学、生物、化学等一样的学科课程，一门关于"语文"的学问，教材和教学都根据"语文"这门学问的逻辑与结构展开，"语文教学的实践过程变成了语文知识的宣讲过程。"② 当然，语文课程也没有忽视"能力"，长期以来，语文教育工作者始终坚守着一个信念：只要让学生掌握科学、系统的语言知识和理论并通过适当训练，学生的语文能力不难提高。在他们的观念里，这就跟数理课程在让学生掌握了知识、原理、定律后再加以练习以巩固知识、提高能力是一个道理。这样，"语言知识＋语文能力"就成为语文课程的主体，语言知识的传授不仅是语文能力培养的支撑，而且本身就与语文能力培养一样是语文课程的重要任务。

把语文课程视为一门学习语言知识的学科或者以"语言知识＋语文能力"为主体的学科，"主观方面是在认识上混淆了'语言'和'言语'的根本界限，造成对'三老'言论中一些关键用语的误解，并由此而引起对'工具'和'工具的使用'的误解，从而导致语文教学方向的再度迷失。"③ 而将"语言"和"言语"区分开来，在语文课程中引入"言语"概念，"过去许多纠缠不清的问题可以豁然开朗、迎刃而解。语文课程的目的、内容、性质等诸多重要问题，在'语言'与'言语'严格区分的视角下，变得易于判断。"④ 在将作为课程的"语文"理解为"言语"的前提下，我们认识到，语文课程的根本目的和任务是培养学生的言语能力，而不是要让学生掌握一套关于语言的知识或理论体系；语文课程的核心内容是个性化的、以读写听说

---

① 潘新和主编：《新课程语文教学论》，人民教育出版社 2005 年版，第 66—67 页。

② 李海林：《"语文学科"和"语文课程"辨——兼论语文教学的整体失误》，《中国教育学刊》1993 年第 1 期。

③ 刘焕辉：《言与意之谜——探索话语的语义迷宫》，中国社会科学出版社 2001 年版，第227 页。

④ 李维鼎：《语文课程初论》，浙江教育出版社 2004 年版，第 176 页。

为表现形式的言语行为及其结果——言语作品，而不是一套公共的由语音、词汇、语法构成的语言符号系统及其相关知识。"学习语文就是一个学习言语的过程"①，"语文科是母语的言语教育学科，而不是母语的语言教育学科；是主要属于心理范畴的培养学生言语能力的学科，而不是属于语言学范畴的学科。"② 总之，引入"言语"概念，将作为课程名称的"语文"理解为"言语"而不是"语言"，澄清了关于语文课程的许多错误认识，为确立正确的语文课程本体观奠定了基础。

但是，将作为课程的"语文"理解为言语而非语言，并不是要排斥语言。因为事实上，语言（langue）和言语（parole）一方面是有严格区分的，另一方面也是紧密联系的。"毫无疑问，这两个对象是紧密相连而且互为前提的：要言语为人所理解，并产生它的一切效果，必须有语言；但是要使语言能够建立，也必须有言语。""语言和言语相互依存，语言既是言语的工具，又是言语的产物。"③ 离开了言语，语言就成了无源之水、无本之木；离开了语言，言语也就失去根基，成为空中楼阁。学习"言语"，不可能脱离"语言"，因为"言语"就是对语言要素系统的运用及其结果，如果对某种语言的要素系统缺乏最基本的了解，那也就谈不上运用。因此，作为"语言"的"语文"和作为课程名称的"语文"是有内在联系的。在这里，之所以强调语文课程之"语文"是指"言语"而非"语言"，是说语文课程的根本目的是教学生学习"言语"而非"语言"，而语文课程教学生学习言语，又主要是通过让学生学习课文、话语片段等言语作品和开展各种言语活动而不是让他们孤立地学语音、词汇、语法、修辞和文章学、写作学等语文知识来进行的。

当然，在一般的使用中，也没有必要将"语言"和"言语"分得清清楚楚，因为"事实上，社会群体从未因为不分'语言'和'言语'而感到不

---

① 周明兆：《新解"语文"——对叶（圣陶）老题名的再思考》，《语文学习》1995 年第 5 期。

② 余应源：《再论语文教学科学化》，《教育研究》1993 年第 3 期。

③ ［瑞士］费尔迪南·德·索绪尔：《普通语言学教程》，高铭凯译，商务印书馆 1980 年版，第 41 页。

便"①，比如，我们通常说"张三的语言很幽默""这篇文章的语言优美"，这并不会引起理解上的歧义和麻烦。

三、"语文"作为课程名称的所指：实然与应然

"语文"二字在被确定为课程名称时，叶圣陶赋予它的含义是"口头语言和书面语言的合称"，意指这一名称所标记的课程是"学习运用语言的本领的"，而且，根据叶圣陶命名时的语境，我们还可以推知，这里的"语言"是指国家通用语。叶圣陶对"语文"作出如此阐释，并不意味着人们在使用中就得毫厘不差地按照这一阐释来确定其所指。事实上，当"语文"这一名称进入使用流程时，它的内涵、指称对象总在随着语境、使用者的变化而不断变化，有时甚至完全蜕化成了一个没有具体含义的标记。比如，我们现在常常也用"语文"来指称我国古代"无名"期的语文课程、清末"多名"期的语文课程、1927 年至 1949 年的"国语""国文"期的语文课程、新世纪的"语文"课程群时期的语文课程②，甚至国外的"语文课程"等等，而不会引起交流障碍，而这些"语文课程"都各有各的具体形态，且并不一定都符合叶圣陶对"语文"的阐释，如古代"无名期"的"语文课程"基本上就没有"口头语言"的内容。可见，"语文"这一名称在使用中的实然所指和当初用它来命名时的本然所指、应然所指在事实上已经有所分离，它的含义、指称对象已经越出了命名者规定的"雷池"。

但"语文"在使用中的"越出雷池"并不等于当初立名之意的失效。

---

① 张静：《从语言的层面看语言教学的纲》，载李海林主编：《语文教育研究大系（1978—2005）·理论卷》，上海教育出版社 2005 年版，第 177 页。

② "无名"期、"多名"期等是于源溟博士对"语文课程"命名史的划分，他把"语文课程"命名史分为六个阶段：古代的"无名"期，清末的"多名"期、民初"国文"期、"五四"至 1927 年的"国语"期、1927 年至 1949 年的"国语""国文"期、中华人民共和国成立后的"语文"统一期、新世纪的"语文"课程群时期。见于源溟：《预成性语文课程几点批判》，社会科学文献出版社 2007 年版，第 180—181 页。

因为：其一，"名称的含义决定其所指，也就是说，涵义是确定所指的根据、标准和手段。"①"语文"在立名之初被赋予了最基本的涵义，而正是这一最基本的涵义成为判断"语文课程"的最低阈限、标准。在中国教育语境中，我们之所以不会把中小学的"外国语课程"称为"语文"，就是因为有"语文"这个最基本的涵义作判断的标尺。尽管在后来的使用中，这一名称又被赋予了一系列涵义，但如果没有命名之时的涵义作基点，这些涵义也无从得以衍生。可以说，"语文"立名之时的涵义一直制约、左右着"语文"的所指。其二，"语文"的实然所指形形色色，但它们就一定是本然或应然的语文课程吗？比如，目前的高中语文选修课程"文化论著研读"如果完全上成了文化学课程，跟"学习运用语言的本领"一点不沾边，那么，它还是"语文课程"吗？如果不是，判断的依据是什么？当然可以有很多依据，但其中一个直接而重要的依据就是"语文"原初的命名意图，因为它体现了命名者对语文课程的本然状态或应然状态的思考，尽管这些思考并非完美无缺，但它毕竟是随着"语文"名称被普遍接受和使用而得到广泛认可的，其中一定存在着关于语文课程的真知灼见。探寻语文课程的本体，我们不可能对这些真知灼见视而不见。

第二节　语文课程性质的检讨

语文课程性质观是语文课程理论研究和语文课程实践的核心和基础。作为一种哲学思考和认知取向，它关乎语文课程的建设走向，主导着课程设计者、实施者和评价者的行为。"任何一门独立的学科之所以有别于其他学科，取决于它内在的质的规定性，即该学科的本质属性，它不仅在理论上制约着该学科的研究对象、目的和任务，而且在实践中也制约着该学科的教学原则、方法，以及最终的评估标准和评估结果。因此，任何一门学

---

① 陈波：《逻辑哲学导论》，中国人民大学出版社 2000 年版，第 58 页。

科的性质问题都是对该学科进行系统研究的首要问题。中小学语文学科也不例外。"① 可以说，探究语文学科的"性质"，就是深层次地追问"语文课程是什么"，就是为语文课程寻找最终的"根据、标准和尺度"，"这与课程本体论所要做的为课程认识寻求所赖以进行的理论前提并对其进行合理论证有异曲同工之妙"②，因此，我们把语文课程性质研究看作语文教育研究领域一种特有的本体探究。

一、语文课程性质观种种

语文课程的性质问题是自语文独立设科以来就一直盘桓在语文教育领地的一个重要理论问题。新中国成立前，虽然这一问题并不明朗，少有人提及"性质"二字，但关于"国文""国语"课程的目的任务的讨论却此起彼伏。新中国成立后，语文课程性质的问题逐渐凸显出来，而且成为困扰语文教育工作者的一个理论难题，几十年来，人们围绕这一难题苦苦探寻，孜孜以求，提出了多种见解，展开了多次论争，目前"基本上形成了工具论、人文论、言语论和悬置论四种主流观点及'综合论'和'模糊论'等非主流观点。"③

"工具论"是由著名语文教育家叶圣陶首先提出来的。经过 20 世纪 50 年代末、60 年代初的两次语文教育大讨论，1963 年颁布的语文教学大纲正式认定语文课程的性质是"工具性"，自此，"工具论"就成为我国语文教育界对语文课程性质的主流界说，并多次体现在"语文教学大纲"中。

"人文论"产生于 20 世纪 90 年代前后语文教育界关于科学主义与人文精神的大讨论中，它认为，语言不仅仅是工具，它更是人的精神活动、生命活动。语文教育不是语言文字的技术训练，而是"人"的教育，学语文就是

---

① 肖北方、杨再隋：《论语文教学的工具性、教育性和审美性——对语文学科性质的再认识》，《课程·教材·教法》1995 年第 6 期。

② 于源溟：《预成性语文课程基点批判》，社会科学文献出版社 2007 年版，第 126 页。

③ 于源溟：《预成性语文课程基点批判》，社会科学文献出版社 2007 年版，第 129 页。

学做人。"语文教学是一门社会科学，人文精神是它的基本属性"①"语文学科是人文学科，人文性是它的本质属性"② 都是它的主张。

"言语论"以索绪尔及有关语言学家的"语言""言语"分立理论为依据，立足于言语本体论来探究语文课程的性质，它包括这样三种观点：一种试图从教育内容、教育目的和方法三个方面及其内在联系寻找语文教育的"共扼点"，认为"'言'与'意'的互转性乃是语文课的性质"③。一种把语文课程性质问题转换成语文课程价值问题，认为语文课程的价值意义在于人通过对言语作品的活动实现人的现实生成，因而，"语文教育就是言语智慧教育。"④ 还有一种通过寻找语文课程与其他课程的"种差"来为语文课程定性，认为"语文课程的'种差'就是'言语性'"。⑤

另外还有"悬置论"和"消解论"。"悬置论"站在课程论的立场，主张用"课程取向"取代"语文学科性质"，对"语文学科性质"问题进行悬置。⑥"消解论"认为语文学科性质问题本质上是一个被虚构出来的学术假问题，主张消解语文学科性质这一预成性语文课程基点。⑦

二、"工具论"的辩护与坚守⑧

以上几种观点中，"工具论"的历史最悠久，影响最大，但它受到的批判也最多。可以说，语文课程性质观演绎史上的多次论争都因"工具论"而起，"人文论""言语论"等都曾把矛头对准"工具论"，"工具论"承受了来

---

① 韩军：《限制科学主义，弘扬人文精神——关于中国现代语文教学的思考》，《语文学习》1993 年第 1 期。
② 王尚文：《语感论》，上海教育出版社 2000 年版，第 377 页。
③ 李维鼎：《"语文课"就是"言语课"——再从语文学科的工具性说起》，《长沙水电师院社会科学学报》，1994 年第 1 期。
④ 李海林：《言语教学论》，上海教育出版社 2000 年版，第 223 页。
⑤ 潘新和：《语文课程性质当是"言语性"》，《中学语文教学》2001 年第 5 期。
⑥ 王荣生：《语文科课程论基础》，上海教育出版社 2003 年版，第 47—76 页。
⑦ 于源溟：《预成性语文课程基点批判》，社会科学文献出版社 2007 年版，第 5 页。
⑧ 陈勇：《语文课程"工具论"的辩护与坚守》，《教育学报》2010 年第 6 期。

自各方面的批评和压力。但一个值得注意的事实是，"工具论"几十年风雨历程，并没有因为遭受批评者的口诛笔伐甚至猛烈抨击而轰然倒下，在论争中它反倒愈来愈成熟，愈来愈稳健，这说明"工具论"在揭示语文课程的本质上具有相当程度的合理性，在指导语文教育实践上具有经得住检验的科学性。

那么，"工具论"的合理性和科学性体现在哪些地方呢？下面作具体分析。

（一）"工具论"究竟是如何界定语文课程性质的

当一些学者不遗余力地批判"工具论"的时候，我们不禁想到了一个问题："工具论"究竟是如何界定语文课程性质的？人们是否真正读懂了"工具论"？为了弄清这一问题，有必要进行历史的还原。

众所周知，最早提出"工具论"的是叶圣陶。1942 年，针对当时国文教学"训练不切实，教学不得法"的现实，叶圣陶指出："国文，在学校里是基本科目的一项，在生活中是必要工具的一种"，并批评旧式教育"不能养成善于运用国文这一种工具来应付生活的普通公民。"① 这是叶圣陶首次提出"工具论"，其中内含了一个最基本的命题："国文"科要培养学生使用"国文"这一工具的能力。此后，叶圣陶又多次主张语文课程"工具论"。1955 年，在《关于语言文学分科的问题》报告中，他根据列宁、斯大林"语言是交际的工具"的说法，申明"语言教育的一个主要任务是让学生认识语言现象，掌握语言规律，学会正确地熟练地运用语言这个工具"②。1963年，在"语文教学目的与任务"的大讨论中，叶圣陶又说："语言是一种工具，就个人说，是想心思的工具，是表达思想的工具；就人与人之间说，是交际和交流思想的工具。"因此，他认为"学语文为的是用……经过学习，读书比以前读得透彻，写文章比以前写得通顺，从而有利于自己所从事的工作，这才算达到学习语文的目的。"③1978 年，语文教育拨乱反正，亟待开创

---

① 中央教育科学研究所编：《叶圣陶语文教育论集》，教育科学出版社 1980 年版，第 86、88 页。

② 叶圣陶：《关于语言文学分科的问题》，《人民教育》1955 年第 8 期。

③ 中央教育科学研究所编：《叶圣陶语文教育论集》，教育科学出版社 1980 年版，第 138 页。

新局面，叶圣陶再次申明："语文是工具，自然科学方面的天文、地理、生物、数、理、化，社会科学方面的文、史、哲、经，学习、表达和交流都要使用这个工具。要做到个个学生善于使用这个工具（说多数学生善于使用这个工具还不够），语文教学才算对极大地提高整个中华民族的科学文化水平尽了分内的责任，才算对实现四个现代化尽了分内的责任。"[1]1980年，他又强调说："语文是人与人交流和交际的必不可缺的工具。不善于使用这个工具，就无法工作和生活，甚至可以说就不能做人。"因此，"口头语言的说和听，书面语言的说和读，四种本领都要学好。"[2]综观叶圣陶的论述，可以看到，"语文是工具"的看法总是和他的语文课程目的任务观联系在一起的，也就是说，他的论述中总是包含了这样两个具有紧密逻辑联系的命题：（1）语文是交际和思维的工具，是生活、工作、学习的基础工具；因此，（2）语文课程必须教会学生正确熟练地使用语文这个工具。这就是叶圣陶的语文课程"工具论"。在理解中，我们切不可把这两个命题割裂开来，孤立地看待它们。

张志公是叶圣陶"工具论"的继承者和发展者，1963年他发表的《说工具》一文是"全面而正确地阐发语文学科性质最有代表性和指导性的重要学术论文"[3]。在文中，张志公开篇就旗帜鲜明地亮出"语文是工具"的观点，并指出，语文这个工具和其他工具有相同的地方，那就是"准确地操纵它，熟练地运用它，只有这样，它才好好地为我们服务"；也有不同的地方，那就是"语文这个工具不生产物质资料"，"而是人们用来思维和交流思想的工具，学习科学文化知识和进行工作的工具"。正因为语文是这样一个特殊的"工具"，所以，语文教学一方面"必须教学生切切实实地在训练中学会操纵和使用语文工具，也就是着眼于掌握字、词、句、篇章的运用能力，不容许离开这种训练去空讲大道理，空讲理论知识"，另一方面"必须把训练学生运用字、词、句、篇章的能力和训练学生理解语言所表达的

---

①　中央教育科学研究所编：《叶圣陶语文教育论集》，教育科学出版社1980年版，第150页。

②　刘国正主编：《叶圣陶教育文集》第3卷，人民教育出版社1994年版，第217页。

③　李杏保、顾黄初：《中国现代语文教育史》，四川教育出版社2000年版，第329页。

思想的能力结合起来，不容许把二者割裂开来，对立起来"。这样，语文教学"才算是符合语文的这种性质"，"才能使学生正确地、充分地掌握语文这个工具"。① 可以看出，张志公这里所讨论的"语文工具"其实是"语言工具"，他所谓的"语文的性质"其实是"语言的性质"，也就是说，张志公在这里似乎并没有直接给语文课程本身定"性"。是这样吗？仔细分析，我们就发现，与叶圣陶一样，张志公关于"语文工具"的看法也是和他的语文教学目的任务观联系一起的，他讨论"语文工具"的出发点和归宿都在语文教学的目的任务，其逻辑为：因为语文教学的目的是"使学生正确地、充分地掌握语文工具"，所以应该弄清"语文是一个什么工具"；弄清了语文是"这样"一个工具，所以语文教学应该"这样"做。这就是张志公的语文"工具论"。

1961 年 12 月 3 日，《文汇报》发表社论《试论语文教学的目的任务》，明确指出："语文，归根结底是一种工具，是阶级斗争的工具，是生产斗争的工具，是交流思想感情的工具，是传播知识的工具，是学习马克思列宁主义和攀登文化科学高峰的工具，一句话，是人们用以认识世界和改造世界的一个重要工具。"这里，社论认定"语文是工具"旨在讨论"语文教学的目的任务"，所以，社论接着指出："语文教学的目的任务应是：使学生正确、熟练地掌握与运用祖国的语言文字，培养与提高学生的阅读和表达能力，并通过教学内容教育和感染，培养学生具有正确的观点，健康的思想感情和高尚的品德。"② 《文汇报》发表的这篇社论是关于"工具论"的又一重要文献，它所持的语文课程"工具本质观"是 20 世纪 50 年代末、60 年代初语文教育界影响巨大、具有深远历史意义的"关于语文教学目的任务的大讨论"的结果，反映了当时教育界人士对语文课程性质的普遍看法。从这篇社论的表述来看，"工具论"对语文课程的看法主要体现为"语文工具"观及与此紧密相关的语文教学目的任务观。

---

① 张志公：《说工具》，载《张志公文集》第 3 卷，广东教育出版社 1991 年版，第 50—59 页。
② 《文汇报》社论：《试论语文教学的目的任务》，载顾黄初、李杏保主编：《二十世纪后期中国语文教育论集》，四川教育出版社 1991 年版，第 236—241 页。

　　"工具论"的思想也体现在语文教学大纲（课程标准）的相关表述中。1963 年颁布的《全日制小学语文教学大纲》（草案）指出："语文是学好各门知识和从事各种工作的基本工具。语文是学生必须首先掌握的最基本工具，小学语文教学的目的，是教学生正确地理解和运用祖国的语言文字，使他们具有初步的阅读能力和写作能力。"《全日制中学语文教学大纲》（草案）也明确指出："语文是学好各门知识和从事各种工作的基本工具"，"是学生学习各门学科必须首先掌握的最基本的工具"。"中学阶段，一定要在小学的基础上加强语文基本训练，对学生严格要求，使他们踏踏实实地掌握语文这个工具，否则必然会产生难以估计的不良影响。"这是语文教学大纲首次正式把语文课程的性质确定为工具性。此后，1980 年、1986 年、1988 年、1990 年、1992 年等年份颁布的语文教学大纲也都在肯定"语文是工具"的前提下，指出语文课程的目的任务是：对学生进行严格的语文训练，使学生能够正确理解祖国的语言文字，具有较强的听说读写能力，同时，在听说读写的训练中对学生进行思想教育。

　　以上都是关于"工具论"的重要论述，可以说，"工具论"就是在这些论述中诞生、发展和成熟的。从这些论述可以看到，"工具论"包含着这样三个紧密相联的命题：（1）语文是工具——交际的工具、思维的工具、学习和工作的基础工具，总之，是人生不可或缺的重要工具；（2）语文课程的根本目的任务是培养学生正确理解和运用祖国语言文字的能力，使学生掌握语文工具；（3）语文工具具有独特的性质，它是用来思维和交流思想的，"和思想老是长在一起"，教学生掌握语文工具应该符合语文工具的特性，做到"文道统一"。这三个命题中，（1）命题表述的是对"语文"（注意：此处的"语文"当为"语言"而非"语文课程"）的认识，它主要是作为（2）（3）命题的前提和基础而存在的，而集中体现"工具论"对语文课程的看法的应该是（2）（3）命题。因此，根据（2）（3）命题，"工具论"的语文课程性质观便可概括为：语文课程是一门旨在培养学生正确地理解和运用祖国语言文字的能力、帮助学生掌握语文工具的文化基础课程，语文课程教学生掌握语文工具应该做到"文道统一"。这一性质观，通常又被简化为"语文课程的工具性""语文课程的本质属性是工具性"等等表述。

(二)"工具论"科学地揭示了语文课程的本质

语文课程性质问题属于本体论范畴的问题，这里的"性质"实际上是指"本质属性"，所谓"本质属性"（essential attribute），就是"事物的决定性意义的特有属性，即决定该事物之所以为该事物而不是别的事物的特有属性。与'非本质属性'相对。"① 认识语文课程的性质就是把握语文课程的本质属性，就是揭示"语文"作为一门课程，它区别于政治、历史、数学等课程的特有属性。

如何揭示语文课程的性质？有人认为，语文学科（课程——笔者注）的性质是"由语文学科的基本构成要素及其结构方式所决定的。"② 因此，"应从学科的整体出发，由构成语文学科的因素入手，经过归纳、抽象出本学科的性质。"③ 也就是说，研究语文课程性质要从语文课程事实出发。但问题在于，语文课程是人为的事物，具有主观性和价值负载性，我们不可能像自然科学那样只通过分析客观存在物的结构要素去发现固定在那儿的所谓客观的、不以人的意志为转移的"语文课程的性质"。因此，研究语文课程性质，不仅要考察古往今来变动不居、形态各异的语文课程事实，也要表达"何以存在"和"应该是什么"的语文课程价值。

语文课程的事实和价值问题，即语文课程"如何存在""何以存在""应该是什么"的问题，用叶圣陶的话来说，就是"语文是干什么的"的问题——叶圣陶曾批评不少人对语文教学的性质缺乏正确的认识，说："最麻烦的是大多数人正在背道而驰。多数的语文教师不知道语文做什么，尽往不切实用的道路上去瞎钻研。"④ 因此，他指出："语文教学到底是干什么的？

---

① 冯契主编：《哲学大辞典》（修订本），上海辞书出版社 2001 年版，第 70 页。

② 靳健：《现代语文的学科性质与性质观》，《西北师大学报（社会科学版）》1997 年第 3 期。

③ 鱼浦江：《名不正则言难顺——关于中学语文学科性质研究综述》，《语文学习》1991 年第 1 期。

④ 叶至善、叶至美、叶至诚主编：《叶圣陶集》第 25 卷，江苏教育出版社 1994 年版，第 65 页。

要研究。"①"语文教学到底是干什么的"，既包括语文课程实际上是干什么的——即语文课程的事实问题，也包括语文课程应该是干什么的——即语文课程的价值问题，它实质上是对语文课程的根本目的任务的事实追问和价值追问；研究"语文教学到底是干什么的"，就是要弄清语文课程的根本目的任务事实上是什么和语文课程的根本目的任务应该是什么；弄清了语文课程的根本目的任务事实上是什么和语文课程的根本目的任务应该是什么，也就弄清了语文课程"如何存在""何以存在""应该是什么"等问题，即语文课程的本质属性问题。

语文课程的性质究竟是由什么决定的？论述到这里，我们也就清楚了，"语文"作为一门课程，它的性质是由"语文课程是干什么的"——即语文课程的根本目的任务来决定的。这些年，语文课程实施中的"非语文""泛语文"现象引起人们的广泛关注。"非语文""泛语文"实际上就是对语文课程（教学）性质作出的判断。凭什么判断它是"非语文""泛语文"？不就是根据语文课程的根本目的任务吗？偏离了语文课程的根本目的任务，本来应该学语文却学了其他，当然就是"非语文""泛语文"了。

"工具论"作为一种语文课程性质观，正是紧紧抓住"语文课程是干什么的"——即语文课程的根本目的任务来揭示语文课程的本质属性的。它认为，语文课程的根本目的任务在于培养学生的语文能力、帮助学生掌握语文工具，以利于其终身的学习、工作和发展，这就是语文课程的本质属性，就是决定语文课程之所以成为"语文课程"的根本。"工具论"对语文课程本质的这一认识既尊重了语文课程发展的历史事实，也表达了对语文课程的价值诉求。

1."工具论"的语文课程性质观符合语文课程事实

语文课程实际上是干什么的？这可以从语文课程发展的历史事实中找到答案。回溯历史，我们看到，无论古今中外，学校设置语文课程，其根本

---

① 叶至善、叶至美、叶至诚主编：《叶圣陶集》第 13 卷，江苏教育出版社 1992 年版，第 253 页。

目的和任务都在于培养学生的语文能力，帮助他们掌握语文工具。我国古代，自学校出现后，学校就专门设有旨在进行习字学书教育的"语文课程"，如西周时期"六艺"中的"书"，其主要目的就是教学生识字写字，帮助他们掌握运用语言文字的本领。封建时代，虽说语文教育具有浓重的伦理道德教育色彩，但让学生掌握语文工具却始终是它不曾放弃的责任。张志公先生将传统语文教育的过程分为三个阶段[①]：启蒙阶段，以识字教育为中心；进行读写的基础训练；进一步的阅读训练和作文训练，这三个阶段都是围绕掌握语文工具这个目标来进行的。

1904 年语文独立设科后，经过 20 世纪二三十年代的语文课程目的之争，五六十年代的"语文教学目的任务"大讨论以及新时期以来的理论研究和实践探索，语文课程教学生掌握语文工具的目的更加明确。20 世纪以来，"无论我们站在哪个立场，无论我们采取何种取向，无论我们怎样'批判''调和'或'新解'，至少在以下三种表述上，是有普遍共识的"：正确理解和运用祖国的语言文字；语言运用；听说读写。也就是说，第一，语文学科是有关母语的学科，对母语的正确理解和运用是它的起点和本位；第二，语文应姓"语"，语文课程与教学的基本取向应着眼于语言运用能力的培养；第三，语言运用的方式主要是听说读写。考察新中国成立以来的语文教学大纲，如果把意识形态加诸大纲的表述内容剥离出去，我们也可以看到这一清晰的课程取向。[②]

国外母语课程也是这样。从历史来看，"各国语文教学的发展历史，清晰地呈现出一条由文学熏陶到语言实际运用的运动轨迹。"[③] 但即使是"文学熏陶"，也需以掌握语文工具为前提，否则就无法"熏陶"。从现状来看，各国的语文课程几乎都是以语言能力培养为核心目标的。如《英国国家课程·英语》中指出："英语教学应培养学生口头和文字的熟练能力以及良好的听力，并培养具有浓厚兴趣的，具有丰富知识的，能与作者产生共鸣的读

---

① 　张志公：《传统语文教育初探》，上海教育出版社 1962 年版，第 1 页。

② 　陶本一、于龙：《"语文"的阐释》，《课程·教材·教法》2007 年第 11 期。

③ 　倪文锦、欧阳汝颖主编：《语文教育展望》，华东师范大学出版社 2002 年版，第 15 页。

者。"① 美国纽约州2005年5月颁布的《英语语言艺术课程标准》也指出："英语语言艺术课程的主要理念在于通过大量的实践和模仿，使学生掌握和发展如下语言技能：语言的接收技能——聆听和阅读，语言的表达技能——写作和说话。"② 日本1999年颁布的《高中国语学习指导纲要》中提出国语课程的目标是："培养准确地理解和恰当地表现国语的能力。使学生在提高交流能力的同时，扩展思考能力，涵养情感，锻炼语言感受，加深对语言文化的关心，培养尊重国语以及谋求提高国语能力的态度。"③ 德国教学大纲规定：语言教学的任务是在语音、词汇、语法和正字法上传授标准的德意志语言，使学生理解人们是通过符号系统来相互进行交际的。④ 韩国《国语科教育课程》也把课程目标规定为：在掌握韩国语言初步知识的基础上，提高学生日常生活中正确运用韩国语言的能力；使学生了解和掌握韩国语言的性质和体系以及使用韩国语言的意义、作用，进而以开阔的眼界，正确地认识韩国语言的使用状况，有效地、创造性地表达自己的思想感情。⑤ 可见，世界各国语文课程都把培养语文能力作为根本目的。

因此，从事实上来讲，古今中外的语文课程都是因培养语文能力、帮助学生掌握语文工具而存在的；无论有着怎样的具体形态，无论其要素结构如何变化，语文课程培养语文能力、帮助学生掌握语文工具的宗旨始终不变。"工具论"正是抓住了语文课程中这一不变的事实，对语文课程性质作出了正确的概括。

---

① 中外母语教材比较课题组编：《中外母语课程标准译编》，江苏教育出版社2000年版，第243页。

② The University of the State of NewYork，the State Edueation Department，*English Language Arts Core Curriculum*，2009年3月30日，见http：//www. emse. nysed. gov.

③ 中外母语教材比较课题组编：《中外母语课程标准译编》，江苏教育出版社2000年版，第172页。

④ 张桂春：《中德小学数学及语文教学大纲差异的缘由探析》，《比较教育研究》2001年第4期。

⑤ 权珊：《中韩两国小学语文教学大纲》，《课程·教材·教法》2001年第5期。

2."工具论"合理地表达了对语文课程的价值诉求

"语文课程应该干什么",这是对语文课程的价值诉求。价值是和需要联系在一起的,"价值的实质,是客体的存在、属性及其变化同主体的尺度和需要相一致、相符合或接近。"① 这个定义表明,事物的价值,一方面取决于"客体的存在、属性",另一方面又取决于"主体的尺度和需要",这两个因素的契合点就是价值。同理,对于语文课程来说,其价值也取决于这样两个因素:一是语文课程的属性、功能,一是主体的尺度以及其对语文课程的需要,前者是"语文课程能够干什么"的问题,后者是"主体需要语文课程干什么"的问题,这两个问题联合起来决定了"语文课程应该干什么"。

先来看看"语文课程能够干什么"。语文课程是以言语为核心的课程组织,言语总是负载着一定的思想内容,所以语文课程一经产生,事实上就具有了多种潜在的功能。这些功能,我们可以按照刘国正的看法把它们大致归结为三类:第一,语文教育的功能,学生从中获得运用语言文字的能力。第二,思想教育的功能,学生从中得到思想品质道德情操的陶冶。第三,知识教育的功能,学生从中获得语言、文学知识和某些文化知识。② 对于语文课程的主体来说,这些功能是不是都具有价值或者说都具有同等的价值呢? 不是。功能不等于价值,语文课程能够干什么和语文课程应该干什么是两回事。语文课程的这些功能是否具有价值,以及其价值的大小,取决于它是否符合主体的需要以及其符合主体需要的程度,如果不符合主体需要,它就没有什么价值可言。

那么,主体对语文课程的需要是什么呢? 人是语言的动物,语言是人类最为重要的思维和交际工具,人的生存和发展都离不开语言。就个体而言,他们需要运用语言来交流思想、表达情感、学习文化、思考问题、从事工作;就社会而言,社会需要利用语言来维系政治、发展经济、传播文化、施行教育。总之,个体和社会都离不开对语言工具的使用,都需要人具有使

---

① 肖前主编:《马克思主义哲学原理》,中国人民大学出版社 1994 年版,第 658 页。

② 刘国正:《谈谈中学语文教学改革的几个问题》,载人民教育出版社中学语文编辑室编:《中学语文教学现状和设想》,人民教育出版社 1981 年版,第 32 页。

用语言工具的能力。人使用语言工具的能力可以在语言环境中自然习得，但当社会发展到一定的程度后，通过自然习得的语言能力就已经不能完全满足社会的需要了，于是，专门培养人的语言能力的语文课程应运而生。可见，语文课程原本就是为培养人的语文能力而产生和存在的，社会设置语文课程，就是需要它培养其成员使用语文工具的能力；个体学习语文课程，也是需要它为自己提供言语经验，以增强使用语文工具应付日常生活、工作、学习的能力。也就是说，培养人的语文能力是主体对语文课程最为根本的需要，而语文课程所具备的功能又恰好能满足这样的需要，因此，培养人的语文能力就理应成为语文课程的主导价值取向。"工具论"正是看到了这一点，所以旗帜鲜明地指出，语文课程的根本目的是培养学生正确理解和运用祖国语言文字的能力，使他们能够熟练地使用语文工具。应该说，这是对语文课程价值的合理判断。

当然，教育是培养人的活动，它不光肩负着传授知识、培养能力、发展智力的使命，更肩负着净化心灵、涵育人格、启迪智慧等等使命，因此，从育人的高度看，主体对语文课程的需要不是唯一的，除了需要它培养语文能力外，也需要它提升精神境界，陶冶道德情操，开拓知识视野，等等，但这些需要比起培养语文能力的需要来说，都不是最根本的，不能体现语文课程之所以存在的独特价值。其实，因为语言是思想的外显、"精神的流射"、人性的表征，学生在学习语言的时候，不可避免地要触及语言之中的思想、感情、精神、知识、文化等，所以，主体对语文课程的思想教育的需要、知识教育的需要本身就能在语文教育的过程中得到满足，语文课程的思想教育价值、知识教育价值本身就能在语文教育的过程中得以实现，我们不必把思想教育、知识教育从语文教育中抽取出来，都当作语文课程的根本任务。

"言语论"虽然猛烈抨击"工具论"，但究其实质，它还是属于"工具论"的范畴。它立足于言语本体论，认为语文课程是教学生学习"言语"——即培养语文能力的，而不是学习语言理论知识的，反对把语文课上成语言知识课，这正是"工具论"所主张的。不过，"言语论"者所提出的"言语智慧教育""言意互转性""言语性"等远没有"工具性"来得朴实、明确、易懂。"人文论"并没有揭示语文课程的本质属性。语文教育的确是人的教育,学习语言的确是"对沉淀于语言中的人和生命、人的意志的体验,对表现于语言中人的生存、人的生活的认同,也就是作为人类心声的语言对具体的个别的心灵的同化"[①],但不能反过来说"人的教育"就是语文教育,精神世界得以升华了,语文就学好了。人文教育是所有课程共同的责任,它不是决定语文课程存在的根本因素。

(三)正确理解"工具论"所表达的语文课程性质观

要正确地认识"工具论"的理论内涵并不容易。"工具论"屡屡遭到"言语论"者、"人文论"者的批评,究其原因,并非"工具论"错了,而是某些学者误读了"工具论"、甚或根本就没有读懂"工具论"所致。对于"工具论"遭到的误读以及由此招致的批评,我们应该有一个理性的认识。

1."工具论"批判之批判

有学者依据索绪尔及有关语言学家关于"语言"和"言语"分立的理论批评说:"工具论"是先"将'语文'解释为语言文字,再论述语言文字的工具性能,最后直接地得出语文课具有工具性",而"语文"是"言语"不是"语言","语言是工具"并不能推导出"语文课程具有工具性"。[②]这一批评看似逻辑严密,实则存在问题:第一,混淆了作为"语言文字"的"语文"和作为"课程"的"语文"。是的,"工具论"的前提性表述"语文是交际(学习、工作)的工具"中的"语文"可以被理解为"语言文字",但这也仅限于前提性表述而已;对于作为一门课程的"语文","工具论"则另有解释,并没有将它与作为一种符号系统的"语言文字"等同起来。而在这里,批评者显然是将"工具论"前提表述中的"语文"与作为一门课程的"语文"混同为了一个概念,这不过是为了批评而强加"罪证"罢了。第二,批判对象不明。实际上,批评者这里所批判的是他自己根据"语文(语言)是工具"推导出来的一个标签似的"工具性"(这不是"工具论"的推导),

---

① 王尚文主编:《语文教育学导论》,湖北教育出版社 1994 年版,第 26 页。

② 李维鼎:《语文言意论》,上海教育出版社 2000 年版,第 127 页。

而这个"工具性"的具体内涵是什么，恐怕连他自己也无法说清楚。也就是说，批评者所批评的"工具性"并不是"工具论"所说的"工具性"，他的批评根本没有触及"工具论"的理论内涵。第三，只注意到了语言和言语的区别而没有注意到二者的联系。"语文是工具"中的"语文"当然是指语言文字，而作为课程的"语文"也当然是指言语，言语不是语言，但它是对语言这一工具的运用，语文课程就是培养使用"语言文字"这一工具的能力，具有"工具性"，这有什么错？没有注意到语言和言语间的联系，狭隘地理解"工具性"，当然会得出错误的结论。

还有批评者把"工具论"概括为这样三个命题：A，语文是工具；B，语文学科是工具；C，语文课是工具，并就此提出批评说："说'语文是工具'也好，说'语文学科是工具'也好，说'语文课是工具'也好，都是对语文、或对语文学科、或对语文课的一种比喻"，而"比喻是不能揭示事物的本质属性的"①。的确如此。但问题在于，"工具论"是在用比喻揭示"语文学科""语文课"的性质吗？从前文的分析可以看到，"工具论"表达是这样一种语文课程认识：语文课程的根本目的是培养学生使用语文工具的能力，培养学生使用语文工具的能力应该符合语文的特性。这才是"工具论"的语文课程性质观，可见，它并没有用"工具"这样的比喻去揭示语文课程的性质，"语文学科是工具""语文课是工具"等不过是"工具论"的简约说法。这里，批评者只揪住"工具论"的简约说法不放而不顾及其理论内涵，是不合理的。另外，就是"语文是工具"这一说法，也并非就是用来揭示"语文（不管是语言还是语文课程）"的本质的。列宁说："语言是人类最重要的交际工具"②，斯大林也说："语言是手段、工具，人们利用它来彼此交际，交流思想，达到互相了解"③。这里，列宁、斯大林是在用"工具"这个比喻来定义语言吗？不是；翻翻语言学著作，也找不出有哪一个语言学家是用"工

---

① 李海林：《言语教学论》，上海教育出版社 2000 年版，第 129 页。

② 列宁：《论民族自决权》，《列宁选集》第 2 卷，人民出版社 1972 年版，第 508 页。

③ 斯大林：《马克思主义与语言学问题》，《斯大林选集》下卷，人民出版社 1979 年版，第 515 页。

具"的比喻来界定语言本质的；在语文课程性质探讨中，"工具论"又何曾用"工具"的比喻来界定语文的本质？

另有学者批评道：工具性是一种泛属性，它并不能反映语文课程的特殊属性，因为其他学科比如哲学、思维学、数学等未尝就不是"工具"，因此"语言（语文）'工具论'就可以休矣。"①这一批评显然没有注意到"工具论"的前提性表述，"工具论"的前提性表述已经指明"语文是人类交际的工具、思维的工具、学习和工作的基础工具"，而语文课程就是培养使用"语文"这个工具而非"哲学""思维学""数学"等工具的能力，这正是语文课程区别于哲学、思维学、数学等课程的特殊之处，怎么说"工具性"不能反映语文课程的特殊属性呢？在语文课程中，"工具性"当然是针对语文工具而言的。

总之，很多批评者只顾埋头批判"工具论"，却很少认真追索"工具论"的真正内涵。他们的批评很多时候只是在"语文是工具""语文科是工具"这些表述形式上兜圈子，所批评的"工具论"或"工具性"往往并非真正意义上的"工具论"或"工具性"。这样，批判无论多么富有力度、富于逻辑，也最终无效，因为它根本就找错了"靶子"。"工具论者为何？工具论是人们用简约的比喻，来表达自己对语文课的认识的一种提法。""工具论"认为：语文课程就是"以培养学生的阅读能力、写作能力、听话与说话能力为主要目标和主要内容的文化基础课。其核心是要学生掌握好语文交际工具，以利于学好其他各门功课，以利于一生的生存和发展。"②当我们说"语文课程的工具性"或"语文课程的本质属性是工具性"时，已经表明了"工具论"这一特定的理论内涵和课程理念，因此，任何试图只从表述形式上驳倒"工具论"的言论都只能是文字上的推敲而已，并没有进入实质层面——除非它能推翻"工具论"所表达的语文课程理念。

2. 工具性与思想性 / 人文性关系之探讨

理解"工具论"，还涉及一个问题：工具性和思想性 / 人文性之间是什

---

① 潘新和：《语文课程性质当是"言语性"》，《中学语文教学》2001 年第 5 期。
② 王世堪：《人文性、工具性及其他》，《课程·教材·教法》2009 年第 6 期。

么关系？

新课程改革以前，"语文科是兼有工具性和思想性的基础学科""语文科是工具性和思想性的统一体"是人们对语文课程性质的普遍认识，很多语文教育学著作都把"工具性"和"思想性"并列为语文课程的两大属性。

1987年，陈钟梁的《是人文主义，还是科学主义？——语文教学的哲学思考》一文①引发了语文教育界"工具论"与"人文论"的持续论争，论争中，除了极少数"工具论"和"人文论"的极端主义者，"主张弘扬语文课程人文精神的多数人，并没有否定语文课程的科学性和工具性；而坚持语文课程具有工具属性的多数人，也并没有否定语文课程的人文属性。两者都认为工具性和人文性是语文课程的双重属性，应该相触，只是强调的重点不同。"②论争的结果是"人文性"最终取代"思想性"，与"工具性"统而一之被写入新世纪颁布的语文课程标准中，成为新课程标准对语文课程性质的最新界定："语文是最重要的交际工具，是人类文化的重要组成部分。工具性和人文性的统一，是语文课程的基本特点。"③对于这个界定，有学者解释道："'工具性'着眼于语文课程培养学生语文运用能力的实用功能和课程的实践性特点；'人文性'着眼于语文课程对于学生的思想感情的熏陶感染的文化功能和课程所具有的人文学科的特点。指明语文课程的'工具性'和'人文性'，目的在于突出这两方面的功能。我们相信，科学与人文的统一、工具性与人文性的统一，可以成为人们的共识，也反映了社会各界对语文教育的共同期望。"④

工具性和思想性/人文性之间真的是平起平坐、平分秋色的关系吗？或者说，"工具性和思想性/人文性的统一"就是语文课程性质的准确表述吗？二者如何"统一"？是工具性"统一"在思想性/人文性里，还是思

① 陈钟梁：《是人文主义，还是科学主义？——语文教学的哲学思考》，《语文学习》1987年第8期。
② 吴立岗：《建国后对小学语文课程性质、任务的认识的历史发展》，《小学语文教学》2004年第9期。
③ 《全日制义务教育语文课程标准（实验稿）》，北京师范大学出版社2001年版，第1页。
④ 巢宗祺：《关于语文课程性质与基本理念的对话（一）》，《语文建设》2002年第7期。

想性／人文性"统一"在工具性里？或者说，二者经"统一"后成为了别的什么"性"？很难讲清楚。难怪有学者批评说："工具论"实际上是一种二元论，它以工具性和思想性的二元论形式规定语文教学的本质属性，明显违反了"本质一元论"。而且，工具性是客观的，思想性是主观的，一个事物不可能同时既是客观的，又是主观的。① 这里批评的虽然只是"工具性和思想性"的二重性问题，但把"思想性"换成"人文性"也是一样的。

　　这样的批评是有道理的。对于用作指"语言"的"语文"来说，说它具有"工具性和思想性／人文性"或是"工具性和思想性／人文性的统一"，应该不会引起太大争议，因为语言本身就是表达思想的，是内容和形式的统一体；但是，对于作为一门课程的"语文"来说，这样的定性却值得商榷。这里，要注意区分"语文（语言）的性质"和"语文课程的性质"这两个概念，"语文（语言）的性质"表达的是对语言的认识，是一种语言观；"语文课程的性质"表达的是对"语文"这门课程的认识，是一种课程观；"语文（语言）"的性质并不等于"语文课程"的性质。多少年来，我们在工具性和人文性上纠缠不清，很大程度上就是因为没有正确区分"语文（语言）的性质"和"语文课程的性质"这两个概念。前文曾指出，语文课程的性质问题，说穿了就是"语文课程是干什么"的问题，即语文课程的根本目的任务问题，因此，说"语文课程具有工具性"，实际上就是指语文课程是一门工具学科，它的根本目的任务是培养学生的语文能力、帮助学生掌握语文工具；说语文课程具有"思想性／人文性"，实际上就是指语文课程是一门人文学科，它的根本目的任务是对学生进行思想教育、人文教育；由此推论，说"语文课程具有工具性和思想性／人文性"或"语文课程是工具性和思想性／人文性的统一"，实质上就是指语文课程既是一门以培养学生的语文能力、帮助学生掌握语文工具为根本目的任务的课程，又是一门以思想教育、人文教育为根本目的任务的课程，或者说是这两个根本目的任务的统一。这

---

① 李海林：《言语教学论》，上海教育出版社 2000 年版，第 138—148 页。

显然不符合逻辑，决定一门课程的根本目的任务不可能有两个，既然是"根本"，那就是唯一的，否则它到底是干什么的就说不清楚，它的性质也就变得模糊。

但是批评者说这是"工具论"的主张，这就使"工具论"蒙受了不白之冤。将工具性和思想性／人文性等量齐观何曾是"工具论"的本意？对于工具性和思想性／人文性之间的关系，"工具论"自有主张。

让我们先来看看"工具论"的首倡者叶圣陶先生对这个问题的论述。叶圣陶一贯重视语文课程的"专责"，他认为，语文课程的根本目的在于培养学生的阅读和写作能力，让"个个学生善于使用（语文）这个工具"，这就是语文课程的"专责"。"阅读和写作的知识""阅读和写作的习惯"，"他种学科是不负责授与和训练的责任的，这是国文科的专责。"[1] "国文教学自有它独当其任的任，那就是阅读与写作的训练。……这种技术的训练，他科是不负责任的，全在国文教学的肩膀上。"[2] 但"专责"并不等于"单责"，"独当其任的任"并不等于"唯一的任"，事实上，语文是表达思想的，语文教学不可能脱离语文的思想内容来进行，因此，在强调语文课程的"专责"的同时，叶圣陶也注意到了它的思想性。他说，学习语文，"思想"和"表达思想内容的工具""两方面都要正确对待"[3]。但怎样正确对待呢？他认为，"训练思想，就学校课程方面说，是各科共同的任务；可是把思想语言文字三项一贯训练，却是国文的专责。"[4] "国文教学，选材能够不忽略教育意义，也就足够了，把精神训练的一切责任都担在自己肩膀上，实在是不必的。"[5] 可见，在叶圣陶看来，工具性和思想性并非等量齐观，帮助学生掌握语文工具始终是语文学科根本的、第一位的"专责"，而"训练思想"却是各科共同的任务，并非为语文一科所独有，思想教育始终是从属于语文工具训练、

① 中央教育科学研究所编：《叶圣陶语文教育论集》，教育科学出版社 1980 年版，第 3 页。
② 中央教育科学研究所编：《叶圣陶语文教育论集》，教育科学出版社 1980 年版，第 57 页。
③ 中央教育科学研究所编：《叶圣陶语文教育论集》，教育科学出版社 1980 年版，第 156 页。
④ 中央教育科学研究所编：《叶圣陶语文教育论集》，教育科学出版社 1980 年版，第 77 页。
⑤ 中央教育科学研究所编：《叶圣陶语文教育论集》，教育科学出版社 1980 年版，第 57 页。

寓于语文工具训练之中的。

张志公的《说工具》一文也明确地阐述了工具性和思想性的关系。他认为，语文这个"工具"具有特殊性，特殊就特殊它在是"用来思维和交流思想的"，"和思想老是长在一起，分不开。"① 正是因为语文具有这样的特殊性质，所以张志公主张语文教学要"文道统一"，把"训练学生运用字、词、句、篇章的能力和训练学生理解语言所表达的思想的能力结合起来，不容许把二者割裂开来，对立起来"②。但"文道统一"是不是就等于"文""道"平分秋色呢？不。张志公明确地说，语文教学的目的主要在于"教学生掌握语文工具"，而"不在于教给学生有关自然的或者有关社会的知识，因为那是物理、化学、生物、地理、历史那些学科的工作……也不在于教给学生很多政治思想的知识或理论修养，因为那是政治课的工作。"③ 也就是说，在语文教学中，文和道并非同等重要，帮助学生掌握语文工具才是首要的、根本的目的任务，语文教学"重道"，是因为语文本身就是"载道"的，但"重道"并不是要把"道"从"文"中抽取出来，列为与"文"同等重要的任务，"道"的教育是"在向学生进行语文训练的同时"自然而然地进行的，"重道"的最终目的还是为了使学生掌握语文工具。"教一篇文章，必须让学生透彻理解全篇思想内容，并且从中得到思想上的教益，知识上的启迪，感情上的陶冶，不这样是不对的，可是办法必须是带领着学生好好地读这篇文章……让文章的本身去教育学生；教一篇文章，必须让学生从中学到有用的字、词、句和谋篇布局的方法，从而丰富他的语言知识，提高他的语言技能，不这样是不对的，可是办法必须是指导学生充分理解文章的内容……"，这样，就"大概能达到语文教学教学生掌握语文工具的目的"④。这就是张志公所说的"文道统一"。

作为"工具论"的鼓吹者和坚守者，叶圣陶和张志公二老对工具性和

---

① 张志公：《说工具》，载《张志公文集》第3卷，广东教育出版社1991年版，第54页。
② 张志公：《说工具》，载《张志公文集》第3卷，广东教育出版社1991年版，第54页。
③ 张志公：《说工具》，载《张志公文集》第3卷，广东教育出版社1991年版，第55—56页。
④ 张志公：《说工具》，载《张志公文集》第3卷，广东教育出版社1991年版，第58页。

思想性之间的关系的看法颇具代表性。可见，在真正的"工具论"那里，"工具性"和"思想性"并非平起平坐的关系，而是有主有从，语文教学的"主"从来就是教学生掌握语文工具、发展学生的语文能力，而思想教育总是从属于工具训练、自然而然地寓于工具训练之中的，工具性本身就内在地包含着思想性，如果人为地把思想性从语文这个工具中分离出去，这就有违语文"工具性"的本义。

　　"工具性"和"人文性"之间的关系也是这样。笔者认为，作为表情达意、思想交流的工具，"语文（语言）"肯定具有人文性，但语文（语言）具有人文性并不意味着语文课程就要把人文教育单列出来作为和语文能力培养同等重要的任务，还是叶圣陶先生说得好，语文教学自有其"独当其任的任"，这一"任"就是培养学生使用语文工具的能力。有的"人文论"者，无限拔高人文教育在语文课程中的地位，不但吵嚷着"人文性"应该和"工具性""均分天下"，甚至还用人文性排挤工具性，说语文课程的本质属性就是人文性，"语文教育就是做人的教育"，"语文教育就是精神教育"。这显然有违语文课程的本性。那该如何给思想性、人文性正确定位呢？我们认为，首先应该肯定语文课程是一门工具性课程，然后在这个大前提下再来谈"语文（语言）"的思想性、人文性，其逻辑是：语文课程的根本目的任务是帮助学生掌握"语文（语言）"工具，但"语文"工具本身具有思想性、人文性，因此，在帮助学生掌握"语文（语言）"工具的同时应该注意到语言文字本身所具有的思想、人文因素对学生的精神世界所产生的影响，并有意识地促成这种影响的发生。我们同意这样的说法：应当反对加诸语文过多的负担，使之难以承受，具体表现为，或视"思想性""人文性"为学科性质、课程目标，或以"语文"的外延内容为教学内容，把种种"大语文""非语文""泛语文"的东西强加给语文，混淆了语文课和公民课、历史课、技术课的区别，使语文学科界域模糊、目标游离、内容庞杂。所谓"人文"是哲学、史学、法学、艺术学、政治学等人文学科的共有品质，并非语文一科所独有，更不是语文学科的本质属性。所谓"思想"也并非一种外在于语言的事物，而对"思想性"的片面强调将使语文教学偏离正常的轨道。①

(四)实践证明,"工具论"富于生命活力

有学者批评"工具论"说:语文教学长期低效率低质量的理论根源就在于"工具论"的理论规定和实践规范,因为"工具论"造成了语文教学系统各要素、各部分之间的结构性错位,而正是这种结构性错位导致了语文教学长期在低效率上徘徊。近半个世纪,语文教学的整体失误都与"工具论"有关。② 还有学者不无偏激地说:"工具说主宰中国语文教育达半个世纪,语文教育效率低下的状况一直延续了半个世纪。"③ 看来,"工具论"罪莫大焉!果真如此吗?翻检历史,我们看到,情况正好相反:每当语文教育误入歧途时,"工具论"总是"挺身而出",把语文教育从危险的边缘拉了回来,使语文教育重新走上正轨。可以说,"工具论"正确地指导了语文教育实践,保证了语文教育的质量和效率。

新中国成立初期,语文教育突出思想政治教育,特别是1958年"大跃进"开始后,语文教育更是把"为政治服务"放到首要位置,课本选文标准几乎由"政治标准第一"演变为"政治标准唯一",语文课被上成了"政治课",由此导致学生语文水平严重滑坡。针对语文教育的混乱局面和语文教育目的任务的认识困惑,语文教育界展开了两场"在古今中外的教育史上都是罕见的"④ 语文教育大讨论——"关于语文教学目的任务的讨论"和"怎样教好语文课"的讨论。通过讨论,人们对语文学科的性质和目的任务的认识渐趋统一,认为培养学生的听说读写能力、帮助他们正确熟练地掌握语文工具是语文教学的根本目的任务,思想教育应该潜移默化地寓于语文训练之中。1961年8月和1963年1月《人民教育》先后发表了署名"洛寒"的文章《反对把语文课教成政治课》《反对把语文课教成文学课》,文章对语文教育领域中的两种倾向作了分析和批评,指出:"语文是一种工具,要

① 陶本一、于龙:《"语文"的阐释》,《课程·教材·教法》2007年第11期。
② 李海林:《言语教学论》,上海教育出版社2000年版,第164—167页。
③ 李维鼎:《语文言意论》,上海教育出版社2000年版,第130页。
④ 李杏保、顾黄初:《中国现代语文教育史》,四川教育出版社2000年版,第302页。

按照学习掌握工具的规律进行教学，也就是说，要真正把语文课教成语文课。"①1963年6月教育部颁布的《全日制小学语文教学大纲》（草案）和《全日制中学语文教学大纲》（草案）也首次明确指出了语文学科的工具性，这标志着"工具论"成为语文教育的指导思想。"工具论"保证了语文教育的正确方向，恢复了语文课程的本来面目。人们根据语文学科的工具性特点认识到，要提高语文教育的质量，必须要加强语文基础知识的教学和语文基本能力的训练。1961年后，语文教育界明确提出了"加强'双基'"的口号，人民教育出版社1962年编写的《全日制十二年制学校中学语文课本》和1963年编写的《全日制十二年制学校小学语文课本》也纠正了1958年以来语文教材强调"政治挂帅"、突出思想政治的片面做法，在课文组织、语文知识安排、单元设计等方面强调语文基础知识的教学和读写能力的训练，力求体现语文学科的工具性。在教学方面，则强调语文知识教学和语文能力培养，并为此进行改革实验，从中总结出了比较符合语文规律的教学方法，使新中国语文教学形成了一个比较完整、科学的教学体系，语文教学改革出现了新中国成立以来最繁荣的局面。② 可以说，正是"工具论"在关键时刻拯救了语文教育。

十年浩劫，语文课程的性质被扭曲为"阶级斗争的工具"，语文课被上成"政文课"或"革命文艺课"，语文教育园地一片狼藉，不堪回首。"文革"结束后，语文教育界拨乱反正，清淤除垢。1978年3月16日，吕叔湘先生在《人民日报》上发表了被称为"新时期语文教学改革的一声惊雷"的《当前语文教学中的两个迫切问题》一文，严厉批评语文教育说："10年时间，2700多课时，用来学习本国语文，却是大多数不过关，岂非咄咄怪事！"③ 同时，叶圣陶先生在社会科学院语言研究所召开的北京地区语言学科规划座谈会上也作了讲话，重申语文的"工具性"。吕叔湘的文章、叶圣陶

---

① 李杏保、顾黄初：《中国现代语文教育史》，四川教育出版社2000年版，第308页。
② 陈黎明、林化君：《20世纪中国语文教学》，青岛海洋大学出版社2002年版，第338页。
③ 吕叔湘：《当前语文教学中的两个迫切问题》，载《吕叔湘语文论语文教学》，山东教育出版社1987年版，第67页。

的讲话引起了国内语言学界和语文教育界的强烈震动，随后，《中学语文教学》编辑部专门召开座谈会，讨论语文学科的性质、特点和任务。与会的教育界、科技界、语言学界、文艺界知名人士和一线语文教育工作者如叶圣陶、茅以升、吕叔湘、王力、苏灵扬、刘国正、张中行等发表了各自的看法，尽管所论各有侧重，但基本观点是一致的，那就是确认语文学科是一门教会学生正确掌握祖国语文这一重要工具的学科，它的基本任务就在于教学生"学语文"和"用语文"，做到会读、会写、会说、会听。语文教学中的思想教育要在语文训练的过程中通过熏陶感染，潜移默化地进行。① 就这样，语文课程的工具性得以重新确立，并体现在随后颁布的语文教学大纲中。随着对语文学科性质认识的明晰和深入，语文教育实践再次焕发出生机与活力。新时期以来，在"工具论"的旗帜下，广大语文教育工作者清理了"文化大革命"中的错误做法，把传授语文知识、培养语文能力、发展智力作为语文课程的主要目的和任务，积极探索科学的教学内容序列，建构适合知识教学和能力培养的教材，进行多项教学改革实验，语文教学呈现出一派前所未有的欣欣向荣的局面，教学质量得到了极大提高。"工具论"又一次拯救和振兴了语文教育。

近年来，当语文新课程实施中出现了"非语文""泛人文"等倾向时，不少语文教育工作者又回眸于"工具论"，求诸于"训练"，重提叶圣陶"语文教学特有的任务"的观点，指出"语文课程的基本功能是教育学生学会运用语文工具"，② 任何"脱离或忽略语言工具性特点的语文课都不是真正意义上的语文课"③，呼吁"给'训练'留个位置"，认为"训练是语文教学的基本形态"④，这再次证明"工具论"具有强大的生命力，它已深深扎根于语文教育工作者的心田之中，成为他们迷茫时的引航之塔，困惑中的希望之光。

为什么"工具论"会有如此强大的生命力？因为它正确揭示了语文课

---

① 李杏保、顾黄初：《中国现代语文教育史》，四川教育出版社 2000 年版，第 340—345 页。

② 苏立康：《语文课程的稳定与变革》，《中国教育学刊》2008 年第 6 期。

③ 倪文锦：《我看工具性和人文性》，《语文建设》2007 年第 7—8 期。

④ 钱梦龙：《请给"训练"留个位置》，《中学语文教学》2008 年第 1 期。

程的本质，符合语文教育发展的规律。语文教育应该坚持"工具论"。

第三节　语文课程本体的澄明

通过对"语文"含义的追溯和对语文课程性质的探讨，我们明确了以下三个关于"语文课程是什么"的问题：

第一，语文课程是一门教学生学习口头语言和书面语言的课程。口头语言和书面语言着眼于语言运用，它既包括语言运用的行为（其具体形式是听、说、读、写），又包括语言运用所产生的结果——言语作品，从这个意义上讲，听说读写训练以及文字、文章、文学等都应该是语文课程的"题中之义"。

需要特别对待的是"文学"这一语文元素。因为语言教育和文学教育性质不同、目的内容有别，所以语文课程中就确实存在一个如何处理语言教育和文学教育之关系的问题。根据已有经验，可以有两种处理方式：一种是将语言和文学糅合在一起进行，一种是实行语言、文学分科教学。当将语言和文学糅合在"语文"一科之中时，文学则作为语言文字运用的一个方面存在于语文课程之中，语文课程所培养的读写听说能力自然也就包括文学的赏读、写作乃至听说能力；当语言和文学分科教学时，本论中的"语文课程"就侧重指"语言课程"。

第二，语文课程是一门教学生学习"言语"而非"语言"的课程。"言语"和"语言"的区分表明，中小学语文课程不是学"语言"的语言知识课程，而是学"言语"的言语能力课程，其主要目的不在于让学生掌握一套静态的语言符号体系及相关理论知识，而在于培养学生个体的言语能力。

第三，语文课程是一门以培养学生语文能力、帮助学生掌握语文工具为根本目的任务的课程，"语文"工具本身具有思想性、人文性，因此，教学生掌握"语文"工具应该照顾到语言文字本身所具有的思想、人文因素对学生精神世界可能产生的影响，并有意识地加以引导，做到"文道统一"。

但语文教育中的"文道统一"并不等于"文""道"平分秋色。在语文教育中，思想教育、人文教育是从属于语文训练并自然而然地渗透在语文教育过程之中的。

这三点中，"教学生学习口头语言和书面语言""教学生学习'言语'""培养学生语文能力、帮助学生掌握语文工具"说的实际上都是一回事，因为"口头语言和书面语言"就等于"言语"，"言语能力"就等于"语文能力"，"语文能力"就等于"口头语言能力＋书面语言能力"。因此，归根结底，语文课程是一门以培养学生的语文能力、帮助学生掌握语文工具为根本目的任务的文化基础课程，"培养学生的语文能力、帮助学生掌握语文工具"是语文课程得以存在的根本原因，也是判断"语文"课程之为语文课程的基本标尺。语文课程这一本体论意义上的属性，我们仍然把它称作"工具性"。

当然，语文课程以培养学生的语文能力为根本目的，并不等于说语文课程就不可以有其他目的，"根本"不等于"唯一"。众所周知，语文课程具有很强的综合性，其中涉及人生、社会、自然等百科知识，也涉及情感、态度、理想、信念、价值观等人文因素，这就使得语文课程除了培养语文能力之外，"捎捎带带还能办不少事，比如思想的感染陶冶，联想力、想象力的发展，思考力、推理力的发展，等等。"[1] 因此，人们也把思想教育、智力发展、文化熏陶等作为语文课程目标的合理组成部分。但必须注意，思想教育、智力发展等等目标并不为语文课程所特有，而是为所有的课程所共有；尽管从育人的高度看，语文课程也肩负着实现这些目标的任务，但在教育实践中，语文课程是以特有的"语文"的方式为实现这些目标贡献力量的。如果撇开"语文"来谈这些目标，甚至以这些目标来掩盖和取代语文能力培养这个核心目标，那就偏离了语文课程的本体。

探明语文课程本体是把握语文课程特点的前提和基础，我们对语文课程实践品格的判定就是建立在"工具论"的语文课程本体观的基础之上的。

---

[1]　张志公、庄文中：《工具　实用　现代化》，《语文学习》1996 年第 11 期。

第二章

语文课程实践品格的理论阐释

在探明语文课程本体的基础上，我们再来考察由这一本体衍生出来的语文课程的一个重要特性——实践性。

第一节　语文课程实践品格的内涵

通过本体考辨，我们已经明确，语文是"工具性"课程，其最根本、最核心的目的在于培养学生的语文能力、帮助学生掌握语文工具。那么，如何达到这一根本目的呢？其间的路径当然很复杂，但在这复杂的路径中，有一条最为根本、最为必要，那就是：语文实践。对此，前人已有诸多论述。早在南北朝时期，刘勰就曾在《文心雕龙·知音》中说："操千曲而后晓声，观千剑而后识器"，意即只有多看多听多实践，才能对艺术深识鉴奥。17 世纪 30 年代，捷克教育家夸美纽斯也在《大教学论》中说："一切语言通过实践去学比通过规则去学来得容易。"① 至于现当代语文教育家，则对语文实践之于语文能力培养的重要性有着更为深刻的认识。叶圣陶说："学习语文的目的在运用，就要养成运用语文的好习惯"，"习惯是从实践里养成的。"② 吕

① [捷] 夸美纽斯：《大教学论》，傅任敢译，教育科学出版社 1999 年版，第 159 页。
② 中央教育科学研究所编：《叶圣陶语文教育论集》，教育科学出版社 1980 年版，第 140 页。

叔湘也说："语文的使用是一种技能，一种习惯，只有通过正确的模仿和反复的实践才能养成。"① 顾黄初更是明确地说："任何一种实践能力都必须在具体的实践活动中才能形成，才能发展。因此，听说读写的能力必须要受实践频率的制约；只有坚持频繁的、不间断的听说读写实践，人们的听说读写能力才能得到发展。"② 看来，语文能力是在语文实践中形成的，语文实践是培养语文能力的根本途径，已经成为深谙语文教育之道者的共识。

　　既然培养语文能力的根本途径是语文实践，那么不难推断，以培养语文能力为根本目的的语文课程就是一门需要"实践"的课程，重视学生的语文实践，让他们在大量的语文实践中历练语文能力、掌握语文工具，是语文课程应走的一条主要路径，也是语文课程不同于知识课程、理论课程的一个显著特性，这一特性，我们将它称为"语文课程的实践品格"。

　　"品格"，《辞海》（1999 年版）的解释是：① 品质，品行；② 文学、艺术作品的质量和风格。当译为英语时，"品格"一词一般译为"character"。从词源上看，"character"一词来源于古希腊语"karacter"，意指在硬币上刻下的标记或印盖的封印等。在古英语中，"charaeter"是"不朽的符号或痕迹"的意思。在当代英语中，作为名词的"character"至少有 17 种含义与用法，如：（事物的）性质、特性；特色、特征；道德力量、伦理力量；人格、性向；声名、声誉；角色、人物；字符、符号；印刷风格、写作风格等。③ 看来，不管是在中文中，还是在英文中，"品格"一词都多用于对人的品性和事物的特征的分析。基于此，在本研究中，笔者也将用"品格"一词来说明语文课程所具有的品质、特性。当然，在具体行文中，这一词语的使用不是僵化的，而是富有弹性的，有时我们也将"语文课程的实践品格"表述为"语文课程的实践品性""语文课程的实践性"，等等，其意思是相同的。

　　"语文课程的实践品格"，是对语文课程特性的一种简约性表达，内含

---

① 吕叔湘：《吕叔湘语文论语文教学》，山东教育出版社 1987 年版，第 53 页。

② 顾黄初：《语文教育论稿》，人民教育出版社 1995 年版，第 3 页。

③ 李华驹主编：《21 世纪大英汉词典》，中国人民大学出版社 2002 年版，第 433 页。

着这样一种事理上的论断，即：语文课程具有很强的实践性；或者说：语文课程是一门实践性课程。结合前文的论述，可以看到，这一论断包含了以下三个要点：(1)语文课程是一门以培养学生语文能力为根本目的任务的工具性课程；(2)培养语文能力的根本途径是语文实践；(3)因此，语文课程具有很强的实践性；或者说，语文课程是一门实践性课程。在这三个要点中，(1)是前提，是决定语文课程的实践品格的根本之所在；(2)是关键，是表达"实践品格"的核心内涵之所在；(3)是结论，是归结语文课程的"实践"特性之所在。从这三个要点间的关系来看，归根结底，语文课程的实践品格是由其"工具性"的本质属性所决定的，而这三个要点则构成了"语文课程的实践品格"的基本内涵。

　　新世纪颁布的语文课程标准，对"语文课程的实践品格"有着明确的表述。2001年颁布的《全日制义务教育语文课程标准（实验稿）》明确指出："语文是实践性很强的课程，应着重培养学生的语文实践能力，而培养这种能力的主要途径也应是语文实践，不宜刻意追求语文知识的系统和完整。""应该让学生更多地直接接触语文材料，在大量的语文实践中掌握运用语文的规律。"[1]2003年颁布的《普通高中语文课程标准（实验）》也指出："语文课程具有丰富的人文内涵和很强的实践性"，"应该让学生在广泛的语文实践中学语文、用语文，逐步掌握运用语言文字的规律。"[2]2011年颁布的《义务教育语文课程标准（2011年版）》更是在"课程性质"中就开宗明义地指出："语文课程是一门学习语言文字运用的综合性、实践性课程"，在"课程基本理念"中则坚持了2001年《全日制义务教育语文课程标准（实验稿）》的前述理念，并将之修订为："语文课程是实践性课程，应着重培养学生的语文实践能力，而培养这种能力的主要途径也应是语文实践。语文课程是学生学习运用祖国语言文字的课程，学习资源和实践机会无处不在，无时不有。因而，应该让学生多读多写，日积月累，在大量的语文实践中体会、

① 《全日制义务教育语文课程标准（实验稿）》，北京师范大学出版社2001年版，第2页。
② 《普通高中语文课程标准（实验）》，人民教育出版社2003年版，第14页。

把握运用语文的规律。"除了在"课程性质"和"课程基本理念"中指明外，在该课程标准的其他部分，语文课程的实践性也被反复强调。如在"课程设计思路"部分，指出："语文课程应注重引导学生多读书、多积累，重视语言文字运用的实践，在实践中领悟文化内涵和语文应用规律"；在"教学建议"中，强调教学要"努力体现语文课程的实践性和综合性""重视学生读书、写作、口语交际、搜集处理信息等语文实践，提倡多读多写，改变机械、粗糙、烦琐的作业方式，让学生在语文实践中学习语文、学会学习"；在"课程资源开发与利用建议"部分，也指出："语文教师应高度重视课程资源的开发和利用，创造性地开展各类活动，增强学生在各种场合学语文、用语文的意识，通过多种途径提高学生的语文素养。"[①] 语文课程标准明确提出"语文课程是实践性课程"的论断，并反复强调语文实践在语文课程与教学中的重要地位和作用，这在历次颁布的语文教学大纲（课程标准）中尚属首次。可以说，"语文课程是实践性课程"这一论断是对语文教育规律和特点的正确揭示，它正式出现在作为全国语文教育指导性纲领文件的"语文课程标准"中，标志着已成为我国语文教育的指导思想，必将对我国的语文教育实践产生重要影响。

需要进一步追问的是：为什么说培养语文能力的根本途径是语文实践？语文能力形成于语文实践的内在机制是什么？仅仅凭经验或通过类比来说明是不够的，还应该对之进行科学的分析和阐释。而要对这一问题进行科学分析和阐释，首先就应该弄清楚"语文能力""语文实践"是怎么一回事。接下来，我们就从"语文能力"和"语文实践"的内涵分析出发，对语文能力形成于语文实践的内在机制以及语文课程实践品格的内在逻辑进行深入探究。

[①] 《义务教育语文课程标准（2011年版）》，北京师范大学出版社2012年版，第3、4、5、20、34页。

第二节　"语文能力"探赜

一、语文能力的实质

关于语文能力的实质，学界已有若干认识。有学者认为，语文能力是指"影响适应并胜任语文学习任务的个体心理品质，是学习、掌握和应用语文这个基础的交际性工具的可能性与现实性的统一，由语文认识能力、语文问题能力、语文学习的情感能力等几个基本成分构成。"[1] 这一定义把重点放在学习语文的能力上，显然偏离了语文能力的主体，语文能力主要不是指学习语文的能力，而是理解和运用语文的能力。还有学者认为，语文能力是"用祖国语言文字进行的理解和表达的双向交流能力。即理解所呈现的口头语和书面语的内容，并用口头语和书面语表情达意的能力。"[2] 这一定义把"听和读"概括为理解，把"说和写"概括为表达；并且提出了口头语和书面语两种言语形式，具有一定的合理性，但是，这个定义并没有深入语文能力的心理学实质，也未能揭示语文能力的本质。

当然，也有按照心理学的"能力"概念来理解语文能力的。在心理学上，"能力是一种心理特征，是顺利实现某种活动的心理条件"[3]。根据其作用领域，能力又可以分为一般能力和特殊能力两类，"人要顺利地完成某种活动，必须具备一般能力和该种活动的特殊能力。在活动中，一般能力和特殊能力的关系是辩证统一的。"[4] 由心理学对"能力"的这一阐释出发，一些研究者提出了自己关于"语文能力"的实质和内涵的认识。下面两种说法就

---

[1]　刘显哉等：《中学生学科能力目标与培养·语文》，中国城市经济社会出版社 1990 年版，第 2 页。

[2]　祝新华：《语文能力发展心理学》，杭州大学出版社 1993 年版，第 3 页。

[3]　彭聃龄主编：《普通心理学》（第 4 版），北京师范大学出版社 2012 年版，第 450 页。

[4]　黄希庭：《心理学导论》，人民教育出版社 2001 年版，第 602 页。

很有代表性：

> A.语文能力是以语言操作专门能力为主，以智力和创造能力为基础的一种特殊的综合能力，是完成言语交际活动所必备的一种个性心理特征。①
>
> B.从内涵上讲，语文能力是个体完成语文活动所必备的个性心理特征。从外延上划分，语文能力是一种综合能力，它既包括语文学科所要求的学科能力，即读写听说，也包括以认知能力为主要内容的一般语文能力，如，敏锐而细致的语文观察力、广泛而持久的语文注意力、深刻而灵活的语文思维力、准确而巩固的语文记忆力等。②

这两个定义，显然是由心理学上具有广泛共识的"能力"概念推衍而来的，且都把语文能力看作是一种综合能力，具有一定的科学性。但问题在于：（1）A指出语文能力由"语言操作专门能力"和"智力、创造能力"综合而成，并解释"语言操作专门能力"："听、说、读、写四项语文基本活动，都分别包括着两种操作活动：外显的语言操作活动和内隐的心智操作活动"，"语言操作专门能力"就是"外显的语言操作活动"所需的能力。③ 显然，论者这里认为存在着一种与心智操作活动剥离开来的语言操作活动。但语言操作活动可以与心智操作活动剥离开来而独立存在吗？从论者的进一步解释看，语言操作活动——即"听与读所进行的分析词句章篇的语言释义操作"和"说与写所进行的组合词句章篇的语言操作"似乎根本就不可能离开心智操作而进行。因此，这种与智力、创造能力相对的"语言操作专门能力"究竟所指为何，仍然模糊不清。（2）B认为语文能力既包括"语文学

---

① 夏浩：《"语文能力"内涵及其与知识、智力本质联系刍议》，《西南师范大学学报（哲学社会科学版）》1993年第1期。

② 郑宇：《语文能力与语文教材》，《课程·教材·教法》2002年第5期。

③ 夏浩：《"语文能力"内涵及其与知识、智力本质联系刍议》，《西南师范大学学报（哲学社会科学版）》1993年第1期。

科所要求的学科能力"，又包括"一般语文能力"。这里，"学科"二字似乎把"语文能力"的讨论集中在了作为一个学科领域或一门教学科目的"语文"领域内，而事实上，语文能力体现在广泛的语文活动之中，它远远超出了"语文"这一学科领域。"一般语文能力"这个概念也令人费解：什么是一般语文能力？是否存在着语文观察力、语文记忆力之类的一般语文能力？这里所说的"一般语文能力"与作为"智力"的一般能力有何区别，有何联系？

那么，究竟该如何来理解"语文能力"呢？我们承认，语文能力是由一般能力和语文活动所需的特殊能力融合而成的一种能力。在心理学上，一般能力是指在各种基本活动中都表现出来、且各种活动都必须具备的能力，如记忆力、思维力、想象力等，一般能力的综合也称为智力，这容易理解；这里，关键是要弄清楚语文活动所需的特殊能力的实质。

冯忠良先生通过系统而深入的研究，提出了能力实质的"类化经验说"，认为："作为个体心理特性的能力的实质，原则上属于经验范畴。作为能力的那些个体经验，必须具备对活动进程及方式起稳定的调节作用的特点。它必须是系统化了的、概括化了的那些个体经验，即类化了的经验，是一种网络型的经验结构。"① 有学者据此探讨"言语能力"（等同于本文所说的"语文能力"）的实质，认为"言语能力是对言语交际活动的进行起直接、稳定的调节和控制作用的个体经验，即类化了的言语经验"；同时，还指出，与性格是言语能力发展的动力背景一样，智力是言语能力发展的认知基础，它"影响着言语能力的形成，但其本身不是言语能力。"② 这里，论者认为，智力（一般能力，下同）本身不是言语能力，这是正确的；但他只把智力看作是言语能力发展的认知基础，作用仅仅是"影响言语能力的形成"，而不承认智力是言语能力的重要组成部分，这就值得商榷。言

---

① 冯忠良、冯姬：《教学新论：结构化与定向化教学心理学原理》，北京师范大学出版社2011年版，第172页。

② 伍新春：《关于言语能力的实质与结构的探讨》，《北京师范大学学报（社会科学版）》1998年第1期。

语能力作为个体成功完成语言活动所必备的个性心理特征，其中必然存在着记忆、思维等智力因素，离开了智力因素，个体根本不可能有效地进行言语活动。因此，这种说法与其说是对"言语能力"的界定，毋宁说是对把"一般能力"剥离出去的"言语能力"①——即"语文活动所需的特殊能力"的界定。这也就是说，我们认为，语文活动所需的特殊能力实质上就是类化了的言语经验，是一种网络型的言语经验格，这种言语经验格是由若干言语经验通过概括化和系统化组合、连缀而成的一种控制和调节言语活动的网络状框架结构。

综上，我们认为，语文能力作为个体成功地完成语文活动所必须具备的个性心理特征，是由一般能力和语文活动所需要的特殊能力有机融合而成的，一般能力的实质是以思维力为核心的智力，语文活动所需要的特殊能力的实质是类化了的言语经验、网络型的言语经验格；语文活动过程就是以一般能力为依托的言语经验格的运作过程。

二、语文能力的结构②

进一步追问：作为语文活动所需的特殊能力的"言语经验格"又是由哪些要素构成的呢？

冯忠良认为，"作为个体心理特征的能力的实质，乃是由知识和技能构成的那种个体经验"，其中，知识是活动的定向工具，技能控制着活动的执行，"如果缺乏必要的知识、技能，则活动的定向和执行就不可能实现，也就不可能进行相应的活动，也就不存在相应的能力。"③据此，我们认为，作为语文活动所需的特殊能力"言语经验格"也必然包含着知识和技能两种要

---

① 尽管事实上根本不可能把一般能力从语文能力中分离出来，但在理论研究上我们却可以这样做。

② 陈勇：《"语文能力"新解及对语文课程内容建构的启示》，《天津师范大学学报（基础教育版）》2014 年第 1 期。

③ 冯忠良、冯姬：《教学新论：结构化与定向化教学心理学原理》，北京师范大学出版社2011 年版，第 202 页。

素，"言语经验格"所内含的知识和技能要素我们分别将其称为"言语知识"和"言语技能"。

　　我们知道，语文活动是按一定规则对语言符号（包括声音形式的语言符号和文字形式的语言符号）进行操作来理解和表达意义的，离开了语言符号，语文活动就成了无源之水、无本之木，因此，进行语文活动，首先就要求活动主体头脑中储存一定数量的语言符号，了解其发音、形体和意义。言语主体所应具备的这类知识我们将其称为语言符号知识。掌握了语言符号知识，并不等于语文活动就可以顺利进行，语文活动要顺利进行，活动主体还得知道如何使用语言符号来达成目的，即应具备使用语言符号的知识。因为使用语言符号进行交际的行为及其结果在语言学上又被称为"言语"，而使用语言符号的知识则对这一行为起着规范、制约作用，所以我们把这类知识叫作言语规约知识。言语规约知识丰富而复杂，这是由语文活动的复杂性所决定的。比如，要进行语文活动，得知道语言符号如何排列组合才符合法则，这就需要语法知识；语文活动总是在一定的语境中进行的，而要在不同语境中恰当地表达和准确地理解话语意义，就需要语用知识；在语文活动中，活动主体总是会有意识、有目的地采用多种方式来增强言语交际的效果，这就需要修辞知识等等。另外，为了使语文活动有效，还要讲究活动的方法——比如阅读就涉及朗读、分析篇章结构、提炼重要信息等方法，写作就涉及审题立意、选材、谋篇布局等方法，这就要求活动主体需要具备听说读写的方法知识。需要说明的是，上述三类知识中，语言符号知识的作用不是为语文活动定向，而是语文活动赖以进行的工具和材料，为语文活动定向的是言语规约知识和听说读写方法知识。

　　"言语经验格"又内含着哪些言语技能要素呢？心理学把语文活动（言语活动）分为"言语的产生（又叫言语表达）"和"言语的理解"两种，完成这两种不同的语文活动，需要不同的技能：言语表达需要表达技能，比如发音的技能、书写的技能、谋篇的技能等等；言语理解需要理解技能，比如听辨的技能、浏览的技能、句法分析的技能等等。因此，我们说，"言语经验格"所内含的技能要素包括言语表达技能和言语理解技能两种。在心理学上，言语的表达可以分为两大阶段：计划阶段和执行阶段。计划阶段决定说什么和如何说，即根据交流的目的确定话语的内容和形式，它又可以分为构造和转化两个过程，构造是根据目的确立要表达的思想，转化是运用句法规则并选择适当的词汇确定句子、短语等形式以表达思想内容；执行阶段是将计划好的语言信息说出或写出。[①] 言语的理解可以分为三大阶段：第一阶段是声音或书面信息原始编码的感知过程；第二阶段是分析阶段，即把信息转换成词的组合意义的心象阶段；第三阶段是使用阶段，即理解者对心象的实际应用。[②] 从言语产生和理解的心理过程可以看出，言语表达技能和言语理解技能都既包含感知、检索、构思、分析、转化等心智技能[③]，又包含着发音、写字、扫视等操作技能。这样，从心智技能和操作技能两方面对语文表达（说和写）技能和语文理解（听和读）技能作进一步分析，我们就可以将语文技能分为言语表达的心智技能、言语表达的操作技能和言语理解的心智技能、言语理解的操作技能四项，其中，每一项还可以分为若干更为初级的技能。需要注意的是，因为语文活动是受认知系统直接支配和调节的活动，所以语文技能是以心智技能为主要要素的。

另外，前文指出，语文能力是由一般能力和语言活动所需要的特殊能力有机融合而成的一种综合能力，因此，一般能力也是语文能力的重要组成部分。不过，一般能力不是像粘贴板那样黏合在语言活动所需要的特殊能力之上的，而是像盐溶于水那样渗透于语言活动所需要的特殊能力之中的，语言活动所需要的特殊能力中总是有一般能力的影子。

综上，可以把语文能力的结构表示为下图：

---

① 朱曼殊：《心理语言学》，华东师范大学出版社 1990 年版，第 257 页。
② 黄希庭：《心理学导论》，人民教育出版社 2001 年版，第 503 页。
③ 这里的心智技能当指特殊心智技能。现代心理学按其内容和概括化程度，把心智技能分为一般心智技能和特殊心智技能两类。一般智力技能即我们在文中所说的一般能力，它是在广泛的认识活动中形成和发展的，适用于一切认识活动。特殊心智技能是在专门领域的认识活动中形成和发展起来的，适用于专门领域。（见张大均《教育心理学》第 134 页，人民教育出版社 1999 年版。）

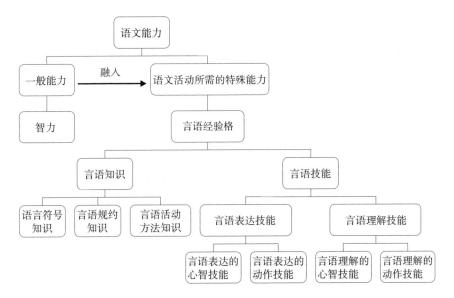

图1　语文能力结构图（一）

三、语感与语文能力

在现实的听说读写活动中，人们对语言的理解和运用往往是"不假思索"、顺畅自如的。人之所以能"不假思索"地对语言"一听就清，一说就顺，一看就懂，一写就通，而且听得真、说得好、看得清、写得美"①，其中有一个关键因素在起作用，那就是"语感"。语感既然是支配语文活动的关键因素，那它当然就是语文能力的构成要素。因此，讨论语文能力，不能不涉及语感。

在"语感"的早期论述者那里，这一概念主要是指"对语言文字的敏感"。

在现代语文教育史上，率先提出"语感"这一概念是夏丏尊，他将"语感"解释为"对于文字的灵敏的感觉"，说："在语感敏锐的人的心里，'赤'不单只解作红色，'夜'不单只解作昼的反对吧。'田园'不单只解作

---

① 王尚文：《语感论》，上海教育出版社 2000 年版，第 18 页。

种菜的地方，'春雨'不单只解作春天的雨吧。见了'新绿'二字，就会感到希望焕然的造化之工、少年的气概等等说不尽的情趣。见了'落叶'二字，就会感到无常、寂寥等等说不尽的诗味吧。"① 后来叶圣陶也多次谈到"语感"。在《文艺作品的鉴赏》一文中，他说："不了解一个字一个词的意义和情味，单靠翻字典辞典是不够的。必须在日常生活中随时留意，得到真实的经验，对于语言文字才会有正确丰富的了解力，换句话说，对于语言文字才会有灵敏的感觉。这种感觉通常叫作'语感'。"② 在《语文教育书简（七）》中，他又说："经常留心自己的语言，经常观摩人家口头说的笔下写的语言，哪是好的对的，哪是不好的不对的，都仔细辨别，这样可以提高对语言的敏感。"③ 吕叔湘则从语言的三要素出发，把语感分为"语义感、语法感、语音感"，他说："人们常常说'语感'，这是个总的名称。里边包括语义感，就是对词语的意义和色彩的敏感；包括语法感，就是对一种语法现象是正常还是特殊、几种语法格式之间的相同相异等的敏感；当然还包括语音感。"④

从夏、叶、吕三老的这些论述可以看出，他们所说的"语感"就是指"对语言文字的敏感"，它包括这样两个要点：第一，语感是对语言文字的感受力。不管是夏丏尊所说的"灵敏的感觉"，还是叶圣陶所说的"正确丰富的了解力"，还是吕叔湘所说的"语义感、语法感、语音感"，实际上都是指人对语言文字的一种直觉性的感受力，这种感受力属于意识层面的内容，它包括了对语言文字不假思索的理解力、分析力、判断力、形象感知力、情绪体验力等等。第二，语感是对语言文字的敏锐的感受力。人对语言文字的感受力有高有低、有敏锐的也有不敏锐的，但只有对语言文字的高层次的、敏锐的感受力才叫"语感"。夏、叶、吕三老在表述"语感"时都用了"灵

① 夏丏尊：《我在国文科教授上最近的一信念——传染语感于学生》，载《夏丏尊文集·文心之辑》，浙江文艺出版社1983年版，第117页。

② 中央教育科学研究所编：《叶圣陶语文教育论集》，教育科学出版社1980年版，第267页。

③ 中央教育科学研究所编：《叶圣陶语文教育论集》，教育科学出版社1980年版，第720—721页。

④ 刘连庚：《学习语法和培养语感——访吕叔湘先生》，《语文学习》1985年第1期。

敏""正确丰富"等修饰词，其目的就是为了把"对语言文字的敏感"和对语言文字的一般理解能力区别开来。"敏感"一词在这里有敏捷、敏锐、丰富、深刻等多种意思。①

后来，随着研究的深入，人们对"语感"的实质有了更为深刻的认识。

有学者从语用学的角度把语感理解为"是对语言隐含意义（即指句子字面意义以外的意义，赖于句子以外的因素而又包蕴在该句子内）的一种深刻的直觉"，②有学者从语言学习的角度，将语感定义为"在长期的、规范的语言运用和在语言训练中养成的一种带有浓重经验色彩的比较直接、迅速地感悟、领会语言文字的能力"。③还有学者强调语感是感性和理性的统一体，认为"语感能力实质上是一种以感性形态为表征的、潜伏着逻辑理智因素积淀的感性和理性相统一的领悟与意会能力"④。另有学者从心理学的角度认为"广义的语感是指对言语活动进程和方式直接起稳定的调节控制作用的个性心理特征；狭义的语感是指通过学习而形成的用以调节和控制言语活动的合乎法则的心智活动方式"。⑤另外，还有"语感能力应该是一种操作者对语言艺术的审美能力"⑥"语感是主体借助认知图式对言语世界的内在反映能力"⑦等说法。

以上这些说法，从不同的角度探讨了语感的本质，均有一定的道理，把语感研究向前推进了一大步。但这些说法本身也存在一些缺憾。有的失之片面，如说语感是"对语言艺术的审美能力"、是"对语言隐含意义的一种深刻的直觉"等，都只指出了语感的一个方面而在无意中排斥了其他方面，其实语感不仅包括"对语言艺术的审美能力""对语言隐含意义的直觉"，还包括能由语言文字产生丰富的联想和想象、对语音有着特殊的敏感等丰富的

---

① 陈勇：《正本清源话"语感"》，《宁波大学学报（教育科学版）》2009 年第 6 期。

② 李海林：《语言的隐含意义、语感与语感教学》，《语文学习》1992 年第 10 期。

③ 李珊林：《语感训练的思考与做法》，《语文学习》1990 年第 9 期。

④ 张协生：《论语感能力的特征与培养》，《语文教学与研究》1996 年第 2 期。

⑤ 徐云知：《语感的影响因素分析》，《首都师范大学学报（社会科学版）》2001 年第 2 期。

⑥ 洪梅：《语感本质浅探》，《中学语文教学》1993 年第 5 期。

⑦ 张亮、许士荣：《语感生成：认知图式的心理学描述》，《学科教育》2002 年第 12 期。

内涵①；有的失之宽泛，如说"语感是指对言语活动进程和方式直接起稳定的调节控制作用的个性心理特征"，几乎将语感等同于言语能力，已经超出了语感的范畴；有的不够科学，如说"语感是感性和理性的统一体"，其中论者对"感性"和"理性"的理解都较为模糊、不甚科学②；有的不够明确，如说语感是"一种带有浓重经验色彩的比较直接、迅速地感悟、领会语言文字的能力"，其中"感悟能力""领会能力"具体指哪些能力不甚清楚，而且用"感悟能力""领会能力"等来揭示语感的本质也不够准确。看来，关于语感的本质，还存在进一步阐释的空间。

王尚文的《语感论》是迄今为止国内研究语感最系统、最深入的理论著作。在这本著作中，王先生从哲学、语言学、心理学等多个层面对"语感"现象进行了深刻的剖析，说：语感是"个体的人与言语世界的直接联系。它表现为对作用于它的言语作品的内在反应能力，即听和看（读）的能力；也表现为因表达个人情意的需要或适应社会交际的需要而在感觉层面直接生成言语作品的能力，即说和写的能力。"在其后的论述中，又指出："语感是思维并不直接参与作用而由无意识替代的在感觉层面进行言语活动的能力。也许可以简称之为'半意识'的言语能力。"③ 可以说，王先生对语感现象的认识是深刻的、独到的，但是他在这里对语感本质的揭示却有些晦涩，让人理解不透：什么是"半意识"？它与"无意识"是什么关系？"在感觉层面直接生成言语作品""在感觉层面进行言语活动"，这里的"感觉"又是指什么？言语作品、言语活动能在"感觉"层面直接生成和进行吗？这些表述的确让人感到有些玄奥，难以捉摸。

那么，应该如何来理解语感呢？

笔者认为，既然我们都不否认语感是语文能力的一个构成要素，那么就应该在语文能力这一范畴内来探讨语感的本质。前文指出，语文能力是由一般能力融入类化了的言语经验而构成的一种综合能力，其中类化了的言语

---

① 陈勇：《正本清源话"语感"》，《宁波大学学报（教育科学版）》2009年第6期。

② 陈勇：《语感是"感性和理性的统一"吗》，《现代语文》2009年第7期。

③ 王尚文：《语感论》，上海教育出版社2000年版，第3、35页。

经验是其本质性要素。由语文能力的这一本质性规定出发，我们认为，语感在本质上也应该是一种类化了的言语经验。那么，语感这种类化了的言语经验在语文活动中具有何种功能、跟语文能力中的其他要素有何联系和区别呢？

在《作为语言无意识的语感》一文中，刘大为指出，任何运用语言的过程都包含"语言意义"和"语言形式"两个层次。当语言成为一种得心应手、高度熟练的工具时，语言使用者的意识就集中在语言意义上，而语言形式及其使用则从其意识域中消失，处于无意识状态。只有当语言的使用出现障碍或追求新异时，语言自身才会浮上意识的层面，成为意识的焦点而被反思。在实际的语言活动中，语言使用者的语言意识往往是在两种意识状态（无意识、意识）间不断地来回转换，只要语言活动是流畅的，无意识就处在优势地位。而在绝大多数情况下语言活动是流畅的，因而无意识是语言意识的主要状态。这种以无意识方式活动的语言意识就是语感。"一个更为简洁的表述则是——语感就是语言的无意识，语言使用者并未意识到他对语言的掌握和使用，但实际上却有效地使用语言达到了目的。"[①] 在《语言知识、语言能力与语文教学》一文中，刘大为又按照波兰尼关于隐性知识和言述性知识的分类理论，把母语教学所需的语言知识分为隐性语言知识（在文中他称之为"无意识的语言知识"）和言述性的语言知识两类，这里的隐性语言知识（或者说"无意识的语言知识"）就是语感，言述性的语言知识就是语识。这两种不同形态的语言知识在人的语言行为中相互补充、相互协调。[②] 这里，刘大为把语感看作是"语言的无意识"，或者说，一种"隐性的语言知识"，这就深刻地揭示了语感的实质和内涵，对此，我们是认同的。

从刘大为所说的"语感"和"语识"概念出发，我们看到，现实的语言活动存在多种情况：（1）语感起主要作用的语言活动。比如日常生活中的

[①] 刘大为：《作为语言无意识的语感》，《华东师范大学学报（哲学社会科学版）》2003 年第 1 期。

[②] 刘大为：《语言知识、语言能力与语文教学》，《全球教育展望》2003 年第 9 期。

口语交际，很多时候是在"不假思索"的状态下进行的，这时支配语言行为的主要就是语感；（2）语识起主要作用的语言活动。比如我们阅读文言文，一边阅读一边回忆句中所涉的文言实词的意思、文言虚词的用法、文言句式的结构规律，这时支配语言行为的主要就是语识；（3）语感和语识交替作用的语言活动。比如，写一篇议论文，先根据议论文结构知识列出提纲、论点和论据，然后进行写作，而在写作的过程中，有时较为流畅，有时则需要停笔思考、回读（比如美国学者 Pianko 的研究就表明，"传统"学生在作文中停顿、重读的次数是"补习"学生的两倍，他说，好的作者，当他们重读时，"停下来构思下一步写什么，重新审视他们的构思是否合适，接着重新开始改写"，这样可以帮助写作者保持对作文的整体感觉。①），这就说明，完成这篇文章的写作，语感和语识是交替起作用的，这也即是刘大为说的"语言意识在两种意识状态间不断地来回转换"。（4）语感和语识同时作用的语言活动。比如，我们在听别人说话或自己说话时，有时会凭直觉意识到某个词、某句话说得不正确、不恰当。这里的"直觉"，实际上就是语感；而"意识到"，说明我们已经对话语中的问题是有意识的。也就是说，在这一语言过程中，是语感引发了意识，或者说是在意识的同时伴随着语感，语感和语识几乎是同时起作用的。

语文能力是个体成功地完成语文活动所必备的个性心理特征。语言活动上述情况的存在，表明个体借以成功完成语文活动的语文能力在不同情况下其内在的主导因素是不同的：有时以语感为主导，有时以语识为主导，有时语感、语识交替作用，有时语感、语识同时作用。而不管有何种表现，都说明：语文能力结构中既存在着语感（隐性知识），也存在着语识（显性知识）。

由此出发，再来观照构成语文能力的知识和技能要素。

现代认知心理学建立了广义知识观。广义知识观根据知识的性质将其分为陈述性知识和程序性知识两类。所谓陈述性知识，就是关于事物及其关

---

① 荣维东、朱建军：《国外作文教学实验结果综述》，《语文建设》2009 年第 5 期。

系的知识，或者说是关于"是什么"的知识；所谓程序性知识，是指关于完成某项任务的行为或操作步骤的知识，或者说是关于"如何做"的知识，智慧技能、认知策略、动作技能都属于程序性知识。[1] 广义知识观用知识来解释技能的做法，给我们重新认识语文能力以很多启示。根据广义知识观，我们看到，因为作为"言语经验格"构成要素之一的言语技能实质上是言语程序性知识，所以可以把语文能力中的"言语经验格"看做是由陈述性知识和程序性知识构成的。而再根据波兰尼的知识分类，我们又看到，构成言语经验格的陈述性知识和程序性知识，其中既有"语感"的成分，也有"语识"的成分——语感是以"隐性"的、无意识的方式支配语文活动的言语经验格，而语识则是以"显性"的、有意识的方式支配语文活动的言语经验格，这两种言语经验格在语文活动中具有不同的功能，表现出不同的特性。根据上述分析，我们可以进一步将语文能力的结构表示为下图：

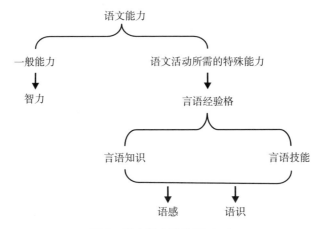

图 2　语文能力结构图（二）

需要指出的是，语感作为缄默性的言语经验格，属于意识层面的内容，准确地说，是刘大为所说的"语言的无意识"[2]。说明这一点，是为了将它和表现于实际操作中的技能相区别。如果把它和认知心理学中的程序性知识进

---

[1]　莫雷主编：《教育心理学》，广东高等教育出版社 2005 年版，第 167、194、202 页。

[2]　刘大为：《作为语言无意识的语感》，《华东师范大学学报（哲学社会科学版）》2003 年第 1 期。

行比对，那么可以说它就相当于程序性知识的表征——产生式中的条件项。条件项是执行某动作步骤的前提条件，它不同于实际执行操作步骤的动作项，也不能代替动作项。同理，对于语文技能来说，语感也只是其中"条件项"，它是具体执行检索、分析、转化、发音、听辨、扫视等语文操作行为的前提条件，对言语"动作项"的执行有影响，会在它上面表现出来，但它并不等于言语操作的"动作项"，更不能代替它们。这正如音乐中的"乐感"一样，乐感影响着读谱、弹琴、唱歌等实际操作技能，会在这些技能上表现出来，但它并不等于这些方面的操作技能。

第三节　"语文实践"解读

　　"语文实践"是"语文课程的实践品格"这一命题中的另一个核心概念，语文课程的实践品格以及这种实践品格区别于英语、音乐、体育等其他课程的实践性的独特之处都是通过"语文实践"体现出来的。因此，要正确地理解语文课程的实践品格，还要弄清楚语文实践的实质和特点，而要弄清楚语文实践的实质和特点，又需从"实践"概念说起。

一、实践的本质

（一）实践概念的历史演进

　　实践既是生活中一个常用词汇，也是哲学中的一个基本概念。作为哲学概念，"实践"的内涵经历了一个演变发展的过程。

　　在古希腊文献中，早就出现了"实践"一词，意指最广义的一般的有生命的东西的行为方式。① 但真正使"实践"成为一个哲学范畴的，是亚里士多德。亚里士多德把人类活动划分为创制、理论和实践三种基本形式。创

---

① 　张汝伦：《历史与实践》，上海人民出版社 1995 年版，第 215 页。

制主要指生产和技艺活动，理论主要指追寻并把握事物的原因和原理的活动，实践主要指政治和伦理活动。由于理论和实践都是以自身为目的，所以亚里士多德有时把理论活动也归入实践，而且是最高的实践。在亚里士多德看来，"实践涉及人生的意义与价值，生产只关心人欲望与要求的满足。实践的对象是人事，生产的对象是物体。"实践专指有关人事的行为方式或活动方式，实践是人在生命活动中"进行选择"的活动，也即"有关人生意义和价值"的活动。① 中世纪苏格兰哲学家邓·司各特的实践概念对后世也有重要影响。司各特认为："不仅生理、心理活动不能算是实践，而且理智活动本身也不能理解为'只是被意志诱发或被命令的意志行为'，准确地讲，正是纯粹的内在的意志行为本身原初和在真正意义上构成了实践的本质，而被命令的意志行为，即外在的行动，只是由于它其实依赖于并且从属于前面那种内在的行为才被称为实践。"② 而奥卡姆则对司各特的实践概念提出了批评。他认为，"实践可以是知识"，实践概念可以在多种意义上理解：在最广义上它指一种任意力量的活动；在狭义上它指遵从知识的追求能力的行动；在更狭义上它指我们人的力量的活动，首先指意志的活动；在最狭义上"实践"指意志支配的活动与协商选择的对象。③

近代哲学对实践概念的理解更为复杂、多样，既有对亚里士多德及中世纪实践概念的继承，更有对它的超越。亚里士多德实践概念最具代表性的继承者是康德。康德认为，实践就是"人的意志对于对象起作用的行动"，并强调实践表征了人类存在的本质④。他同时还区分了两种实践：自然概念的实践和自由概念的实践，前者是"技术地实践的"，属于现象领域和认识论，是人们认识和改造自然的实践活动；后者是"道德地实践的"，属于物自体领域和本体论，是人们运用道德法则处理相互之间关系的实践活动。在康德看来，这两种实践存在着根本性的差异，真正的实践概念乃是"道德地

---

① 张汝伦：《历史与实践》，上海人民出版社 1995 年版，第 216 页。
② 转引自孙周兴：《实践哲学的悲哀》，《中华读书报》2000 年 3 月 29 日。
③ 张汝伦：《历史与实践》，上海人民出版社 1995 年版，第 98 页。
④ 张伟胜：《实践理性论》，浙江大学出版社 2005 年版，第 2 页。

实践的"，是"遵循自由概念的实践"。① 近代哲学对亚里士多德和中世纪实践概念的超越是主流，这种超越主要体现为："第一，主要从理论与实践的对置的角度或者说在认识论范围内来看待实践，凸显了'行'的含义，把实践看成是理论的应用。第二，实践被'生产化'和'技术化'了。这样的实践当然不再专指政治伦理活动，主要指物质生产活动，即亚里士多德所说的'创制活动'。"② 黑格尔的实践概念就超出了亚里士多德传统，他认为，实践是一种"合目的性的活动"，是"目的通过手段的活动之对外在客体的关系"，它由目的—手段—他物三个环节构成。他明确提出实践是认识的一个重要环节，是通向客观真理的必由之路，而真理则是理论和实践的统一。黑格尔的实践概念为马克思对实践的认识提供了基础。不过，他把实践当作绝对理念的精神活动，又陷入了唯心主义的泥沼。

（二）马克思哲学的实践概念

马克思哲学既从传统实践概念那里汲取了合理性因素，又超越了传统实践概念，在新的历史条件下建构起了科学的实践概念。马克思哲学的实践概念具有如下特征：

第一，马克思的实践概念本质上是"本体论解释框架内的实践概念"。③ 在《关于费尔巴哈的提纲》中，马克思明确提出应把"对象、现实和感性""当做感性的人的活动，当做实践去理解"，并从"主体方面"而不要只是从"客体的或者直观的形式"④ 去理解。这也就是说，马克思把实践看作是理解现实世界的根基。在《1844 年哲学经济学手稿》中，马克思又说："整个所谓世界历史不外是人通过人的劳动而诞生的过程，是自然界对人来说的生成过程，所以，关于他通过自身而诞生、关于他的产生过程，他有直

---

① 俞吾金：《一个被遮蔽了的"康德问题"——康德对"两种实践"的区分及其当代意义》，《复旦学报（社会科学版）》2003 年第 1 期。

② 李文阁：《马克思实践观的一个"矛盾"》，载叶汝贤、李惠斌主编：《马克思主义实践哲学的现代解读》（第九卷），社会科学文献出版社 2006 年版，第 144 页。

③ 俞吾金：《如何理解马克思的实践概念——兼答杨学功先生》，哲学研究 2002 年第 11 期。

④ 《马克思恩格斯选集》第 1 卷，人民出版社 1995 年版，第 54 页。

观的、无可辩驳的证明。"① 在这里，马克思又从实践出发对自然界、人类社会、人本身作了既唯物又辩证的说明，他认为自然界、人类社会、人本身都是在实践中生成和存在的。他指出，对于自然界来说，"被抽象地孤立地理解的、被固定为与人分离的自然界，对人说来也是无"②，自然界的存在离不开人类的实践；对于人类社会来说，"全部社会生活在本质上是实践的"，③实践特别是劳动实践是社会生活最深厚的根源和基础，也是社会生活的最基本的形式和领域；对于人本身来说，实践是人的根本生存方式，确证着人的本质。可见，在马克思那里，实践概念具有本体论的意义。

第二，实践是人的根本生存方式，确证着人的本质。人是在实践中生成的，"人，作为人类历史的经常前提，也是人类历史经常的产物和结果，而且人只有作为自己本身的产物和结果才成为前提。"④ 人又是在实践中存在的，"一个种的全部特性、种的类特性就在于生命活动的性质，而人的类特性恰恰就是自由的自觉的活动。""通过实践创造对象世界，即改造无机界，证明了人是有意识的类存在物，也就是这样一种存在物，它把类看作自己的本质，或者说把自身看作类存在物……正是在改造对象世界中，人才真正地证明自己是类存在物。"⑤ 总之，人是实践着的人，实践是人最基本的存在方式，它确证着人之所以为人的本质。

第三，实践是对象性的感性的活动。马克思认为，人"所以能创造或创立对象，只是因为它本身是为对象所创立的，因为它本来就是自然界。因此，并不是它在创立活动中从自己的'纯粹的活动'转向对象之创造，而是它的对象性的产物仅仅证实了它的对象性的活动、证实了它的活动是对象性的、自然存在物的活动。"⑥ 这里，马克思明确指出实践是人的对象性的活动，人和实践客体是互为对象的。同时，马克思又认为，实践是人的感性的

① 马克思：《1844 年经济学哲学手稿》，刘丕坤译，人民出版社 1979 年版，第 84 页。
② 《马克思恩格斯全集》第 42 卷，人民出版社 1979 年版，第 178 页。
③ 《马克思恩格斯选集》第 1 卷，人民出版社 1995 年版，第 56 页。
④ 马克思：《剩余价值理论》第 3 册，人民出版社 1975 年版，第 545 页。
⑤ 《马克思恩格斯全集》第 42 卷，人民出版社 1979 年版，第 96 页。
⑥ 马克思：《1844 年经济学哲学手稿》，刘丕坤译，人民出版社 1979 年版，第 120 页。

活动。他在《关于费尔巴哈的提纲》中明确地把实践看作是"人的感性的活动",并批评费尔巴哈说:"他把感性不是看做实践的、人的感性的活动"①。所谓实践活动是"人的感性活动"或"感性的人的活动",是指它是能"为感觉所感知""诉诸感觉"的活动。也就是说,实践活动是存在于人的思想之外的"可感知""可观察"的活动,是事实上存在的活动,并非纯粹主观思维范围内的活动,更不是想象的或假想的活动。直接现实性是实践区别于认识的最显著的特点。②

第四,实践是有目的、有意识的能动性活动。马克思说:"在社会历史领域内进行活动的全是具有意识的,经过思虑或凭借激情行动的,追求某种目的人,任何事情发展都不是没有自觉的意图,没有预期目的的。"③马克思认为,人的生命活动具有"人的类特性",属于"自由的自觉的活动",而"动物和它的生命活动是直接同一的。动物不把自己同自己的生命活动区别开来。它就是这种生命活动。人则使自己的生命活动本身变成自己的意识和意识的对象。他的生命活动是有意识的。""通过实践创造对象世界、即改造无机界,证明了人是有意识的类存物"④。在这里,马克思明确指出,有目的、有意识是人的实践活动区别于动物的本能活动的一个显著特征。

第五,实践是社会性、历史性的活动。实践的社会性是指:个人只有在一定社会关系中结成统一的整体,形成超出个体以及个体力量总和的社会总体力量才能与自然力量相对抗,发挥改造客体的能动作用。实践的历史性是指:主体实践的能力和力量、实践对象达到的深度和广度、实践活动的规模和方式都受历史条件制约,都是历史的产物并随着历史的发展而发展。⑤"历史的每一阶段都遇到一定的物质结果,一定数量的生产力总和,人和自然以及人与人之间的历史上形成的关系,都遇到前一代传给后一代的大量生产

---

①　《马克思恩格斯选集》第 1 卷,人民出版社 1995 年版,第 54—56 页。

②　赵家祥:《准确把握实践界限,克服泛实践论倾向》,《学习与探索》2005 年第 2 期。

③　《马克思恩格斯选集》第 4 卷,人民出版社 1972 年版,第 243 页。

④　《马克思恩格斯全集》第 42 卷,人民出版社 1979 年版,第 96 页。

⑤　高清海主编:《马克思主义哲学基础》,人民出版社 1987 年版,第 267、268 页。

力、资金和环境，尽管一方面这些生产力、资金和环境为新的一代所改变，但另一方面，它们也预先规定新的一代的生活条件，使它得到一定的发展和具有特殊的性质。"① 实践创造了历史，历史又成为进一步实践的环境和基础，这就使得实践具有了历史性。

（三）实践的本质

从上面的梳理可以看到，历史上很多著名的哲学家、思想家和重要的哲学流派都曾关注过"实践"问题，但马克思哲学产生以前的哲学或者把实践活动与理论活动或物质生产活动对立起来，或者把实践理解为具有创造性的精神活动，一直没有建立系统而科学的实践观，也未能形成科学的实践概念。只有到了马克思这里，才把劳动生产实践看成人类全部实践活动的基础，才把实践的主观性和客观性统一起来，确立了科学的实践概念。

承前所述，马克思哲学的实践概念是本体论解释框架内的实践概念，马克思把实践规定为人的类本质属性，并从感性的人的感性的活动即实践出发说明和理解感性世界的存在，因此，揭示实践的本质应以人的类特性为基本出发点，以人的现实的感性活动为依据或基础，准确反映实践的主体、形式、目的等内容。从这一视角出发，我们赞同对"实践"作这样的界定：实践是人自觉能动地在一定规范的制约和制导下展开的现实的感性的具体的活动。② 这一界定有以下几个要点：

第一，实践是人自觉能动的活动。首先，实践是人的自由自觉的活动，是人的本质力量的对象化，也是人的本质力量的确证，揭示了人在世界上的主体性。其次，实践是人的意识性和社会性活动，实践活动的意识性，意味着实践活动是指向未来目标的现实活动；实践活动的社会性，则决定了实践活动应该是有利于社会整体实现其价值的活动。再次，实践是现实对象世界生成的原因，也是我们认识对象世界和从事新的实践活动的原因。这两个"原因"是实践的主要功能，也充分体现了人的实践的自觉能动性。

① 马克思：《关于费尔巴哈的提纲》，《马克思恩格斯选集》第1卷，人民出版社1995年版，第55页。

② 夏建国：《实践规范论》，中国社会科学出版社2006年版，第98—103页。

第二，实践是人的现实的、感性的、具体的活动。现实实践活动的主体或实践活动的承担者是现实生活的具体的人。在时间上，实践是人的当下的感性活动，具有现时性；在内容上，实践是实践意识、实践观念、实践行为的多样性与总体性的统一；在形式上，实践概念涵盖了实践主体的一切活动形式或类型（包括传统意义上的认识活动和实践活动）。

第三，实践是在一定规范的制约和制导下展开的活动。规范性是人类实践活动的最本质的特性。人是自觉的实践主体，人类实践总是在一定的规范的制约、示导、制衡下进行的。规范性是人的实践活动区别于动物"客观性"行为最根本、最重要的标志，也是贯穿于实践的种种具体属性的主线。①

这一定义将实践概念奠基于现实的人和人的现实的感性活动之上，涵盖了谁实践——实践主体、实践如何进行——实践规范、实践有何内容——实践形式、实践为了什么——实践目的、实践有何作用——实践功能等内容，发掘了实践的规范性特征，从而较为科学地揭示了实践的本质。与"实践"的其他定义相比，这一界定克服了将实践概念窄化、泛化、神秘化的倾向和实践概念研究的纯理论化、抽象化倾向，具有较强的现实意义和可操作性，符合马克思哲学的实践观。因此，我们选择这一定义来分析"语文实践"的问题。

二、"语文实践"释义

（一）语文实践的内涵

依照上述实践概念，我们可以给"语文实践"作一个界定：

> 所谓语文实践，是指人自觉能动地在一定的语言运用规范的制约和制导下展开的现实的感性的具体的听说读写活动。②

---

① 夏建国：《实践规范论》，中国社会科学出版社 2006 年版，第 133 页。
② 陈勇：《语文实践的内涵、特征与设计》，《内江师范学院学报》2013 年第 11 期。

"自觉能动"表明人的语文实践活动是有目的、有意识的，它是为着一定目的、在一定观念指导下的自觉活动，是自我确证、自我实现的自觉活动，是在意识控制下的、能够不断得以调整、完善和超越的自主活动。"规范"，是事物本身固有的存在法则、运行规则和变化规律的观念形式，是人们行为的规则范式，是人们必须遵循的法度，亦是示导、制衡人们行为的观念和准则。① "一定的语言运用规范"，是指语文实践既要受语法、语用原则等语言学规范的制约、制导，又要受风俗习惯、文化制度等社会规范的制约、制导。"现实的感性的具体的"，是说语文实践是"可感知的、可观察的、切切实实的"，而不是仅仅停留在头脑中的、想象的、纯粹观念性的。当然，语言是思维的物质外壳，是思想的直接实现，语言一刻也不可能脱离思维、思想而存在，因此，语文实践总是内在地包含、反映着人的思想、观念；可以说，世上从来就不存在离开思维、观念、意识的语文实践。但是，当人仅仅用语言来思维时，当语言仅仅发挥它"思维工具"的作用时，当人的思维没有通过语言符号外化为听说读写活动时，就不存在语文实践。"听、说、读、写"是语文实践的具体表现形式，人的语文实践大致不出"听、说、读、写"四种活动左右。

根据实践目的的不同，可以将语文实践分为自然语文实践和自觉语文实践两类。

自然语文实践是指为了日常生活、工作、学习的需要而自然而然地进行的但却并不以学习语文为目的的听说读写活动。日常生活中的交谈、电视节目主持人主持节目、师生在课堂上的语言交流、作家创作文学作品、演说家演讲、律师的法庭辩论以及写日记、写工作总结、写广告词、阅读书籍报刊、听广播，等等，都是自然语文实践，其主要目的是运用语言来交际、交流。自然语文实践是人类的一种特殊的实践活动，是人类实践活动的一个组成部分。"人们的实践活动既包括对象性活动，又包括交往性活动。一旦人们运用语言来进行交往，语言活动就构成了人们交往实践中不可分离、不可

---

① 夏建国：《实践规范论》，中国社会科学出版社 2006 年版，第 3 页。

缺少的一个组成部分。……语言本身就是人们彼此间的一种交往实践活动,是整个社会实践的组成部分。"①自然语文实践是一种交际取向的实践,一种生活化实践,它无处不在、无时不在。

自觉语文实践是指人们为了学习语文、提高语文能力而自觉能动地展开的听说读写的操作、操练活动。自觉语文实践的主要目的不是指向交际,而是指向实践主体语文能力的提高。为了提高实践主体的语文能力,听说读写的实践活动应在一定的学习规范下进行,同时也应遵循一定的语言运用规范。所谓学习规范,就是学习的原理、规律、规则、法度、范例等。只有规范化,才能实现语文学习标准化、科学化、合理化和效率最优化。学习规范可以是外加的,比如教师的指导、学习纪律的约束等;也可以是自设的,比如制订学习计划、进行自我强化练习等。与自然语文实践相比,自觉语文实践更强调对听、说、读、写四项活动进行有意识的专门化、系统化的操作、操练。所谓专门化,是指为提高某一项、几项语文能力而专门设计和组织实践活动;所谓系统化,是指对语文能力培养进行整体设计,有计划、有步骤地遵循一定规则、按照一定程序结构进行操作和操练。演讲家练习演讲、作家练笔、播音主持专业的学生练习朗诵、书法家练习书法,学生练习造句、读课文、写作文、参加课外语文活动等等,都是自觉语文实践。自觉语文实践是一种学习取向的、集中化的语文实践。

需要指出的是,当自觉语文实践在真实的情境中进行时(如学生给某个真实的对象写一封信以做书信写作练习),它就有了双重身份:既是自然语文实践,又是自觉语文实践。同样,当自然语文实践被赋予了"学习"的意义时,它也就同时成为自觉语文实践。自然语文实践和自觉语文实践是相互贯通的、相互促进的。人能在自然语文实践中提高自身的语文能力,而语文能力的提高又更有利于日常语言交际。

显然,语文课程中既有自然语文实践,如教师讲解课文、板书、学生听讲、讨论、师生问答等等;也有自觉语文实践,如识字写字、组词造句、

---

① 王炳书:《实践理性论》,武汉大学出版社 2002 年版,第 52 页。

朗读课文、分析课文、写作文、写日记、演讲等等。在没有特别说明的情况下，本论中的语文实践特指学习取向的自觉语文实践。

（二）"语文实践""语文训练"辨析

在语文教育中，人们还经常使用一个与"语文实践"相近的概念——"语文训练"。为了深化理解，有必要对这两个概念进行一番辨析。

何谓"训练"？我国的《教育大词典》解释说：（1）教育的基本方法，对培养技能、能力、意志、行为方式和习惯具有特殊功能。偏重于通过外在的甚至强制性的实际操作活动，实现教育目的。（2）与"培训""学习"通用。[1] 美国教育学者古特主编的《教育词典》解释说："训练乃一种特殊之教学，在此教学过程中，其目标订立得极其明确，且目标之达到与否通常较易显现出来；又训练通常要求达到某种程度之娴熟。而欲臻此娴熟之境则有待于学生之反复练习，以及教师对学生已呈进步之表现能力加以指导与评估。"[2] 从这些解释可以看出，语文实践和语文训练既有相通之处，也有不同的地方。其相通处在于一个"练"字，即它们都包含着学生听说读写的操作、操练活动，都是现实的感性的具体的活动，练就是实践。其不同处在于：第一，训练是一种教育教学方法，是教师的"训"和学生的"练"的结合；实践是一种主体性活动，它可以是在教师的指导下进行的，也可以是自主进行的。从这个意义上说，实践比训练涵盖的范围更为宽广。比如，学生在自习课上自由自觉地阅读书籍；学生自发组织文学社团，开展文学阅读和创作活动；学生自觉地在日常交际中学习语言；等等，就是实践而非训练。第二，训练"偏重于通过外在的甚至强制性的实际操作活动，实现教育目的"，隐含着"受动性""外在性"；实践则是主体自觉能动的活动，隐含着"主动性""内在性"。第三，训练强调目标的明确、程序的严格、外在的规范和标准、技能的分解和组合，实践虽然在一定的情况下也强调这些因素，但它更强调情境性、综合性、创造性、个性化。第四，训练着眼于技能，强

---

① 顾明远主编：《教育大词典》（增订全编本）下册，上海教育出版社1998年版，第1843页。
② 转引自郑国民：《新世纪语文课程改革研究》，北京师范大学出版社2003年版，第219页。

调对各种分解的或整合的技能要素进行反复练习，体现功用性，不特别关注情感因素、心灵世界；而实践则强调人整个身心的参与，是理智和情感、操作活动和精神活动、感性和理性的统一。第五，"训练"一词，既可用于人，也可用于动物；而"实践"的主体则只能是人。

我们知道，语言行为是人类所特有的行为，人使用语言的行为跟使用锯子、刨子等工具的行为有着很大的不同，跟体育上的动作技能、音乐上的演奏技能也有着显著的区别，因为语言是"精神不由自主的流射"①，语言的使用不仅仅是一种技能，它更是人的思维活动、生命活动、精神活动。如果说使用锯子、刨子等工具的能力和体育上的动作技能、音乐上的演奏技能可以通过训练而获得的话，那么语感、语言则不可能单纯通过训练而获得②，语文的学习总是与一定的思想观念、生命活动、话语情境联系在一起的，伴随着思想观念的濡染、情感的谐振、心灵的丰赡，充溢着生活气息，富于人文情怀和创造性，因此，对于语文学习而言，我们更倾向于使用"语文实践"这一概念。

值得注意的是，很多语文教育家都曾强调过"语文训练"之于语文教学的重要性。比如，叶圣陶就曾说："学生须能读书，须能作文，故特设语文课以训练之。最终目的为：自能读书，不待老师讲；自能作文，不待老师改。"③ 张志公也说："既是语文课，就应该进行语文训练，提高学生的语文能力，这是这门课无可推卸的责任。"④ 当代著名语文特级教师钱梦龙更是认为"训练是语文教学的基本形态"⑤，主张语文教学应当"以训练为主线"。不过，这些语文教育家所说的"训练"，带有更多的个性色彩，就其实质，是特指在教师指导下的学生实践。比如，叶圣陶就解释说："训练训练，分开来说，训是教师的事。'训'着重在教师的主导作用，'练'则是学生的主

① ［德］威廉·冯·洪堡特：《论人类语言结构的差异及其对人类精神发展的影响》，姚小平译，商务印书馆 1999 年版，第 21 页。
② 王尚文、王诗客：《语文课是语文实践活动课》，《课程·教材·教法》2009 年第 4 期。
③ 中央教育科学研究所编：《叶圣陶语文教育论集》，教育科学出版社 1980 年版，第 717 页。
④ 张志公：《张志公语文教育论集》，人民教育出版社 1994 年版，第 193 页。
⑤ 钱梦龙：《训练——语文教学的基本形态》，《课程·教材·教法》2009 年第 7 期。

动活动。"① 钱梦龙也说:"'训',指教师的指导,'练',指学生的实践,'训练',就是学生在教师指导下的实践,就是教学中师生之间互动、合作的过程。"② 他还特别指出:"训练不是什么习题演练,也不是语文课上那种刻板烦琐的字、词、句操练,与'题海''应试'更是完全不搭界。"③ 可见,语文教育家们所说的"训练"中的"练"其实就是指"实践"。因此,我们有必要把他们在特定背景下所说的"训练"与教育辞典中的"训练"概念区分开来。

三、语文实践的特征

这里所说的语文实践主要指语文课程中的自觉语文实践。语文课程中的自觉语文实践作为人类的一种实践活动,既有实践活动的一般特征,如能动性、主观性和客观性、现实性、目的性和价值性、继承性和创新性、普遍性和特殊性等,也有区别于一般社会实践活动、其他学科的实践活动和自然语文实践活动的独特之处。语文实践体现着语文课程本身的特点。

（一）实践目的的自为性

首先,与自然语文实践相比,如果说自然语文实践的目的在于交际的话,那么自觉语文实践的目的则不在交际,而在实践自身,比如学生阅读课文的主要目的不在于获取其中的信息,而在于更好地阅读;学生写作文的根本目的也不是为了与人交流(虽然我们提倡"真实作文",但这只是手段,不是目的),而是为了更好地写作。其次,与其他课程中的实践活动相比,如果说数、理、化、史、地、生等课程中的实践活动主要是为了探索、验证、巩固知识、同时提高实践能力的话;那么语文课程中的语文实践(除了积累型实践外)则主要不是为了探索、验证、巩固语文知识,而是为了获取语文运用的直接经验,改造主体的语文能力结构,提高理解和运用语文的

---

① 郭根福:《试论语言训练中的几个辩证关系》,《课程·教材·教法》1996 年第 4 期。
② 钱梦龙:《训练——语文教学的基本形态》,《课程·教材·教法》2009 年第 7 期。
③ 钱梦龙:《请给"训练"留个位置》,《中学语文教学》2008 年第 1 期。

能力。一句话，语文实践的目的就是为了语文实践自身，即进行听说读写的实践活动是为了更好地听说读写。

（二）实践要素的同一性

实践是主体的对象性活动，实践的基本要素包括主体、客体和工具。在语文实践中，实践主体是人，客体是语言；同时，实践工具也是语言——人是运用"语言"进行语言实践的，对象本身就是工具。人是语言的动物，语言并不是某个外在于人的存在，它就是人本身，表现着人的思想、情感、个性，确证着人的本质力量，因此，语言和人是同一的。语言和人的同一说明了语文实践主体、客体和工具的同一性。正因为语文实践的三大要素具有同一性，所以，语文实践就是人以自身为对象的实践，就是人的思维实践、心灵实践、生命实践，理解语言就是激活自己的思维、情感、心灵去触摸他人的思维、情感、心灵；运用语言就是思维、心灵的运转，就是用语言表现自己的思想情感、人格个性、知识视野、文化修养，把自己整个儿活脱脱地用语言呈现出来。

（三）实践过程的整合性和个性化

首先，语文实践是工具训练过程和人文实践过程的整合。语文实践首先是一种工具训练的过程，其根本目的在于形成语文能力、掌握语文工具。在语文实践中，学生要通过或分解或综合的语文技能训练，掌握听、说、读、写的各种技能技巧，如果撇开工具训练来谈语文实践，那就偏离了语文课程的本体。但语文实践又并非是一个单纯的技能技巧训练过程，因为语言毕竟不是数理符码，不是独立于人之外的客观实体，也不是硬邦邦的只供人利用的工具，而是始终与人纠缠在一起的，其中映现着自己及本民族的思想感情、思维方式、精神文化，这就决定了语文实践必定是一种人文实践。

其次，语文实践是理性活动和非理性活动的整合。在语文实践中，学生既要通过感知、记忆、判断、推理、分析、综合、比较等理性活动对语言文字的结构、意义、运用规范等进行分析、比较、判断，又要通过吟咏、体验、想象、联想等非理性活动对语言文字的情味、色彩及其表现的生命意识、思想感情、人类生活等进行深刻把握，获得切身的体验、真实的感受。

只有这样，学生才能获得多方面的语言经验，形成健全的语文能力。

再次，语文实践是一种个性化实践。语言和人的不可分离性，语言和思维的直接同一性，决定了语文实践是一种个性化的行为，语文实践总是受到实践主体自身诸种因素的影响，实践主体的生活经历、思想情趣、思维方式、性格特征各各不同，他们的实践取向、实践方式、实践侧重点等也就各各不同，人不可能完全排除自己的主观因素、站在绝对客观的立场去进行语文实践。

（四）实践时空的广泛性

语文实践的时空是广泛的。课堂小天地，天地大课堂，学生时时处处都生活在母语的氛围中，触目皆汉字，入耳皆汉语，这就使得他们学习语文具有了得天独厚的条件，图书、报刊、影视、广播、网络等等都可以成为语文学习的资源，自然风光、风俗民情、城市生活、农村新貌、国际国内新闻等等都可以成为语文实践的内容，报告会、演讲会、辩论会、戏剧表演、图书馆、博物馆、纪念馆、展览馆等等都可以成为语文实践的场所。因而，学生语文实践的时空是广泛的。语文课程应该充分利用母语学习的这一有利条件，引导学生走出课堂，走进生活，有意识地在各种场合学语文、用语文。

语文实践时空的广泛性还表现在它同自然语文实践、同其他课程的紧密联系上。

语文课程中的自觉语文实践同自然语文实践有着不可分割的联系，如果把自然语文实践比作一座无边无际的大森林的话，那么语文课程范围内的自觉语文实践就是专门在这一座森林中圈出一块地来种植林木，这一片林木不可能不受整个"森林"生态的影响，"森林"和"林木"之间会不断地进行物质、能量、信息的交换，也就是说，学生总是会把在自然语文实践中获得的经验自觉不自觉地带到语文学习中来，也会把在语文学习中获得的语文经验有意无意地带到日常交际中去，自然语文实践和自觉语文实践总是相互影响、相互促进的。

语文实践还同其他课程有着紧密的联系，语文实践总会涉及政治、历史、地理、音乐、美术甚至物理、化学、数学等课程的内容，而这些课程的学习也总是离不开语文这个工具，所以，语文实践同其他课程的学习之间也存在着物质、信息、能量的交换。

语文实践时空的广泛性是其他任何一门课程的实践活动都无法比拟的，是区别于其他课程的实践活动的最为显著的特征。

（五）实践方式的规范性

实践方式的规范性是自觉语文实践区别于自然语文实践的特点。自然语文实践是一片无边无际的大森林，这座"大森林"是自然生长的，随生活之流而自然流动的，也是零散的，不自觉的。自觉语文实践是自然语文实践这片"森林"中一块专门培植"树木"的苗圃，是对日常语文生活的集中、凝练。它根据语文学习的规律精心设计，在教师的指导下进行，有着明确的目标、内容和科学的程序、方法，一切都是规范化的。"规范化意味着标准化、制度化、程序化、科学化、合理化和效益最大化"①。为什么要专门开设一门语文课程来培养人的语文能力？在日常语文生活中学习语文不一样吗？其中一个重要原因就是语文课程中的语文实践是更规范的，它能以高于日常语文实践数倍的质量和效率提高人的语文能力。

第四节　语文课程实践品格的多维阐释

明确了"语文能力""语文实践"这两个概念后，接下来我们就将从哲学、语言学、心理学、教育学等学科出发，探讨语文能力形成于语文实践的内在机制，给语文课程的实践品格以理论上的阐释。

一、哲学的阐释

实践是马克思哲学的核心概念，关于实践对主观世界的改造以及实践

---

① 夏建国：《实践规范论》，中国社会科学出版社 2006 年版，第 6 页。

与认识之关系，马克思哲学都有许多精辟的论述。因此，对于语文实践与语文能力间的关系问题，马克思实践哲学无疑给我们提供了有力的剖析工具。

（一）双向对象化：语文实践对主体语文能力结构的改造

马克思认为，实践是主体的对象性活动。所谓"对象性活动"，不是主体以客体为对象的单向性活动，而是主体和客体的"双向对象化过程"。①"双向对象化过程"既包含着主体的客体化过程，又包含着客体的主体化过程，它是这两个过程的辩证统一。所谓主体的客体化，是指主体通过能动而现实的实践活动和观念活动，对客体进行积极的作用、影响和改造，以及将主体自身的各种本质力量和主体性结构能动地对象化出去，并渗入、融合到客体之中，使客体成为一种属人的存在，成为主体的"化身"和"投影"，成为确证和体现人的主体性的"作品"的过程。所谓客体的主体化，是指作为同实践主体相对应的、并发生着现实相互作用的实践客体，通过各种途径和形式对实践主体所产生的一种反向性的作用和影响，并且使客体性的东西转化为主体性的东西的过程。②

实践的"双向对象化"本质告诉我们，实践不仅改造着客观世界，同时也改造着主观世界。"生产不仅为主体生产对象，而且也为对象生产主体"，③"环境的改变和人的活动或自我改变的一致，只能被看做是并合理地理解为革命的实践。"④实践对主观世界的改造是在"客体的主体化"过程中实现的——"客体也以物质的、能量的和信息的方式直接或间接地反作用于主体，即反向性地作用和影响主体，并总是以不可避免的、顽强的力量渗入、贯注、融合到主体性的结构系统之中，从而现实地成为主体性结构系统中的一个有机的组成部分。"客体主体化的最终结果就是"主体被客体所改造，就是主体的完善和发展。"⑤

① 肖前、李淮春、杨耕主编：《实践唯物主义研究》，中国人民大学出版社 1996 年版，第 146 页。

② 王永昌：《实践活动论》，中国人民大学出版社 1992 年版，第 139、126 页。

③ 《马克思恩格斯选集》第 2 卷，人民出版社 1995 年版，第 7—10 页。

④ 《马克思恩格斯选集》第 1 卷，人民出版社 1995 年版，第 55 页。

⑤ 王永昌：《实践活动论》，中国人民大学出版社 1992 年版，第 127 页。

客体的主体化，从内容上来说，是指客体的有用属性内化为主体的需要，客体的规律内化为主体的思维逻辑，客体的结构功能内化为主体的方法和技巧，客体的外在形态内化为主体的审美体验和审美理想。[①] 简言之，就是客体的"客体性结构"内化为主体的需要、智力、能力、意志、审美力等，它一般包括三个阶段[②]：（1）确证主体的本质力量阶段。也即对主体的本质力量的存在、发挥、发挥是否正确有效进行确证。"正是在改造对象世界中，人才真正证明自己是类存在物……因此，劳动的对象是人的类生活的对象化；人……在他所创造的世界中直观自身。"[③]（2）充实和提高主体的本质力量阶段。充实和提高主体的本质力量包括丰富、充实和提高主体的体力、智力、意力等。（3）发展主体的本质力量阶段。发展主体的本质力量就是指增添和推进主体的本质力量，以及创造或生长出主体的新的本质力量，包括：修正、调整、改进主体的行为动作，完善并增添了新的和较为复杂的行为动作；深化对客体的属性和规律的认识，使自在之物转化为为我之物；激发主体的激情、意志和审美体验，等等。

实践"客体主体化"的属性清楚地说明：实践是人的主体力量（包括能力）发展的重要途径——"改造主观世界"当然包括改造主体的能力结构。

语文实践作为人的一种实践活动，当然也是"主体和客体的双向对象化过程"。这里的客体——语言文字，属于精神客体，与实践主体——人具有同一性，但既然作为客体，它又具有客观性：一方面语言文字总是表达一定的意义的，它所表达的意义实际上就是世界，就是存在；另一方面语言文字总是形音义的结合体，其形其音皆可外化、物化，外化、物化后便可作用于人的视觉、听觉，成为可感知、可操作的客观对象。正因具有这种客观性，语言文字才可能成为主体指向的对象，成为实践客体。在语文实践活动中，主体一方面通过听说读写的具体活动把自己的本质力量和主体性结构对象化到语言中，使语言成为属人的存在，成为主体的"化身"和"投影"，

---

① 　陈赞周：《实践活动论纲》，博士学位论文，中共中央党校，1994 年，第 85、89 页。

② 　陈赞周：《实践活动论纲》，博士学位论文，中共中央党校，1994 年，第 85、89 页。

③ 　马克思：《1844 年经济学哲学手稿》，人民出版社 1985 年版，第 54 页。

成为确证和体现人的主体性的"作品"；另一方面语言及语文实践活动本身也反作用于主体，或隐或显地渗入、贯注、融合到主体性的心理结构之中，成为主体心理结构的一个有机组成部分，这样，人就在语文实践中或有意识地或潜移默化地掌握了语言的要素结构和语言使用的规则、规律和方法，从而提高了自己的语文能力。可以说，人的语文能力正是在主体与语言的双向对象化过程中得以提高的。而且，我们这里所说的语文实践是语文课程中的自觉语文实践，属于"教育"的范畴，而教育本身就是人之自我建构的实践活动[1]，建构主体自身的语文能力当然是它的直接目的因而也是它的应然结果之一。

有人认为，只有说写活动才是人的本质力量的对象化，听读活动是接收，不是对象化活动。其实，大谬不然。说写固能表达思想感情，反映一个人的思维水平、知识视野、文化修养、人格个性，听读也一样能够确证和表现自我的本质力量。孟子早就提出读诗读文要"以意逆志"，所谓"以意逆志"，就是"以己之意逆诗人之志"，也就是读者要充分发挥自己的主观能动性，去发掘诗歌的微言大义。胡塞尔现象学倡导的"主体间性理论"也认为人是主体，而人所构成的文本，即人的语言在历史传统中形成的种种文化也是主体。人和文本是一种互为主体、互相解释、互相沟通的关系，即"主体间性的对话关系"[2]。在对话中，读者必然充分调动主体的能动机制，积极参与对言语作品（包括口头言语作品）的解释和建构——激活自己的想象力、直观力和感悟力，通过对语言符号的解码，不仅复现言语作品的内容，而且渗入自己的人格、气质、生命意识，赋予作品以新的意义。可见，听读过程并不是一个被动接收的过程，而是一个能动地吸纳、理解、创造的过程，人的本质力量的对象化正是在这一过程中实现的。

（二）认识与实践：考察语文能力生成的辩证视角

人的实践活动是自觉能动的活动，之所以是自觉能动的，是因为它内

① 鲁洁：《教育：人之自我建构的实践活动》，《教育研究》1998年第9期。
② 曹明海主编：《语文教育智慧论》，青岛海洋大学出版社2001年版，第203页。

在地包含着认识活动。没有对对象的认识，便不会有有目的、有意识的自觉能动的活动。对于实践活动来说，认识具有认知理解、评价选择、建构预见、意向引导、规范概括以及对主体自身的自我意识、自我调节等多种功能。① 那么，认识来源于哪里呢？来源于实践。没有实践就没有认识。毛泽东说："无论何人认识什么事物，除了同那事物接触，即生活于（实践于）那个事物的环境中，是没有法子解决的。""你要有知识，你就得参加变革现实的实践。"② 而且，实践不断向前推进，人对客观现实的认识也就不断深化；对客观现实的认识深化之后，又可以进一步推进实践，于是，从实践到认识、从认识到实践就呈现出螺旋式上升、波浪式前进的辩证运动，"实践、认识、再实践、再认识，这种形式，循环往复以至无穷，而实践和认识之每一循环的内容，都比较地进到了高一级的程度。"③ 实践不仅是认识之源，也是检验认识的真理性的标准。"人的思维是否具有客观的真理性，这并不是一个理论的问题，而是一个实践的问题。人应该在实践中证明自己思维的真理性，即自己思维的现实性和力量，亦即自己思维的此岸性。关于离开实践的思维是否具有现实性的争论，是一个纯粹经院哲学的问题。"④ "只有人们的社会实践，才是人们对于外界认识的真理性的标准。"⑤ 实践既然是检验认识的真理性的标准，那么它也就具有调整、修正、强化认识的功能。"人类认识的历史告诉我们，许多理论的真理性是不完全的，经过实践的检验而纠正了它们的不完全性。许多理论是错误的，经过实践的检验而纠正了其错误。"⑥ 总之，在认识和实践的关系问题上，马克思主义哲学强调二者辩证地统一，认为实践是认识的源泉、动力、目的和检验标准，认识是实践的条件、保障和助推器，不存在脱离认识的实践，也没有不源于实践的认识，

---

① 高清海主编，《马克思主义哲学基础》下册，人民出版社 1987 年版，第 334 页。
② 《毛泽东选集》第 1 卷，人民出版社 1991 年版，第 286、287 页。
③ 《毛泽东选集》第 1 卷，人民出版社 1991 年版，第 296—297 页。
④ 《马克思恩格斯选集》第 1 卷，人民出版社 1995 年版，第 58 页。
⑤ 《毛泽东选集》第 1 卷，人民出版社 1991 年版，第 284 页。
⑥ 《毛泽东选集》第 1 卷，人民出版社 1991 年版，第 293 页。

"我们的结论是主观和客观、理论和实践、知和行的具体的历史的统一。"[①]

跟人类其他实践活动一样，语文实践中也存在着一个认识和实践的关系问题。语文实践离不开对语言及其运用规律的认识，只有对语言及其运用规律有了正确深刻的认识，人才能正确熟练地理解和运用语言。人对语言及其运用规律的认识来自哪里？来自语文实践。人在反复不断的语文实践中，通过分析、比较、概括、想象、联想等思维活动，就获得了对"语文"的认识。如果不同某种语言接触，不经过语文实践，是不可能获得对那种语言的认识的。对语言的这种认识，经过语言使用者的内化，可以积淀为个体的言语经验；经过语言学家的概括、抽象，可以上升为语言理论知识。不管是个体的言语经验还是语言理论知识，又都反作用于语文实践，对语文实践起着导向、调节、评价等作用。离开了对某种语言的认识，也就不可能具有运用那种语言的实践能力。同时，个人获得的语文认识又可以在实践中得以检验、调整、修正和强化。比如，话剧演员、相声演员就是在一次次的排演中不断检验、纠正和强化自己对台词的理解以及语调、语气等口语表达技巧的，儿童学习语言也是通过实际的交流来检验、修正和强化自己所获得的语文认识的。而经过检验、调整、修正和强化的语文认识又可以进一步指导语文实践：或者将获得的正确认识运用到以后的语文实践中，或者在以后的语文实践中避免类似的错误，或者遵循某种规律创造性地进行语文实践，等等。这样，通过一个"实践、认识、再实践、再认识"的循环往复、螺旋上升的过程，人对语言及语言运用的认识就逐步深化了，理解和使用语言的能力也逐步提高了。

二、语言学的阐释

（一）掌握语言系统和语文活动规律、规则，必须注重语文实践

语言是以语音为物质外壳、以词汇为建筑材料、以语法为结构规律的

---

① 《毛泽东选集》第 1 卷，人民出版社 1991 年版，第 296 页。

一套音义结合的符号系统，语文能力就是运用这套符号系统去交际的能力，而要具备运用某一套语言符号系统进行交际的能力，首先就得学会这种语言的语音及其书写形式，掌握它的词汇和语法规则，否则便无法进行交际。语音、词汇、语法的掌握都离不开语文实践。

掌握语音，并不是要掌握关于音素、音位、元音、辅音、音节结构、语流音变等的理论知识，而是要掌握字词的发音方法和技巧，能够正确熟练地运用语音来交流。掌握字词的发音方法和技巧，必须通过模仿和实践。从小在北京长大的人，就学会了运用北京话来交流；从小在四川长大的人，就学会了运用四川话来交流，这充分说明了模仿和实践在语音掌握中的重要作用。我国语文课程的一个重要任务是培养学生运用普通话进行口语交际的能力，这可以通过多种途径来实现，如：通过示范、模仿掌握声母、韵母、声调的发音和普通话的语流音变，通过双声词、叠韵词、同调词或异调词的朗读练习声母、韵母、声调的发音，通过对比练习进行正音训练，通过读绕口令、读整段文字练习普通话发音，等等。这些途径和方法，归根结底都属于实践（训练）的范畴。另外，掌握语音，不光要读准字音，还要学会运用各种语音技巧来表情达意，在朗读、交流的过程中做到音量适中，快慢适度，抑扬顿挫，能够灵活地根据语境及所要表达的意思调整语速、语气、语调，这些就更需要多练习、勤实践。当然，注重实践并不是要排斥知识的学习，事实上，掌握一些语音知识和表达技巧知识，语音实践将更为科学有效。

掌握词汇，对于语言的学习来说至关重要，因为词汇是语言的建筑材料，缺乏必要的词汇，话语就没法"搭建"起来；词汇贫乏，语言也就贫乏，"对一个人来说，他所掌握的词汇越丰富，他的认识能力和驾驭语言的能力就越强"[1]。掌握词汇，除了掌握字词的读音之外，还应该把读音与形、义结合起来，建立音、形、义三者之间的统一联系，做到会读、会写、会用。掌握字形，仅仅给学生讲清楚笔画、笔顺、偏旁、部首、间架结构不行，还得在示范模仿的基础上让学生一笔一画地、一个字一个字地反复练

---

[1] 张静主编：《现代汉语》下册，高等教育出版社 1988 年版，第 2 页。

习。掌握字义词义，仅仅靠翻字典词典也是不行的，还得让学生在具体的语境中去理解、去运用。这是因为："字义的概括是把特殊的、复杂的现象变成一般的、简单的东西，使之成为人们认识现实现象的一种工具，用来指称现实中个别的、特殊的现象"，而"交际中谈到的现象往往都是个别的、特殊的，只有一般性、概括性的字一进入句子，就得和具体的、特殊的现象相联系，从'一般'回到'个别'"。① 例如，课文《行道树》里有这样一句话："我们的家在山上，在不见天日的原始森林里。而我们居然站在这儿，站在这双线道的马路边，这无疑是一种堕落。""堕落"一词，《现代汉语词典》解释为"（思想、行为）往坏里变"，如果仅仅按照这个意思来理解这里的"堕落"，而不把它和具体的语境结合起来，就很难理解得透。实际上，作者在这里是想用"堕落"这个词来表达"树的生活环境越变越差"这个意思——本来树生活在原始森林里，一尘不染，但现在却被移植到城市里，吸纳着噪音灰尘，濡染着灯红酒绿，就好比一个清纯的姑娘一下子堕落到红尘之中一样。由此可见，掌握字义词义，应该将字词与情境运用结合起来，让学生在具体的语境中去实践、去体会，这样，学生才能获得字词使用的具体经验，才能够在字词的掌握上做到深刻理解、灵活运用。

再来看语法和语用规律、规则的掌握。掌握语法和语用规律、规则，并不是只将体词、谓词、主谓结构、述宾结构等语法条文和数量准则、质量准则、关联准则等语用规则以陈述性知识的形式储存在记忆中就行了，而是要将这些知识和规则内化于心理结构中，自如地运用它来遣词造句、交际、行文。这是因为，所有的言语活动，从根本上来讲，都是言语主体在具体情境中的"创造"和建构，它往往随语境的变化而灵活多变，并不像数理学科解答问题那样，有现成的公式可套。事实上，在实际的言语活动中，很少有人亦步亦趋地根据语言学家所提炼的语法知识和语用规则来说话、写文章，如果说运用，那也多是下意识的。正因如此，所以人们学习语言，并不是先系统学习语法知识和语用规则，然后再练习运用这些知识和规则去解决

① 　徐通锵：《基础语言学教程》，北京大学出版社 2001 年版，第 111 页。

语用问题，而是直接在言语实践和语用情境中掌握语法结构和语用规则。即使通过某种途径获得了一些显性的语法知识和语用规则，那也必须通过语文实践将其内化，而不能只是背熟一些条文。而内化语言的结构法则，也离不开读、写、听、说的语文实践。通过实践，主体不断接触包含了各种语法结构、语用规律的句子和篇章，并尝试按照这些规则来表达，时间长了，语言的结构法则和规律便会自动投射到主体的言语行为中，由此产生对语言的敏感，一读到或听到某个句子，就能立刻判断它是否"合法"，一说话一写作也能自动地、下意识地按照这些结构法则来进行。可以说，不经过语文实践，而只是照着语法、语用条文死记硬背，是不可能实现语法、语用规则的内化的。

（二）汉语的特点决定了汉语学习更应该走"实践——体悟"的路子

一般而言，根据形态变化的有无和差异可以将世界上的语言分为曲折语、黏着语、孤立语和复综语四种类型。汉语是孤立语的典型代表，跟其他语言尤其是印欧语相比，汉语有着自身鲜明的特点。徐通锵先生认为，与印欧语以词和句子为基本结构单位不同，汉语是以"字"为本位的，字是汉语的基本结构单位，其特点就是一个音节关联一个概念，形成"一个字·一个音节·一个概念"的结构格局。[①] 汉语的这种"字本位"特点决定了它有着与印欧语迥然有别的结构面貌。我们知道，印欧语注重外部形态，有着丰富的形态变化，有着严格多样的性、数、时、格、体、态的要求，而汉语则缺少形态变化，话语组建以达意为主，"偏重心理，略于形式"。"如果说，印欧语的语法结构的特点是'形合'，词与词之间的关系有明确的形态变化的标记，那么汉语语法的特点就是'意合'，只要字义之间的组配有现实的根据，符合社会习惯的要求，就可以组合起来造句。"[②] 可以说，"意合"是汉语在语法结构上的最大特点。这种"意合"的语言在话语组建上极富弹性和创造性，它"放弃了西方形态语言视为生命之躯的形态限制和关系框架，把

---

① 徐通锵：《基础语言学教程》，北京大学出版社 2001 年版，第 56、60、137 页。

② 徐通锵：《基础语言学教程》，北京大学出版社 2001 年版，第 186 页。

受冷漠的形态框架制约的基本语粒或语块解放出来，为语文运用中主体意识的驰骋、意象的组合，提供了充分的可能和余地"①。正因如此，所以王力先生把西方语言看作"法治"的，而把汉语看作是"人治"。② 汉语话语组建上的这种"人治"性、灵活性使得它具有一种传神写意的艺术气质和一种简约灵动的美感。

正因为汉语具有意合性、"人治性"，所以试图像学习印欧语等"法治"语言那样通过语言结构知识的学习和语法规则、条文的记忆来掌握汉语组建的奥妙就不可行。"如果说，学习世界上某些语言是要从语言的知识、规则、条例入手的话，那么汉语一定不在其内。"③ "人治"的语言得顺着"人治"的路子来学习。何谓"人治"的路子？那就是多读多写，实践体悟。只有在大量的读写实践中接触各种错落变化的语言运用范例，尝试运用各式各类的词句去表达，揣摩体悟，"神而明之"，才能把握汉语这种灵动不羁的语言的组建奥妙和气质神韵。古人教学童读书，并不从句法、文法讲起，而是让学生在反复的诵读、吟咏中"切己体察""虚心涵咏"，领悟组词造句的规律和语言文字的妙处；教学童写诗作文，也不是从语法规则、作文规律开始讲起，而是从对对子开始，让学生在对对子的过程中学习词法、句法乃至诗文作法，这就是照顾到了汉语言话语组建的特点。现代语文教学，对这种符合汉语言特点的做法不应该漠视和贬抑。

另外，在修辞的运用、语篇的组建等方面，汉语运用也表现出以形写意、虚实相生、简约灵动、富于弹性等特点。比如，古人作诗论诗，讲究意象、意境、滋味、韵味、妙悟、性灵、格调；古人为文论文，讲究虚静、神思、文气、文脉、炼字炼句、传神写照、因声求气，这些都体现了汉语在修辞运用、语篇构建上不同于西方语言的独特之处。针对汉语运用的这些特点，我们"应该把汉语文教学定位在语感的习得上，而不是逻辑结构的分析

---

① 申小龙：《汉语与中国文化》，复旦大学出版社 2003 年版，第 271 页。

② 王力：《王力文集》第一卷，山东教育出版社 1988 年版，第 501 页。

③ 教育部基础教育司组织编写：《全日制义务教育语文课程标准解读》，湖北教育出版社 2009，第 38 页。

上"，"应该更多地关注汉语文传统的一些基本范畴。如语境、文气、文脉、意象、意境，字词的推敲、句子的整散、段落的展开、篇章的纵横、语音的韵律节奏、语调的抑扬顿挫、语意的轻重直婉；而不是执着于字词的表层意义、句子的静止结构、修辞的格式属类、篇章的逻辑归纳。"① 如果说语法结构分析、篇章逻辑归纳等等是学习具有明确的形态规则和篇章体制的西方语言的惯常路径的话，那么要把握文气、文脉、句子的整散、篇章的纵横、语意的轻重直婉等等这些灵动飞扬、变化无定的汉语文传统范畴，就应该另辟蹊径，走"积累—实践—体悟"的路子。

（三）从儿童语言习得看，语言实践是语言学习的必然途径

儿童语言学习是语言学习最成功的例子。② 探讨儿童语言学习和发展的规律，对于寻求语文能力培养的科学方法具有重要意义。

儿童语言习得和语言能力发展的问题既是语言学研究的课题，也是心理学关注的课题。历史上，关于儿童语言习得和语言能力发展的理论多种多样，但从总体上看，大致可以归为三大类：③

一是后天环境论，包括模仿说、强化说、中介说三种学说。模仿说认为儿童是通过对成人语言的模仿而学会语言的。强化说认为儿童是通过不断强化学会语言的，语言习得的过程不过是通过刺激反应和条件反射所养成的一套语言习惯。中介说则在刺激和反应之间加上了传递性刺激和传递性反应的中介，以此来解释儿童是如何通过一系列的刺激—反应锁链学会语言的。

二是先天决定论，包括先天语言能力说和自然成熟说两种学说。先天语言能力说的代表人物是乔姆斯基（N.Chomsky），他认为，儿童有一种与生俱来的语言获得装置（Language Acquisition Device，简称 LAD），儿童学习语言的过程就是通过 LAD 对语言输入和输出，从而由普遍语法向个别语法发展的过程。自然成熟说的代表人物是伦内伯格（E.Lenneberg），他把儿童语言的发展看做是一个受发音器官和大脑等神经机制制约的自然成熟的

① 王鹏伟：《汉语文教育传统与汉语文教育的民族化方向》，《教育研究》1999 年第 1 期。
② 李宇明：《儿童的语言发展》，华中师范大学出版社 2004 年版，第 10 页。
③ 李宇明：《儿童的语言发展》，华中师范大学出版社 2004 年版，第 29—55 页。

过程。

　　三是先天与后天相互作用论，包括皮亚杰（Jean Piaget）的认知说和规则学习说、社会交往说等等。皮亚杰认为，儿童的语言发展，是儿童原有的认知体系与当前面临的语言素材相互作用的结果，也就是儿童运用原有认知体系去理解当前面临的语言材料的过程。① 规则学习说认为，儿童的语言学习主要是对规则的学习，即儿童用先天的语言处理机制，通过对语言输入的处理归纳出母语的普遍特征和个别特点，以此获得母语的语言能力。社会交往说认为，语言获得不仅需要先天的语言能力和成熟生理、认知发展，更需要实际的语言交往，儿童和成人的语言互动实践，对儿童的语言发展起着决定性的作用。

　　三种关于儿童语言发展的理论差异甚大，但都无不强调语言实践、语言环境对儿童语言发展的重要作用。后天环境论、先天与后天相互作用论对语言环境、语言运用和言语实践的强调显而易见，即使是强调先天因素的先天决定论，也没有忽视语言环境和语言实践在儿童语言习得中的作用。比如乔姆斯基，就在指出儿童具有与生俱来的"普遍语法"的同时，也承认语言环境和语言输入可以触发语言的内部生长，"儿童在具体的语言环境中生活，所接触到的大量的语言素材就像导火索一样让存在于大脑中的语言习得智力组织迅速觉醒，发生效用。这时候，儿童就会自然地凭借着普遍语法规则对所接触到的语言材料进行语法归类分析，推理总结，使具体的语言系统内在化。"② 伦内伯格也在强调儿童语言发展"关键期"的同时，承认潜在的语言机能要转化为实际的语言能力需要适当的外界条件的激活。事实上，如果没有语言环境的刺激，没有主体的言语实践，即使存在 LAD，即使处在语言发展的关键期，儿童也不能获得语言能力。许多"兽孩"因为失去了语言交际的机会而没有学会语言，就充分地说明了这一点。所以，在儿童语言习得问题上，现在很少有人持极端的观点，绝大多数研究者既承认先天遗传因素

① 伍新春：《关于言语能力的实质与结构的探讨》，《北京师范大学学报（社会科学版）》1998 年第 1 期。

② 温小虹、张九武：《语言习得研究概述》，世界汉语教学 1992 年第 1 期。

在儿童语言发展的重要作用，又肯定后天语言环境、语言交往实践对儿童语言发展的重要作用，认为后天的语言交往实践是儿童语言发展的必然途径。

儿童语言习得理论启示我们：（1）学生的语言学习离不开学生主体的语言实践，如果学生自己不去接触语言，不去进行语言实践，那么，语文能力的发展就是一句空话，因此，语文课程必须重视学生的语文实践；（2）学生的语言学习过程是个体与语言环境相互作用的过程，语言环境在语言学习中起着关键性作用，因此，语文课程应创设良好的语言环境，让学生在其中触摸语言，玩味语言，操作语言，在语言中"摸爬滚打""出生入死"，以此掌握汉语言文字的运用规律，增强语感，提高驾驭语言的能力。

三、心理学的阐释

能力是在实践活动中形成和发展起来，这已成为心理学家的共识。心理学的研究认为，能力作为个体成功地完成活动所必备的个性心理特征，是系统化、概括化了的个体经验，具有内隐性、个体性。能力所具有的这一特性从根本上决定了它不可能像知识那样可以通过符号在不同主体之间实现传递，而只能通过个体的亲历实践才能形成和发展。

那么，语文能力是如何在语文实践中形成和发展起来的呢？其内在的心理机制是怎样的呢？

前文指出，语文能力实质上是以言语知识和言语技能为核心要素并以一般能力为依托所构成的个体经验。既然如此，那么掌握言语知识和言语技能当然就是语文能力形成和发展的关键了。而再从广义知识看，作为语文能力核心要素的言语知识和语言技能又都内含着语识和语感两种要素，据此，我们又可以进一步说：学习语识、积淀语感、掌握言语技能是语文能力形成和发展的关键。

（一）语识（显性言语知识）的学习

英国思想家波兰尼（Polanyi，M.）从是否可以言述的角度把知识分为两类，他说："人类有两种知识。通常所说的知识是用书面文字、图表或数学公式表达的，这是知识的一种形式；还有一种知识是不能系统阐述的，例如有关我们行为的某些知识。如果我们称前一种知识为显性（explicit）知识的话，那么我们就可以将后一种知识称为隐性（tacit）知识。"[1] 我们所说的语识，是能够明确地用文字、图表或符号等表示的，比如"骁"读作"xiāo"、"由兼语短语充当谓语或独立成句的句子叫兼语句"、"消息大多采用倒金字塔结构"，等等，它其实就是一种显性知识。

显性知识既然能够明确地言述，所以它可以通过规范的学习而获得。教育心理学认为知识学习是"要求学习者能将存贮在语言文字符号等载体中的知识转化为个人的精神财富""是一种获得间接经验的心理过程"[2]，说的就是通过规范学习而获得显性知识。显性知识学习的一般心理过程可分为三个阶段：知识的理解、知识的巩固和知识的运用。知识的理解要经历两个阶段：对学习内容的直观和对学习内容的概括，比如，我们讲解语法时，先给学生呈现若干语例，然后通过分析语例概括出语法知识，就是先直观，后概括。知识的巩固是指将所理解的知识保持长久的记忆，包括识记和保持两个环节，比如，让学生将说明文的文体特征、某些文言词语的含义记住、保存在自己的头脑中以便日后使用，就是知识的识记和保持。知识的运用是指运用已有的知识去解决有关问题，比如教授书信的写作格式后，让学生按书信格式写信，就是知识的运用。知识运用环节的存在表明语文实践在显性语言知识的掌握中具有重要作用。

需要注意的是，在语文课程中学习语识，其着眼点在于发展语文能力，而对于语文能力的发展来说，仅仅将语识以符号记忆的方式储存在头脑之中是不行的，在实际的语言活动中，语识很多时候应该内化为语感（隐性言语知识），才能自如地支配语言活动，因为"任何一个人，包括最伟大的语言学家在内，都不是也不可能依凭语义的理性范畴和语法规则来理解和生成句子"[3]，人主要是通过语言理解和运用的隐性知识——语感来把握语言的。而

---

[1]　Polanyi, M. *The Study of Man*, London：Routledge & Kegan paul, 1957, p.12.

[2]　莫雷主编：《教育心理学》，广东高等教育出版社 2005 年版，第 167 页。

[3]　王尚文：《语感论》，上海教育出版社 2000 年版，第 356 页。

将语识内化为语感（隐性知识），其主要途径也是语文实践——"外显知识的内在化具体包括两个方面：（1）将外显知识具体化到行动和实践中，通过实践和行动的反复进行而逐渐变得内在化；（2）通过做的过程来体现外显知识，从而实现其内在化。"①

（二）语感（隐性言语知识）的积淀

隐性知识，又称为默会知识或缄默知识，与显性知识相比，隐性知识具有如下特点：（1）不能通过语言、文字、符号等进行逻辑的说明；（2）不能以规则的形式加以传递。不能明确陈述的知识自然不能在人与人之间以明确的规则形式加以传递，因此缺乏显性知识的公共性、主体际性等特征；（3）不能加以批判性反思。② 我们所说的语感，就具有难以用语言、文字、符号明确表述但却又能在语言运用中灵活地发挥作用的特征，因此它实质上是一种隐性言语知识；或者也可以反过来说，语文能力结构中所内含的隐性知识就是语感③。

隐性知识既然不能以规则的形式加以传递，那通过什么途径才能获得呢？实践，主体的亲历实践。"默会知识的获得，则需要认识主体寓居于认识对象的细节与线索、身体和文化遗产之中。这表明，参与实践、参与世界、融入到共同体的文化历史当中，以及加强主客体之间的对话和互动，是默会知识获得的根本途径。"④ 主体在实践中获得缄默知识的内在机理是什么呢？研究表明，主体在实践中是通过内隐学习（implicit learning）和显性知识隐性化这两种方式获得隐性知识的⑤：内隐学习是直接获得隐性知识的主要途径。内隐学习这一概念的创造者美国心理学家 A.Reber 认为，人能够按照两种本质不同的模式来学习复杂的任务，一种是人们所熟悉的外显学

---

① ［日］野中郁次郎等：《创造知识的公司：日本公司是如何创造创新动力学的》，转引自吴晓义：《国外缄默知识研究述评》，《外国教育研究》2005 年第 9 期。

② 石中英：《波兰尼的知识理论及其教育意义》，《华东师范大学学报（教育科学版）》2001年第 6 期。

③ 刘大为：《语言知识、语言能力与语文教学》，《全球教育展望》2003 年第 9 期。

④ 赵健：《默会知识》，《全球教育展望》2003 年第 8 期。

⑤ 高湘萍：《隐性知识的获得及其显性化的心理途径》，《全球教育展望》2003 年第 8 期。

习（explicit learning），诸如问题解决、决策制定等凡需要付出努力、采取一定策略来完成的学习活动就属于外显学习；另一种便是内隐学习，所谓内隐学习，是指"无意识获得刺激环境复杂知识的过程"①，在这一过程中，个体并没有意识到或者陈述出控制他们行为的规则是什么，但却学会了这种规则。② 由此出发来考察语文学习，我们看到，在语文实践中，个体由于反复接触语言材料，接受言语刺激，就会经由阈下知觉、重复启动获得某种意识外的言语知识经验（语感），这些知识经验由于在信息获得、登记、编码、加工、储存、提取、运用诸环节均处于下意识水平，而具有强烈的内隐特征，其获得过程也因而是一个内隐学习的过程。显性知识隐性化。在语文学习中，学习者可能先学习了某些显性语言知识，比如某些词语的含义和用法、某种写作手法、某些口语交际知识等，然后经由显性的方式，采用一定策略，通过反复实践、练习，不断熟练，使这种知识的运用达到无需意识监控的自动化水平，这样显性知识就转化成了语感（隐性言语知识）。这些知识的学习在语文实践的过程中是显性的，但其内在化的过程却是隐性的。

可见，语感（隐性言语知识）虽然不可言传，但却并非不可教或学，而教或学的途径就是语文实践，"我们所教的仅仅是我们知道怎样描写的那一部分。只要我们不剥夺学生的机会，让他能利用那些使他得以自学的资料"，学生就"最终能够学会许多我们由于没有充分的描述而未曾教或无法教给他们的东西"③。

（三）言语技能的掌握

任何技能的习得都需要经过一定的练习，言语技能也不例外。那么，言语技能（言语心智技能和言语操作技能）是如何通过训练而形成的呢？

我们先来看看言语心智技能的形成过程。前苏联心理学家加里培林指

---

① Reber, A. "Transfer of syntactic structure in synthetic languages", *Journal of Experimental Psychology*, 1969, (81).

② 郭秀艳：《内隐学习和缄默知识》，《教育研究》，2003 年第 12 期。

③ [英] S. 皮特·科德：《应用语言学导论》，上海外国语学院外国语言文学研究所译，上海外语教育出版社 1983 年版，第 129、23 页。

出，心智动作虽不同于实践动作（指操作动作即物质或物质化动作或外部动作），但来源于实践动作。心智动作是通过实践动作的"内化"而实现的，所谓"内化"，即外部动作向内部转化，也就是内部的动作映象形成的过程。为此，他把心智技能按心智动作的形成分为五个阶段：动作的定向阶段；物质或物质化阶段；出声的外部言语动作阶段；不出声的外部言语动作阶段；内部言语动作阶段。[①] 我国心理学家冯忠良对加里培林提出的心智技能形成的五个阶段进行整合，在此基础上提出了著名的心智技能形成三阶段理论：原型定向、原型操作以及原型内化。[②] 下面，我们就按这三个阶段谈谈言语心智技能的形成过程。

　　所谓原型，是指心智动作的"原样"，即外化了的实践模式，或"物质化"了的心智活动方式或操作活动程序。原型定向，就是使学生了解言语活动的心智操作"原样"，即言语心智动作的构成要素及动作次序，知道该做哪些动作和怎样完成这些动作，明确言语活动的方向。比如，教学生写排比句，先给学生呈现若干排比句，并通过分析让学生弄清楚排比句的结构特点和仿写规范、步骤，这就是原型定向，其中事先呈现的排比句就是"原型"。原型操作，即依据言语心智技能的实践模式将在头脑中建立起来的言语活动程序计划以外显的操作方式付诸执行。就仿写排比句而言，就是让学生根据获得的排比句原型进行仿写练习。原型内化，即言语心智活动的实践模式（原型）向头脑内部转化，在这一阶段，言语动作离开言语原型中的物质客体及外显形式而转向头脑内部，成为学生的心智动作模式。还是以仿写排比句为例，原型内化这一阶段就是让学生通过反复练习、用心揣摩，将写作排比句的经验系统化、概括化，掌握写作排比句的要领。

　　操作技能是控制动作执行的个体经验。按照冯忠良的理论，我们可以

---

① 冯忠良：《结构化与定向化教学心理学原理》，北京师范大学出版社 1998 年版，第 292—293 页。

② 冯忠良：《结构化与定向化教学心理学原理》，北京师范大学出版社 1998 年版，第 293—300 页。

把言语操作技能分为定向、模仿、整合、熟练四个阶段。① 操作的定向，指在了解言语操作活动结构的基础上在头脑中建立起言语操作活动的定向映象的过程。比如，教写"灯"字，教师一边在米字格里示范书写一边讲解写"灯"字的笔顺笔画、书写要领，这就能够在学生头脑中建立起"灯"字写法的定向映象。操作的模仿，是指仿效（实际再现）特定的言语动作方式或行为模式。就教写"灯"字而言，就是让学生仿照教师的写法写这个字。操作的整合，即把构成言语操作动作的各要素依其内在联系，联结成为整体。操作的整合通常为掌握复杂的言语操作动作系列所必需，其目的是建立各言语操作动作间的动态联系。比如，读绕口令，先把各个字音读准，然后再连起来读。操作的熟练，是指通过练习而形成起来的言语操作方式对各种变化了的条件所具有的高度适应性，在执行方面能达到高度的完善化（动作的规范化与稳定化）与"自动化"。比如，读绕口令，通过反复练习，达到能够准确、快速、自如朗读的程度。

（四）语文能力的形成

按照冯忠良的"类化经验说"，习得语识、积淀语感、掌握言语技能只是语文能力形成的第一个环节，仅有这个环节是不够的，语文能力要形成，还得经过第二个环节：对习得的言语经验进行整合、类化。所谓整合、类化，就是把不同时间、不同地点获得的零星言语经验，进行概括、整合，从而形成一种一体化的联结贯通的网络型结构。②

言语经验整合的机制是同化、顺应和结构重组。③ 所谓同化，是指将新的言语经验纳入已有的言语经验系统之中，使之成为已有言语经验系统的一部分的过程。比如学生学习了"互文"这种修辞方法，把它纳入原有的修辞知识系统中，就是同化。所谓顺应，是指将已有的言语经验应用于新情境而又不能适应新情境时，言语主体便积极调整原有言语经验，从而形成具有更

---

① 冯忠良：《结构化与定向化教学心理学原理》，北京师范大学出版社 1998 年版，第 160 页。

② 冯忠良：《结构化与定向化教学心理学原理》，北京师范大学出版社 1998 年版，第 257—265 页。

③ 孟万金：《论言语能力及其语言教学改革》，《教育理论与实践》1996 年第 2 期。

强适应性的言语经验结构的过程，具体言之，"即发现例外和特殊现象"。比如，学生运用已有小说观念去阅读伍尔夫的《墙上的斑点》，发现难以读懂，于是在老师的帮助下建构起"意识流小说"的概念，重新解读，豁然开朗，这就是顺应。所谓结构重组，是指将已有言语经验的组成成分根据新的需要重新组合，形成一种新的言语经验结构的过程，"结构重组实质是言语运用和言语经验的创新"[①]。比如，学生学习了"意象"这个概念，用它来解读诗歌，发现不同诗歌中意象的构成方法是不相同的：有的是借助文化传统构成意象，如柳永《雨霖铃》"寒蝉凄切，对长亭晚"中的"长亭"；有的是运用谐音构成意象，如《西洲曲》"低头弄莲子，莲子清如水"中的"莲子"；有的是通过比喻来构成意象，如《诗经·硕鼠》"硕鼠硕鼠，无食我黍"中的"硕鼠"；有的是利用对应关系来构成意象，如《春望》"国破山河在，城春草木深"中的"山河在""草木深"；有的是通过用典构成意象，如《行路难（其一）》"闲来垂钓碧溪上，忽复乘舟梦日边"中的"垂钓碧溪""乘舟梦日"。于是，关于"意象"这个概念，他们头脑中积累的经验就更丰富了，理解也更深刻了。不仅如此，他们甚至还能够利用这些构成意象的方法去创作诗歌。这就是结构重组。

就这样，在掌握语识、积淀语感和习得言语技能的基础上，通过将获得的言语经验整合、类化为言语经验格，并以一般能力为依托，便形成了语文能力。

四、教育学的阐释

语文课程既然是"课程"，它的实践品格自然就应该有教育学上的理据。下面，我们着重从课程论的视角来探寻语文课程实践品格的教育学理据。

（一）从课程形态上看，语文课程应以经验课程为主要形态

在现代课程体系中，学科课程和经验课程是两种不同的课程形态。

---

① 孟万金：《论言语能力及其语言教学改革》，《教育理论与实践》1996 年第 2 期。

　　学科课程是以文化遗产和科学为基础组织起来的各门学科最传统的课程形态的总称。① 它的主要目的在于让学生系统地掌握各门学科的间接经验，具备相关的学科知识和技能，在此基础上获得全面发展；它的主要内容是从相应的学科"母体"中选择出来的、经过编排的具有特定逻辑结构的系统知识；它强调教学过程就是教师引导学生去认识前人积累的知识经验的过程；在学习结果上，学生获得的主要是间接经验。

　　经验课程"与以传统学科为中心，依据科学和学问的逻辑性编订的学科课程不同，它是以儿童的主体性活动的经验为中心组织的课程，也叫做生活课程、活动课程和儿童中心课程。"② 经验课程的主要目的在于让学生获得包括直接经验和直接感知的新信息在内的个体教育性经验，培养学生的实践能力；它是围绕各种有教育意义的活动而组织起来的，强调"从做中学"，从实践活动中学习，在学习结果上，学生获得的直接经验、实践能力占优势。

　　依据语文课程的"工具"本性，我们更倾向于把它看做是一门经验课程，理由有三：

　　第一，语文课程的根本目的不在于帮助学生掌握一套有关"语文"（包括语言学、文章学、写作学等学科）的系统知识（间接经验），而在于培养学生的语文能力。语文能力的培养，其主要路径是语文实践，因此以培养语文能力为根本目的语文课程自然应该以学生的语文实践活动为中心组建起来，让学生在语文实践活动中，与具体的语文材料、语文环境交互作用，从而获得理解和运用祖国语言文字的个体经验，形成语文能力。从这个意义上讲，语文课程就应该是以"活动"为核心建构的经验课程，而不是以"知识"为核心建构的知识课程。

　　第二，语文课程的主要内容不是从相应的学科"母体"中选取出来的具有特定逻辑结构的理论知识，我们甚至很难确定语文课程的学科"母体"

---

① 　钟启泉：《现代课程论》，上海教育出版社 1989 年版，第 185 页。

② 　钟启泉：《现代课程论》（新版），上海教育出版社 2003 年版，第 242 页。

是什么。其他很多课程都有自己的学科"母体"，如，数学课程的学科"母体"是数学，物理课程的学科"母体"是物理学，历史课程的学科"母体"是历史学，但，语文课程的学科"母体"是什么呢？

有学者把语言学、文章学、文艺学当成语文课程的学科"母体"，说："基础教育阶段的语文课程，有三大支柱理论，那就是语言学、文章学和文艺学。"① 另有学者痛感语文课程长期以来没有一个与之对应的学科，像一个"没有娘的孩子"，于是力图重建一门"语文学"以作为语文课程的母体"学科"。其所构建的"语文学"学科体系包括：原理学科——语用学；分相学科——言语交际学、心理语言学、篇章语言学、风格学、修辞学、语境学；边缘学科——文化语言学、社会语言学等；应用学科——听知学、演讲学、阅读学、写作学。②

把语言学、文章学、文艺学或者"语文学"当作语文课程的学科"母体"，可以从这样两方面去理解：一是说语文课程的主体内容来自这几门学科，是由这几门学科中选取出来的知识或理论所构成的；一是说语文课程需要从这些学科中精选一些知识或理论来作为课程内容的一部分，因为这些学科的知识或理论对于达成语文课程目标具有重要作用。对于语文课程来说，第一种理解显然是不妥当的。我们知道，课程内容的选择是以课程目标为依据的，语文课程的核心目标不是要学生去掌握一门知识，而是要培养他们的听说读写能力，这就决定了语文课程的主体内容并非是由从某一门或几门学科中选择出来的知识（理论）所构成的。至于第二种理解，却又并非是把这些学科当作"母体"的，因为既然说这些学科是"母体"，那么作为"子体"的语文课程，其主体内容应该就是由这些学科派生出来的，而非仅仅作为达成目标的一种支撑。综上可见，把语言学、文章学、文艺学或者"语文学"等学科看做语文课程的"母体"学科并不合理。其实，正如原苏联教学论专家斯卡特金在谈到学科构成的来源时所指出的，

---

① 韩雪屏：《语文教育的心理学原理》，上海教育出版社 2001 年版，第 95 页。

② 李海林：《言语教学论》，上海教育出版社 2000 年版，第 100—120 页。

理、化、生、史、地等来源于科学或科学群；而语言、文学等则来源于活动，即这些学科的内容中不叙述相应科学的原理，而只指出活动的方式和规则，同这些学科相应的科学内容和逻辑，仅仅是选择活动方式和形成某些活动规则的指针。① 可以说，语文课程根本就不存在所谓学科"母体"，为语文课程寻找学科"母体"的努力是徒劳的。

第三，由语文课程的根本目的所决定，语文教学的过程主要不是讲解知识、弄清概念、推导原理，然后引导学生运用知识去解决问题的过程，而是指导学生通过读写听说等实践活动获得读写听说能力的过程，"从做中学"是语文教学过程的主要特征。

（二）从经验课程的基本思想看，语文课程是学习主体通过言语经验学习言语经验的过程

1. 经验课程的基本思想：通过经验学习经验

经验课程思想形成于近现代。18世纪，经验课程思想在以卢梭为代表的近代浪漫自然主义教育家的教育思想中已有明显地体现。到了20世纪，杜威集经验课程思想之大成，以"经验"为基石，建构起了经验课程论的宏伟大厦。经验课程的基本思想，一言以蔽之：通过经验学习经验。

什么是"经验"？杜威认为，经验是指有机体与环境之间的交互作用，有机体作用于环境，其结果反过来又作用于有机体，这样，行为和结果之间连续不断的联系和结合就形成了经验。考察杜威关于"经验"的论述，可以看到它包含着如下几个要点：首先，"经验"一词兼具动词和名词两重词性。作为动词，"经验"指相互作用的、动态的经验过程，具有亲身经历、行动、体验等意思，"经验首先是一个经历的过程，是维护某种事物的过程，是忍受和激情的过程，是爱好的过程。"② 作为名词，"经验"指动态的经验过程所产生的、对主体发生影响的结果，"经验包含一个主动的因素和被动的因素，这两个因素以特有形式结合着。……在主动的方面，经验就是尝试……

---

① ［苏］M. H. 斯卡金特：《现代教学论问题》，张天恩译，教育科学出版社1982年版，第31页。

② 转引自褚宏启：《杜威教育思想引论》，湖南教育出版社1997年版，第177页。

在被动的方面，经验就是承受结果。我们对事物有所作为，然后它回过来对我们有所影响，这就是一种特殊的结合。"① 其次，杜威所说的"经验"不仅包含直接经验，也包含间接经验。杜威曾把知识分为四类，其中既包括"理智地获得技能这一意义的知识"和"了解这一意义的知识"这两类属于直接经验的范畴的知识，也包括"信息"和"理性的知识或科学"这两类属于间接经验的范畴的知识。科学知识在他看来是"理性的经验，经验的精华"。② 可见，杜威并没有把间接经验排除在他的"经验"概念之外，相反，他还相当重视间接经验。再次，杜威的"经验"概念还克服了传统哲学将经验和理性对立起来的弊端，把理性因素和非理性因素统合起来，容纳于经验中，"经验不再像旧认识论那样被视为感觉作用和感性认识，而是一种行为、行动，它当然含有知的因素，但在此之外，喜怒哀乐、酸甜苦辣等因素也是经验的构成部分。经验不再仅仅是与认识有关的事情，认识的、情感的、意志的等理性非理性的因素皆涵盖在内。"③

杜威认为，教育就是经验的改造和改组，他说："教育是在经验中、由于经验和为着经验的一种发展过程。"④ 教育中的"经验改造"，是指通过新的动态的经验过程改造原来的动态的经验过程对机体造成的结果，即在经验（动词）中改造经验（名词）⑤，这具体化到课程和教学上就是"主动作业""从做中学"。"主动作业"是杜威毕生倡导并付诸实践的一种经验课程形态。他认为，"学校科目相互联系的真正中心，不是科学，不是文学，不是历史，不是地理，而是儿童本身的社会活动。"⑥ "儿童本身的社会活动"即"主动作业"。所谓"作业"，是指"复演社会生活中进行的某种工作或与

---

① ［美］约翰·杜威:《民主主义与教育》，王承绪译，人民教育出版社2001年版，第153页。
② 张华:《经验课程论》，上海教育出版社2000年版，第84—90页。
③ 褚宏启:《论杜威课程理论中的"经验"概念》，《课程·教材·教法》1999年第1期。
④ ［美］约翰·杜威:《我们怎样思维·经验与教育》，姜文闵译，人民教育出版社1991年版，第255页。
⑤ 褚宏启:《杜威教育思想引论》，湖南教育出版社1997年版，第189页。
⑥ ［美］杜威:《我的教育信条》，载赵祥麟、王承绪编译:《杜威教育论著选》，华东师范大学出版社1981年版，第6页。

之平行的活动方式",即"着眼于儿童经验的发展而对社会生活中的典型职业进行分析、归纳和提炼而获得的各种活动方式"①,它包括任何形式的表现活动和建造活动,任何形式的艺术活动和手工活动等。这种"主动作业",一方面基于儿童的兴趣和需要,适合儿童经验生长的要求;另一方面又源于社会生活,代表社会情境,可以促使儿童的社会性得以发展。②"从做中学"则是杜威提出的一种教学方法。杜威批评传统教育是一种"静听"教育,这种教育以教师为中心、以教科书为中心,儿童处于被动、消极的地位。为了革新传统教学方法,达到"改造儿童经验"的目的,他提倡"从做中学",即让儿童通过从事木工、烹饪、缝纫、开办小商店等与校外从事的类似活动而学习。从做中学,实际上是主动作业在教学上的具体化,它与主动作业其实是一而二、二而一的东西。从本质上看,"从做中学"就是在经验的情境中通过经验而学习,通过探究而学习。

2. 语文课程作为经验课程:通过言语经验学习言语经验

以经验课程的基本思想来观照语文课程,我们认为,语文课程就是学习主体通过言语经验学习言语经验的过程。

首先,语文课程是一个言语经验的过程。这里的"言语经验"用作动词,意指个体在一定的语言环境中与语言相互作用的过程,说得具体点,就是学生为了提高语文能力而展开各种语文实践活动的过程。当语文课程成为言语经验的过程时,课程就不再是外在于学生的、可供传递的"包裹"(多尔的比喻),而是内在于学生的言语经验之中,成为一个过程:言语经验及其结果循环反复的过程;学生也不再是课程知识的被动接受者,而成为一个经验的主体:他自觉主动地与学习环境交互作用,运用自己的头脑和感官去接触各种各样的语言材料,运用自己的智慧和经验去体验语言、思考语言、操纵语言,在语言中"摸爬滚打""出生入死",把自己的整个身心都融入言语活动中,和语言共生共长。

---

① 张华:《经验课程论》,上海教育出版社 2000 年版,第 104 页。
② 张华:《经验课程论》,上海教育出版社 2000 年版,第 104—106 页。

其次，语文课程是获得言语经验的过程。这里的"言语经验"用作名词，意指言语经验（动词）所产生的、影响主体心理结构的结果。在与语言材料、语言环境交互作用的过程中，言语主体必然会获得一系列反作用于自身的言语经验，其中不仅包括直接言语经验（即个体通过亲历实践活动和体验所获得的关于语言和言语的经验），也包括间接言语经验（即个体通过某种中介如课本、教师或其他人所获得的关于语言和言语的经验）；不仅包括理性经验（如语法逻辑、语用规则等），也包括非理性经验（如情感、态度、价值观等）；不仅包括言语形式方面的经验，也包括言语内容方面的经验……这些经验是属于学习者个人的，经过类化，便形成了语文能力——"言语主体在言语过程中与语境的相互作用（互制和互塑），便是获得言语经验并推动言语活动、再获得言语经验……的言语能力发展过程。"①

需要指出的是，语文课程最终要让学生获得的主要应该是言语形式方面的经验而不是言语内容方面的经验，这是语文课程的专责，也是语文课程区别于其他课程的特点之所在。事实上，其他课程的内容表达和教学也都离不开语言这个工具，因此它们也为学生提供了"言语经验"，如学生通过政治、历史、数学、物理、化学等课程的学习，理解并记住了"商品""贞观之治""三角函数""摩擦力""二氧化碳"等语词，懂得了某些原理、定理、定律之类的话语的意思。但是，"语文之外的其他学科所教所学的是教材的言语内容，而语文学科则以教材的言语形式为教学内容；质言之，其他学科重在教材'说什么'，语文学科则重在教材'怎么说'，以使学生从中学习如何具体理解和运用语言文字的本领，培养读写听说等语言能力。"② 学习语文，虽然不可避免地要涉及语言所表现的政治历史、天文地理、风物人情等内容，但它的根本目的不在于把握这些内容，而是要学习如何通过特定的言

---

① 李维鼎：《语文课程要以"经验"为主位》，《宁波大学学报（教育科学版）》2005 年第 12 期。

② 王尚文：《语言·言语·言语形式——试论语文学科的教学内容》，《浙江师大学报（社会科学版）》1996 年第 1 期。

语形式来表达这些内容。因此，语文课程的目标主要应指向言语形式方面的经验，而不是言语内容方面的经验。

经验课程的本性是实践的，语文课程作为一种"经验课程"，也不例外。

第三章

语文课程实践品格的历史透视

语文课程是一门历史悠久的课程。沿着历史的隧道，触摸形形色色的语文课程，我们发现，"语文课程的实践品格"不仅仅是一个停留在理论领域的命题，也是一个真真切切的事实存在。无论国内还是国外，在语文课程发展的各个历史时期，语文课程的实践品格都有所体现。那么，语文教育史上，语文课程的实践品格都是如何得以呈现的？留下了哪些经验？又存在什么样的缺憾？探讨这些问题有助于我们更为深入地认识语文课程的实践品格。下面，笔者就将从实践性的角度对我国语文课程作一番历史考察，同时，也对当代国外语文课程的实践品性进行一番检视，一方面给语文课程的实践品格以事实上的说明，另一方面也借此梳理国内外的相关经验，为语文课程的实践性建构提供借鉴。

我国语文教育历史漫长，语文教育史研究一般将其分为三个历史时期：古代语文教育时期（1904年语文独立设科以前），现代语文教育时期（1904年至1949年），当代语文教育时期（1949年至今）。这三个时期的语文课程在目标、内容、实施等方面各不相同，它们的实践品格也因而表现出较大的差异，因此，我们分别对之进行把握。对于国外语文课程，我们则不再从历史的视角出发而是着眼于现状，通过对若干典型的课程设计和实施案例的剖析，来描述、说明其实践品格，并从中借鉴有益的经验。

第一节　我国古代语文课程：注重"多读多写"

我国古代学校教育中，虽然没有出现"语文"这样的课程名称，但实际上存在着专门的语文课程——蒙学阶段的识字、写字、读书、属对、作文等等都可以看做是专门的语文课程，因为它的主要目的是让学生掌握语文这个工具，以便为更高一级的学习打下基础。[①] 诚然，古代蒙学语文课程的综合性比现代语文课程强，除了进行语文教育外，还顺便传授百科知识和社会人生知识，进行道德品行教育，但教学生识字写字、读书作文却始终是它的一个主要任务，甚至在很多时候还是根本的任务，比如，西周的学校课程"六艺"中有"书"这门课程，"西周'书'教，主要是解决识字教学的认字问题"[②]。又如，宋、元、明、清的蒙学中安排有句读、属对、声律等课目，句读、属对、声律等也是较为纯粹的语文学习内容。当然，如果硬要从中附会出一点思想教育的内容，那也不是没有的，但试想一想，今天的语文课程又何尝不是如此？另外，古代出现了许多讨论语文教育的专著，如程端礼的《程氏家塾读书分年日程》、崔学古的《幼训》《少学》、唐彪的《读书作文谱》、王筠的《教童子法》，等等，这也说明，在古人的观念里，培养识字写字、读书、作文的能力本来就是教育的一项专门任务，值得专门研究。因此，根据对"语文课程"的理解，我们认为，我国古代是存在着专门的语文课程的。待学生具备一定的阅读能力后，教读"四书五经"，尽管"在客观上也会使学生学到一点语文"，但其"目的不在进行语文教育"[③] 而在灌输"圣贤"思想，诸如此类的课程则不能算作专门的语文课程。

如果从殷商时代的"甲骨习刻"算起，我国古代语文课程的历史长达

---

① 有人认为中国古代教育从总体上来说就是语文教育，还有人认为古代没有独立的语文课程。对这两种说法，笔者不敢苟同，理由如正文所述。

② 林治金：《中国小学语文教学史》，山东教育出版社 1996 年版，第 17 页。

③ 张志公：《传统语文教育初探》，上海教育出版社 1962 年版，第 40 页。

三千余年，其间经历了先秦两汉的萌芽创建、魏晋南北朝的发展新变、隋唐宋元的成熟定型和明清两代的承续巩固，形成了富于民族特色的传统语文课程体系，积累了丰富的语文教育经验。从总体特征看，古代语文课程可称之为"经典—教化"型语文课程，即通过《三字经》《百家姓》《千字文》等经典教材和儒家经典的教学，教学生识字写字、读书作文，同时进行伦理道德教化，传授百科知识，蒙以养正，化育成人。撇开伦理道德教化、百科知识传授不谈，单就识字写字、读书作文能力的培养而言，注重语文实践、凸显实践性是古代语文课程最鲜明的特征。从殷商的甲骨习刻到西周东周的"书"艺之学、诸子之教，从秦汉时期的简册读写到魏晋南北朝的文字、书法、文选教学，无不是让学生在模仿、练习、"目治口治"等实践中学习语言文字的。这种重实践的做法经过世代积淀，遂成为古代语文教育的一种传统，一直延续在唐宋元明清的语文教育中。

一、古代语文课程的"实践"传统之考察

张志公先生把传统语文教育的经验归结为三点：一是建立了成套的、行之有效的汉字教学体系，二是建立了成套的文章之学的教学体系，三是建立了以大量的读、写实践为主的语文教学法体系。[1] 这三点经验中，第三点作为教学方法方面的经验是渗透在第一、二点之中的，也就是说，不管是汉字教学还是文章教学，都是以大量的读、写实践为主要方法的，而古代语文教学的全部内容实际上就等于"识字＋作文章"[2]，因此，"以大量的读、写实践为主的语文教学法体系"正说明古代语文课程具有重实践的传统，这主要体现在以下几方面：

（一）着眼于学生的读写实践安排课业进程

古代虽然没有严格意义上的课程设计，但对学生的课业进程加以规划

---

① 张志公：《张志公文集》第 3 卷，广东教育出版社 1991 年版，第 9 页。
② 张志公：《张志公文集》第 3 卷，广东教育出版社 1991 年版，第 9 页。

和安排却是自先秦以来一直就有的事。那么，古人是如何规划和安排学生的语文课业进程的呢？请看如下三份来自不同时代的"课程表"：

北宋《京兆府小学规》课业安排。第一等：每日抽签问所听经义三道，念书二百字，学书十行，吟五七言古律、诗一首，三日试赋一首，看史传三五纸；第二等：每日念书约一百字，学书十行，吟诗一绝，属对一联，念赋二韵，记故事一件；第三等：每日念书五、七十字，学书十行，念诗一首。①

元代《程氏家塾读书分年日程》：八岁未入学之前，读《性理字训》……自八岁入学之后，读《小学》书正文。……《小学》书毕，次读《大学》经传正文，读书、倍（背）温书、说书、习字、演文，如前法。次读《论语》正文，次读《孟子》正文……作科举文字之法：读看近经问文字九日，作一日。读看近经义文字九日，作一日。读看古赋九日，作一日。读看制诰表章九日，作一日。读看策九日，作一日。……

清代龙启瑞制定的"家塾课程"：早起，理昨日生书、带温书一卷，背。上生书，（师）讲毕，命学生复述一遍，乃就位念一百遍。午饭讫，写字一二张，温书一本，背。仍读主书，将晚属对。灯下念唐贤五律诗、或《古诗源》。间日出诗题，试作五言绝句一首。逢三八日作文，逢初一、十五作史论及诗赋。②

可以看到，这三份"课程表"都是从学生"学"的角度出发来安排课业内容和进程的。其实，不仅这三份"课程表"，正如有学者所说，古代的"课程"实际上就是"学程"③。这里的"学"，对于语文课程来说，主要是指学生的读写实践：念书、背书、温书、习字、属对、作文，等等。这也就

---

① （清）王昶：《金石萃编》卷 134，陕西人民美术出版社影印扫叶山房本，1990 年版。
② 舒新城主编：《中国近代教育史资料》，人民教育出版社 1981 年版，第 85—86 页。
③ 陈桂生：《"课程"辨》，《课程·教材·教法》1994 年第 11 期。

是说，古代的语文课业实际上就是对学生的读写实践活动所作的安排，这样，读写实践及其具体内容如经义、史论、诗赋等就一起构成了语文课程的内容要素，或者说，语文课程的主体内容就是由经过设计的一系列读写实践活动（包括它们所涉的对象和内容）构成的。这里，值得注意的是，虽然学习内容也涉及有关经义、古赋、史论、歌诗等的知识，但古人并没有按照这些知识所构成的体系来组织课程，而是让学生通过"吟诗""试赋""念五律诗""作史论"等实践活动来学习这些内容的。这说明，在古人的观念里，语文课程就是一门实践课程，学习语文就是不断进行读写实践的过程。

（二）教材编制便于学生进行读写实践

有学者把古代语文教材分为蒙学教材、经学教材、选学教材、作文教材等五类。[1] 专门的语文课程所用的教材主要是蒙学教材，也有部分经学教材和选学教材。这些教材的编制，着眼点不在教师的讲授而在儿童的实践，可以说，它们就是专门为儿童编撰的读写实践材料，便于实践是它们的编写原则。

第一，教材文字音韵和谐，便于学生诵读记忆。古代蒙学教材，多采用韵语及对偶句式组篇，读来朗朗上口，听来悦耳动听。如《三字经》，三字成句，或三字倍数成句，全篇或四句一韵，或六句、八句一韵，声律和谐，简短易读。又如《百家姓》，全文以姓氏连缀而成，四言为句，句句叶韵，结构整齐。再如《千字文》，全文千字，共250句，四字为句，双句押韵，注意平仄，富有乐感。总之，蒙学教材在编写上都讲究音韵的和谐、节奏的明朗，使之"谐于唇吻"，其目的是便于儿童诵读和记忆，提高学习的质量和效率。从另一个方面看，采用韵语和对偶来编写教材，也是利用了汉语的优长，避免了它的不利因素。这正如张志公所说，在识字教育阶段，如果让儿童去学一个一个的不直接表音的单字，是很困难的，枯燥乏味，也不容易记住，这是学习汉字的不利因素。但另一方面，汉字多是单音节的，容易构成整齐的词组和短句，也容易合辙押韵，这是学习汉字的有利条件。古

---

①   周庆元：《语文教育研究概论》，湖南人民出版社2005年版，第180页。

人采用韵语识字的办法，就是充分利用了汉字的有利条件，避免了它的不利因素。整齐的韵语，念起来顺口，听起来悦耳，既合乎儿童的兴趣，又容易记忆。①

第二，内容浅显易懂，生动活泼，符合儿童的学习心理。古代虽然没有科学的心理学，但古人已经认识到，儿童生性活泼，天真烂漫，喜欢故事歌谣，易于接受具体形象的事物。因此，在编写教材时，他们多从儿童的日常见闻入手，把饮食起居、鸟兽花木、宫室器用、学业政事、天文地舆等内容以儿童喜闻乐见的方式讲述给他们，使他们乐于接受。比如，《开蒙训要》从天地日月、四季变换讲起，接下来就介绍自然名物、社会名物、衣着起居、人体健康、器物工具、饮食烹调、树木鸟兽等内容，最后以劝学结尾。这么丰富的内容，不仅可以激发儿童的求知欲，更重要的是还可以唤起儿童的阅读兴趣。为了增强可读性和趣味性，蒙学教材还编入了大量历史故事、民间传说、谚语歌谣、成语格言，如《三字经》中的"昔孟母，择邻处；子不学，断机杼""头悬梁，锥刺股，彼不教，自勤苦"；《日记故事》中的"击瓮出儿""磨杵作针"，《龙文鞭影》中的"相如完璧，廉颇负荆""班昭汉史，蔡琰胡笳"，《增广贤文》中的"路遥知马力，日久见人心""一年之计在于春，一日之计在于晨。一家之计在于和，一生之计在于勤"，等等，或讲述历史故事，或叙述人物事迹，或示以谚语格言，或教以道德人伦，皆明白晓畅，通俗易懂，饶有趣味，儿童爱听爱读，也易学易记。

第三，语言灵活，句式多样，利于儿童历练语文能力。蒙学教材在语言上十分讲究，大都用语精炼，句法灵活，变化有致。比如《千字文》，其用语之精、辞藻之美历来受人称道，其中有一段写远古历史的文字："龙师火帝，鸟官人皇。始制文字，乃服衣裳。推位让国，有虞陶唐"，短短 24 个字，就交代了伏羲氏、神农氏、少昊氏、人皇等几位传说中的中华民族始祖，讲述了仓颉创制文字、嫘祖制作衣裳和唐尧、虞舜禅让等历史传说，可谓简明扼要，言约义丰。再如，《幼学琼林》中有这样的句子："登龙门，得

① 张志公：《传统语文教育初探》，上海教育出版社 1962 年版，第 75 页。

参名士；瞻山斗，仰望高贤"，"以小致大，谓之抛砖引玉；不知所贵，谓之
买椟还珠"，"燧人氏钻木取火，烹饪初兴；有巢氏构木为巢，宫室始创"，
"求士莫求全，毋以二卵弃干城之将；用人如用木，毋以寸朽弃连抱之材"，
这些句子，有三言、四言，有五言、六言，也有七言、九言，长短句相间，
灵活多变，生动自然。又如《三字经》，416个句子中，有陈述句，如"人
之初，性本善。性相近，习相远"；有疑问句，如"子不学，非所宜，幼不
学，老何为"；有并列结构，"马牛羊，鸡犬豕"；有动宾结构"披蒲编，削
竹简"……正如苏立康教授所言，《三字经》的这400多个三字结构，几乎
包罗了汉语全部最基本的语素组合和最基本的语法结构，儿童读了一本《三
字经》，不仅可以认识一千多个汉字，还可以学习汉语表达的规律，为他们
日后阅读其他读物奠定了基础。①

（三）引导学生进行读写实践是教学的主要形态

与着眼于"实践"的语文课业安排相应，教学作为将课业安排付诸实
施的过程，当然也就是引导学生展开读、写实践的过程。具体如下：

1. 识字写字教学强调勤学多练

识字写字是读书作文的基础。儿童一入学，首先就要识字。清人王筠
说："蒙养之时，识字为先，不必遽读书。……能识二千字，乃可读书。"②
崔学古在《幼训》中也说："凡训蒙勿轻易教书。……识字五千字外，方可
后法教书。"③ 如何让儿童尽快识字以便进行后续的读写训练呢？古代蒙学在
这方面积累了丰富的经验，其中一个很突出的做法是在儿童入学前后用比较
短的一段时间（一年上下）集中地教儿童认识一批字——两千左右，这就是
"集中识字"。④

---

① 苏立康：《立足传统　开拓创新》，首届国际汉语文教育研讨会会议论文，1997年10月
　　21日。

② （清）王筠：《教童子法》，载李国钧主编：《清代前期教育论著选》下册，人民教育出版
　　社1990年版，第485页。

③ 转引自陈学恂主编：《中国教育史研究·明清分卷》，华东师范大学出版社1995年版，第
　　207页。

④ 张志公：《传统语文教育初探》，上海教育出版社1962年版，第3页。

集中识字的教学步骤通常是：蒙师口授→学童跟念。即先由蒙师逐字逐句教读教材，而后学童根据蒙师的要求反复诵读，直至牢记字音字形、背熟语句为止。具体的教法很多，但大都突出一个"记"字。如，明代的塾师就曾采用六书识字、圈列识字、拆字识字、辨形识字、析义识字、写水牌识字等方法教学；清人崔学古则提出"纸上识字"和"书上识字"二法："何谓纸上识字？……先截纸骨方广一寸二分，将所读书中字，楷书纸骨上；纸背再书同音，如'文'之与'闻'，'张'之与'章'之类，一一识之。何谓书上识字？凡教生书，先令本生就书上字，逐字挨认，遇不识字，用硃笔圈出，又用墨笔写在书头，最为易记。"① 王筠也大力提倡"卡片识字法"：裁方寸纸做成识字卡片，将生字用正楷书写在纸的正面，篆文写在纸的背面，然后逐字讲解。同时，在识字教学过程中，要求学生反复温习，巩固所学。"合读三授，又总识之，三日温书，亦仿此法，勿惮烦。积至五十字，作一包。头一遍温，仍仿此法，可以无不识者矣。"② 综观上述识字教学方法，可以看到，古人教儿童识字，都注重引导儿童在认读、记诵、温习的实践中识字，并且想方设法提高他们认读、记诵的效率。

对于学童来讲，通过"三、百、千"的学习集中识字两千来个后，如不及时巩固，一些字很快就会忘掉，况且，为了能够比较顺利地阅读和写作，还需扩大识字量。为了解决这个问题，古人又进行"进一步的识字教育"③。进一步的识字教育不再采取集中识字的办法，而是通过教读《蒙求》（唐·李翰编）、《性理字训》（宋·程端蒙编）、《名物蒙求》（宋·方逢辰编）、《龙文鞭影》（明·萧良有编）、《幼学琼林》《千家诗》等过渡性读物，一方面理解巩固所学之字，扩大识字量，另一方面也初步学习自然常识和社会知识、伦理道德知识；其主要教学方法仍然是以学生实践为中心的读书、背

---

① （清）崔学古：《幼训》，转引自张隆华、曾仲珊：《中国古代语文教育史》，四川教育出版社 2000 年版，第 406 页。

② （清）王筠：《教童子法》，载李国钧主编：《清代前期教育论著选》下册，人民教育出版社 1990 年版，第 487 页。

③ 张志公：《传统语文教育初探》，上海教育出版社 1962 年版，第 40 页。

书、温书、练习、考查等。

　　写字教学也是蒙学教育的一项重要内容。古人教儿童写字，一般遵循先慢后快、先大（大字）后小（小字）的原则，采用以下步骤进行：先扶手润字，由蒙师手把手地教蒙童写字；继而描写，可描虚线，描双钩，描红；然后描影，字在下，上覆一薄纸，令蒙童影写；再跳格，上格为教师所写，下格为空格，蒙童依上格字而写；最后临写书家名帖。① 从这一写字教学的步骤看，教师指导学生进行模仿、练习是其主要方法。学习生字书写之后，还要练字，对此，古人提出了严格的要求。如《训学良规》就对蒙童习字作了如下规定："初学仿本，宜方寸大。稍长，则用空格仿本影写，一字自写一字。十三四岁，每日临帖一纸，小楷一纸。……十七八岁，闲数日写字一日，能不停笔写至三千以上，则既工且速，入试不占作文功夫矣。"② 清人陆世仪也说：练字练到一定程度后，"每版影写十纸，既毕，后歇读书一二月，以全日之力，通影写一千五百字，添至三千、四千字，如此一二月乃止。必如此方能后日写多，运笔如飞。"③ 可见，在写字教学方面，为了让学生把字写得又快又好，古人特别强调勤学苦练。

　　2. 阅读教学强调熟读精思

　　古代的阅读教学多为个别教学。经过上千年的发展，到明清已形成了比较固定的程式：学童立于教师案旁，教师先读，学童随之跟读，读至数遍或十数遍，令学童回到座位自读，读至数百遍后，再至教师案前背诵，背诵无误再教新课。④ 在阅读训练的方法上，则强调吟诵、熟读、精思、博览。

　　吟诵。"读"有朗读、吟咏、默读、浏览等多种方式，古人尤重朗读、吟诵，他们认为，"李杜韩苏之诗，韩欧曾王之文，非高声朗读则不得其雄伟之概，非密咏恬吟则不能探其深远之趣"⑤，只有朗读、吟咏，才能再

---

① 林治金：《中国小学语文教学史》，山东教育出版社 1996 年版，第 150 页。
② 林治金：《中国小学语文教学史》，山东教育出版社 1996 年版，第 168—169 页。
③ （明）陆世仪：《论小学》，载张伯行纂辑：《养正类编》卷 2，中华书局 1985 年版。
④ 毛礼锐、沈灌群主编：《中国教育通史》第 3 卷，山东教育出版社 1987 年版，第 390 页。
⑤ （清）曾国藩：《曾国藩家书》，中国画报出版社 2012 年版，第 32 页。

现作品的风韵、神貌，领略作品的旨趣、韵味。因此，对于阅读来说，吟诵是重要的学习方法。《周礼·春官宗伯下》有云："以乐语教国子，兴道，讽诵，言语"，《墨子·公孟篇》也记载："儒者诵诗三百，弦诗三百，歌诗三百，舞诗三百"，这里，不管是《周礼》所说的"讽诵"，还是《墨子》所说的"诵"，都是指高声朗诵诗书。到了魏晋南北朝，学童读书分口治和目治两种方法，其中"目治"是指快读浏览，而"口治"，就是指朗读和吟咏。① 至宋代，朱熹更是力倡"讽诵"，说："大凡读书，多在讽诵中见义理。况诗又全在讽诵之功，所谓'清庙之瑟，一唱而三叹'，一人唱之，三人和之，方有意思。"② 讽诵如此重要，那么，应该如何讽诵呢？朱熹指出："凡读书……须要读得字字响亮，不可误一字，不可少一字，不可多一字，不可倒一字，不可牵强暗记，只是要多诵遍数，自然上口，久远不忘"③，王守仁也提出："凡歌诗，须要整容定气，清朗其声音，均审其节调，毋躁而急，毋荡而嚣，毋馁而慑，久则精神宣畅，心气和平矣"④，崔学古则把对学童的朗读要求总结为："毋增、毋减、毋复、毋高、毋低、毋疾、毋迟"⑤。这些要求，即使放在今天，也算是很高的。若能严格按照这些要求去做，儿童的朗读能力和阅读习惯都能得到很好的训练。

熟读。这是古人特别重视的一种读书训练方法，他们认为，学童初读书时，不在多，而在熟。朱熹就曾说："凡读书且要熟读，不可只管思，读得通贯后而义理自出。读书须是成诵方精熟，今所以记不得，说不出，心下若存若亡，皆是不精不熟之患。"⑥ 清人唐彪也说："故凡人一切所为，生不

① 张隆华、曾仲珊：《中国古代语文教育史》，四川教育出版社 2000 年版，第 191—192 页。
② （宋）朱熹：《朱子语类》，黎靖德编，王星贤点校，中华书局 1986 年版，第 2612 页。
③ （宋）朱熹：《朱子语类》卷十，黎靖德编，王星贤点校，中华书局 1986 年版，第 5 页。
④ （明）王守仁：《教约》，载孟宪承主编：《中国古代教育文选》，人民教育出版社 1983 年版，第 305 页。
⑤ （清）崔学古：《幼训》，载璩鑫圭主编：《中国近代教育史资料汇编·鸦片战争时期教育》，上海教育出版社 2007 年版，第 394 页。
⑥ 转引自张隆华、曾仲珊：《中国古代语文教育史》，四川教育出版社 2000 年版，第 338 页。

如熟，熟不如极熟，极熟则能变化推广，纵横高下，无乎不宜。"① 总之，古人已认识到，熟读是学习语言的重要门径，只有熟读，"使其言皆若出于吾之口"，才能化书中语言为我所有。为了使熟读落到实处，古人还对读书的遍数作了具体规定。如元人程端礼就要求学生"每大段内，必分作细段。每细段必看读百遍，倍读百遍，又通倍读二三十遍。""还案每细段读二百遍。内一百遍看读，内一百遍倍读。"② 明人何伦也说："读书以百遍为度，务要反复熟嚼，方始味出。……如未精熟，再加百遍可也。"③ 清代的《教子良规》则要求："今日一读，明日再读，后日复读，读至五日，心口渐顺，自不生涩，生者探后五日，背者探前五日，则每首而读十日，何患书之不熟也？"④ 这种动辄上百遍的读书要求，在今天看来似乎有些过分，但古人认为为了把书读得精熟，就得这样，这充分说明了古代语文教学重视学童自身的阅读实践。

在熟读的基础上"成诵"，是古人对读书的进一步要求。古人认为："凡人有记性，有悟性。自十五以前，物欲未染，知识未开，则多记性，少悟性。自十五以后，知识既开，物欲渐染，则多悟性，少记性。故人凡有所当读书，皆当自十五以前使之熟读。"⑤ 因此，古人主张学童多背，并且建议塾师在学童背书时要标记"生涩讹误字句"，"使之改正，兼以志罚"⑥。除了口头背诵外，还要默写，"背生书后，掩卷默写，忌写变体小字。遇重字，不可用两点，须连写二字。有一节书分两首念者，须写前半节。"⑦

精思。就是要一边读一边思考、体会。早在孔子，就已提出了学思结合的主张，曰："学而不思则罔，思而不学则殆"。到了宋代，朱熹尤重学思

① （清）唐彪：《读书作文谱》，岳麓书社 1989 年版，第 31 页。

② （元）程端礼：《程氏家塾读书分年日程》，黄山书社 1992 年版，第 153 页。

③ （明）何伦：《何氏家规》，载《四库全书存目丛书·经部礼类》，齐鲁书社 1995 年版。

④ （清）佚名：《教子良规》，载徐梓、王雪梅编：《蒙学要义》，山西教育出版社 1991 年版，第 163 页。

⑤ （明）陆世仪：《论小学》，载张伯行纂辑：《养正类编》卷 2，中华书局 1985 年版。

⑥ （清）唐彪：《读书作文谱》，岳麓书社 1989 年版，第 62 页。

⑦ （清）崔学古：《学海津梁》卷 4，转引自朱永新：《中华教育思想研究——从远古到 1990 年中国教育科学的成就与贡献》，江苏教育出版社 1993 年版，第 328 页。

结合，说："读书之法，读一遍，又思量一遍；思量一遍，又读一遍。……若只是口里读，心里不思量，看如何也记不仔细"①；"学便是读，读了又思，思了又读，自然有意。若读而不思，必不知其意味；思而不读，纵使晓得，终是兀突不安"②。后来，明人吕坤也指出："今人常言念书，'念'之一字，最有意味，口诵心惟，才谓之'念'。"③ 心惟，即用心去思考、体会，以得其真意、真味。其实，古人所谓"思"，不仅仅指理性思考，还包含着玩味、体悟、涵咏等意思。古人读书最重玩味体悟，古代文论之"滋味说""韵味说""兴趣说""神韵说"等可以说皆出自读书之"味"，即要求读者澄心净怀，涵咏玩索，投入体验，以把握作品的"韵外之致""味外之旨"。成人读书如此，对学童的要求也如此。"朱子读书法"其中有一条就是"虚心涵咏"："读书须是虚心平气，悠游玩味。"④ 朱熹比方说，读书"如吃果子一般，劈头方咬开，未见滋味便吃了。须是细嚼教烂，则滋味自出，方始识得这个是甜、是苦、是甘、是辛，始为知味。"⑤ 唐彪也在《读书作文谱》中说："读书须将本文熟读，字字咀嚼令有味。"⑥ 这里，朱熹所谓"涵咏"，唐彪所谓"咀嚼"，都是要求学生读书不但要思考，还要用心去玩索、体味。

博览。即要求在熟读精思之外，博览群书，扩大阅读量。古人早就认识到了博览的重要性。《中庸》已提出"博学之"的治学之道，西汉董仲舒也认为"博览古今"的"通人"胜过"能说一经"的"儒生"⑦，唐代诗人杜

---

① 《朱子语类》卷10，转引自孟宪承主编：《中国古代教育文选》，人民教育出版社1983年版，第271页。

② 《学规类编》，转引自毛礼锐、沈灌群：《中国教育通史》第3卷，山东教育出版社1987年版，第189页。

③ （明）吕坤：《蒙养礼》，转引自徐梓等编：《蒙学要义》，山西教育出版社1991年版，第48页。

④ 转引自张隆华、曾仲珊：《中国古代语文教育史》，四川教育出版社2000年版，第339页。

⑤ 《朱子语类》卷10，转引自孟宪承主编：《中国古代教育文选》，人民教育出版社1983年版，第271页。

⑥ （清）唐彪：《读书作文谱》，岳麓书社1989年版，第32页。

⑦ （汉）王充：《论衡·超奇篇》，转引自孟宪承主编：《中国古代教育文选》，人民教育出版社1983年版，第181页。

甫则说"读书破万卷，下笔如有神"，认为只有读得多，才能视野开阔，下笔神来。宋元明清的学者们更是提倡读书要精博结合。比如，北宋张载就主张："惟博学然后有得，以参校琢磨。学博则转密察，钻之弥坚，于实处转为实，转诚转信，故只是要博学。学愈博，则义愈精微。"① 明代的《教子良规》也提出："资吾识见者，均当旁搜而博采……不甚与吾儒背叛者亦宜参考，以广见闻。"② 清人唐彪更是说："阅者必宜博。经史与古文、时文，不多阅，则学识浅狭，胸中不富，作文无所取材，文必不能过人。"③ 这表明，古人已经意识到，博览对于提高阅读能力、增长见识、下笔作文都有好处，因此他们不仅把博览作为治学的方法，也把它作为学子阅读训练的一项重要内容。

这里，不管是对吟诵、熟读的重视，还是对精思、博览的强调，都表明古人教学生读书，并不是把重点放在教师的讲授上，而是直接从阅读实践入手，让学生通过反复的、广泛的、多种形式的阅读活动学习阅读。

3.作文教学强调多写多改

古代的作文训练是从属对开始的。属对作为专门的读写训练方法产生于宋代，到了明清对联的繁盛期，无论公学还是私塾，都把对课作为必修之课，对学生进行属对训练。④ 训练之时，教师首先要求学童将《声律蒙求》之类的书籍熟读成诵，然后在此基础上进行练习，从一字对逐渐增至多字对，直至熟练的程度。"对课与现代的造句法相近。大约由一字到四字，先生出上联，学生想出下联来。不但名词要对名词，静词要对静词，动词要对动词；而且，每一种词里面，又要取其品性相近的。"⑤ 究其实质，属对训练

---

① （宋）张载：《经学理窟·气质》，转引自孟宪承主编：《中国古代教育文选》，人民教育出版社 1983 年版，第 257 页。
② （清）佚名：《教子良规》，转引自徐梓等编：《蒙学要义》，山西教育出版社 1991 年版，第 163 页。
③ （清）唐彪：《读书作文谱》，岳麓书社 1989 年版，第 63 页。
④ 毛力群：《对中国传统属对教学的再认识》，《课程·教材·教法》2004 年第 3 期。
⑤ 蔡元培：《我在教育界的经验》，载《蔡元培教育论著选》，人民教育出版社 1991 年版，第 704 页。

实际上是一种"语音、词汇的训练和语法训练，同时包含修辞训练和逻辑训练的因素"①，通过反复训练，学生不仅可以知晓"平上去入"四声，树立起词性、词类的观念，还可以熟悉和掌握各种基本句法结构及其变式，为随后的作文训练打下基础。

属对练习之后，就正式进入作文训练阶段。学童初学作文，古人强调两点：一是模仿。他们认为，模仿是学习写作的重要方法，模仿得多了，写诗作文，就能"自然纯熟"。因此，教儿童写作时，他们主张从模仿开始——初学作诗时，应着重教他们"填诗"的功夫；初学作文时，应"将已说《小学》书作口义，以学演文"②。二是放胆为文。不管是模仿还是独立写作，在学生初学作文时，古人都提倡写"放胆文"，主张作文训练要"先放后收"。谢枋得在《文章轨范》中写道："凡学文，初要胆大，终要小心。由粗入细，由俗入雅，由繁入简，由豪荡入纯粹。此集皆粗枝大叶之文……初学熟之，开广其胸襟，发舒其志气，但见文之易，不见文之难，必能放言高论，笔端不窘束矣。"③ 王筠也在《教童子法》中说："做诗文必须放，放之如野马，踢跳咆嗥，不受羁绊，久之必自厌而收束矣。此时加以衔辔，必俯首乐从。"④ 从谢枋得和王筠这两段话可以看出，所谓"先放"，就是在学生初学作文时，不给他们提太多规矩要求，以让他们大胆下笔，无所顾忌，不受约束，免挫其兴趣和信心；所谓"后收"，就是等学生有了一定的基础后，再告之以为文之道，并提出一定的要求予以约束、规范，让他们把文章写精炼和严谨。这样，一"放"一"收"之间，学生就养成了作文的规矩，步入了写作的正道。

如何才能写好文章？尽管在写作和阅读实践中，古人摸索出了不少写诗为文的技巧和道理，但他们并不认为把这些技巧和道理告诉学生，学生

---

① 张志公：《传统语文教育初探》，上海教育出版社 1962 年版，第 102、104 页。

② （元）程端礼：《程氏家塾读书分年日程》，黄山书社 1992 年版，第 235 页。

③ 转引自毛礼锐、沈灌群主编：《中国教育通史》第 3 卷，山东教育出版社 1987 年版，第 253、277 页。

④ （清）王筠：《教童子法》，载李国钧主编：《清代前期教育论著选》下册，人民教育出版社 1990 年版，第 487 页。

自然就能把文章写好。古代的语文教育家几乎一致认为，多读多写是写好文章的不二法门。唐宋八大家之一欧阳修说："文有三多：看多，做多，商量多也。"① 唐彪也引欧阳修的话指出："文无他术，惟勤读书而多为之自工"②。同时，他还教育学生要"常做"："谚云：'读十篇，不如做一篇。'常做则机关熟，题虽甚难，为之亦易。不常做，则理路生，题虽甚易，为之则难。"③ 与这种认识相一致，古人在蒙学中安排了比较频繁的作文练习课。比如，宋代蒙学就基本保持了"读经三日，习字演文一日"的惯例，并在"演文"之时，令学童做实际的作文练习。④《程氏家塾读书分年日程》中的读书作文课程安排是："读看近经问文字九日，作一日。读看近经义文字九日，作一日。读看古赋九日，作一日。读看制诰表章九日，作一日。读看策九日，作一日。"⑤ 按照这种安排，学生平均每十天就作文一次，而且，等各种文体都熟悉后，还要增加作文的次数，可以说，作文训练的次数是比较频繁的。而清代的作文安排则一般是："间日出诗题，试作五言绝句一首（依次增至四韵六韵）……逢三八日作文，初一、十五日作史论及诗赋。草订一簿，每日自记行事、读书，及有所疑、有所悟（为作论及制义张本），次早呈阅。"⑥ 较之《程氏家塾读书分年日程》，清代学校所安排的作文训练更为频繁。可见，古人所谓"多做"是落到了实处的。

与"多做"相关的还有"多改"。古代的文章家、教育家认为修改是写作训练的重要一环，文章要写好，"全藉改窜"（唐彪语）。因此，在进行作文训练时，他们要求儿童要"多改"，而所谓"多改"，"并不是依赖老师给改，而是要求学生自己修改，不是只指个别词句的润饰，而是指通篇文章

---

① （宋）陈师道：《后山诗话》，载（清）何文焕辑《历代诗话》上册，中华书局1981年版，第305页。

② （清）唐彪：《读书作文谱》，岳麓书社1989年版，第66页。

③ （清）唐彪：《读书作文谱》，岳麓书社1989年版，第66页。

④ 林治金：《中国小学语文教学史》，山东教育出版社1996年版，第128页。

⑤ （元）程端礼：《程氏家塾读书分年日程》，黄山书社1992年版，第221页。

⑥ 舒新城主编：《中国近代教育史资料》，人民教育出版社1981年版，第85—86页。

的检点。"① 文章写成以后，当时就要从结构到文字到音韵认真仔细地作一番检点修改，"如文章草创已定，便从头至尾，一一检点。气有不顺处，须疏之使顺；机有不圆处，须炼之使圆；血脉有不贯处，须融之使贯；音节有不叶处，须调之使叶。如此仔细推敲，自然疵病稀少。"② 改完之后把文章搁置起来，过一段时间再拿出来，重新检视、修改。"文章初脱稿时，弊病多不自觉，过数月后，始能改窜。其故何也？凡人作文，心思一时多不能遍到，过数月后，遗漏之义始能见及，故易改也。又当时执着此意，即不能转改他意，异时心意虚平，无所执着，前日所作有未是处，俱能辨之，所以易改。"③ 多改，对于揣摩语言文字的运用方法，掌握写作技巧，养成严肃认真、一丝不苟的写作态度，都有好处，这是古人在作文训练方面一条非常重要的经验。

综上可见，古代的语文教学主要是以儿童的读写实践为中心来组织的，而对于儿童的读写实践，古人不仅作了量的规定，也提出了质的要求，这些要求涉及学习态度、读写品质、读写方法、修业程度等多个方面，事无巨细，皆有规矩，这对于规范学生的读写实践、保证读写实践的质量、帮助他们养成良好的学习习惯都具有重要作用。

（四）教师的指导与学生的实践

学生的识字、写字、读书、作文实践当然离不开教师的指导和帮助。在识字教学中，教师要逐字教学生认读，采用各种方法帮助学生识字；在写字教学中，教师要"扶手润字"，讲解写字的要领，检查纠正；在阅读教学中，教师要点断句读，正音正读，解释词语，讲解文意，分析章法，指点阅读方法；在作文教学中，教师要出题，讲解文章写法，修改学生文章，等等。但教师的工作也仅限于此，他们更多的是引导学生自己去"做"、去思考、去体味，对于学生应该做的事，他们绝不包办代替。正如朱熹所说："某此间讲说时少，践履时多，事事都用你自去理会，自去体察，自去涵养。

---

① 　张志公：《传统语文教育初探》，上海教育出版社 1962 年版，第 138 页。

② 　（清）唐彪：《读书作文谱》，岳麓书社 1989 年版，第 67 页。

③ 　（清）唐彪：《读书作文谱》，岳麓书社 1989 年版，第 70 页。

书用你自去读，道理用你自去究索，某只是做得个引路底人，做得个证明底人，有疑难处，同商量而已。"① 所谓"道而弗牵，强而弗抑"，所谓"读书百遍，其义自见"，所谓"读而未晓则思，思而未晓则读"②，都是强调学生要尽量通过自己的实践、思考、体悟求得自通，而非赖教师直接讲解、授予。古代的教育家认识到，如果学生事事都依靠教师而自己不去实践，就不能获得能力。"譬之学琴然，诗书犹琴谱也，烂熟琴谱，讲解分明，可谓学琴乎？故曰：以讲读为求道之功，相隔千里也。……今手不弹，心不会，但以讲读琴谱为学琴，是渡河而望江也。"③ 这些看法是颇有见地的，学生的能力不是在聆听教师的讲解中提高的，而是在自己的亲历实践中提高的，试图通过聆听教师传授某种"秘笈"来提高能力，无异于缘木求鱼。当然，不依赖教师讲解，并不是不需要"讲"，"读书而不讲，是念藏经也，嚼木札也"④，但即使是"讲"，古人也抱着为"学"服务的态度，不主张一上来就讲，而是先让学生"习"，"习至难处来问，方再与讲"；教师讲了之后，还要求学生"复讲"，"先生止与学生讲书，而不令其复书，最为无益"⑤。而且，古人还认识到"讲之功有限，习之功无已"⑥，对于语文学习来说，"习"才是根本的，"讲"不能代替"习"。古人探讨语文教学问题，大都是从"学"出发，多有指导学生如何读书、如何作文之论，这也说明相较于教师的"讲"来说，古人更重视学生自身的语文实践。

（五）"知行相须"，导以知识和方法

古人教语文，并不是我们印象中的只是一味地让学生呆读死记，他们也是讲知识、讲方法的。"真正的传统语文教育经验是，在以读写实践为主的前提下，在适当的时机需要教给学生一些必要的知识，教给他们使用基本

---

① （宋）朱熹：《朱子语类》卷13，黎靖德编，王星贤点校，中华书局1986年版，第223页。

② 《朱熹集》（五），郭齐，尹波点校，四川教育出版社1996年版，第2955页。

③ （清）颜元：《习斋四存编》，上海古籍出版社2000年版，第72页。

④ （清）王筠：《教童子法》，转引自李国钧主编：《清代前期教育论著选》下册，人民教育出版社1990年版，第156页。

⑤ （清）唐彪：《读书作文谱》，岳麓书社1989年版，第176页。

⑥ （清）颜元：《习斋四存编》，上海古籍出版社2000年版，第67页。

工具书的方法，使他们把不自觉的学习逐渐转化为自觉的学习，从而提高其学习效率。"[1] 所教的知识和方法，主要有这样两类：一类是语言、文字、文章知识；一类是读写实践的方法和知识。比如，阅读就有如何"分界限（划分层次）"、看"意旨"以及如何朗读、背诵、质疑、"札录"等方法和知识；写作就有如何审题、立格、描写、议论、修辞以及如何模仿、修改等方法和知识。这两类知识是以专书汇集、教材渗透和教师讲解的方式向学生传授的。所谓"专书汇集"，就是将某一类或若干类知识汇编成书，供学生学习、参考，比如《文字蒙求》就是专门讲文字知识的，《读书作文谱》则主要是讲读书、作文的方法和知识的；所谓"教材渗透"，就是将文体、文法、语言等方面的知识以"述""注""评""批"等方式渗透在教材之中，呈现给学生，比如《古文辞类纂》就在分类选文的同时讲授了各类文体知识，《古文笔法百篇》则结合选文讲授了用字、遣句、修辞、布局等用笔之法；所谓"教师讲解"，则是教师在日常教学中向学生传授知识。这里，不管是专书汇集、教材渗透，还是教师讲解，知识传授，根本目的都在于辅助和指导学生进行读、写实践。

（六）形成了一套较为严整的实践教学体系

古人早就意识到"学不躐等"、读书应该"循序而有常"，因此对学习的"序"也有充分的考量。经过从先秦到唐宋的探索、积累，及至宋代，最终形成了一套定型化的读写实践教学体系（训练体系）。根据张志公先生的研究，这套体系从时间序列上可以分为四个阶段：集中识字→进一步的识字教育→读写基础训练→进一步的阅读训练和作文训练[2]，其中每一阶段都有不同的训练任务和内容，这些任务和内容又分为层层级级的若干细目，每一细目又分别落实到年、月、日、时的学习日程上，并采用相应的材料、训练步骤和方法。这样，从大的学习阶段到具体的学习日程，何时该作何训练、读何书、用何方法，皆清清楚楚，明明白白，这就构成了一个分阶段、多层

[1]　张志公：《传统语文教育初探》，上海教育出版社1962年版，第116页。
[2]　张志公：《传统语文教育教材论：暨蒙学书目和书影》，中华书局2013年版，第10页。

次、有序列的训练体系。可以说，这套训练体系正好反映了古代语文课程成熟期的基本架构。图示如下：

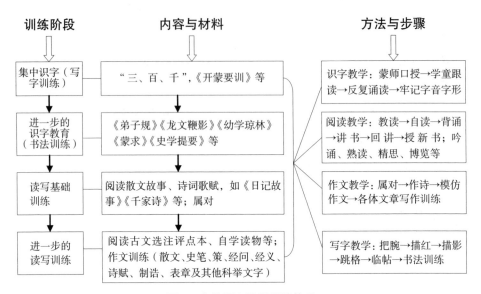

图3　古代语文读写训练体系

　　上述内容、方法和步骤还可以进一步细分，比如"属对"，就有训字、立程、增字等内容和方法，而"增字"又按照"一字对→二字对→三字对、四字对→多字对"的步骤进行；再如讲书，又有"先讲一章大旨，次分开其界限、节次……次讲明其照应联络；次逐句分讲；次逐字分析"①等步骤，每一步又有许多具体的要求和做法。古代语文教学，正是从这些具体的做法和细小的步骤开始的，"日复一日，月复一月，年复一年，毫不放空，亦不逼迫，优而游之"②，最终达到让学生学会读文章、写文章的目的。

---

① （清）唐彪：《读书作文谱》，岳麓书社1989年版，第11页。
② （清）崔学古：《幼训》，载徐梓、王雪梅编：《蒙学要义》，山西教育出版社1991年版，第74页。

二、古代语文课程"实践"传统中的缺憾

综上可见，古人教语文，并不是从语文知识和规律的讲解入手，而是从"实践"入手的，这种着眼于"实践"的做法是符合语文教育的规律的。可以说，正因为古代语文课程坚持"实践"传统，才造就了一代又一代能读会写的读书人，一批又一批文采斐然的文章大家以及一颗又一颗璀璨夺目的文学明星；上至贤达鸿儒，下至平民百姓，但凡进过蒙学，都受惠于其中严格的语文读写训练。

但是，站在今天去看古代语文课程的"实践"传统，发现它也存在着明显的缺憾，这主要表现在以下几方面。

（一）经验色彩浓重，科学化程度不高

从前面的论述可以看到，古人也为学生的读写实践确立了"质""量""序"等规范，但这些规范的确立大多依据的是世代相传的经验或教师自己的体会，而非科学的研究。比如，《程氏家塾读书分年日程》将儿童读书的顺序确定为"《性理字训》→《小学》→《大学》→《论语》→《孟子》→……"，为什么这样安排？尽管程端礼交代其直接依据是《朱子读书法》，但《朱子读书法》也并非科学研究的产物，而是朱熹对读书经验和教学经验的总结。再如，为什么要求儿童几十遍甚至几百遍地读书？为什么要让儿童一天影写一千五百字乃至三四千字？少读几遍、少写一二百字行不行？究竟书读多少遍、日写多少字是科学的？对此，古人没有进行科学的统计和分析，所依凭的也只是经验和感觉。这种经验和感觉，可能是合规律的，能够在实践中取得理想的效果；也可能是违背规律的，致使教师和学生都做了许多无用功，浪费了许多时间。这提示我们，要科学地引导学生进行语文实践，必须对学生各项语文实践活动进行科学的研究，通过观察、实验、调查、测量、统计等方法来确定语文实践的"质""量""序"。

（二）不重知识传授，语文实践"暗中摸索"，效率较低

虽然如前所述，古人在指导学生语文实践时也讲知识、讲方法，但从

总体情况看，知识和方法的介入并不深入、系统和广泛：一是如张志公先生所说，尽管我国本来有起源很早的很发达的文字之学、训诂之学和声韵之学，然而在基础教育中并不教文字、训诂、声韵的知识，教字、教文章，也不运用这些知识，[①] 学生的语文实践多靠经验，凭感觉，"神而明之"；二是能够有意识地、合符教育规律地给学生指点读写门径的教师为数甚少，"大多数私塾的先生却是不注重方法的，他们只教学生读，读，读，作，作，作，讲解仅及字面，该笔无异自作，他们等待着一个奇迹的出现——学生自己一旦豁然贯通。奇迹自然是难得出现的。"[②] 况且，很多塾师自己就是这样学出来的，他们也未见得就懂得多少语言文字运用的窍门和教育的方法，因此只好让学生知其然而不知其所以然的读、背、记，暗中摸索。正因以上两点，所以学生语文学习的效率是不高的。蒙学课程不外乎识字、读书、作文几项，即就"语文"一门功课，可以说学生几乎把全部的学习时间和精力都用在这一门功课的学习上，就这样才慢慢掌握读书、写作的本领，甚至有的还学得半通不通。可见，在单位时间内学生语文能力的提高是有限的。

（三）语文实践脱离语言实际和应用实际

"语文实践脱离语言实际"是指学生的语文实践只专注于书面语的读和写，而忽视口头语的实践，与丰富鲜活的语言生活实际相脱离。"语文教学只管书面上的训练——识字，写字，读书，作文章，完全抛弃了口头上的训练——听话的能力和说话的能力。"[③] 语文实践脱离语言实际有许多原因，其中一个重要原因是自汉代起书面语就逐渐和口头语相脱离，而学生学的主要是书面语（基本上是以先秦两汉语言为基础逐渐形成的文言），因此他们的语文实践就被局限在书本上，成为独立于日常语言生活的一个"王国"，在那个文字并不密集的社会，学生很少能在日常生活的广阔时空中进行语文实践，也很少能与自身的生活体验相联系。

"语文实践脱离应用实际"是指学生语文实践的主要内容是：读"三、

---

① 张志公：《张志公文集》第 3 卷，广东教育出版社 1991 年版，第 11 页。
② 中央教育科学研究所编：《叶圣陶语文教育论集》，教育科学出版社 1980 年版，第 58 页。
③ 张志公：《张志公文集》第 3 卷，广东教育出版社 1991 年版，第 10 页。

百、千"之类的蒙学读物和"四书五经"之类的儒家经典以及历代名家诗文，属对写诗学做八股文，不注重和生活、工作、科学技术密切相关的应用文的读写训练。虽然在语文教育史上，秦汉时语文课程中已有书表牋奏、颂诔箴铭之类的实用性文章的读写训练，明清时的语文课程中也增加了经世致用的语言文字的学习，① 但这毕竟不是语文实践的主流，不被视为语文课程的正宗，为学人所不屑。语文实践脱离应用实际和语言实际是有内在逻辑联系的，"正是因为忽视口语教学，把学习的内容限制在古圣先贤的经典和历代名家名著中，才导致传统语文教学严重忽视语文的实际应用。它要求学生写的是模仿前人的用字造语、布局谋篇等并不切合当世当代实际应用的文章，结果使语文教学和生活、工作、科学技术研究远远脱节，丧失了其重要的工具价值。"②

第二节　我国现代语文课程：倡导"儿童自动"

1904 年，清政府颁布《奏定学堂章程》，规定在初等小学设"读经讲经""中国文字"科；在高等小学和中学设"读经讲经""中国文学"科，这标志着语文正式独立设科，自此，语文课程逐渐摆脱经学和科举的附庸地位，成为现代学校教育中一门与历史、地理、算学、博物、外国语等并列的重要课程。现代语文课程诞生后，上承古代语文课程之传统，横藉西方教育理论之精神，在广大语文教育工作者的努力下，踏上了追求现代化和科学化的漫漫征程。剖析现代语文课程，我们看到，在现代化和科学化的旗帜下，语文课程的实践品格一方面发生了新的变化，表现出与古代语文课程迥然不同的风貌，另一方面又出现了多种多样的变异现象。下面，我们就将从课程标准、教科书编制、教学实践等方面出发，具体分析"实践品格"在现代语

---

① 张隆华、曾仲珊：《中国古代语文教育史》，四川教育出版社 1995 年版，第 139，439—443 页。

② 时晓红：《积淀与蜕变：古代语文教育思想浅论》，《课程·教材·教法》2002 年第 1 期。

文课程中的存在状况。

一、课程文件中的"实践内容"分析

随着现代学校系统的建立，晚清政府以"学堂章程"的形式而民国政府则以"课程标准"的形式规定了中小学各门课程的课程目标、课程内容和教学要求。透过其中与"语文"相关的课程文件，我们可以比较清楚地看到由古代语文教育向现代语文教育转变的过程中语文课程实践性的变化轨迹。

首先，与古代语文课程相比，现代语文课程的一个显著变化就是以课程文件的形式明确了课程目标，并把"致用"作为其主要取向。早在1904年，清政府颁布的《奏定初等小学堂章程》便指出"中国文字"一科，"其要义在使识日用常见之字，解日用浅近之文理，以为听讲能领悟、读书能自解之助，并当使之以俗语叙事，及日用简短书信……供谋生应世之要需。"①这一目标强调对听讲、读书、写作等语文运用能力的培养，具有明显的"实用"取向。从这时起，一直到新中国成立前，强调"实用"一直是语文课程目标的主旋律。如，1912年公布的《中学校令施行规则》明确指出："国文要旨在通解普通语言文字，能自由发表思想，并使略解高深文字，涵养文学之兴趣，兼以启发智德。"②1923年公布的《新学制课程标准纲要》将小学国语课程的目标确定为"练习运用通常的语言文字，引起读书趣味，养成发表能力，并涵养性情，启发想象及思想力"，将初级中学国语的课程目标确定为："(1)使学生有自由发表思想的能力；(2)使学生能看平易的古书；(3)引起学生研究中国文学的兴趣。"③1936年《小学国语课程标准》规定的目标是："(一)指导儿童练习国语，熟谙国语的语气语调和拟势作用，养成

① 课程教材研究所编：《20世纪中国中小学课程标准·教学大纲汇编：语文卷》，人民教育出版社2001年版，第5—6页。
② 陈学恂主编：《中国近代教育史资料》上册，人民教育出版社1961年版，第527页。
③ 课程教材研究所编：《20世纪中国中小学课程标准·教学大纲汇编：语文卷》，人民教育出版社2001年版，第13、274页。

其正确的听力和发表力。（二）指导儿童由环境事物和当前的活动，认识基本文字，获得自动读书的基本能力，进而欣赏儿童文学，以开拓其阅读的能力和兴趣。……（三）指导儿童体会字句的用法，篇章的结构，实用文的格式，习作普通文和实用文，养成其发表情意的能力。（四）指导儿童习写范字和应用文字，养成其正确、敏捷的书写能力。"①1948年《修订高级中学国文课程标准》所确定的四条目标前三条是：一，提高阅读速率及了解力；二，熟练应用语体文及明易文言文表达情意切合生活上最需要应用最广之文字；三，培养阅读古籍之兴趣与能力。② 可以看到，这一系列课程文件都是把培养学生的"听力""书写能力""发表力""读书的基本能力""阅读速率及了解力""阅读古籍的能力"等作为课程的核心目标的，虽然各时期的文件表述不同，在具体内容上也有一些调整和变化，但对语文运用能力的强调却是一致的。

　　为了达成这些能力培养目标，课程文件规定了课程内容，提出了教学要求，其中关于"实践"的内容是很丰富的。如果说1904年的《奏定高等小学堂章程》要求"读经讲经"科"每日读经一点钟，挑背及讲解一点钟"还留有明显的封建时代语文教育的痕迹的话，那么，民国以后课程文件对"实践"的强调则带有明显的现代色彩。在民国政府颁布的语文课程文件中，"练习""作业""演习""运用""欣赏""讨论""研究"这样一些现代教育教学词汇频频出现。如1912年颁布的《小学校教则及课程表》就明确提出："初等小学校首宜正其发音，使知简单文字之读法、书法、作法，渐授以日用文章，并使练习语言"，"凡语言文字，在教授他科目时亦宜注意练习"。③1923年颁布的《新学制课程标准纲要小学国语课程纲要》在"方法"部分更为明确地指出："语言"教学"初年多用演进法，以后多用会话，

---

① 课程教材研究所编：《20世纪中国中小学课程标准·教学大纲汇编：语文卷》，人民教育出版社2001年版，第30、301页。

② 课程教材研究所编：《20世纪中国中小学课程标准·教学大纲汇编：语文卷》，人民教育出版社2001年版，第56页。

③ 课程教材研究所编：《20世纪中国中小学课程标准·教学大纲汇编：语文卷》，人民教育出版社2001年版，第11页。

讲演，表演"，"读文"教学要"注重欣赏，表演"，"文字"教学要"注重反复练习"，"作文"教学要"注重应用文的设计，研究和制作"，这里所说的"会话""讲演""表演""练习""制作"等，实际都是要求儿童从事相关的语文实践活动。至于1929年颁布的《小学课程暂行标准小学国语》《初级中学国文暂行课程标准》《高级中学普通科国文暂行课程标准》，1932年颁布的《小学课程标准国语》，1936年颁布的《小学国语课程标准》，则直接规定了"作业类别"或"作业要项"，所谓"作业类别""作业要项"实际上就是对语文练习的规定，如"说话"要求学生要做"问答、报告、讲述故事、演说、辩论等的练习"，"读书"要求：① 习见文字、注音符号、标点符号等基本工具的熟习和运用；② 想象性的普通文、实用文、诗歌等的欣赏、理解；③ 现实的普通文、实用文等的精读和略读；④ 补助读物的课外阅读，"习作"要求要进行"作文练习""口语练习""书法练习"。①1941年颁布的《小学国语科课程标准》在以表格的形式详细地罗列了初级和高级各学年的"教材形式"之后，特别强调"上表说话类各项教材都应注重练习""读书类各种记叙文注重欣赏、阅读、研究、练习和表演；各种韵文注重欣赏和吟咏；……字典和词书注重练习使用"、"作文类笔述、评述、拟稿等各项教材都应注重练习；实用文注重分析研究和习作；修辞和语法注重研究和运用练习""写字类各项教材都应注重练习"。1948年颁布的《国语课程标准》《修订初级中学国文课程标准》《修订高级中学国文课程标准》都对学生的语文实践提出了明确的要求，比如小学阶段要进行"有组织的语料的练习""演说的拟稿""演讲的记录"，初中阶段要进行问答、写生、记录、改作、整理材料等多项作文练习，高中阶段"精读之范文与专书，须研读精熟，以能背诵为主"，而作文教学则要求"由教员提出研究题目，学生自行搜集材料，试写论文"②，等等。

---

① 课程教材研究所编：《20世纪中国中小学课程标准·教学大纲汇编：语文卷》，人民教育出版社2001年版，第16、22、30、282、286页。

② 课程教材研究所编：《20世纪中国中小学课程标准·教学大纲汇编：语文卷》，人民教育出版社2001年版，第42、46、321—322页。

通过梳理 20 世纪上半叶语文课程文件中的这些"实践内容",我们既看到了古代语文教育"实践"传统在现代语文课程中的延续,如注重诵读、欣赏、体味,强调读写结合,注重写字训练,等等,也看到了语文课程的实践性在语文独立设科之后所发生的新变化:

第一,从实践的目的看,明确地提出了"能力"概念,即要养成"听力""阅读的能力""发表情意的能力""书写能力",等等;另外,所确定的目标更加切近现实需要,强调语文学习要"资官私实用"。

第二,从实践的内容看,视野更加开阔,内容更加丰富多样,不仅增加了"说话"这一项重要内容,弥补了古代语文教育缺乏口语实践的不足,而且"说话""读书""作文"等各项语文实践的具体内容也极大丰富。比如"说话",就有日常用语练习、故事等讲述练习、演说练习、辩论练习等多项练习,"读书"要求学生要阅读故事、传说、寓言、笑话、剧本、杂记、游记、书信、诗歌等各体文章,"写作"则包括命题作文、翻译、读书笔记、故事的笔述、游览参观之记载、专题研究、布告、书信、收据等多项内容的写作练习。

第三,从实践的方式和要求看,在阅读方面,不仅注重传统的熟读背诵,还注重理解、欣赏、想象、表演、讨论、研究、默读、略读、视写、听写等活动,要求在阅读时要注意发音、语调、养成有规律的眼动,要划分段落、寻求要点、写读书笔记,还要注意阅读速率;在作文方面,也改变了传统的做法,而尝试采用新的训练方式,如命题作文、"翻译"(翻文言文为语体文,或翻古诗歌为语体散文或语体诗歌)、"整理材料"(由教师供给零碎材料,令学生做一有系统的文字)、"变易文字的繁简""野外写生"(借用图画的习语,分学生为几组,由教师率领,到郊外实地描写景物),等等。①另外,还注重将"口述"和"笔述"结合起来,要求"每次练习以后,必须有个别的或共同的批评,订正,或先加批指,使自行订正",指出低年级作

---

① 课程教材研究所编:《20 世纪中国中小学课程标准·教学大纲汇编:语文卷》,人民教育出版社 2001 年版,第 285 页。

文训练"可多用'助作法'",中年级"可多用'共作法'";等等。这些训练方式和要求,洋溢着浓浓的现代气息,多元、开放而新鲜。

第四,从辅助实践的手段看,除了传统的教师示范、指导、讲解外,还有一些新的做法:(1)开始有意识地传授知识和方法以助力实践,比如"视相当机会约略指点文字构成的意义",教授"字和词的用法""各种单句和简单复句的构造""文法的组织""文章法则"(包括文法、修辞学、各体文章作法等项)等等;①(2)教学生使用工具书、参考书来帮助识字、阅读和写作,"令学生运用工具书籍,如字典,普通辞典,百科辞典,人名地名辞典等,并指导其使用方法","于课外选定关于文法或修辞的参考书,略讲读法,供学生自由阅读或读书时检查参考之用"②;(3)采用复讲、问答、测验、默写或背诵、解释或翻译、报告及讨论、考查笔记等多种考查方式检查学习的效果,为学习提供反馈。

二、教科书变革中的"语文实践"新变

在从传统语文教育向现代语文教育转轨的过程中,作为语文教育内容的核心载体和语文课进行读写训练的凭借,语文教科书发生了一系列重大变化。从语文实践的视角看,值得关注的变化有以下几点:

(一)教科书选材变化所引起的读写对象之变化

虽然清末语文教科书在选材上便出现了一些新气象,比如将"以养成国民理科之思想"的"天文、地文、博物、物理、化学等科"和"以养成国民实业之思想"的"农、工、商、矿等事"纳入小学国文教科书,③在《中等国文读本》中选入《国民》《铁路》《国债》《达尔文》《托尔斯泰》等富有现

---

① 课程教材研究所编:《20世纪中国中小学课程标准·教学大纲汇编:语文卷》,人民教育出版社2001年版,第56、41、50、302页。

② 课程教材研究所编:《20世纪中国中小学课程标准·教学大纲汇编:语文卷》,人民教育出版社2001年版,第291、288页。

③ 洪宗礼、柳士镇、倪文锦主编:《母语教材研究》第3卷,江苏教育出版社2007年版,第80页。

代气息的课文开拓学生视野、使学生了解世界，等等，但语文教科书在选材上发生根本性变化则是在民国时期白话文进入教科书之后。"五四"前后，在白话文运动、国语统一运动及普及教育的时代潮流的冲击之下，要求白话文进入语文教科书的呼声越来越强烈，终于，1919年8月，第一套系统的小学白话语文教科书《新体国语教科书》由商务印书馆出版了。①1920年1月24日，教育部正式下令将国民学校一二年级国文改为语体文，同年4月，又规定：截至1922年，凡用文言文编的教科书一律废止，要逐步采用经审定的白话文教科书，于是，一批新制语文教科书应运而生。比如，由刘大坤、戴杰等编纂、商务印书馆1920年7月初版的《新法国语教科书》（1—6册），"前四册纯是语体文，后二册语体文和文体文互用，但是文体文只占十分之三。"②而由洪北平、何仲英编写，商务印书馆1920年出版的中等学校用《白话文范》，则专选语体文，课文多是当时报章杂志上的时文，间有白话小说、诗歌、语录，成为我国第一部中学现代白话文教科书。白话文进入语文教科书并在其中占领阵地，一改传统语文教材文言文一统天下的局面，从此语文教科书出现了文言文与白话文合编、文言文与白话文分编、专选现代白话文的新格局，一些反映新时代、新思想的作品被选入教材之中，如鲁迅的小说，冰心的散文，蔡元培、陈独秀、李大钊的演讲，周作人、胡适的小品文，郭沫若、徐志摩、沈伊默的新诗，等等；同时，在选文文体上视野也更加开阔，大大地突破了封建时代的文体范畴，更加切近现实生活的需要，除了各体文学作品和状物、叙事、论述类文章外，还将书信、合同、发票、广告、电报等应用类文体纳入教材之中。如中华书局1921年1月至1922年5月印行的《新教育教科书　国文读本》就涉及如下文体：（甲）普通文：记叙文、表述文、说明文、议论文；（乙）特用文：书信、契约、广告、电报、传单、章程；（丙）文艺文：诗歌、散文（童

---

① 郑国民：《从文言文教学到白话文教学——我国近现代语文教育的变革历程》，北京师范大学出版社2000年版，第81页。

② 洪宗礼、柳士镇、倪文锦主编：《母语教材研究》第3卷，江苏教育出版社2007年版，第147页。

话、寓言、小说、记、序，等）。教科书选材发生如此大的变化，意味着学生读写实践的对象和内容也极大地改变了——从读文言、写文言到学习现代语文，步入一片新天地。

（二）渐趋精细的助学系统为读写实践提供了"脚手架"

古代语文教材也有助学系统，如朱熹《四书章句集注》中的"章句"和"集注"，明清一些诗文选本中的旁批、总批、音义、注疏、序解等，目的就在于"助读"。但是，古代语文教材中的助学系统较少考虑学生学习心理，也缺乏系统性。清末，情况有了一些改变。如顾倬编著、上海文明书局1906年发行的《高等小学国文读本》，除了每一篇课文的文中间有夹注（包括对课文内容和表达方式等的阐述）外，篇末还附上了"总评"；而学部编译图书局编纂、学部编译图书局1910年印行的《高等小学　国文教科书》，则既有传统的眉注、夹注；又在目录中注明了原书或作者，还在正文前写明了文章出处和本文提示，并在课文中做出句读标识，重要之处加"○○○○"或"◎◎◎◎"。此种情况说明，随着清末教育新政的推进，语文教科书的编者越来越重视儿童学习的需要，所提供的助读成分已不再局限于传统的注疏评点，逐渐丰富起来了。民国之后，助学系统进一步精细化。如许国英编、商务印书馆1913年初版的《中学校用　共和国教科书　国文读本》，除了在课文中对文字结构、段落及句法章法一一加以圈点外，还另编了评注本四册，"凡文字内容，无论论事、纪事及引用关系之典故，作者之姓氏、爵里，全书之义例起讫，兹俱详加参考，梳栉缀次，要使教者与学者获事半功倍之效。""注与评各异。注主解释意义、音声、训诂属之；评主揭示作法、体例、结构及一切变化属之。本编欲示区别，先注后评，中间以空圈为标识。"宋文翰编、1937年由上海中华书局出版的《新编初中国文》则遵照部颁修正课程标准的指示，在课文之后附加以下各项：（1）题解——说明内容，解释题语，介绍课文出处等；（2）作者生平——略述作者生平、著作；如为代表作家，并叙述其作法及在文学史上之地位；（3）注释——注释初见或艰深之单字、复词及术语、典故、人地时三者之须加说明者；（4）语文对译——指示语体文与文言文之异同点，使学者由比较而了解两种文字不同之处。① 可以看到，与清末相比，民国后语文教科书中的助学系统更精细了，从字音、词义到文章结构、作法，从作者到文中典故，编者皆从助学的角度适当注解、提供资料或进行提示，不仅如此，各项内容也更为丰赡，比如"作者介绍"，就不只是写出作者姓名、字号，还略述其生平、著作及代表作家在文学史上之地位；"提示"不仅解题、提示课文内容，还说明学习方法。助学系统中这些丰富的内容为学生进行读写实践提供了很好的"脚手架"，有利于他们不待教师讲而自主学习。

（三）练习系统从无到有，成为教科书的一个组成部分

传统语文教材是无所谓练习系统的，直到清末，语文教科书中才出现练习系统的萌芽。光绪二十七年（1901 年），王亨统编辑、上海美华书馆印刷发行的《绘图蒙学捷径》，第三、四册每篇课文后面都设计有提问，如第 96 课《孔融让梨》课文后即附如下问题：孔融几岁即知友爱敬让之道？时有人送其家何物？诸兄如何？融如何？择何等之梨？人问其故如何答之？② 顾倬编著、上海文明书局 1906 年发行的《高等小学国文读本》每一篇课文后也设有"习问"一项，问及内容理解与写法。这可以说是语文教科书练习设计的早期雏形，表明其时编者已经意识到应该把阅读和思考结合起来、以提高阅读效率了。到了 20 年代，语文训练被提上了语文教材编制的议事日程，作业系统开始作为教材的一个结构要素出现在教材中。③ 如 1925 年中华书局出版的穆济波编的《高级国语读本》就在课文后面附设两项内容：一为"本篇参考"，一为"本篇研究"。所谓本篇研究，即思考题。以茅盾所写的《五月三十日的下午》为例，"本篇研究"便附有七题：（1）五卅惨案在中华民族的历史上是怎么一回事？（2）事实之起因及其经过之概况？（3）最后交涉的结果？（4）本文是何种性质的文字？（5）是作者何种情绪下之作品？（6）本篇题旨中心点？（7）民族精神之堕落当如何挽救？这些思考

---

① 洪宗礼、柳士镇、倪文锦主编：《母语教材研究》第 3 卷，江苏教育出版社 2007 年版，第 82、83、121、215 页。

② 施平：《语文教材经纬》，北京理工大学出版社 2010 年版，第 36 页。

③ 倪文锦：《我国语文教材建设的历史轨迹》，《中学语文教学参考》1997 年第 1 期。

题，一方面是对学生阅读活动的引导，另一方面也是对学生阅读理解状况的检测。

随着教材编写经验的积累和研究的深入，练习系统渐趋繁复。如傅东华编著、商务印书馆 1933 年出版的《复兴初级中学教科书　国文》，每册包含精读教材 40 课，习作教材 20 课。每篇精读课文之后都有"暗示"一项，所谓"暗示"，大多是通过问题"诱导学生对于教材内容作分析、综合、比较之研究，期使获得透彻之了解及深入之欣赏"①，其中有的是针对课文内容理解的，如第一册第三课《笑》后的"暗示"："这篇文所要描写的主要点是什么？这里的三个笑容是一样性质的呢，或是不一样的？如果印象可譬影戏中映出的影子，那末心幕就可譬什么"；有的是针对字词运用的，如第六课《梧桐》后的"暗示"："从字典里查出'艾'、'坏'、'怪'、'外'、'待'、'戒'等字的注音字母，看有什么相同的地方。假如把'坏'改做'损'，'待'改做'等'，意思是不是两样？但是你把全段读起来觉得两样吗"；有的是针对写作手法的，如第三十一课《闽安壮士》课后的"暗示"："这篇大部分是直接记述，但也有数处是用对照法的，试把它们指出来"；有的是针对词句修辞的，如第九课《红海上的一幕》课后的"暗示"："摘出篇中所有的譬喻字眼，如'布陈'、'制服'、'迎来'。将这些譬喻的成分去掉，把这'一幕'日落月上的情景老老实实说说看。（仍照原来的段落。）"；如此等等。该课本中的"习作"教材实际上是对语法、文法、文章作法和工具书使用法等知识和方法的介绍，每一课后也附有相应的练习。比如习作六"三种动词"后就设计了两道练习题：

1.试就下列各句指出外动词、内动词及同动词——

（1）秋天看红叶竟成为时髦的胜事。

（2）点心店的玻璃橱里也总有一枝两枝的人造红叶。

（3）那山有多少高？

---

① 傅东华编著：《复兴初级中学教科书·国文》，商务印书馆 1933 年版，第 2 页。

（4）白色的小圆片有时跌落在谷内的丰草中，有时坠在浅涧里。

（5）山顶广场显得很寂静。

（6）予垂髫种此，惜为兵燹所坏。

（7）厂三面，筑坛三层，以菊之高下高下之。

（8）兖州缙绅家风气袭王府。

2. 试用下列动词各造一短句（括弧内指明作那种动词用）——

笑（外），笑（内），玩（外），玩（内），有（外），有（同），算（外），算（同），无（同），装饰（外），等待（内），透出（外），透出（内），遮蔽（外），悲欢（内）。

可以看出，这些练习题不管内容还是形式，都更丰富了。从内容上看，不再像前述教科书那样单单就课文内容提问，而是涉及词语理解和运用、修辞手法、文章作法、语法、课文理解等多项内容；从形式上看，则有问题思考、查字典、作比较、用词造句、语法分析、修辞分析、文法分析、改作、仿写等多种形式。

不仅傅东华主编的这套语文教科书如此，同时期及以后的很多语文教科书也都在练习设计上颇下功夫。比如，稍后的《国文百八课》（夏丏尊、叶圣陶编，开明书店 1935—1938 年出版），每一单元内含文话、文选、文法或修辞、习问四项，其中"习问"就相当于练习题，其内容紧扣本单元的"文话""文选"和"文法与修辞"，数量一般为 5—6 题。如第四册第一课（单元），文话是"知的文和情的文"，文选两篇：李良骐的《霜之成因》和爱罗先珂的《春天与其力量》，文法为"形容词在句中的用途"，其后的习问共 5 题①：

1. 知的文章和用器画一样，所要求的是精密与正确。难道情的文

---

① 夏丏尊、叶圣陶主编：《国文百八课》，生活·读书·新知三联书店 2008 年版，第 543—544 页。

章就不必精密与正确吗？试对这个问题加以思索，把想到的说出来。

2. 试就文选二的第一节，指出其中只宜于情的文章而不宜于知的文章的语句来。

3. 试就读过的文章中找例，或自己造例，举出合乎下列条件的句子来。

(1) 述语是形容词的。

(2) 带形容词补足语的。

(3) 句中的名词有形容词限制着的。

4. 何谓形容词语？试举例说明。

5. 试将下列含有形容词语的名词语改成句子，本来是句子的改成含有形容词语的名词语。

沙漠地方如戈壁撒哈拉（则）终岁（可）不见霜。

扬子江两岸，为蚕桑最盛之区。

像旗杆似的孤零零地只有一技之艺的人。

说起来什么也能说的人，然而一点也不精，仿佛是一张纸，看去虽大，其实没有什么实质的。

这 5 题练习题，第 1、2 题是针对本单元的"文话"而设的，其中第 1 题紧扣"文话"中的关键点即"知的文"和"情的文"的区别，让学生作辩证的思考；第 2 题结合选文让学生对"知的文"和"情的文"作进一步辨识，即运用知识来分析语文实例；通过这样两道练习题，就可以让学生对"知的文"和"情的文"各自所具的特点有更深入的认识，加深他们对"文话"内容的理解。第 3、4、5 题是针对本单元的"文法与修辞"而设的，其中第 3 题中 3 道小题对应的是"文法与修辞"所讲的"形容词在句中的三种用途"，让学生就每一种用途举出实例来，一方面可以让学生进一步明确形容词的三种用途，起到复习巩固的作用，另一方面也是让学生运用所学知识去辨识语言现象；第 4 题是简答题，不光是要求明确"形容词语"这个概念，还要求"举例说明"；第 5 题是实际的语言操作题，也是对"文法与修辞"

所讲的内容的巩固与运用——因为"文法与修辞"里面就讲到了含有形容词语的名词语和句子可以相互转换的知识。

上述练习设计不仅在《国文百八课》中具有代表性，而且在 20 世纪三四十年代的语文教科书中也具有相当的代表性。由此我们可以看到，这一时期语文教科书中的练习题除了内容和形式上丰富多样外，还具有如下三个特点：第一，具有很强的目标针对性；第二，结合语文知识而设计，相当一部分题目的目的在于复习巩固知识或将知识运用到语文实践中；第三，具有初步的系统性，因全书的习题是扣准训练目标或知识讲解而设计的，而训练目标或知识是成系统的，所以全书的习题也因训练目标或知识的串联而构成了一个系统。

（四）知识与语用实践的关系问题受到关注

在现代语文教育史上，知识进入语文教科书经历了一个复杂的过程。新式学堂兴办之初，关于文字、句法、章法的知识是融合在文章的读写之中相机讲授的，到了民初，语文知识开始在"文字源流""文法要略""中国文学史"等分支课程中独立地讲授，而从 1929 年起，中学学制又改为单一的普通科学制，国文科的内容相应地作了简化归并，这时已有不少人采取分中有合、合中有分的方式，把有关的语文基础知识编在单元前后，或作为附录集中编排在课文之后，供选择使用。[①] 最早有意识地将系统的语文知识编入教科书的是赵景深，这主要体现在他主编的、上海青光书局 1930—1932 年出版的《初级中学混合国语教科书》之中。这套教科书，依据 1929 年《初级中学国文暂行课程标准》"教学要点"中的"文法与修辞"条，将文法、作文法和修辞知识融入教材之中，第一、二册编入文法，第三、四册编入作文法，第五、六册编入修辞知识。每篇课文后面，都附有一篇知识短文，结合课文中的例子加以说明，然后配上相应的练习。除了赵景深的这套"混合国语"，前述傅东华编的《复兴初级中学教科书　国文》，夏丏尊、叶圣陶编的《国文百八课》，以及傅东华、陈望道编、上海商务印书馆 1931 年 12 月—

---

① 　李杏保、顾黄初：《中国现代语文教育史》，四川教育出版社 2000 年版，第 12 页。

1933 年 2 月出版的《初级中学用　基本教科书　国文教本》，夏丏尊、叶圣陶、宋文彬、陈望道编、开明函授学校 1934 年出版的《开明国文讲义》，孙怒潮编、上海中华书局 1934 年出版的《新课程标准适用　初级中学　国文教科书》，吕伯攸、朱文叔、徐亚倩编、上海中华书局 1937 年出版的《新编　高小国语读本》，宋文翰编、上海中华书局 1937 年出版的《新编　初中国文》，等等，都编入了知识内容，而且注意将知识与语文运用结合起来，力图通过练习让学生明了、掌握和运用这些知识。

在教科书中编入知识内容，是与现代语文教育在追求科学化的过程中对知识的呼唤相一致的，其主要目的仍在指导和促进学生的语文实践活动，以期更为有效地培养学生读书能力和表达能力。编制过《初级中学国语文读本》的沈仲九就曾在《初中国文教科书问题》一文中说："为促进学生的国文进步起见，国文教授有大大的注重法则的必要，妄用点时髦话来说，就是国文教授的科学化"，他认为，要使国文教授科学化，首先就应编纂适宜的教科书，"这类教科书的要旨，是以文章和法则互为经纬，两相融合，于文章中发见法则，将法则应用在文章上。"[①] 沈仲九的这一番话，道出了时人对于将语文知识编入教科书的价值考量，也可以说是对当时语文教育改革趋向和要求的回应，所谓"古书上文法特例，亦应分别说明，以为学生读解古书之助"（1932 年《高级中学国文课程标准》）、"对于用字用词语法文章作法等项须反复深究，使学生作文练习时有所助益"（1948 年《修订初级中学国文课程标准》）等等即充分地说明了这一点。

三、教法探索对"语文实践"的关注

从传统语文教育走向现代语文教育，在社会思想文化变革、外来教育思想和教育理论的冲击及语言文学变革等多种力量的激荡下，语文教学方法也经历了一个除旧布新的过程，在改革旧方法、探求新方法的过程中，不少

---

① 沈仲九：《初中国文教科书问题》，《教育杂志》1925 年第 17 卷第 10 号。

教育理论家和实践工作者对语文课程的"实践"问题给予了相当的关注，并将新的时代精神和教育理念融入其中，赋予了它新的内涵。

（一）观念层面对"学生主体"及"生徒活动"理念的确认

语文独立设科以来，封建教育逐渐退场，西方的教育思想、教学理论不断被译介到中国，这些思想、理论带来了教育教学观念上的深刻革命，关于语文教学的新认识、新理念不断涌现，其中最为重要的是，人们"发现"了学生在语文教育中的主体性，确认了语文教学"须令生徒活动"的理念。

传统语文教育虽然也注重学生自身的读写活动，也强调"道而弗牵""致其自得"，但从总体上看，是圣贤经理至上的，眼中有"书"却很少有"人"，学生的主体性是被压抑了的。现代以来，随着西方民主思想的涌入以及富含人本因子的教育思潮如平民教育思潮、实用主义教育思潮等的出现，"儿童"这个被压抑了的教育主体被一些得时代风气之先的教育家发现了，他们极力反对注入式、训育式的旧式教育方式，主张教育应该以儿童为出发点，"研究人如何教"，一时间，"自动主义""尚自然，展个性"和"从做中学"等教育思想在教育界广为传播，学生作为"人"的特性开始受到教育界的重视，其主体性也开始得到张扬。其间有三个事件值得一提：其一，1919 年 2 月，从美国留学归来不久的陶行知在《世界教育新思潮》上发表论文《教学合一》，针对现实教育中"教学分离""重教太过"的流弊，明确提出"先生的责任不在教，而在教学，而在教学生学"；随后，又将南京高等师范学校的全部"教授法"课程改为"教学法"。陶行知的这些主张和做法突破了注入式教学法中的教师本位，将教育民主的思想和方法引入教育界，对于学生主体性的张扬起到了很大的推动作用。其二，1919 年 5 月至 1921 年 7 月，杜威应邀来华演讲和考察，其实用主义教育思想通过他的活动以及当时各大媒体的宣传，在中国广为传播，由此引发了实用主义教育热潮，全国以实用主义为理论的教育改造运动和实验运动此起彼伏。实用主义教育重视儿童的经验、主张"以儿童为中心"，因此，实用主义热潮极大地促进了对儿童主体的认识和尊重。其三，1922 年 11 月，北洋政府颁布了《学校系统改革令》，即"新学制"。新学制是在全国教育联合会拟定的学制系统草案的基础上修正而成的，明显受到杜威实用主义教育思想的影响，具有浓厚的民主教育色彩，其指导原则强调教育要"发挥平民教育精神""谋个性之发展""注意生活教育"，等等，"这些指导原则实际上又从不同侧面及维度阐述了学生主体性的内涵。换句话说，新学制不仅在哲学上确立了学生的主体地位，而且从制度上比较深入地阐述了其主体地位的实现路径。"①

发现并确立学生的主体性，对于彰显语文教学实践性的意义非同寻常，因为"实践"总是"主体"自身的实践，对"主体"的强调，也就意味着对学生"自动""自主"能力的肯定和对"灌输""注入"的反对。当时，提倡学生"自习""自动""自主"成为一种潮流，兹列述如下：

1915 年，姚恩铭发表《小学作文教授法》一文，主张作文教学"务令儿童为适当之自动"。他说："无论何项教授，均以能令儿童为适当之自动为唯一之主义。国文作法教科之性质，发表的教科也，技能的教科也，而要之则能动的教科也，愈当置重于自动的作业。苟不善利用其动的要素，发挥其动的价值，令儿童为适当之自动，养成其自由的活动发表之技能，则大失本科之性质也。"②

1917 年，张元善发表《自习主义读法预习法》一文，提倡在读法科中采用"自习主义读法预习法"，他认为"吾人之知识，被动的注入，远不若自动的之有实效。"在文中，他将"预习"分为三期：第一期，预备时代；第二期，练习时代，"儿童之努力为主，教师惟居于辅助之地位"；第三期，自由预习时代，"此时不借教师之辅助，全恃自力为之"。③

1919 年，孙本文发表《中学校之读文教授》一文，提出读文教授"四主张"，其中第一主张便是"教授须以学习为本位"。他认为，近来教育界所提出的"自动主义""自学辅导主义""儿童中心主义""动的新教授主义"

---

① 刘正伟：《现代性：语文教育的百年价值诉求》，《教育研究》2008 年第 1 期。

② 姚恩铭：《小学作文教授法》，《教育杂志》1915 年第 7 卷第 7 号。

③ 天民：《自习主义读法预习法》，《教育杂志》1917 年第 9 卷第 11 号。

诸主张皆有道理，"教者似宜择取其一，以为准绳矣"，然而在教学中又不可拘泥于一定之成法，"必曰以学生自动学习为本位，不能自动，然后辅导；辅导不足，然后启发；启发不足，即参用注入……要其归必导学生以自动研究之途，养成其自进学习之兴趣而已。"①

1924 年，朱经农发表《对于初中课程的讨论·国语科的内容》一文，对旧式中学"专用注入式的演讲"教授国文的现象进行了批评，指出："如果希望学生对于国文一门有一点确实的心得，除非把'被动听讲'改成'自动阅读'不可。"② 孟宪承也在《初中国文之教学》一文中呼应："向来国文课，只有教师的活动，没有学生的活动；只有教师的教授，没有学生的学习，这实在是国文教学失败的总原因。"他认为，"现代教学的精神，根本上是要生徒活动，生徒自学。"③

……

1946 年，杨同芳在《中学语文教学泛论》一文中提出国文教学的七大原则，其中第一条便是"自动原则"。他说，学习完全是学生的活动，教师的任务不过从旁刺激和指导而已。学习语文表达尤其要"从做中学"，"要注重实际的练习，仅仅明了写作的方法和语法文法的规则而不靠自己的练习，仍然不会达到写作通顺的目的"。自动原则又包括两个附属原则：(1) 直接教学原则。"要学生练习口语发表，就教他们直接学说话，学讲演。要学生阅读书报，就直接教他们练习阅读书报，养成阅读书报的习惯。要学生学习写作，就直接教他们练习写作"；(2) 尝试错误原则。语文学习是最适合尝试错误原则的，因为语文学习的内容除了知识外，还有"技术的锻炼，知识的锻炼"和"习惯的养成"，而"习惯的养成，又非一朝一夕之功，其间不知要经过多少的错误，才能达到熟练而正确的地步。"④

此外，还有人从语文学科的性质出发强调语文教学的实践性——

---

① 孙本文：《中学校之读文教授》《教育杂志》1919 年第 11 卷第 7 号。

② 朱经农：《对于初中课程的讨论：国语科的内容》《教育杂志》1924 年第 16 卷第 4 号。

③ 孟宪承：《初中国文之教学》《新教育》1924 年第 9 卷第 1、2 期合刊。

④ 杨同芳：《中学语文教学泛论》《国文月刊》1946 年第 48 期。

"作文教科，含有技能的教科之性质，须注重练习也无疑。"①

"国文是技能的学科"，"别的学科重在知识的传授，国文科重在传授知识的文字的运用的训练。"②

"我们认为中学国文应该是语文训练的课，而不是灌输知识的功课，与理化史地等课程性质完全不同。"③

"国文教学悬着明晰的目标：养成阅读书籍的习惯，培植欣赏文学的能力，训练写作文章的技能"，这些习惯、能力或技能都不能凭空养成，也不能单靠老师的讲解来养成，"养成的方法，惟有让他们自己去尝试。"④

这些言论，当为确论。这表明在当时就有很多人已经认识到：语文教学须"生徒自动"才能取得好的效果，语文能力须历练才能养成。

（二）教学中儿童语文实践的状况

清末民初的国文教学，基本上是对"读、讲、背"旧法的延续，而且教师的讲授还占据着主导地位，对课文的教学几乎等于教师的讲解，所谓"新书一册，先生讲，学生听，先读字音，后解字义"就是国文教学的真实写照。⑤

五四新文化运动前后，随着国外新教学法如自学辅导法、设计教学法、分团教学法、道尔顿制的引进和克伯屈、杜威等人的教育思想的传播，国内教学改革实验开始活跃起来。1915年东南各省及之后内地一些学校进行的自学辅导法实验，1918年俞子夷在南京高师附小主持的设计教学法实验及1921年全国教育会联合会议决《推行小学设计教学法案》后国内掀起的设计教学法实验热潮，1922年上海吴淞中学、东南大学附中等中学进行的道尔顿制实验及1923年第九届全国教育会联合会议决《关于新制中学及师范学校宜研究试行道尔顿制案》后国内掀起的道尔顿制实验热潮，等等，皆蓬蓬勃勃，蔚为壮观。纵观这些实验，可以看到，注重"生徒活

①　姚恩铭：《小学作文教授法》，《教育杂志》1915年第7卷第7号。
②　宋文翰：《一个改良中学国文教科书的意见》，《中华教育界》1931年第19卷第4期。
③　浦江清：《论中学国文》，《国文月刊》1940年第1卷第3期。
④　顾黄初主编：《中国现代语文教育百年事典》，上海教育出版社2001年版，第274页。
⑤　郑国民：《从文言文教学到白话文教学——我国近现代语文教育的变革历程》，北京师范大学出版社2000年版，第161页。

动"并以之为主展开教学是其共同特点。比如，俞子夷主持的设计教学法实验，就改变了先前的上课制，上课时，先安排几分钟谈话，学生提出问题，教员从中寻找资料并制定学生当日学习目标及作业计划；课堂上的语言训练，则由教员精心设计，以游戏的方式进行，让学生在学习语言的同时欣赏文学和艺术。① 又如，穆济波在东南大学附中主持的国文科道尔顿制实验，根据道尔顿制的要求，拟制了"学生工作表"，要求学生独立完成精读、笔记、作文、课堂研究、课外阅览等项作业，并规定全学期学习和训练的总量为：精读10万字，笔记至少16则，作文8篇，课堂研究40小时，课外读书3种。②

　　对于这些教改实验，时人评论道，通过改革实验，国文教学出现了两种进步的趋向：一是在注重实际练习的同时，也注重法则和方法的教授；二是改变了"注入式""教员逐字逐句的讲解"的教学方式，开始重视儿童自主、自动，"试行道尔顿制的，固然很注重学生自己的研究；就是不试用道尔顿制的，也教学生在课外多看书报，在教室内多讨论；至于作文……现已改变为由学生自由出题自由拟作了"。而且，这两种进步的趋向"在国文教授界中，几乎成为一致的共同的趋向，已经由讨论时代而入于实行时代，没有多少人怀疑了"。③

　　除了上述有一定规模的教改实验外，当时一些研究者和实践者设计的国文教学程序，也大都把学生的活动作为一个重要因素予以安排。

　　1919年，北京大学孙本文基于其读文教授"四主张"（须以学习为本位，须持试验态度，须令普遍活动，须使熟读课文）设计出中学读文教学十五步：（1）令预习（检生字、查难句、志句读）；（2）板书文题体例及作者小传；（3）分段指名直读；（4）令质问难字句；（5）发问难字句；（6）分段指名讲；（7）推究语句文法；（8）指名通讲；（9）令分段落；（10）演述各段意义；（11）撮举全文大要；（12）指示佳句；（13）指名分段朗读；（14）指名全

①　顾黄初主编：《中国现代语文教育百年事典》，上海教育出版社2001年版，第68页。
②　顾黄初、李杏保：《中国现代语文教育史》，四川教育出版社2000年版，第95页。
③　沈仲九：《中学国文教授的一个问题》，《教育杂志》1924年第16卷第5号。

文朗读；(15) 应用（就本文扩充或约缩，或反驳，或模作等。）① 可以看出，这十五步均以学生活动为主，教师只从中引导、指点，即使"文题体例及作者小传"，也采用问答法、启发法，充分体现了其"须以学习为本位""须令普遍活动"等主张。

20 世纪 20 年代，浙江第一师范学校设计的白话文教学程序：(1) 说明（每星期或两星期教员提出研究问题，分发材料，指示阅读次序）；(2) 答问（学生就不明了处询问教员）；(3) 分析（学生给文章分段、定标题、简括大意）；(4) 综合（学生综合各段标题，做好问题大纲）；(5) 书面批评（学生把对一问题的意见，写成札记）；(6) 口头批评（教员随机抽取几份大纲，请学生口头批评）；(7) 学生讲演（学生轮流上台演讲一问题的大纲和批评）；(8) 辩难（教员学生提出对于一问题的甲乙两说，请学生辩难）；(9) 教员讲演（教员评价学生札记，发表对问题的意见）；(10) 批改札记（教员批改札记）。② 这里，笔者特意将每一项程序的活动主体陈述出来，可以看到，其中（3）（4）（5）（6）（7）（8）项都是学生的活动。

1932 年，有着 30 年国文教学经验的权伯华老师，在专著《初中国文实验教学法》中对他所施行的"自学辅导法"进行了经验介绍。其基本做法是：将初中国文每周六节课划分为"前四后二"两段：前四节为读文课，施行"自学辅导式"，后二节为改良的作文教学。其中读文课又分预习一课时、问答三课时。"预习"，是在教师指导下"学者自学的实行"；"问答"，是由学生提出自学中遇到的疑难问题，教师逐一回答，以及进行抽象性问题研究。很显然，权氏"自学辅导法"也是以学生的自主活动为主的，教师的工作是负责引导方法、解答疑难和组织活动。

1941 年，叶圣陶、朱自清编撰的《精读指导举隅》一书出版。该书将精读指导的内容、过程和方法概括为这样几项：

---

① 孙本文：《中学校之读文教授》，《教育杂志》1919 年第 11 卷第 7 号。

② 何仲英：《白话文教授问题》，《教育杂志》1920 年第 12 卷第 2 号。

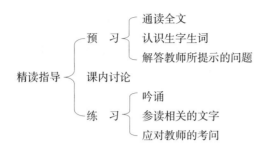

从这些项目可以看出，叶、朱二位先生也是着眼于学生的语文实践来设计"精读指导"的过程和方法的，"精读"的过程就是学生在教师指导下所进行的读书、答问、讨论、吟诵、思考等语文实践的过程。

再从日常教学来看，以新学制和新课程标准时期的小学国语教学为例，根据郑国民先生的研究，我们看到当时该科中的文学教学① 大致是这样进行的②：

表 1　小学国语科读文教学程序表

教学环节	具体步骤	
欣赏	动机——学生自发产生或由教师激发学生学习兴趣	
	目的——教师和学生共同决定教学目标	
	考查	概览：教师指导学生校内或校外预习，默读课文，借助工具书解决生字生词，最后教师订正
		诵习：学生读课文，达到流利读出为止
		解释：对课文中的疑难语句，或教师提问学生或学生反问教师，择要进行解释
		朗读：以能读到音调和谐、朗朗上口为止
		整理（总括）：给课文分段落，提炼出一个纲领，内容包括段落大意、文章结构、全文主旨

---

① 这里的"文学教学"，实质上是"读文教学"，而不完全是指文学作品的教学。

② 郑国民：《从文言文教学到白话文教学——我国近现代语文教育的变革历程》，北京师范大学出版社 2000 年版，第 180—182 页。

教学环节		具体步骤
欣赏	体味	补充想象：教师把课文中没有充分表述的内容，设计为问题，让学生回答，培养想象力
		表情吟诵：富有表情、心领神会地吟诵课文
练习		目的——师生决定练习什么、到什么程度
		设计（计划）——决定用什么方法练习
		实行——按照计划执行
		判断（批评）——把练习的结果与事先的目标进行对比，看其是否相符并加以改正
思考（深入探究某些内容和文法方面的问题）		目的——决定解决哪个问题
		搜集资料——搜集参考书籍或调查事实
		推理——依据资料推导问题的答案
		证验——检查答案是否正确（本项适用于小学高年级）
建造		如果课文内容适合表演便表演，程序如"练习"和"思考"

　　上表所反映的教学程序和方法虽然是根据当时教员使用的教学法书整理出来的，但"在一定程度上，当时大多数教师基本上就是按着这些书上的教学程序和方法进行课堂教学的，也就是说，这些教案或教授书中的内容基本上代表了当时课堂教学是什么"[①]。从这样的程序和方法来看，显然学生的活动已经在课堂上占了相当大的比重，教师由讲授者到组织者、指导者的角色转变比较明显。

　　综上所述，关于现代语文教学的实践性问题，我们可以得到如下几点认识：

　　第一，随着"学生主体"及"生徒活动"理念的确立，语文教学开始重视学生学习的主动性，"自主""自动"的学习行为被反复强调，教学过程成为引导学生从事学习活动的过程。教师本位的观念被打破，其辅助之意识和作用开始增强。课堂上师生、生生之间的互动活动显著增多。

　　第二，在教学过程中，学生所从事的语文活动较为丰富，正如这一时

---

① 郑国民：《从文言文教学到白话文教学——我国近现代语文教育的变革历程》，北京师范大学出版社 2000 年版，第 153 页。

期的课程标准所规定的那样，读、写、听、说各项活动都有很多具体的方式，这些活动方式，已经远远超出了传统语文教育"读、背、写"的范畴。

第三，除了读写训练外，开始重视口头语言的训练，比如要求学生会话、演讲、辩难、口头批评、口述作文、表演等等，比起传统语文教育来说，这无疑是语文实践内容上的一大进步。

第四，注意到了思维、审美、情感等因素与语文实践的关系。比如在思维方面，注重问题导向——引导学生质疑问难、思考探究，引导学生运用分析、综合、比较等思维方法，等等；在审美方面，注重儿童的兴趣和心灵感受，引导儿童想象、表情吟诵、表演，等等。

第五，语文实践的科学化程度得到提高。一是注重将语法、文法等方面的知识融入语文实践之中，力除呆读死记的弊病；二是依据教育理论、实验研究设计了更为精细的活动程序——从上面所列举的诸种教学程序便可窥见一斑；三是在现代教育教学理论的指引下，教师的指导方式更加灵活，更为科学，比如确定目标为学习导向、设计问题引导学生思考、提供资料帮助学生探究，等等。

四、现代语文课程在实践性建构方面存在的问题

（一）重讲授、轻实践的现象在一定范围内大量存在

虽然在教育家和教改实验的推动下，现代语文教学有了新的迹象，注重学生自主活动也成为国文教育界的一股潮流，但毕竟教改实验的影响是有限的，当时仍有相当多的教师"漂流"于这一潮流之外，一些国文教学的新思想、新设计还只是停留在倡导者们的文章和著作里，"试去一实地观察各学校的国文教学，无论国立、省立、县立、私立、教会立等校，至少我敢说百分之九十是因袭旧法，毫未改良。"① 所谓"因袭旧法"，是说国文课堂依然是"教师讲、学生听"。20 年代是这样，30 年代还是这样——1931

---

① 张文昌：《中学国文教学底几个根本问题和实际问题》，《新教育评论》1927 年第 3 卷第 8 期。

年三个月的在华考察，小学国语教学给四位国联教育考察人员留下了这样的印象："学校之教授法，概以演讲出之，教师用此法以灌输知识于全级儿童，学生不过为接受知识之人而已。盖中国学校之学生罕有由教师加以问答者，更鲜有令其从事独立之工作者。"① 到了40年代，情况依然没有多少改变，"'逐句讲解'的注入式方法，现在依然通行于各中学，'先生讲，学生听，先读字音，后解字义'，几十年前小学教科书中的教学描写，依然是今天的上课情形"。② 这些情况说明，"注入式""讲解式"的教学方式是顽固的，在许多教师的国语国文课堂上，学生的主体性并没有得到彰显，学生的语文实践活动并没有充分展开。

（二）注重活动形式的同时于严格的训练有所忽视

从传统语文教育到现代语文教育，教学方式发生了根本性的变化，在现代语文课堂上，传统的"师传生受"已被丰富多样的师生活动所代替，这其中既有学生的自主活动，也有学生的集体活动，还有师生之间、生生之间多样化的互动行为。但是，在活动方式多样化的背后，我们也注意到，古代语文教育中的"实践"传统在此已发生蜕变，严格的语文训练在此已打了折扣。就拿盛行多年的"设计教学法"来说，该法注重学生的兴趣和动机，由学生在环境中、活动中发现问题，自行确定学习的目的和内容，然后加以计划和实行。对于语文教学来说，这种方法最大的优点是突破了师传生受的"灌输式"教学法，学生成为学习的主人，在有目的的各种单元活动中锻炼了能力，但是，因为这种方法是以学生的心理需求为起点、以学生自主的活动为中心的，这就使得教学多出于偶然和自发，活动多流于散漫和零碎，学生的读写听说各项能力较少受到严格训练，获得的语文经验也较为零散、难成系统，最终导致"读书不能成诵，写字别字太多"③ 的不良后果。

---

① 郑国民：《从文言文教学到白话文教学——我国近现代语文教育的变革历程》，北京师范大学出版社2000年版，第153页。

② 庞翔勋：《我的中学读文教学经验》，《国文月刊》1944年第25期。

③ 沈百英：《设计教学法上的新旧冲突》，参见《俞子夷教育论著选》，人民教育出版社1991年版，第323页。

第三节　我国当代语文课程：强调"语文训练"

从新中国成立初期的学习前苏联经验到 60 年代初期的语文教育大讨论，从"文革"期间的"满园狼藉"到新时期乃至新课改以来的探索创新，当代语文教育经历了一个曲折发展的过程。细数这段历程，我们看到，跟现代语文课程一样，一方面语文课程的实践品格在某些时候、某些情况下得到了合理的彰显和拓展；另一方面由于种种原因，语文课程中又存在着复杂多样的"实践迷失"现象。这里，我们着重研究当代语文课程在实践建构方面所作的努力，至于语文课程的"实践迷失"现象，则放到下一章专门讨论。

一、当代语文教学大纲关于"语文训练"的规定

新中国成立后，经过 1960 年前后的"关于语文教学目的与任务"的大讨论，语文教育工作者对语文课程目标有了新的认识。1963 年制订的中小学语文教学大纲指出：小学语文的教学目的，是教学生正确地理解和运用祖国的语言文字，使他们具有初步的阅读能力和写作能力。① 中学语文教学的目的，是教学生能够正确地理解和运用祖国的语言文字，使他们具有现代语文的阅读能力和写作能力，具有初步阅读文言文的能力。② 把培养语文能力作为课程的核心目标，基本上代表了经过半个世纪探索后语文教育工作者对语文课程目标的共识。1963 年以后，历次颁布的《语文课程标准》（教学大纲）也都把"培养学生正确理解和运用祖国语言文字的能力"或"培养学生

---

① 课程教材研究所编：《20 世纪中国中小学课程标准·教学大纲汇编：语文卷》，人民教育出版社 2001 年版，第 153 页。

② 课程教材研究所编：《20 世纪中国中小学课程标准·教学大纲汇编：语文卷》，人民教育出版社 2001 年版，第 416 页。

的听说读写能力"作为语文课程的根本目的。如 1986 年的《全日制中学语文教学大纲》规定：中学语文教学要"使学生热爱祖国语言，能够正确理解和运用祖国的语言文字，具有现代语文的阅读能力、写作能力和听说能力，具有阅读浅显文言文的能力。"①2000 年修订的《全日制普通高级中学语文教学大纲》规定："高中语文教学，要在初中的基础上，进一步提高学生正确理解和运用祖国语言文字的水平，使他们具有适应实际需要的现代文阅读能力、写作能力和口语交际能力，具有初步的文学鉴赏能力和阅读浅易文言文的能力。"② 进入 21 世纪，新颁布的几个语文课程标准都把"全面提高学生的语文素养"作为课程的第一基本理念，这里在表述上虽然没有用"能力"这个概念，但就"语文素养"的内涵来看，识字写字能力、阅读能力、写作能力、口语交际能力等仍是其核心要素。

针对能力培养目标，新课改以前历次颁布的语文教学大纲都对学生的语文实践活动（或练习）进行了规定和说明。比如，1956 年颁布的《小学语文教学大纲（草案）》，就是"用具有课程意义的实践活动来匹配能力目标"的，"小学语文的'教学任务'采用能力目标，'教学内容'则主要是具有课程意义的实践活动，并分解为具体的活动项目，这些活动项目指向明确，能够有效地达成所预设的目标。"③1963 年的《全日制小学语文教学大纲（草案）》，在"教学内容"部分，特别将"练习"作为单独的一项与"识字写字""课文""作文"并列，并强调说："语文教学要进行大量的练习作业，才能使学生的阅读能力和写作能力逐步提高。""识字，写字，用词，造句，篇章结构，种种基本训练都要在多读多写的实践中反复进行。"④ 大纲第七部分"各年级的教学要求和教学内容"，则紧扣"教学要求"，对各册教材的课后练习和单元练习编排进行了说明，提出了具体的练习项目，比如正字、读

---

① 《全日制中学语文教学大纲》，人民教育出版社 1986 年版，第 1—2 页。

② 《全日制普通高级中学语文教学大纲》（试验修订版），人民教育出版社 2000 年版，第 1 页。

③ 王荣生：《20 世纪 50 年代语文分科课程与教材述评》，载洪宗礼、柳士镇、倪文锦主编：《母语教材研究》第 2 卷，江苏教育出版社 2007 年版，第 109、156—157 页。

④ 课程教材研究所编：《20 世纪中国中小学课程标准·教学大纲汇编：语文卷》，人民教育出版社 2001 年版，第 155、157 页。

词、抄写、听写、默写、朗读、背诵、答问、复述、拟提纲、造句、仿作、改写等等。1978 年、1980 年、1986 年颁布的《全日制小学语文教学大纲》除了在"识字、写字教学""阅读教学""作文教学"中强调要加强训练外，还专门列出"基础训练"一项，对语文课中的字词句段篇、语法、修辞、逻辑训练进行特别说明。1988 年颁布的《九年制义务教育全日制小学语文教学大纲（初审稿)》、1992 年颁布的《九年义务教育全日制小学语文教学大纲（试用)》在"教学内容和教学提示"部分分别对汉语拼音、识字、写字、听话、说话、阅读、作文中的语言文字训练进行了说明，比如要求"学过的字力求在语言训练中反复运用"，"听说训练要在学生的语言实践中进行"，阅读教学要"使学生在阅读实践中学习独立思考，学习怎样读书"，作文教学要"鼓励学生多练笔，不仅要求有一定的练习次数，还要求每次练习有一定的质量"，等等。2000 年颁布的《九年义务教育全日制小学语文教学大纲（试用修订版)》则将"语文训练"换成了"语文实践"，指出："学生是语文学习的主人。在教学过程中，要加强学生自主的语文实践活动，引导他们在实践中主动地获取知识，形成能力"。①

再来看中学语文教学大纲。1956 年实行汉语、文学分科教学改革，分别颁布了《初级中学汉语教学大纲（草案)》、《初级中学文学教学大纲（草案)》和《高级中学文学教学大纲（草案)》，其中《初级中学汉语教学大纲（草案)》指出：汉语教学"应该把主要的注意力集中在练习作业上"，"课堂的口头练习""课堂的和课外的书面作业"都是重要的教学方式；《初级中学文学教学大纲（草案)》规定，在教学中除了运用讲述、谈话、指导阅读等方式外，还要"针对每篇文学作品的特点"，灵活运用词句的解释和练习、朗读和默读、叙述、背诵、作文等方式，显然，这些方式主要是指学生的活动方式；"高级中学文学教学的方法和方式，基本上同初级中学的一样"，只是特别指出教师"可以多用讲述法"，"可以要他们作比较复杂的练

① 课程教材研究所编：《20 世纪中国中小学课程标准·教学大纲汇编：语文卷》，人民教育出版社 2001 年版，第 259 页。

习"。①1963 年的《全日制中学语文教学大纲（草案）》确立了语文课程的
"工具性"，由此强调语文工具的训练也就顺理成章，大纲指出："识字写字、
用词造句、布局谋篇种种基本训练都要在多读多写的实践中反复进行。""学
生的读写能力不能凭空养成，要以讲读教学为中心，进行种种严格的训练。"
之后，1978 年、1980 年、1986 年、1990 年、1992 年颁布的中学语文教学
大纲都提出学语文要"多读多写，勤学苦练"，并且要求：字要规规矩矩地
写，课文要仔仔细细地读，练习要踏踏实实地做，作文要认认真真地完成；
同时，分年级或集中地对语文能力训练的要求进行了纲要式的说明，对课外
阅读和写作指导或语文课外活动也提出了要求。1996 年颁布的《全日制普
通高级中学语文教学大纲（供试验用）》，最大的变化在于对课程结构进行了
调整，在学科类课程外，增设了专门的活动类课程，规定"活动课程包括
阅读活动、写作活动、听说活动……可以组织读书报告会、朗诵会、故事
会、演讲会，还可以组织各种语文小组和文学社团，丰富学生语文活动内
容。"2000 年颁布的《九年义务教育全日制初级中学语文教学大纲》《全日
制普通高级中学语文教学大纲》，则跟当年颁布的《小学语文教学大纲》一
样，将"语文训练"改成了"语文实践"，指出"教学过程应突出学生的实
践活动……科学地训练技能，全面提高语文能力"，"要重视学生的实践活
动，让学生在教学过程中主动学习、探究。"②

　　从上面的叙述可以看到，在当代语文教学大纲中，有一个词汇频频出
现，贯穿于各个大纲（除 2000 年及以后的教学大纲和课程标准外）之中，
那就是"训练（练习）"。"训练"成为教学大纲中一个高频词汇、一个核心
术语，表明了当代语文教育工作者对"训练"的重视，也凸显了"训练"在
当代语文教育中的地位，可以说，当代语文课程的实践品性就是以"训练"
为标识的。

---

① 课程教材研究所编：《20 世纪中国中小学课程标准·教学大纲汇编：语文卷》，人民教育
　出版社 2001 年版，第 389 页。

② 课程教材研究所编：《20 世纪中国中小学课程标准·教学大纲汇编：语文卷》，人民教育
　出版社 2001 年版，第 543、550 页。

二、当代语文教材的"实践性"探索

语文教学大纲是教材编制的依据，教学大纲突出了"训练"的地位，教材编制当然也就很重视"训练"的设计。重视训练设计是当代语文教材实践性探索的重要体现。就总体倾向而言，主要表现为如下两个方面：

（一）注重训练体系的建构

新中国成立后，人们在语文教材编制科学化的道路上又向前迈进了一步。1963 年《全日制中学语文教学大纲（草案）》明确指出，教材编写要"以培养学生阅读能力和写作能力的顺序为主要线索，组成由浅入深，循序渐进的体系"。为了体现读写训练的要求，课文安排采取四个措施[①]：（1）根据训练的重点组织课文。在一定的阶段集中培养某一方面的阅读能力和写作能力，按照由易到难的原则在各年级安排不同的教学重点。（2）配合课文编写语文知识短文。（3）按照训练的要求编配各种练习题。（4）安排应用文教材。1964 年编辑出版的初中语文教材就贯彻落实了这一教材编辑思想：教材内容以读写能力训练的重点为线索，组成由记叙能力到说明能力再到议论能力的训练序列，增选了课文，加强了读写基本训练。可以说，1963 年"语文教学大纲"关于教材编辑的思想及据此编写的语文教材，已经体现出了较强的语文能力训练序列意识，彰显了语文课程的实践特性。

新时期伊始，叶圣陶率先提出了"语文教学内容序列化"的命题，他说："应该认真研究一下，中学的语文课必须教会学生哪些本领：这些本领包括多少项目，把它们排个次序，哪个该在前，哪个该在后，哪些应该反复而逐步加深，哪些应该互相交叉或者互相渗透。依据这样的次序编出来的课本就踏实得多。"[②] 叶圣陶的这番讲话开启了语文教材编制的新思路，之后，就有不少专家学者开始了语文教材训练序列化的探索和尝试。比如语文

---

① 顾黄初、李杏保：《中国现代语文教育史》，四川教育出版社 2000 年版，第 314—315 页。
② 《在中学语文教材改革第二次座谈会上叶圣陶、王力、周有光、苏灵扬同志的发言（摘要）》，《中学语文教学》1980 年第 2 期。

特级教师陆继椿就在其"分类集中分阶段进行语言训练"实验的基础上编写出版了《〈分类集中分阶段进行语言训练〉实验课本》（华东师范大学出版社1982年版），试图"从运用现代语言的需要和学生的年龄特点出发，通过解剖听、说、读、写的能力结构，以写的能力为线索，编排出一个循序渐进的语文教学的'序'，务使学生'一课有一得，得得相联系'。"这套教材以记叙能力训练、论述能力训练和文言文阅读能力训练为三大支柱，总共列出能力训练点108个，按一定序列分布到各册语文课本中，构成了一个"得得相连"的训练体系。而人民教育出版社1982年开始编写、1985年完成的《高中语文实验课本》，也把"摆脱以'文选系统''三段循环''讲读中心'为基本特征的传统模式，建立一种以'训练系统''能级递进''自学指导'为基本特征的模式，在高中语文教材体系的改革上有所突破"①作为编辑的指导思想之一，力求凸显语文能力训练的序列性和科学性。整套教材从阅读能力、表达能力和思维能力三方面分年级设计训练系统，编制了阅读教材12册，作文教材6册。其中课内阅读教材包括：《文言读本》上、下册（高一用），《文学读本》上、下册（高二用），《文言读本》上、下册（高三用），分别对学生进行文章（现代文和文言文）阅读训练、文学阅读训练和文化科学著作阅读训练。每类训练又自成系统。比如，《文言读本》根据文言文阅读训练要求，安排了8个单元，每一单元由诵读课文、复背课文、文言常识、文言练习、浏览课文五个部分组成，安排一个训练重点，分别是：正音读，识文字，通义训，察语气，明文法，断句读，辨辞采，别文体。这样的安排，就反映了教材编者对文言文阅读训练的基本序列和方法的认识，具有较高的科学水准。

1986年，国家实行教材"编审分离"制度，此举掀起了语文教材编写的热潮，之后国内编辑出版了几十种语文教材，如：人民教育出版社编三年制初中语文教科书（试用）、四川省教委和西南师范大学九年义务教育教材

---

① 周正逵：《人教版高中语文实验课本编写说明》，载《高中语文新大纲新教材辅导讲座，语文出版社2000年版，第81—82页。

编写委员会编初中语文（试用）、北京师范大学附属实验中学教材编写组编三年制初中语文（试用）、上海 H 版初高中语文教材、上海 S 版初高中语文教材、人教社 1997 年两省一市实验教材及其系列修订教材，人教社高中语文实验课本，等等，这些教材尽管编辑思路和编写体例各各不同，但都无不把能力训练放在突出位置，力求根据读、写、听、说能力形成的规律，构建能力训练的科学序列，进行语文教材的整体设计。比如，上海 H 版教材（《九年义务教育课本·初中语文》），就以阅读能力训练为主线，将训练重点分布于初中四个年级：初一重点训练朗读和默读能力，初二重点训练理解词语、把握句意和分析文章条理的能力，初三重点训练速读能力、对词句和段篇的质疑能力及对选材、表达方式的理解能力，初四重点训练比较分析中心和题材的能力，培养联想、想象的能力，训练对各种文选体裁的阅读能力。四个年级八册教材的能力训练，由易到难，由局部到整体，形成了螺旋上升的训练序列。①20 世纪八九十年代，特级教师欧阳黛娜进行了"初中语文能力过关"的整体教学改革实验，对初中语文能力结构和语文知识体系进行了探索和研究，她把语文能力训练目标分解为 98 个训练点，把语文知识分解为 40 个专题，"以能力训练为经线，以知识传授为纬线，两线相交，组成训练体系"，在此基础上编写了《阅读》《写作》分科实验教材，分别训练学生的听、读能力和说、写能力。关于这套教材编写的指导思想，欧阳黛娜说："语文教材改革要体现语文能力是语文教学的中心任务的观点。长期以来，由于对语文学科的基础工具的性质认识不明确，形成了'以传授知识为主，以教师讲解为主'的教学思想和由此而产生的编写教材的体系，忽视了对语文能力的培养，这是长期以来语文教学少慢差费现象出现的根源。我们必须改革这种现状，体现'以培养语文能力为主要任务，以教师指导下的学生自学为主要方法'的指导思想。"②欧阳黛娜对语文教学目的任务的认识无疑是

---

① 韩雪屏：《中国当代阅读理论与阅读教学》，四川教育出版社 2000 年版，第 242 页。
② 欧阳黛娜：《为中华民族未来而改革——关于中学语文教学整体改革的探索》，载刘国正、张定远主编：《中国著名特级教师教学思想录·中学语文卷》，江苏教育出版社 1996 年版，第 413 页。

正确的，对语文教材编辑和语文教学中存在的问题的分析也是中肯的，在这种认识基础上编辑出的语文教材，尽管在今天看来还存在一些不足，但其对语文能力训练序列的科学探索和对语文课程实践性的重视却是难能可贵、足资借鉴的。

新课程改革以来，也涌现出了一批语文教材，如：人民教育出版社2001年版义务教育课程标准实验教科书、北京师范大学新世纪义务教育课程标准实验教科书、江苏教育出版社2001年版义务教育课程标准实验教科书、语文出版社2001年版义务教育课程标准实验教科书、湖北教育出版社2003年版义务教育课程标准实验教科书……这些语文教材，在语文新课程理念的指引下，着眼于学生语文素养的养成，加强了语文实践活动设计和综合性学习活动设计，致力于促进语文课程呈现方式和学生学习方式的转变，确立学生在学习中的主体地位，在不同程度上、从不同侧面体现了语文课程的实践品格。

（二）注重练习的设计

新中国成立后颁布的多个语文教学大纲都对教材编辑中的练习设计提出了要求。比如，1963年的小学语文教学大纲就对六个年级12册课本的课后练习设计都作了要求，如初小第三册要求"练习的编排着重巩固识字。编入有关间架结构的写字练习；正音、正字、读词、抄写、听写、默写等练习；朗读、背诵、答问、看图说话等练习；写简短的句子、看图写话的练习；写留言条、借条、收条等应用文的练习。标点符号的练习除复习句号、问号外，注意运用感叹号和逗号。"1990年的《全日制中学语文教学大纲》要求教材的"思考和练习""要有启发性，形式多样，要求具体，深浅适度，讲求实效。在安排上要有计划，注意前后联系。"按照这样的要求，教材编制在练习设计上也颇为讲究。比如，人民教育出版社依据1963年教学大纲指导思想编制的初中语文教材，练习题量比50年代的教材明显增加，其中第一册就编入习题110多道，有关基本训练的约占80%左右。[1]再如，人教社

---

① 周庆元：《语文教育研究概论》，湖南人民出版社2005年版，第213—214页。

依据 1986 年大纲精神编写、1987—1988 年出版的语文教材，课后的"思考和练习"紧扣单元教学要求和课文学习重点，力求整套教材形成系统，练习题型也尽可能地多样化，除常见的问题型题目外，还有填空作答、辨析选择、相关连贯、列表归类、比较说明等多种题型；同时，语言训练的题量也增加了，以初中第五册为例，围绕诗词语言、复句、实词等语言训练点设计了几十道题目。① 新课改之后编辑出版的多套语文教材，在练习设计上也颇多创新，以北师大 2010 年版的普通高中语文教材为例，其课后练习名称就叫"练习与探究"，每篇课文后一般 3—4 道题目，"除了一部分客观性的题目之外，也安排了一些带有开放性的题目，以期能给同学们留下个人阅读体验、想象和思考的空间"，充分体现了新课程所倡导的学习理念。

这里，我们以人教社 1993 年版的三年制初中语文教材为个例来作具体分析。这套教材将课文分为教读课文和自读课文两类，教读课文的课后练习一般 7—8 道，分为三个层次：(1) 理解·分析：着重理解课文的思想内容、篇章结构和语言运用；(2) 揣摩·运用：在理解的基础上加深，推敲遣词造句、布局谋篇的巧妙所在，并进行动口动手的练习；(3) 积累·联想：继前两项之后，巩固、扩展学习成果，熟读背诵，抄录词语警句，选取与课文有关的文字材料与课文比较，以加深理解和开阔视野。比如第三册第一课《中国石拱桥》的课后练习题是：

理解·分析

一、对中国石拱桥的特点，有以下三种理解，你同意哪一种，理由是什么？

1.形式优美，结构坚固，历史悠久。

2.形式优美，结构坚固。

3.形式优美，结构坚固，历史悠久，富有生命力。

---

① 洪宗礼、柳士镇、倪文锦主编：《母语教材研究》第 2 卷，江苏教育出版社 2007 年版，第 188 页。

二、赵州桥、卢沟桥是我国石拱桥的杰出代表。根据课文内容，将它们的位置、修建年月、历史和结构特征填入表内。（表略）

揣摩·运用

三、作者以准确而生动的语言说明事物特点，或引用古籍，或列数据，或打比方，或摹状貌，或作诠释。分析下边例句，指出它们各属于哪一种，并指出这些例句说明了有关石拱桥的哪方面知识。

1.石拱桥的桥洞成弧形，就像虹。

……

四、为了准确地说明对象，本文很讲究用语的分寸。体会下边句子中加点的词语的限制作用（即表示估计，表示程度，表示时间等），并把它填写在句后的圆括号内。

1.（赵州桥）全桥只有一个大拱，长达37.4米，在当时可算是世界上最长的石拱。

……

五、词、句的次序，关系到语言的准确和周密。有人就词、句的次序问题提出下边两个问题，你认为该怎样回答？

1.在第二段中有这样一句话，"这种桥不但形式优美，而且结构坚固"。"形式优美"与"结构坚固"是什么关系呢？如果删去"不但""而且"，是不是可以呢？或者改为"不但结构坚固，而且形式优美"是不是可以呢？

2.第五段介绍赵州桥特点，是依照大拱的长度，小拱，大拱的拱圈，全桥的结构，桥与四周景色的配合的顺序写的。为什么不按照由大到小的说明顺序，先把大拱的两个特点介绍完，再介绍小拱的特点呢？

积累·联想

六、给下边每组里的字注音和组词，并分别说明它们在字形上的区别。（略）

七、下边两个片断也写卢沟桥，一个见于《辞海》，另一个节录

《夜宿卢沟》。同是写卢沟桥，写法却不同，试比较阅读，思考以下两个问题。

　　1. 文体有什么不同？

　　2. 你怎样从中认识记叙和说明的不同？

（文略）

　　这七道练习题，第一、二题属于"理解·分析"，是关于课文内容理解的，旨在让学生把握说明对象的特点、面貌，"读懂"课文写的是什么；第三、四、五题属于"揣摩·运用"，其中第三题引导学生理解说明的方法，第四题引导学生从"词语的限制作用"这一角度把握说明文语言的准确性，第五题引导学生从词、句次序这一角度把握说明文语言的准确性；第七、八题属于"积累·联想"，其中第七题是关于字词积累的练习，第八题是拓展阅读、比较阅读，旨在让学生理解不同文体在表达方式上的不同之处。这三个层次八道题，紧扣单元训练重点，由课文内容到文体特点，由语言表达到字词积累，由课内阅读到课外拓展，层层递进，步步扩展，力求体现凭借课文这个"例子"提高读写听说能力的一般程序。

　　自读课文的课后练习一般 2—3 道。比如第三册第二十八课（第七单元）《杨修之死》的课后练习题：

　　一、解释下边句子里加点的字。

　　适庖官进鸡汤（　　）

　　数犯曹操之忌（　　）（　　）

　　……

　　二、复述：第一至第九段，写了七个小故事，按照原意用口语复述。

　　三、评述人物性格。关于杨修之死有两种意见：

　　1. 杨修恃才放旷，终于招致杀身之祸；

　　2. 曹操借违反军纪之名处死杨修，以消除隐患。

讨论时各抒己见，也可以结合历来对曹操的评论和曹操的其他言行。

这三道练习题，第一题文言词汇理解，第二题引导学生通过口头复述把握课文内容，第三题引导学生对课文所涉的两个主要人物进行评价，也是从理解到分析再到评价，层层递进，逐步加深。

此外，这套教材还针对分散在一些课文后面的汉语知识设计了练习题。

由这一个例的分析可以看到，与现代语文教材相比，当代语文教材在练习的设计方面更为成熟。首先，教材编者更加重视练习题在语文能力训练中的作用，练习设计的"训练"意识更强。不管是课文内容理解方面的习题，还是课文写作方法方面的习题，还是语言训练方面的习题，都紧扣训练要点而设，力求通过训练让学生掌握知识、技能和方法。其次，内容更加丰富，题型更为多样。从内容上看，除了课文内容、写作手法、表达方式等的理解外，还包括字词、语法、修辞、段落篇章、逻辑、拓展阅读、写作等当代语文课程所涉及的各项内容；从题型上看，包括问答、填空、解释、默写、选择、配对、语言操作、语文活动、写作等各种主观题型和客观题型。再次，在设计上讲究层次、梯度和系统性。就单组课后习题或单元习题来讲，要么按照由浅到深、由易到难、由基础到运用、由课内到课外等顺序依次编排，要么将各个层次的习题间杂编排，力求体现训练的层次性并让学生在各个层次上都得到训练；就整册书或整套书而言，正因为习题是对准训练要点而设的，而各训练要点又是整个语文训练体系上的一个节点，所以各课的习题或单元练习题也因这些节点间的相互联系而构成了一个系统。

三、当代语文教育名师的"实践性"主张与教学实践

新中国成立之初，一些语文教育理论家就在教学方法的革故鼎新中再提"训练"之于语文教学的重要性。如，黎锦熙就在他著的《新国文教学法》中说："精读须'手到'，熟读须'口到'，这是国文教学铁一般的原

则。""概自中国兴学以来，国文教学失败，原因就在学生的'筋肉运动'太少，不训练他们的口和手，只顺从他们的眼和耳，所以现在须要改革。"此后，叶圣陶、张志公、吕叔湘等一大批语文教育理论家，都曾在他们的论著或演说中反复强调过语文课程的实践性。

与此同时，语文教育实践界也在语文能力训练的方法和路径方面进行了积极的探索。早在 20 世纪 60 年代初，语文教育界就明确提出了加强"双基"的口号，其中"一基"就是语文基本能力，这一时期，辽宁黑山县北关小学、北京景山学校、上海市育才中学等学校进行了语文教改实验，在实验中教师注重调动学生学习的主动性，强化语文基本能力训练，收到了良好的效果。新时期以来，语文教育事业枯木逢春，语文教改园地百花齐放，在蓬蓬勃勃的语文教改实验中，涌现出了一大批语文教育名师，如于漪、钱梦龙、魏书生、宁鸿彬、李吉林、张富、欧阳黛娜、洪宗礼、徐振维、洪镇涛、李镇西、程翔、韩军、王崧舟、窦桂梅，等等，他们在教学上大胆探索，锐意改革，勇于创新，取得了令人瞩目的成绩。纵观这些语文教育名师的教改探索，虽然路径不同、风格各异，但在"充分调动学生学习的积极性和主动性、注重学生的语文实践"这一点上却是相同的。

下面，我们就对当代语文教育理论家的语文实践主张作一番检视，并以钱梦龙、魏书生、李吉林、洪镇涛这四位名师的教学思想及教学实践为例来透视优秀语文教师的教学所具有的实践品格。

（一）当代语文教育理论家关于"实践性"论述

在当代语文教育的探索过程中，几乎所有卓有建树的语文教育理论家都直接或间接论述过语文实践或语文训练的问题，一致主张语文课要注重通过语文实践培养学生的语文能力。

叶圣陶先生历来重视语文实践，他认为，学习语文的目的在运用，而要养成运用语文的好习惯，非经实践不可，这正如游泳，"先看看讲游泳的书，什么蛙式，自由式，都知道了。可是光看书不下水不行，得下水。"[①] 他

① 中央教育科学研究所编：《叶圣陶语文教育论集》，教育科学出版社 1980 年版，第 140 页。

先后曾用"做""练习""训练""实践""用""行"等概念来表达他的语文实践思想，指出：语文实践不仅仅是语文基础知识和基本技能的训练，还包括对文本思想内容的感悟、表达形式的揣摩和自我内心情感的积蓄与倾吐，是工具性和人文性的统一；语文实践不仅要处理好学生主体与教师主导的关系、课堂学习与现实的关系，还要处理好知识和实践的关系，[①]"一定要把知识跟实践结合起来，实践越多就知道得越真切，知道得越真切就越能起指导实践的作用。不断学，不断练，才能养成好习惯，才能真正学到本领。"[②] 另外，叶圣陶还在他的论著中多次提到语文训练的问题，指出语文教学需要建立周密的训练体系，设立读写训练项目。

吕叔湘先生也很重视语文实践的问题。他认为："语文的使用是一种技能，一种习惯，只有通过正确的模仿和反复的实践才能养成。"[③] 从这个基本认识出发，他指出语文教学中要正确处理讲和练的关系，"现在的问题，至少以白话课文而论，不是讲得太少，而是讲得太多……讲得太多，占用的时间太多，一则没有充分时间让学生多练习，二则不知不觉造成学生的错误认识，以为上语文课是为了学会讲语文，不是为了学会用语文。"[④] 因此他认为，"讲"要注意分寸，"要讲得不多不少，要讲得切合实际"，而若要追问讲、练二者的关系，"恐怕只能说是讲为练服务，不能说是练为讲服务"。此外，他还很重视教师和其他人的语文实践对学生的示范作用，呼吁学校和社会为学生的语文学习营造良好的环境，"都来关心学生的语文，对学生的语文负责"，因为"一个人学习语文从模仿开始，而且一直在模仿，不仅模仿书上念的，也模仿四周围一切人说的和写的"[⑤]。

除了叶、吕二老外，张志公、刘国正、顾黄初等也曾就语文实践的问题发表过诸多意见。张志公先生认为"多读多写"作为传统语文教育的一条

---

①　周纪焕：《论叶圣陶语文实践思想》，《课程·教材·教法》2008 年第 5 期。
②　中央教育科学研究所编：《叶圣陶语文教育论集》，教育科学出版社 1980 年版，第 140 页。
③　吕叔湘：《吕叔湘论语文教学》，山东教育出版社 1987 年版，第 53 页。
④　吕叔湘：《吕叔湘论语文教学》，山东教育出版社 1987 年版，第 53 页。
⑤　吕叔湘：《吕叔湘论语文教学》，山东教育出版社 1987 年版，第 55—56 页。

重要经验，是符合语文工具的特点的，因为：① 语文这个工具，要掌握得好，运用得好，首先必须手中握有丰富的材料；② 凡工具，必须操作熟练，运用自如，才能发挥效力。① 与这种认识相一致，他在提出语文教学改革设想时特别强调："不能把语文课搞成一门纯粹的知识课，而是以知识为先导、以实践为主体并以实践能力的养成为依归的课。"② 刘国正先生也曾说："语文教学的主要任务是什么？是提高学生正确理解和运用祖国语言文字的能力，即提高听说读写能力。在一定的意义上说，语文课是能力课。什么是提高语文能力的基本途径？是语文实践，即在阅读中学习阅读，在写作中学习写作，在听说中学习听说。"③ 顾黄初更是明确地指出："任何一种实践能力都必须在具体的实践活动中才能形成，才能发展。因此，听说读写的能力必须要受实践频率的制约；只有坚持频繁的、不间断的听说读写实践，人们的听说读写能力才能得到发展。在语文课上，企图通过教师的'教授'使学生获得听说读写的能力，这无异于缘木求鱼，因为它违背了听说读写能力形成和发展的规律。"④ 这些言论，可以说都是关于语文教育的真知灼见，它们产生于中国语文教学实践的沃土中，对于指导语文教学实践具有极为重要的意义。

（二）钱梦龙：语文教学以训练为主线

钱梦龙是新时期以来最负盛名的语文特级教师之一，在长期的教学实践中，他形成了独具魅力的语文教学思想和实践体系，注重训练是他这一思想和实践体系最为鲜明的特色。钱梦龙认为，语文学科具有工具性，"掌握语文工具的能力，只有在反复的训练中才能形成并达到熟练"⑤，因此，他认为"训练是语文教学的基本形态"⑥，说："语文教学的内容不是课文的知

---

① 张志公：《张志公论语文教学改革》，江苏教育出版社 1987 年版，第 73 页。
② 张志公：《张志公文集》第 3 卷，广东教育出版社 1991 年版，第 33 页。
③ 刘国正：《灯火阑珊处——语文教学管窥》，《课程·教材·教法》1993 年第 8 期。
④ 顾黄初：《语文教育论稿》，人民教育出版社 1995 年版，第 3 页。
⑤ 钱梦龙：《语文导读法的理论构想和基本课式》，载刘国正、张定远主编：《中国著名特级教师教学思想录·中学语文卷》，江苏教育出版社 1996 年版，第 543 页。
⑥ 钱梦龙：《训练——语文教学的基本形态》，《课程·教材·教法》2009 年第 7 期。

识，不是具体的语文知识，而是各种训练。"① 什么是"训练"？钱梦龙解释说，"'训'，指教师的指导，'练'，指学生的实践，'训练'，就是学生在教师指导下的实践，就是教学中师生之间互动、合作的过程。"② 钱梦龙蜚声整个语文教坛的"'三主''四式'语文导读法"就是以训练为核心而建构起来的。"三主"是指：学生为主体，教师为主导，训练为主线。其中，"学生为主体"是"训练为主线"的前提，确认学生的主体地位，就是教学要避免"填鸭""牵羊"和越俎代庖，把学习的主动权交给学生，让他们自觉能动地展开活动；"教师为主导"是"训练为主线"的保障，只有教师作为"主导"并导之有方，学生才能成为名副其实的主体，才能保证训练有效进行；"训练为主线"是"学生为主体""教师为主导"的必然归宿，"只有把学生组织到一个以训练为主线的教学结构中去，才能完全实现学生主体地位和教师主导作用的和谐统一"③。"四式"，是根据"三主"思想设计的四种阅读课的基本结构模式，其实质是四种不同的阅读训练方式④：自读式，是学生在教师指导下独立操作的阅读训练；教读式，是学生在教师的具体辅助下进行的阅读训练；练习式，是学生在自读和教读以后，为了知识的进一步巩固和应用而进行的迁移性训练；复读式，是把若干篇课文作为一个"复读单元"进行的复习性的阅读训练。可见，"三主四式"是以训练为核心的建构。

　　钱梦龙对"训练"情有独钟。几十年来，他一直坚持语文训练观，并把它落实到自己的教学实践中。从钱老师的大量经典课例来看，钱老师的课就是学生的语文训练课——朗诵训练、复述训练、答问训练、观察训练、想象训练、情感训练、写作训练，等等。近年来，针对语文新课程实施中以谈"人文"为时尚，淡化、讳言甚至排斥训练的现象，钱老师又理直气壮地"为'训练'正名"，大声疾呼"请给'训练'留个位置"⑤，坚信"生动活泼

① 教育部师范教育司组编：《钱梦龙与导读艺术》，北京师范大学出版社2006年版，第41页。
② 钱梦龙：《训练——语文教学的基本形态》，《课程·教材·教法》2009年第7期。
③ 钱梦龙：《语文导读法的理论设计和结构模式》，《课程·教材·教法》1989年第11、12期。
④ 钱梦龙：《主体·主导·主线》，《光明日报》1984年2月10日。
⑤ 钱梦龙：《请给"训练"留个位置》，《中学语文教学》2008年第1期。

的、高质量的语文教育，只能是生动活泼的、高质量的语文训练的结果"①，这更表明了他对"训练"的执着与坚守。可以说，钱梦龙在语文教学上获得的巨大成功以及在语文教育界受到的普遍赞誉是与他对语文课程性质的深刻认识和对"训练"的"钟情"分不开的。

（三）魏书生：培养语文能力靠实践

魏书生以其民主化、科学化的教学管理思想和个性鲜明的课堂教学风格而在新时期的语文教学改革大潮中独树一帜。魏书生认为，语文教学的主要任务是培养学生听说读写的能力，而能力的形成主要靠自己实践。② 为了使学生能够积极主动地实践，他积极探索语文教学民主化和科学化的道路。在民主化方面，他摒弃了语文教学由教师主宰的做法，千方百计培育学生成为学习的主人，培养学生自学语文的能力。学生成为学习的主人、具备一定的自学能力后，他们就能自觉地按照一定的方法自学一篇课文、自学整册书、写教材分析、写日记、口头作文、朗诵、自己批改作文、自己留作业、自己出考试题，而学生的能力正是在这些自主的学习活动中得到提高的。在科学化方面，魏书生与学生一道建立了语文教学管理的三大系统——计划系统、监督检查系统和反馈系统。③ 所谓计划系统，就是确定与语文教学直接或间接有关的34件事，如写500字的语文练习、口头作文、办日报、练写字、批改作文等等，然后将这34件事分为6类，分别落实；所谓监督检查系统，就是为了使计划能落到实处而建立的五种检查监督方式；所谓反馈系统，就是确立四种反馈方式以保证语文教学符合实际。"三大系统"的建立，使语文教学走上了"法治"的轨道，做到了"人人有事干，事事有人干，时时有事干，事事有时干"。语文学习中的"干事"主要就是指语文实践，把"干事"的权利交给学生，让学生自觉主动地按照一定的"法规""干事"，就是通过语文实践培养学生的语文能力。

在课堂教学上，魏书生提出"45分钟以学为主"，他说："45分钟一定

① 钱梦龙：《训练——语文教学的基本形态》，《课程·教材·教法》2009年第7期。
② 教育部师范教育司组编：《魏书生与民主教育》，北京师范大学出版社2006年版，第59页。
③ 魏书生：《探索语文教学管理科学化的途径》，《课程·教材·教法》1994年第12期。

要把学生当主人，要以学生的学为主。衡量课上得成功与否的标准，不在于我讲了多少，而在于学生学到了多少；不在于我讲得生动形象、风趣幽默与否，而在于学生学得积极主动、快乐高效与否。"① 他创立的"六步课堂教学法"就充分体现了"45 分钟以学为主"的理念，"六步"分别是②：定向—自学—讨论—答疑—自测—自结。定向，即确定教学目标和重点；自学，就是学生根据学习目标自学课文，独立思考；讨论，即分小组或全班讨论自学中遇到的问题；答疑，在自学和讨论中不能解决的问题提交到全班征求解答，解答有困难时由教师引导或解答；自测，学生自己出题检测学习效果；自结，学生自己总结这堂课的所学所得。可以看到，"六步课堂教学法"是以学生为主体的，课堂时间主要用于学生的"学"，从"定向"到"自结"的过程就是学生在教师的引导下积极主动地进行语文实践的过程，这样，语文课堂便真正成为学生历练语文能力、获取语文知识的场所。正是因为"45 分钟以学为主"，坚持让"学生尽可能多有一些听、说、读、写的实践（包括课外）"，所以魏老师"感觉学生听、说、读、写的能力提高较快。"③

（四）李吉林：语文实践情境化的探索

李吉林通过坚持不懈的教学改革和实验，建构了情境教育的理论体系和操作体系，开创了情境教学流派。李吉林的情境教学重在通过创设情境优化教学，但就语文教学而言，它仍然没有忽视语文实践在语文能力培养中的重要作用。李吉林说："要使学生形成运用祖国语言的能力，离不开儿童自己的语言实践，因此在语文教学过程中，我主张以'练'为主线，贯穿实践性。"④ 不过李吉林所说的"语言实践"绝非习题式的训练，而是情境中的生动活泼的语文活动。李吉林提出了三种语言训练类型⑤：突出以词句为主的

---

①　魏书生：《45 分钟以学为主》，《语文教学通讯》1996 年第 5 期。

②　魏书生：《魏书生文选》第一卷，漓江出版社 1995 年版，第 2—5 页。

③　教育部师范教育司组编：《魏书生与民主教育》，北京师范大学出版社 2006 年版，第 61 页。

④　李吉林：《探索面向 21 世纪的小学语文教学新体系》，载杨再隋主编：《中国著名特级教师教学思想录·小学语文卷》，江苏教育出版社 1996 年版，第 237 页。

⑤　李吉林：《为全面提高儿童素质探索一条有效途径——从情境教学到情境教育的思考》（上），《教育研究》1997 年第 3 期。

基础训练，加强应用目的的整体训练，结合感知为媒体的思维训练。在词语训练中，李吉林摈弃了常规词语解释，让学生在理解课文、认识世界中理解词，在描述课文、描述情境中运用词，尽力把词与鲜明的形象结合起来。在应用目的的整体训练中，李吉林常常根据语言在生活中应用的形式，让学生在身临其境的深切感受下，轻读、听读、分角色读、默读，提高儿童读的能力；写作训练则从"每日一句"开始，以观察日记打下认识和表达的基础，把情境说话、情境作文作为训练的主要方式。① 在结合感知为媒体的思维训练中，李吉林充分调动儿童的感知，将语言训练与儿童对世界的认识结合起来，把观察、思维与语言三者融为一体进行训练。② 可见，在学生语文能力的培养上，李吉林是旗帜鲜明地把训练视为根本途径、并极力提倡语言训练情境化的，这种以"回到生活""创设情境""活动体验"为特征的情境化训练，"恢复了语言学习的本真"，"避免了大量枯燥乏味的字、词、句、篇的机械释义、分析、讲授和训练，使学生从字、词、句的认知到整体语文素养的达成，从而实现语言美与生活美的统一。"③

李吉林还提出，语言训练要"提早起步，螺旋上升"④。她所主持的情境教学实验班从一年级起，在识字的同时，就进行大量的语言训练，以词句训练为主，同时开设口头作文课，包含简单的字词句篇的综合训练。从二年级起写观察日记到三年级写情境作文，有词句段的训练，也有布局谋篇的训练。这种整体性的、螺旋上升的语言训练有效地促进了儿童语言的发展。

李吉林给我们的启示有两点：一是语文教学必须紧紧抓住训练（实践）这条"主线"，二是训练（实践）应该情境化，避免机械训练。

（五）洪镇涛：打开"学习语言"的大门

洪镇涛被誉为"语感派"的代表人物，他坚持认为："语文教学的核心

---

① 李吉林：《运用情境教学　发展儿童语言》，《中国教育学刊》1995 年第 6 期。

② 教育部师范教育司组编：《李吉林与情境教育》，北京师范大学出版社 2005 年版，第 73 页。

③ 裴娣娜：《基于变革性实践的创新——对李吉林情境教育思想的再认识》，《课程·教材·教法》2009 年第 6 期。

④ 李吉林：《"情境教学"的操作体系》，《课程·教材·教法》1997 年第 3 期。

是语言教育，语文教学的根本任务是组织和指导学生学习语言，培养和提高学生理解和运用祖国语言文字的能力。"① 从20世纪80年代的"变'讲堂'为'学堂'"到90年代的"变'研究'语言为'学习'语言"，他始终守住"学习语言"这个根本，想方设法为学生打开"学习语言"的大门。

20世纪80年代，针对语文教学中讲风盛行、满堂灌输的现象，他提出要变"讲堂"为"学堂"，说："语文是一门实践性很强的学科，它主要是通过组织和指导学生读、写、听、说等语言实践活动，来提高学生理解和运用祖国语言文字的能力，更不能以讲解为主"。② 为此，他在教学实践中提炼出教学"三变"——变"全盘授予"为"拈精摘要"，变"滔滔讲说"为"以讲导学"，变"默默聆受"为"研讨求索"，并创立了一种以教师指导下的学生自学为主要方式、以读写听说活动为基本内容、以语言和思维训练为中心的"五环节"课堂教学结构模式③：提示·设问——阅读·思考——讨论·切磋——归纳·总结——练读·练写。

进入90年代，洪镇涛发现"语文教学中存在着一个长期性全局性的失误"，那就是"以指导学生研究语言取代组织和指导学生学习语言，以对语言材料（包括内容和形式）的详尽剖析取代学生对语言材料的感受和积累。"他认为，"语文教学的任务，应该是组织和指导学生学习语言，而不应该是让学生研究语言"④，"从本质上看，语文教学不是一种知识体系，而是一种能力建构。学生语文能力的形成，主要靠语言实践。在听、说、读、写实践中，感受语言——领悟语言（形成语感）——积累语言——运用语言。感受——领悟——积累——运用，是学习语言的正确途径。"⑤ 于是，他又旗

① 洪镇涛：《是研究语言还是学习语言——浅论语文教学中的一个误区》，《中学语文》1993年第5期。
② 邹贤敏：《洪镇涛：打开"学习语言"的大门》，湖北教育出版社2001年版，第13页。
③ 洪镇涛：《我的语文教学思想》（上），《陕西教育》2000年第12期。
④ 洪镇涛：《是研究语言还是学习语言——浅论语文教学中的一个误区》，《中学语文》1993年第5期。
⑤ 洪镇涛：《变"研究语言"为"学习语言"——我的语文教学思想及实践》（下），《内蒙古教育》2001年第10期。

帜鲜明地主张"变'研究'语言为'学习'语言"，并通过实验，构建起了"学习语言语文教学新体系"，即：抓住一个根本，遵循一条途径，注重两个方面，把握四个"结合"，加强一个"联系"，建立一套常模，设置七种课型，运用多种方法，培养三项能力。[①] 这套体系被张定远誉为"是在语文教学本体上进行的一次深刻变革"，如推广之全国，语文教学"少、慢、差、费"的现象将得到根本改观[②]。从总体上来看，突出语文实践在语感训练、语文能力培养中的重要作用是这套体系最鲜明的特色。

　　钱梦龙、魏书生、李吉林、洪镇涛四位语文特级教师的教改思路、教学风格可谓大相径庭，但他们却都不约而同地认识到：语文教学的根本目的任务是培养学生的语文能力，语文能力培养要靠语文实践；在教学中他们都注重以学生的语文实践为着眼点来设计和实施教学，尽量让学生多实践，有效地实践。这正是他们的语文教学卓有成效、语文教改硕果累累的奥秘之所在。其实，不仅这四位杰出教师，放眼教坛，无数优秀语文教师的教学和大量成功的教学案例也都说明：凡是成效显著的语文教学都体现了语文课程的实践品格；注重学生的语文实践是提高语文教学质量的必然途径。

第四节　国外当代语文课程：多元化实践及启示

　　实践性是语文课程的基本特性，它在国外语文课程中也有很明显的体现。从现状看，国外语文课程的实践性主要体现在以下几方面。

一、课程目标：培养语文能力是根本

　　世界各国的语文课程千差万别、形态各异，但与我国一样，各国语文教

---

① 洪镇涛：《构建"学习语言"语文教学新体系》，《课程·教材·教法》1998 年第 3 期。
② 张定远：洪镇涛先生的治学品格和他的语文教学思想的实质》，《中学语文》1997 年第 2 期。

育都确认语言是人类社会最基本、最重要的交际工具，是学习各门学科的基础工具，是个体的思维工具①，各国开设语文课程的根本目的都在于培养学生本国语的听说读写能力，使他们善于使用本国语这个交际和思维的工具。对此，在第一章我们已有所说明，这里不妨再列举数国的语文课程目标予以进一步说明。比如，《日本初中国语教学大纲》（1998 年）规定的"目标"是：培养正确地理解和恰当地使用国语的能力，使学生在提高交流能力的同时，养成思考能力和想象能力以及丰富的语言感受能力，加深对国语的认识，培养尊重国语的态度。《加拿大安大略省语文课程标准》（1997 年）要求：所有年级的语言教学都要发展一系列读写和口语的基本技能，包括坚实的拼写和语法基础；文学鉴赏与反应能力；准确而高效地运用口语的能力；运用分析和批判的技能对交际媒介做出反应、增长应用技术搜索信息的能力。《法国初级中学语文教学大纲》（1996 年）规定初中法语教学的目标是让学生掌握话语的基本形式，具体表现为：使学生能够用书面语和口语进行理解并清楚地表达；给学生提供法国文化的基本要素。② 俄罗斯一直以来实行"俄语"和"文学"分科教育，其中"俄语"被认为是基础工具课程，它的主要目标是：使学生获得有关俄语的基本知识，形成利用口语和书面语的技能和技巧，培养听话、说话、阅读和写作的能力。③ 可见，各国都把培养学生正确理解和运用母语的能力作为语文课程的根本目的。其实，这是必然的——语言是人类最重要的交际工具，人们的生存、生活离不开这个工具，国家、社会的发展也离不开这个工具，因此就需要专门开设一门课程以培养国民使用这个工具的能力——这门课程即语文课程。也就是说，语文课程本身就是为培养语文能力而存在的，它当然要以培养语文能力为根本目的。

---

① 朱绍禹、庄文中主编：《国际中小学课程教材比较研究丛书：本国语文卷》，人民教育出版社 2001 年版，第 536 页。

② 柳士镇、洪宗礼主编：《中外母语课程标准译编》，江苏教育出版社 2000 年版，第 397、340—345、472—475 页。

③ 中外母语教材比较研究课题组编：《外语文教材评介》，江苏教育出版社 2000 年版，第 235—239 页。

二、课程标准：强调语文实践活动

为达到培养语文能力的目标，各国在语文课程设计上各显身手，但都无不把学生主体的语文实践视为培养语文能力的根本途径。比如，《英语国家课程·英语》"第一阶段学习大纲"中就明确指出："学生的能力应在听、说、读、写的整合课程中培养，给学生提供多种机会，融会范围、主要技巧、标准英语及语言学习部分的要求于一体。"具体到"说与听""阅读""写作"等部分就是：应提供机会指导学生进行各种目的的谈话，让学生自己阅读、与其他同学一块阅读或给教师朗读，给学生提供机会就不同的材料进行写作，给学生提供机会谋划并修改自己的文章，等等。[1] 德国的《小学德文教学大纲》也指出，德文课程应开展生动活泼的语言运用活动，创造语言学习情境，通过语言练习和语言分析帮助学生充分掌握语言的含义，并自如地将所学的表达方式运用到适当的情景中去。[2]《澳大利亚语文教学大纲》也写道：语文课应有生动活泼的多方面的活动，以促进学生对语言文学的学习。基本功训练如拼写、语法、标点、句子段落结构等练习对学生是不可缺少的。[3]1985 年法国颁布的《小学的教学大纲和训令》把法语课程内容分为四个部分，其中"口头语言的实践""书面语言的实践"两部分直接就以"实践"命名，另外两部分——"语言知识的学习""诗歌语言的学习"也强调以实践为主要学习方式，比如"语言知识的学习"就要求学生通过拼写以及分析、辨别、比较等活动掌握语法，"诗歌语言的学习"也要求学生通过背诵、写作练习等方式学习诗歌。[4]1997 年颁布的《韩国语文课程标准》特

---

[1]　江苏母语课程教材研究所编：《当代外国语文课程教材评介》，江苏教育出版社 2004 年版，第 27—31 页。

[2]　朱绍禹、庄文中主编：《国际中小学课程教材比较研究丛书：本国语文卷》，人民教育出版社 2001 年版，第 12 页。

[3]　杨芳林译：《澳大利亚语文教学大纲》，《中学语文教学研究会通讯》1980 年第 10 期。

[4]　朱绍禹、庄文中主编：《国际中小学课程教材比较研究丛书：本国语文卷》，人民教育出版社 2001 年版，第 63—67 页。

别强调，"国语生活"课要根据经历的实际现状选定内容，让学生在实际使用国语的过程中，提高解决语言问题的能力；指导"正确的国语生活"时，禁止单纯地背国语规则的方法，而要把规则适用和活用于具体的语言环境的学习活动。① 从国外语文课程标准（教学大纲）的这些表述看，"应该通过语文实践培养学生的语文能力"已经成为各国语文课程设计者们的共识。

三、教材编制：语文实践的凸显与规划

语文教材具有语文历练的功能，是学生听说读写实践活动的凭借②，因此，各国语文教材都十分重视语文实践活动的设计，这主要表现在以下几方面：

（一）着眼能力，凸显语文实践的地位

纵观国外母语教材，我们看到，语文实践设计备受教材编制者的重视，语文实践在语文教材中具有显赫的地位。英国的语文教材是重视语文实践设计的典型。英国语文教材的作业类型有课文后的练习和单独组元的练习两类。课文后的主要练习形式是言语实践练习，常常是标出"Reading"（阅读）、"Writing"（写作）、"Telling"（说话）等字样，并在每一项下安排若干活动，如个人朗读、小组朗读、大声读、默读等，要求学生照做；单独组元的主要练习形式也是言语实践练习。如1990年牛津大学出版社出版的《牛津英语教程》专门设有 B 部——"语言应用"（Using Words），这一部分安排有"说和听"（Speaking and Listening）、"阅读"（Reading）和"写作"（Writing）等语文实践项目，这些项目提供了达成国家课程标准规定的语文能力目标的必要途径。③ 俄罗斯的语文教材分"语言"和"文学"两类。语

---

① 江苏母语课程教材研究所编：《当代外国语文课程教材评介》，江苏教育出版社2004年版，第375—377页。

② 顾黄初：《语文教材的编制与使用》，江苏教育出版社1996年版，第13页。

③ 江苏母语课程教材研究所编：《当代外国语文课程教材评介》，江苏教育出版社2004年版，第14—15页。

言教材是按俄语语法系统编写的，每一章都配以大量的口语和书面语练习，许多练习是通过短文进行的，使语法知识为说、读、写的实践活动服务；即使是文学教材，每篇课文后面也附有问题和书面练习，每个单元后面还有综合性练习。① 日本的国语教材，尽管种类繁多，但基本上都按照大纲对各年级听说读写能力的要求系统地编排课文，教材中的听说训练、写作训练和语言知识教学独立组成单元，或者是在阅读单元中独立成课。如，光村国语教科书第一册中共计四个阅读单元，每个单元有一篇阅读课文，课文中所包含的汉字和新词的学习、结合课文的说话和写话练习等，都是独立安排的；即便是课文的学习，也较多地采取言语实践活动的方式。② 其他，如美国、韩国、意大利、澳大利亚、加拿大等国的语文教材对语文实践活动设计的重视程度也都不亚于上述三国，有的甚至本身就是按照语文实践活动的序列来编排的。可见，各国的语文教材编制者们也都认识到了：学生的语文能力只有在语文实践活动中才能形成和发展。

（二）创设情境，搭建语文实践的平台

活的语言总是存在于现实生活中，存在于一定的语境中，因此，国外语文教材编制者们越来越意识到应该把语文实践置于具体的情境之中，与学生的生活紧密联系起来，以便让学生获得适应特定语境和交际任务的语文能力。目前，语文实践设计情境化、生活化、真实化成为国外语文教材编制的一个普遍特征和走向，"他们的练习系统鲜见重复记忆、机械操作、空洞说教、大运动量的题海，而是重视生活情境的设计，并把这种练习和学生的生活实际结合起来。"③ 教材所设置的实践情境，有的是从课文中演绎出来的学生司空见惯的生活情景，有的是编者别出心裁设计的模拟交际情境，有的是生动活泼、妙趣横生的语言游戏活动或综合性活动，还有的是直接让学生

---

① 江苏母语课程教材研究所编：《当代外国语文课程教材评介》，江苏教育出版社 2004 年版，第 150—151 页。

② 洪宗礼、柳士镇、倪文锦主编：《母语教材研究》第 7 卷，江苏教育出版社 2007 年版，第 264—272 页。

③ 马爱莲：《国外母语教材练习系统的特色》，《语文教学通讯》（高中刊）2005 年第 9 期。

走进现实生活完成真实的语言创作活动和语言交际任务。比如,《美国语文》的课后练习中有"作品积累"一栏,这一栏的设计通常模拟日常语文生活情境和社会语文生活情境,充分调动学生的已有经验,让学生面对"真实"的交际对象、交际任务展开语言活动。如《独立宣言》课后的"作品积累"栏目就有这样的设计:"在 1776 年 12 月的一封信中,乔治·华盛顿写道:'我疲倦得快要死了。我想这场游戏快要结束了。'给华盛顿写一封信,表达你听到潘恩的散文之后的想法";"根据潘恩的观点设计一份革命战争的征兵海报。像潘恩一样你也可以嘲笑'夏天般的士兵和阳光般的爱国者'";"和一组同学一起选择一个你们认为应该改变的学校里的问题或情况。然后写一份给校长的建议,解释为什么这种情况需要关注,以及你们认为这种情况需要改正的原因"。① 这里,不管是让学生给华盛顿写信,还是让学生设计海报和向校长提建议,都具有一种真实情境的质感,学生置身于这种情境之中,他们的语文实践就有所依傍。再如,德国维斯特曼出版社出版的《现代德语》第七册"说写综合训练"设有"写作园地""话语练习:如何与人打交道""日常生活对话情景:角色表演""对话规则:话语练习""以理服人"等栏目,这些栏目的练习都设置了具体的情境。如在"以理服人"栏目里就设置了这样一个练习:班上同学分为两组,分别设想各种任务,要求对方组某一成员完成,"任务"可以有点冒险性,但必须是可以实现的,如"麦克,脱下你的鞋,将鞋穿到安勒脚上,然后在穿到自己脚上,要在一分钟完成!"但不可要求:"麦克,请到月球上作一次月球漫步!"所有人都必须拒绝对方提出的要求,说明为什么无法完成。一个由 6 人组成的评审小组用短语形式记录对话内容,并给每个小组打分。② 这样的情境设置,具体真实,生动活泼,饶有趣味,为学生的实践搭建了很好的平台。

---

① 马浩岚编译:《美国语文——美国著名中学课文精选》,同心出版社 2004 年版,第 166—167 页。

② 江苏母语课程教材研究所编:《当代外国语文课程教材评介》,江苏教育出版社 2004 年版,第 263 页。

（三）导以知识和方法，提高语文实践的效率

国外语文教材的语文实践设计操作性强。很多教材在语文实践设计上不只是简单地呈现实践目标和内容，说明"做什么"，它们还为学生设计实践的程序和方法，提示相应的活动形式和策略，把程序性知识和策略性知识融入实践中，说明"怎么做"。美国语文教材中的写作活动设计就是注重操作程序和方法设计的典型。美国母语课程标准要求学生能够在写作中运用写作过程策略，具体表现为：选择恰当的写作前技巧发展和组织思路；在草稿中考虑结构形式；修改草稿，注重写作目的和读者；编辑草稿；针对特定读者发表完成稿。① 遵循这一要求，美国母语教材非常注重按写作前的构思、写作、修改等环节来指引学生完成写作练习，并且每一个环节都有详尽而操作性强的方法说明和策略介绍。如《美国语文》中《家里的作家》一课中的"写作技巧重点：用详细说明来支持观点"，就为学生提供了三种技巧："为你的每个论点给出连贯的有逻辑性的理由；用事实和数据来支持你的理由；如果合适的话，还可以加入专家的观点。"② 这种指导，要言不烦，为学生的写作指明了方法和方向。其实，编入适当的知识和方法以帮助学生实践是国外很多语文教材的做法。例如，美、英、德等国母语教材有关于叙述、描写的观察方法、五官感觉、语词应用等知识；葡萄牙的课本中编排有认识地图、如何打国际长途电话等有趣的实用内容等；美国教材《写作和语法：交流实践》中介绍了寻找写作话题的方法——话题单、话题网、方块法；德国教材《德语·思索》中有"文思之星""方法词典"之类的方法介绍栏目；印度尼西亚教材《语言文学》第三册要求学生仔细地运用 SQ3R 方法去阅读文章；法国《法语》教科书中提出"细心阅读""比较阅读"的阅读方法；等等。③ 这些知识和方法都是为学生的语文实践服务的，它们介入语文实践之中，可以大大提高语文实践的效率。

---

① 江苏母语课程教材研究所编：《当代外国语文课程教材评介》，江苏教育出版社 2004 年版，第 85 页。

② 马浩岚编译：《美国语文——美国著名中学课文精选》，同心出版社 2004 年版，第 888 页。

③ 韩雪屏：《国外母语课程教材管窥》，《江苏教育研究》（理论版）2008 年第 8 期。

四、教学过程：语文实践的落实与开展

与课程标准对语文实践的强调和教材编制对语文实践的重视相一致，很多国家的语文教师在教学中也都重视学生的语文实践，力求把语文课程标准、语文教材对语文实践的设计和规划通过教学转化为学生现实的语文实践活动，进而转化为学生的语文能力和素质。

比如，以往法国的语文教学重在传递一些事实知识，以便让学生尽快进行文学的学习，从 20 世纪 70 年代起，由于语言学、教育社会学以及学习心理学的发展，法国中小学法语教学越来越重视语言实际应用能力的培养，因此，在教学中加强了语言运用的训练。法国语文界的许多教师认为：法语课不是一门知识记忆课，而是一门口语、笔语表达和思维训练课。[①] 在教学中，他们注意围绕某种语文能力或某种价值取向来安排教学内容，同时注重通过阅读、语言的口头实践、书面产品以及语言的诗意使用等多种活动培养学生表达的能力。[②] 德国的教育部门特别要求教师在教学中尽量根据学生的年龄特点安排较多的课堂活动，通过语言交流发展学生的语言能力。德国小学语文课中的"口语表达""书面语言应用"和中学的"口头和笔头交流"均属于语言实际运用能力的训练，此外，中学语文课还安排有谈话、讨论、集会、书信、广告、报告等具体训练项目，有计划、有系统地培养和发展学生在小学已初步具备的语言行为能力。[③] 美国的语文教学素有重视实用的传统，强调一个"做"字，"做"即实践。美国的教育工作者认为，语文教师应该给学生提供多种有意义的语文活动，并鼓励他们积极参与，而教师则应该观察、跟踪、收集学生在这些活动中有关个体发展的信息，然后通过教学

---

① 倪文锦：《西方国家语文教育发展的三种模式》，《全球教育展望》2001 年第 4 期。

② 刘淼、沈帼威、韩晓蕾：《从传统向现代迈进的法国语文教育》，《中学语文教学》2003 年第 5 期。

③ 刘淼、肖颖：《实用有序基础上的多元化教学——论当前德国语文教育的特点》，《中学语文教学》2003 年第 4 期。

来帮助学生解决问题。在教学中，教师不以讲解为主，而是常常有意识地布置一些活动让学生完成，通过语文活动，学习分析问题、解决问题的方法，培养学生的实际能力。[①] 例如，在小学阶段，学生每天用于语文学习的时间总计超过 3 个小时，一年级和四年级每天都集中 2 个小时进阅读作业室和写作作业室学习，另外还分散安排15 分钟到40 分钟不等的时间用于词汇拼写、大声朗读、书本讨论等语文练习，这些练习都是在教师的指导下学生自主进行的。[②] 美国语文教学如此强调"做"在语文学习中的重要性，可谓深得实用主义教育之精髓。与法、德、美一样，其他许多国家如俄罗斯、日本、澳大利亚、英国、瑞士、加拿大、马来西亚、新加坡等也都重视学生自身的语文实践，强调要通过听说读写的实践培养听说读写能力。

下面，我们再以阅读和写作教学为例作些具体分析。

传统阅读教学的特征之一，是教师独占讲台，滔滔讲授，这往往导致死记硬背和被动接受等等弊病，不利于学生阅读能力的培养。现在许多国家的语文教育工作者都认识到，阅读教学的主要任务是指导学生进行阅读实践，阅读教学需要讲授，但绝不能以教师的讲授代替学生的实践，因此他们纷纷进行改革，其总体趋势是：减少教师的讲授，增加学生的活动，强调学生在阅读教学中的主体地位，注重培养学生的自学能力。[③] 如，日本学者西尾实通过探索，提出了阅读学习指导的三种基本形式："自由读——指名读——问答"。"自由读"，是学生自己在阅读中明确能够理解和疑难的问题，是共同学习的准备；"指名读"，是把"自由读"的学习成果指令某一学生发表出来，由其他同学纠正和教师进行正误指导的读解活动。"问答"，就是通过问答的形式检查阅读的效果。[④] 这里，不管是"自由读""指名读"，还是"问答"，学生都不是被动的接受者、聆听者，而是积极主动的阅读者、思考者、对话者。西尾实的这一阅读教学模式为日本语文教育界人士所广泛接受

---

① 刘淼、韩晓蕾：《美国的语文教育》，《中学语文教学》2003 年第 1 期。
② 吴忠豪：《美国的小学语文课程和阅读教学》，《外国中小学教育》2002 年第 3 期。
③ 张在仪：《国外语文阅读教学探析》，《山东师大学报（社会科学版）》1997 年第 1 期。
④ 朱绍禹：《美日苏语文教学》，吉林文史出版社 1991 年版，第 274 页。

并得以践行。美国学者 Francoise Grellet 在《培养阅读技巧》一书中把默读课文的"课堂程序"分为三个阶段：(1) 整体观察，看文章或书籍的标题、插图、图表、段落、作者、出版处，并预测它的内容和写作目的，等等；(2) 浏览全文，看自己的猜测是否正确，然后自己提出有关课文内容的问题；(3) 较慢地、仔细地再读课文，解答自我校测的问题。① 这三个阶段显然是以学生的自主阅读为中心的，教师在其中只起辅助、引导的作用。《基础英语》的编者在《教师手册·绪论》中明确地指出："凡是课堂上绝大部分的活动是由学生而不是由教师进行的课，则是最成功的课。语言教师最有害的缺点和最流行的通病是讲得太多。学习英语，抑或学习任何科目，都是师生共同的合作。"② 对于阅读教学来说，这段话可谓切中肯綮。曾在法国做过多年语文教师的法国专家克洛德·昂热里尼也认为，培养学生的语文能力"关键是要发挥学生的学习主动性"。她在介绍法国的语文教学时举例说：譬如学习一篇关于 15 世纪发现新大陆与 20 世纪探索宇宙的课文，在法国的语文课上，学生不是单靠老师逐句讲解来学习的，而是在老师的引导下，以学生为主体，通过自己分析课文和集体讨论来学习的。学生不但要在课堂上自己阅读、讨论理解课文本身内容，还要去图书馆借阅相关书籍，和物理、地理等其他课程联系起来，写出读书笔记，在课堂上作报告。③ 克洛德·昂热里尼谈的是法国阅读教学的一般情况。可见，在法国，阅读教学也是重视学生自己的阅读实践的。可以说，重视学生主体的阅读实践、让学生通过阅读实践提高阅读能力，已经成为很多国家语文教学的普遍做法。

阅读教学尚如此，写作教学自不待言，因为写作教学"以讲代练"的弊病本来就不像阅读教学那样严重，很少有人认为仅仅通过传授一些写作知识和技巧就能提高学生的写作能力，各国的教育工作者大都把学生自身的读写实践作为提高他们写作能力的根本途径。如，美国学者诺伊斯认为，中

① 朱绍禹：《美日苏语文教学》，吉林文史出版社 1991 年版，第 92 页。
② 朱绍禹：《美日苏语文教学》，吉林文史出版社 1991 年版，第 97—98 页。
③ 柳正琛：《法国专家谈语文学习》，《语文报》1984 年 11 月第 127 号。

小学阶段的作文指导应该包括五个要素：（1）让学生去描写、解释、判断；（2）让学生多写、多改；（3）让学生感觉老师就是作家；（4）让学生早点接触优秀作品；（5）老师应看重学生作品的价值。① 这五个要素中，第（1）（2）（4）都是在强调学生自己的读写实践，第（3）、第（5）分别指明教师的示范作用和评价的激励作用，其实也是在间接地强调学生的作文实践。英国的语文教育工作者也认为，只有通过实际的写作才能提高写作能力，那种用较长时间讲解文章结构、段落构成等作法并不是重视写作，反倒会使学生感到枯燥无味，甚至引起反感。因此，在教学中，他们尽可能地创造机会，让学生就各种各样的问题进行作文练习，使学生慢慢地习惯写作文，真正领会到写作文的奥妙，掌握作文的脉络和技巧。② 当然，学生的写作练习并不是盲目的，而是在教师的组织、指导下进行的。各国作文指导的方式是多种多样的，如：日本在20世纪80年代后极力推行一种"写作全过程"指导教学法；前苏联教育专家主张将一般的写作能力训练和各种文体写作训练结合起来，从而形成新的作文教学体系；美国注重在教学中努力消除学生对作文的神秘感，提高学生写作的兴趣和自信心，重视教师在写作教学中的示范作用。③这些指导方法各具特色，均有可资借鉴的地方。

五、他山之石：启示与思考

分析国外语文课程中的语文实践状况，我们得到如下启示：

第一，语文课程具有明显的实践性。各国开设语文课程的根本目的都在于培养学生的语文能力，帮助学生掌握语言工具。为培养学生的语文能力，国外语文课程所走的道路几乎是一致的，那就是：重视学生自身的语

---

① ［美］鲁斯·M. 诺伊斯：《美国关于中小学作文指导的最新看法》，刘春健、刘云祥译，《外国教育动态》1981年第5期。

② 栾竹民、谢陶：《英国的作文教学》，载洪继舜编：《国外语文教学资料》，内蒙古教育出版社1983年版，第322页。

③ 马正平主编：《中学写作教学新思维》，中国人民大学出版社2003年版，第25—39页。

文实践。因此，各国的语文课程标准，鲜有不突出语文实践的地位的；各国的语文教材，鲜有不重视语文实践活动设计的；各国的语文教学，鲜有不强调学生主体的语文实践的。世界各国语文课程的这一共同做法再次证明：掌握语言工具总是离不开主体的言语实践，语文课程具有明显的实践性。

第二，重视学生主体的语文实践，并不意味着对知识传授的放逐与排斥，事实上，学生的语文实践从来就离不开知识的介入和支撑。考察国外的语文课程和教学，我们看到，知识总是充盈于其间：课程标准中有关于知识目标和知识内容的说明；语文教材中穿插着各种陈述性知识、程序性知识和策略性知识；语文教学也以各种方式传授着这样那样的知识。而且，相关学术研究领域如语用学、语境理论、言语交际学、接受美学、读者反应批评、文学解释学、课程论等的最新成果，还在源源不断地涌入语文课程中①，更新着语文课程的知识库存。这些知识中，有相当一部分就是用来指导和帮助学生进行语文实践的。国外语文课程对待知识的做法值得我们认真借鉴，我们现在需要考虑的不是语文课程、语文实践需不需知识的问题，而是语文课程、语文实践需要什么样的知识以及如何在知识、实践、能力之间架起科学合理的"立交桥"的问题。

第三，语文课程应致力于构建最优化的语文实践方式。重视语文实践是一回事，语文实践在多大程度上促进了学生语文能力的发展又是一回事。语文实践促进语文能力发展的程度取决于语文实践的规范化程度、科学化程度，如：语文实践是否符合学生身心发展的特征？语文实践是否切近语文生活的实际？语文实践活动的组织和安排是否合理？……只有科学有效的语文实践才能科学有效地促进学生的语文能力发展，不科学的实践只会耗费学生的时间，加重学生的负担。在探索语文实践最优化方面，国外的很多做法给我们以很大的启示，比如，它们从社会生活的实际需要出发，决定语文实践的内容和形式；把语文知识"润物无声"般地渗透到语文实践中，加强对学

---

① 韩雪屏：《当代国外母语课程知识状况》，《全球教育展望》2007 年第 8 期。

生语文实践过程的策略引导；开放言语学习的课堂，积极设置对话情境，形成语境，让语境为学生提供现实话题，为语文实践搭建情境平台①；注重引导学生采用多种方式学习，有意识地培养学生思维能力、操作能力、探究能力和合作精神；加强语文实践同其他学科及生活的联系，体现语文课程的综合性；设计出丰富多样、生动活泼的语文实践活动，让学生乐于参与，乐于实践；发挥教师的组织、示范、引导作用，帮助学生有效地实践；等等。这些都启示我们思考：我国语文课程中的语文实践是否符合学生的兴趣、需要以及社会的实际需要？学生的语文实践是否有效地促进了其语文能力的发展？为了提高语文实践的效率，我们还应该根据汉语文学习的特点从国外语文课程中借鉴些什么，做出哪些改进？

---

① 乔晖：《国外母语教科书中学习活动的设计》，《全球教育展望》2009 年第 3 期。

第四章

当代语文课程中的"实践迷失"现象之考察

回顾历史，我们看到，不管是古代语文课程，还是现代语文课程，都既在一定范围内、一定程度上以不同的方式体现了课程的实践性，又在一定范围内、一定程度上存在着其实践性体现不够充分或遭到忽视、遮蔽和扭曲的现象。这些现象，我们将它们称之为语文课程的"实践迷失"现象。"实践迷失"现象在当代语文课程中同样存在。这一章，我们就将对之进行系统考察。之所以以当代语文课程为对象进行系统考察，是出于这样两个方面的考虑：第一，"实践迷失"现象在当代语文课程中表现得更集中、更典型，古代和现代语文课程中存在的诸多"迷失"现象，在当代语文课程中也能找到"影子"；第二，解释、指导和改进实践是教育研究的根本使命。以当代语文课程为考察对象，是为了使讨论的问题更具有现实针对性，以期更好地解决现实存在的语文教育问题。

当代语文课程的"实践迷失"现象复杂多端，为了讨论的方便，笔者拟从课程设计和教学实践两方面进行考察。据以考察的资料主要来源于：

1. 问卷调查。为了弄清楚当前语文教学中学生语文实践的现状，笔者分别对教师和学生展开了问卷调查。

调查工具。采用笔者自行设计的"语文教学中的语文实践现状"教师问卷和学生问卷（见附录）作为调查工具展开调查。教师问卷从"对语文课程实践性的认识""对学生语文实践活动的规划""课堂教学中的语文实践活动组织""课外语文实践活动的安排"等几个维度设计问题，包括 28 个开放式问题和 1 个封闭式问题；学生问卷从"课堂上的语文实践状况""语文作业情况""课外语文实践状况"几个维度设计问题，包括 27 个开放式问题和 1 个封闭式问题。

　　样本情况。由于条件的限制，笔者无法进行严格意义上的随机抽样，而是利用工作关系、同学关系、师生关系等人脉关系，分别于 2013 年 8 月、12 月和 2014 年 4 月、10 月对江苏省泰州 15 位在职教育硕士，江苏省宜兴和桥高级中学 20 位语文教师，内蒙古自治区牙克石中学 20 位语文教师，河北省邢台挥公实验中学 20 位语文教师，河南省洛阳五中 15 位语文教师，"国培计划（2013）"四川省省级（语文学科）教学名师短期集中培训班 60 名学员，"国培计划（2010）"农村中小学学科带头人置换脱产研修小学语文教师培训班 50 名学员，"国培计划（2014）"置换脱产研修项目高中、初中语文班 100 名学员、重庆市 2014 年高中语文教师教学能力提升培训班 50 名学员、河南省周口市一线骨干教师教师专业提升研修项目"西南大学初中语文班"50 名学员（这些学员均为来自该省市各地的中小学语文教师），共计 400 人进行问卷调查，回收有效问卷 348 份，回收率为 87%；同时，在四川成都、南充、泸州，江苏宜兴、河南洛阳、河北邢台、内蒙古牙克石市、湖南浏阳、陕西安康、重庆市中区等地的 19 所中学发放学生问卷 1000 份，回收有效问卷 906 份，回收率为 90.6%。因考虑小学生对问卷的理解力有限，所以暂未对小学生进行问卷调查。教师样本和学生样本的具体情况如下（见下页）：

　　数据的处理与使用。笔者对回收的问卷进行了整理，并运用 Excel 对所得数据进行了简单的处理，处理结果将在行文中用于说明具体的问题。

　　2. 课堂观察记录和访谈记录。在研究该课题其间，笔者曾到安徽铜仁双语实验学校、北京三十五中、山东省茌平县杜郎口中学、上海市洋泾中学、四川省南充市一中、南充五中、南充市白塔中学、南充高中、西华师范大学附小、四川省蓬溪中学、四川省蓬溪实验中学、四川省射洪县太和中学、四川省北川中学、重庆市渝北区空港实验小学、重庆市渝北区东和春天实验学校等学校听记小学、初中、高中语文课 326 节，并对部分语文老师进

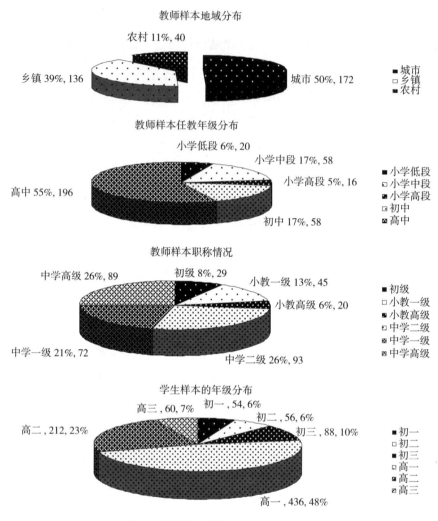

图5 问卷调查样本基本情况统计图

行了访谈。其中一部分资料就来自笔者的听课记录和访谈记录。

3. 语文教学影像资料。包括购买的语文教师授课光碟以及在网络上搜集的语文教学视频等，共计30位教师的52堂语文课。

4. 文字类语文教育文献。通过图书馆、网络、自购等多种渠道搜集的当代语文课程文件、语文教科书、语文练习册，语文教育史资料和研究专著、论文，以及具有典型性的当代语文教学案例（包括教案、教学实录等），等等。这些资料所记录的情况来自全国不同的地方和不同的时期，它们可以弥补实地调查的不足，使反映的情况在空间上和时间上都更为广泛。

第一节　课程设计维度的考察

课程设计是课程论应用层面上的一项关键性工作。根据我国中小学课程建构的实际情况，我们倾向于把课程设计理解为"按照育人的目的要求和课程内部各要素、各成分之间的必然联系而制定一定学校的课程计划、课程标准和编制各类教材的过程"[1]，这里，制定课程计划是就学校各类课程的总体规划而言，并不指涉某一门具体课程的设计，因而，我们这里所谓课程设计维度的考察，主要从课程标准的制订和教材的编制这两个方面展开。

一、语文教学大纲（课程标准）相关内容分析

对当代语文教学大纲、特别是新世纪以来颁布的《义务教育语文课程标准（2011 年版）》和《普通高中语文课程标准（实验）》中语文实践内容的建构情况以及语文实践内容与语文能力目标的匹配情况进行再分析，笔者发现，当代语文教学大纲（课程标准）在一定程度上彰显了语文课程实践性的同时，也存在着一定程度的"实践迷失"现象。

虽然如前所述，新中国成立以来历次颁布的语文教学大纲（课程标准）都对学生的语文实践活动（练习）进行了说明，甚至 1955 年的《小学语文教学大纲（草案)》、1956 年的《小学语文教学大纲（草案)》还曾有过用具有课程意义的实践活动来匹配语文能力目标的做法，但是认真分析，我们发现这些大纲中与语文能力目标相匹配的语文实践内容还是有所缺失的。比如，1963 年的《全日制中学语文教学大纲（草案)》，对初中一年级的教学

---

① 廖哲勋、田慧生：《课程新论》，教育科学出版社 2003 年版，第 260 页。

提出了"着重培养记叙能力，理解记叙的要素以及观察和记叙的关系，写记叙文力求中心明确、条理清楚"的要求，但是在该年级第一册和第二册"教学内容"部分，都只简单地写了"在阅读和写作中，着重进行记叙能力的训练""在阅读和写作中，继续进行记叙能力的训练"这么一句话，并没有为达到"理解记叙的要素以及观察和记叙的关系""写记叙文力求中心明确、条理清楚"的目标分别提供具体的实践活动项目。再如，新时期以来颁布的一些中小学语文教学大纲，如 1980 年的《全日制十年制学校小学语文教学大纲（试行草案）》《全日制十年制学校中学语文教学大纲（试行草案）》，1986 年的《全日制小学语文教学大纲》《全日制中学语文教学大纲》，1992 年的《九年义务教育全日制小学语文教学大纲（试用）》，1990 年的《全日制中学语文教学大纲（修订本）》，2000 的《九年义务教育全日制小学语文教学大纲》，等等，虽然分年段明确地提出了具体的"教学要求"，并且很多"要求"也明确地指出了学生所要从事的实践活动——如"练习写一般通讯报道、调查报告""熟读、背诵基本课文的一些篇或段"等等，或者蕴含着特定的实践活动——如"能有条理地口述一件事"就蕴含着"口述一件事"这样的实践活动，"能根据要求选择材料，编写作文提纲，写出有中心、有条理、有真情实感的简单记叙文"就暗含着"编写记叙文写作提纲""写简单记叙文"这样的实践活动，等等，但从总体上讲，这些"要求"侧重表述的仍然是"能做什么"的目标（或要求或标准），而非为了达到这些目标（或要求或标准）"实际上需要做什么"的实践活动。况且，一些"要求"既没有指明学生的实践活动，也没有隐含某种实践活动，仅仅就是一种目标表述而已，如"初步具有对文学作品的鉴别欣赏能力""了解课文是怎样表达中心思想的"等等，对于如何达成这些目标，教学大纲里是没有提供具体的实践活动内容的。

新世纪颁布的《普通高中语文课程标准（实验）》，众所周知，是只规定了"课程目标"而没有规定"课程内容"的。"课程内容"的阙如也就意味着语文实践活动项目的缺失。2011 年版的《义务教育语文课程标准》虽然在 2001 年版的《全日制义务教育语文课程标准（实验稿）》的基础上，增加了"内容"部分，将其整合到课程目标之中，并且一些条目的确也直接陈述了学习内容或者蕴含着学习内容，如"策划简单的校园活动和社会活动，对所策划的主题进行讨论和分析，学写活动计划和活动总结""能联系上下文和自己的积累，推想课文中有关词句的意思，辨别词语的感情色彩，体会其表达效果"，等等，但从总体上看，不管是"总体目标与内容"还是"学段目标与内容"，表述的主要还是课程目标，"应该作为主体的'内容标准''表现标准'和'机会标准'在《标准》中却语焉不详或付之阙如"①，这其中就包括为达成能力目标需要学生"做什么"的实践活动内容。比如，第四学段"写作"目标中有"写记叙性文章，表达意图明确，内容具体充实"的要求，其中也暗含了让学生"写记叙性文章"这一活动，但是，仅仅有这一活动显然是不够的，对于要达到"表达意图明确，内容具体充实"这一目标要求，应该让学生掌握哪些知识、从事哪些更为具体的实践活动，课标却没有进一步的说明。

也许要求教学大纲（课程标准）在陈述目标（教学要求）之外还要提供达成目标的实践活动内容是一种奢求，因为提供这些内容的任务也可以"下放"到教材编制和教学实施中去完成，但是，笔者认为，既然认定"语文课程是实践性课程""语文能力培养的主要路径是语文实践"，那么，作为语文教育纲领性文件的教学大纲（课程标准）中也未尝不可甚至说也理应提供相应的语文实践项目。

事实上，我们看到，20 世纪八九十年代的语文能力训练体系的确是在语文教材编制和语文教学实施的过程中建构起来的，而语文教学大纲则更多地是提供了目标体系。新世纪颁布的"语文课程标准"，虽然特别强调语文课程是实践性课程，但如上文所言，也大体上只是提供了目标体系或者说标准体系，而并没有按照实践性课程的逻辑，建构起语文课程的实践体系。那么，建构实践体系的任务，是不是由教材编制者和教学实践工作者接手或完成了呢？纵观按新课程理念编制的多套语文教材和新课程语文教学实践，我

---

① 张广录：《仅有"能力"就够了吗?》，《中学语文教学》2015 年第 2 期。

们看到，很多教材编制者和教学实践工作者也没有接手、或者接手了也没有很好地完成这项任务，因为新课改之后的语文教材流行一种"生活主题组元"的编制模式，教学实践工作者也很少有人像以往那样热心于训练体系的建构。总的来说，新课改以来，语文实践（训练）体系的建构意识淡化了，已大大逊色于20世纪八九十年代，这是值得我们认真反思的。

二、语文教材中的实践体系之考察

教材是课程内容的载体，也是课程实施的凭借，因此，考察语文课程实践品格在当代的迷失状况，语文教材是一个重要的维度。

（一）文选型教材对语文课程实践品格的遮蔽

1500多年前，南朝梁太子萧统编《昭明文选》，开"文选型"语文教材编制之先河，此后，"文选型"语文教材在中国长盛不衰。古代，便有大批学者仿效《昭明文选》编撰供学子讽咏、研习、模仿的诗文选本，如《文苑英华》《文章正宗》《古文观止》《古文辞类纂》《经史百家杂抄》《千家诗》《唐诗三百首》，等等，这些教材，或者是单纯的范文汇编，或者以汇编的范文为中心而辅之以注疏和评点，其主要目的在于让学生通过读"选文"，学会写文章。语文独立设科后，"文选型"语文教材也一直是语文教材的主流。"自本世纪初迄今为止的全部语文教科书，无不是文章的集锦，这似乎已经定型化了。"① 现代"文选型"教材，经过百余年发展，已经形成了特定的模式，这种模式，王荣生借用香港学者陆鸿基的说法，将它形容为"范文制度"。② "范文制度"下的语文教材，基本上都由课文、语文知识、助读系统、练习四部分组成，其中课文是主体，助读材料帮助阅读，语文知识"穿梭"于课文之间，练习供巩固知识、训练能力之用。新时期以来，尽管也不断有人对这种"范文制度"表示不满，试图有所改进，有所突破，如变"文选系统""三段

---

① 朱绍禹：《中学语文教材概观》，人民教育出版社1998年版，第25—26页。
② 王荣生：《语文科课程论基础》，上海教育出版社2003年版，第234页。

循环"为"训练系统""能级递进"，改单元编制为综合编制，编制"模块式"教材，在教材中设置综合性语文实践活动等等，但这些改革大都是在"文选型"的框架内加减乘除，"文选型"的格局始终难以打破。目前，中小学所使用的主导性语文教材，仍然是"文选型"教材。

"文选型"教材作为一种语文教材类型能够长期存在，自有其存在的合理性。我们知道，语文课程是教学生学习"言语"的，学习"言语"，并不是通过孤立地学习字、词、句或语法学、文章学、写作学等知识来实现的，而主要是通过对典范言语作品的学习、模仿来实现的，古今中外，概莫能外。而在各类言语作品中，文质兼美的书面言语作品（选文），既是语言运用的典范，又是人类文化的精华，可以从不同侧面体现、印证语文课程内容，它无疑是人们学习言语的最佳凭借。因此，语文学科的教材并不像学校里其他学科的教材那样按"学科知识系统"来编排，而是选取若干典范的言语作品，按一定的方式组编起来构成教学的材料。从这个意义上讲，"文选型"语文教材的存在具有合理性。

但是，"文选型"教材这种教材类型，在使用的过程中也容易造成对语文课程实践品格的遮蔽。本来，教材中的选文，"可能会具有两种不同的性质，一种是作为语文课程的学习对象，教与学的目的就在于领会这一篇'选文'；一种是充当学习语文课程内容的媒介、途径、手段，目的是借此'选文'让学生掌握外在于这一特定选文的事实、概念、原理、技能、策略、态度"，而后一种性质的"选文"，"'选文'本身不是课程的内容，也不构成学习的对象，它只是一种教授语文课程内容的手段，一种学习语文课程内容的媒介或途径。"[1] 而几乎所有的教材编者也都宣称选文只是凭借，能力才是目的，要求学生通过选文的学习，掌握听说读写的本领。也就是说，按教材的设计意图，本来在教学中应该把按一定顺序安排在教材中的知识内容、能力训练项目作为关注的中心，应该重点思考如何利用"选文"这样的例子去学习课程内容、历练能力，但由于"文选型"教材是以"选文"为中心而不

① 王荣生：《评我国近百年来对语文教材问题的思考路向》，《教育研究》2002 年第 3 期。

是以系统的语文训练为中心的，导学系统、练习系统、知识系统等都仿佛只是附着在"选文"之上，"选文朦胧地顶替着语文课程与教学内容"①，所以，事实上，当这样的教材进入使用层面时，用于历练的材料——"选文"却成为首先被关注的对象，需要训练的能力项目和历练的方法、过程反倒成了附庸，被边缘化了。于是，教语文就蜕变成了"讲课文"——我们的语文课实际上是用 12 年的时间教学生阅读了 24 本书②——而"讲课文"的主要模式又是"范文讲读"，零敲碎打，繁文缛节。"多少年来，范文讲读一直占据着语文教学的中心。这实际上也是文选体制的并发症。这种并发症的症状或者表现为'满堂讲'，或者表现为'满堂问'……学生或是默默聆受教师准备好的讲稿，或是忙于寻章摘句应答教师的频繁提问。总之，课堂是以范文为主，以教师为主。文选制度是'讲风'太盛的风源！"③ 在这种情况下，本来应该作为达成能力培养目标的根本途径的语文实践却被淹没在"范文讲读"的洪流之中了，语文课程的实践品格也就被遮蔽了。

（二）当代语文教材练习设计中存在的问题

就教材编制来说，练习系统无疑体现了编者乃至当时的语文教育工作者对语文课程实践品格的认识：练习的目的是什么？练习系统应如何设计才能指向这样的目的？练习系统中是知识积累的成分多一点好还是读写听说实践的成分多一点好？语文练习应着重采用何种具体方式，是朗读、背诵、体验、感悟、情境化的言语交际活动还是理性的分析、分解的技能技巧训练？为了更好地培养能力，应该按照什么顺序来安排练习活动？练习活动应该更重言语内容还是更重言语形式？……对语文课程实践品格的认识不同，练习设计也就有别。因此，语文教材中的练习系统是窥探语文课程实践品格之遭际的一个窗口。

当代语文教材中的练习设计经历了一个曲折发展的过程。新中国成立

---

① 王荣生：《新课标与"语文教学内容"》，广西教育出版社 2004 年版，第 18 页。

② 张洁银：《试论中学语文教学实践性的迷失与建构》，硕士学位论文，江西师范大学，2006 年，第 19 页。

③ 韩雪屏：《语文教育的心理学原理》，上海教育出版社 2000 年版，第 157 页。

之初至 20 世纪 50 年代末的语文教材，从总体上讲，对语文训练和语文知识重视不够，缺乏系统、具体的安排。①20 世纪 60 年代初至"文革"前的语文教材，正如我们在第四章所分析的那样，在作业系统的设计上突出语文的工具性，注重语文基本功训练。"文革"期间，语文教材置语文教育的实践性规律于不顾，突出"阶级斗争""路线斗争"，练习设计处于停滞甚至倒退的状态。新时期以来，语文教材建设又开始焕发生机与活力，练习设计也表现出一些新的动向和特点，既体现了语文教育工作者对语文能力、语文实践的关注，又在这一方面表现出了诸多不足。下面，我们着重讨论新时期以来语文教材练习设计的变革及缺憾。

1. 20 世纪 80—90 年代语文教材练习设计的不足

这一时期的语文教材，普遍追求知识传授的系统化和能力训练的序列化，以知识点和能力训练点为中心线索安排教材结构，练习设计也根据语文知识点和能力因素的分解，由单项到综合，进行整体设计，练习方式多样，题量较大，力求体现训练的序列性和系统性。这充分体现了教材编者对语文能力培养的重视和对"语文能力培养必须通过训练"的语文教育规律的认识。但是，这种以"系统训练"为总体特征的练习设计也有以下明显的不足。

a. 过分强调理性训练，忽视语文实践的整合性

下面以人民教育出版社 1990 版高中《语文》第一册的练习设计为例来说明这一问题。

本册课本共 7 个单元 28 篇课文，每课有 2—5 道练习题，共计 109 道练习题。这些练习题的类型有：(1)"课文理解"类练习。如"课文所写的，事实上是对故乡的怀念。不以《故乡的怀念》或《忆故乡》为题，而题为《故乡的榕树》，为什么？试从内容和表达两个方面口头回答。"(《故乡的榕树》)(2)"字词句、修辞练习"类题目。这一类题目的具体形式包括：解释词语或句子的意思、分析词句的内涵、根据句子意思概括成语、选词填空、

---

① 顾黄初、顾振彪：《语文课程与语文教材》，社会科学文献出版社2001年版，第58—59页。

辨析病句、比较词句的表达效果、说明词语的用法，等等。(3)"段落结构、文章作法"类题目。如："这篇课文可分为四部分，把每部分的内容用一句话概括出来。第一部分（第 ___ 段）写……"（《长江三峡》）"本文主要介绍了景泰蓝的六道制作工序。它们分别是 ___、___、___、___、___ 和 ___。其中尤以 ___ 和 ___ 两道工序的介绍最详，这是为什么？请简要分析。"（《景泰蓝的制作》）(4)"练笔"类题目。如"课文因写景抒情的需要，有大量的描写。试去掉描写成分，把本文改写成介绍三峡地理状况的三四百字的短文。"（《长江三峡》）(5)"朗读、背诵、摘抄"类题目。(6)"复述讲述"类题目。(7)"阅读相关文章，对比分析"类题目。这七类题目在整册课本中的分布如下：

表2　人教版1990年高中《语文》第一册课后练习项目统计

内容项目	课文理解	字、词、句、修辞练习	段落结构、文章作法	练笔	朗读、背诵、摘抄	复述讲述	阅读相关文章，对比分析
出现次数	13	50	35	4	3	1	3
百分比	11.9%	45.9%	32.1%	3.7%	2.7%	0.9%	2.7%

从上表可以看出，整册课本109道课后练习题，"字词句、修辞练习"类题目和"段落结构、文章作法"类题目就有85道，占总数的78%，而这两类题目几乎都是关于词法、句法、章法等技能技巧练习的，较少关注语言所传达的思想感情、人文内涵；在方法上，多采用记忆、判断、推理、分析、比较、辨析等带有很强理性色彩的方法，较少引导学生联想、想象、体验、感悟，从整体上把握语言。其余五类题目一共24道，仅占总数的22%，这些题目虽然具有综合的性质，但不少题目也偏重语文知识的理性组合和语文技能的训练，而较少引导学生从"人"的角度去关注语言、感悟语言。这说明，该册课本的课后练习设计从总体上来讲是偏重理性训练的。其实，不仅本册课本如此，人教社1990年版的其他几册高中《语文》课本的课后练习设计也大抵如此。可以说，这样的课后练习设计是20世纪八九十年代我

国语文教科书课后练习设计的一个缩影。这种过分注重理性的技能技巧训练题，虽然可以帮助学生获得诸如写景状物的方法、叙事写人的方法、复句的多重结构等语文理法知识和语文技能技巧，但它忽略了语言背后的"人"，割裂了语文同生活的联系，漠视了汉语文学习的整体感悟性，因此，学生最终学得的不过是语言的"躯壳"而已，而丢掉了语言的"灵魂"。

b. 缺乏言语实践情境的设计

还是以人教版 1990 年高中《语文》第一册为例。我们看到，这册书的课后习题很少从言语交际的角度为学生设计生动活泼的实践情境，大多数练习题都是让学生一板一眼地按照知识点、能力点进行孤立于交际情境、生活情境的语文练习。比如，《在新的历史条件下继承和发扬爱国主义传统》一文的课后练习有四道题：

第一，这篇课文可分几部分？每一部分包括哪几段？试各用一句话概括各个部分和段落的大意。

第二，解释下列每组词的前一个词，并分别比较每组词中两个词的区别：1. 激励、鼓励，2. 范畴、范围，3. 凋敝、凋零，……

第三，在下列各句（段）的括号内填上适当的虚词，然后对照课文体会这些虚词的作用（题略）。

第四，课文中多处使用长句，试举出三句，并说说它们不同于短句的表达作用。

这四道题，没有一道设置了语言运用的生活情境，全是干瘪瘪的章法、词法、句法训练。看来，这些练习题并不是教学生在生活中怎么用语文的，而的的确确只是训练学生的语文技能的。

不仅课后练习如此，具有综合性质的单元练习也是如此。如第二单元的写作练习第一题："从你熟悉的学校生活中选择有意义的事进行记叙，例如：一场球赛、一次义务劳动、一场争论、一次主题班会、一次文娱演出，题目自拟。要求：（1）根据掌握的材料提炼中心。（2）运用已学过的记叙方法把事情写清楚，并力求生动。"这道题，除了给出题目和提出写作要求外，并没有创设激发学生写作动机的情境。听说训练也是这样。如第一单元的"听说训练"，在简单介绍"复述"的知识后，就要求学生进行练习："在班上复述《为了六十一个阶级弟兄》的内容。"这里，既没有生动的"引子"，也没有富有趣味的情境设计，有的只是智性的方法和直截了当的要求。

　　缺少情境设计的语文练习，不仅容易使学生感到枯燥乏味，而且不利于培养他们面向实际生活的语文能力。鲜活的语言总是存在于特定的情境之中，脱离了情境，语言便只是一些干瘪的符号，学生即使通过强化训练、死记硬背把它纳入了认知结构中，也不能很好地将这些符号与它背后所体现的现实世界联系起来，难以产生敏锐的语感。正如夏丏尊所说："我们的学生读了《月光曲》，老师问他'幽静'是什么意思，他只能回答从字典里抄来的'优雅安静'的解释，却不能联系课文内容具体说一下'幽静'的意义。可见，他对课文有关'幽静'的氛围的描述，缺乏再造想象，语言文字成了死板的符号。"① 因此，语文练习设计，应尽可能地创设语言运用的情境，让学生在情境化的练习中获得语言运用的具体经验，而不能总是板着面孔，让学生一味地进行脱离情境的符号操作。

　　2. 新课程标准下语文教材练习设计的变革与缺憾

　　新课程标准指引下编辑出版的多套语文教科书，在练习设计上着力体现语文新课程理念，表现出了一些新特点，比如：注意三维目标的有机整合，体现全面提高学生语文素养的课程目标；着眼于学习方式的转变，引导学生自主学习、合作学习和探究性学习；遵循汉语文特点，注重感悟体验、积累运用；引入多种课程资源，加强语文学习与现实生活的联系，等等。应该说，这些变化更加符合语文教育的规律，在一定程度上体现了语文课程的实践品格。但纵观新课程标准语文教材练习设计，我们又发现，它们也并非尽善尽美，还存在着诸多缺憾。

---

① 夏丏尊：《我在国文科教授上最近的一信念——传染语感于学生》，载《夏丏尊文集》（文心之辑），浙江文艺出版社 1983 年版，第 117 页。

a. 练习题量过少，练习的作用遭到削弱

鉴于应试教育大搞机械训练、题海战术的"教训"，语文新课程标准明确提倡"少做题，多读书"的理念，指出"语文知识、课文注释和练习等应少而精，具有启发性，有利于学生在探究中学会学习。"[1] 遵循这一理念，多个版本的语文教材大大减少了练习题的数量，每课的课后练习题多则3—4个，少则2个，有的甚至完全没有。据说这样做是为了"把学生从过去练习题的'汪洋大海'中解放出来，让他们扎扎实实地多读几遍课文，多读一些课外作品。"[2] 这样一来，本来在"文选型"教材中地位就不高的练习题，由于数量的大大减少，更是处于附庸地位，显得无足轻重了。

再从调查情况来看，当问及"您对您所使用的语文教材上的课后练习题题量的看法"时，教师的回答情况如下图：

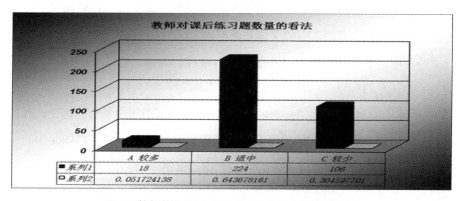

图4　教师关于课后练习题数量的看法调查统计图

上图可以看到，被调查的348人中，虽然有224人（占64.4%）认为练习题题量适中，但是，也有106人（占30.5%）认为练习题题量较少。

与我国形成鲜明对比的，是美国语文教材对练习设计及其作用的极端重视。美国主张单元教学目标并不仅仅在于具体课文的解读，而是全面的语文能力培养，语文能力的培养主要通过课后问题的解决来实现，因而练习起

---

① 《全日制义务教育语文课程标准（实验稿）》，北京师范大学出版社2001年版，第14页。

② 温立三：《语文课程的当代视野》，中国社会科学出版社2007年版，第68页。

着至关重要的作用。这样的理念使得教材编写者对练习的设计精益求精，练习因此居于最突出位置，成为语文教材中最重要的部分，其篇幅远远超过了选文，教学的目标和内容都以练习的落实为依托，知识、能力、素质的培养直接取决于此。① 比如，《美国语文》的课后练习有"问题指南"与"作品累积"两栏。"问题指南"包括"文学和生活""阅读理解""思考""文学聚焦"四个小栏，每小栏安排 2 个以上习题，而"阅读理解"则达 5—7 个之多；"作品累积"又分"点子库"和"微型写作课"两项，其中"点子库"一般为 5 个写作练习和综合性实践活动。合而计之，平均每课习题总量不少于 25 个。英国的语文教材也是这样。就以《初级英语修订本》（Junior English）以及《英语》（English，1991）、《牛津英语教程》（The Oxford English Programme）和《新起点英语》（New Steps）等几本教材来说，"翻阅这几本教科书，扑入眼帘的是许许多多指令学生从事实践活动的标记。编著者以不同的色彩、大小不同的字体和图形要求学生从事听、说、读、写活动；或回答问题、或思考要点、或小组讨论、或进行表演、或绘制图表、或作笔记，等等。有的标以'活动'（Action）、'实践练习'（Practice）；有的标以'多项活动'（Activities）等；有的标以'脚注'，有的用引号标明选文，有的以矢号标记作业程序，有的用红三角、红圈点标志活动项目。诸如此类的符号、言词、数字，都是指令学生去读、去说、去听、去写、去思索、占采访、去搜集、去查阅、去动手做。"② 可见，英国语文教材编者对练习（实践）设计也是非常重视的，这与我国一些新课标语文教材的做法形成了鲜明对比。

能力必须通过一定数量、一定强度的实践才能形成，因此，语文练习的设计应该得到强化而不是一味弱化。语文课程标准一方面反复强调语文课程的实践性，另一方面却又要求"多读书，少做题"，许多新课程标准语文教材因此而减少了练习题的分量，弱化了练习题的作用，这种做法值得深

---

① 欧治华：《中美语文教材练习设计的比较与思考》，《惠州学院学报（社会科学版）》2007 年第 10 期。

② 朱绍禹、庄文中主编：《国际中小学课程教材比较研究丛书：本国语文卷》，人民教育出版社 2001 年版，第 144 页。

思。强调"多读书"并不是"少做题"的理由，只要题目设计恰当，"做题"就可以为"读书"导航，使"读书"增效，就可以内化知识和技能而形成能力，而且，对于青少年学生来说，没有练习题指引和强化的"读书"，可能成为盲目的"读书"，那么，为什么非要以牺牲"做题"为代价来换取对"读书"的强调呢？

b. 重"言语内容"，"言语形式"方面的题目偏少

新课标语文教材的课后练习题，从总体上来讲，关于思想内容的题目居多，而关于言语形式的题目却相对较少。这里，我们以人教版《义务教育课程标准实验教科书·语文》九年级上册的课后练习设计为例来说明这一问题。本册教材共25篇课文，课后练习题82道，其练习项目分布如下：

表3 人教版《语文》九年级上册课后练习统计表

内容项目	课文的整体理解	字词句练习	段落结构分析、文章作法	练笔	抄写、搜集	背诵	评价、讨论
出现次数	35	18	6	14	6	3	7
百分比	39.3%	20%	6.7%	15.7%	6.7%	3.4%	7.8%

说明：有些题目是兼类的，因此按项目类型各计一次，计89次（道）。

这些题目中，"课文整体理解"类题目的主要意图是带领学生走进课文，理解课文的思想内涵，把课文读懂，这类题目是关于"言语内容"的——即关注"说什么"的。如："这篇小说写故乡，主要是写故乡人的变化。作者主要写了哪些人的变化？他们有怎样的变化？作者从中表达的是一种怎样的情感态度？"（《故乡》）；"课文中诸葛亮就国内政治问题向后主刘禅提出了哪几条建议？其中哪一条是主要的？为什么？"（《出师表》）；等等。从上表可以看出，"课文整体理解"类题目共35个，占题目总数的39.3%，平均每课就达1.4个（而这册书每篇课文的课后练习一般都只有3—4个）。"评价、讨论"类题目也主要是由课文内容引申出来的，也是关于"言语内容"的。如："课文说：'事的性质，从学理上解剖起来，并没有高下。'又说：'我信得过我当木匠的做成一张好桌子，和你们当政治家的建设成一个共和

国家同一价值.'然而，有人却引用拿破仑的话说：'不想当元帅的士兵不是好士兵.'讨论一下，对这个问题究竟应该怎样看"（《敬业与乐业》），等等。从上表看，这类题目也有 7 个，占 7.8%。两项相加，本册教材关于"言语内容"的题目共 42 个，占题目总数的 47.2%。而关于"言语形式"——即"怎么说"的题目，如果把"练笔""抄写搜集""背诵"几项算在内，也仅有 47 道；如果不把这几项算在内，则仅有 24 道。甚至，有几篇课文的课后练习，竟基本上都是关于思想内容的。如《范进中举》课后的三道练习题："一、范进中举，喜极而疯，是喜剧，还是悲剧？结合课文的具体描写，谈谈你的看法。二、范进中举前后，胡屠户、众乡邻及张乡绅对他的态度各有什么变化？这种变化反映了当时怎样的众生相？三、讽刺是本文突出的艺术特征。阅读中把你认为好笑的地方标记出来，想一想笑的背后隐含着什么。"这三道题可以说完全着眼于选文的思想内容，对形式方面则一概不提。虽然第三题提到了"讽刺手法"，但设计者这里却并没有要求学生学习关于"讽刺手法"的知识，只是让学生标记"好笑的地方"并"想一想笑的背后隐含着什么"，因此，这道题实际上仍然是关于思想内容的。就连第六单元的文言课文，课后的语言训练题目也不多：《陈涉世家》3 个题目中只有 1 个要求"辨析词义"，《唐雎不辱使命》4 个题目中只有 2 个要求作语言练习；《隆中对》3 个题目中只有 1 个题要求翻译句子，《出师表》3 个题目中也仅有 1个题目要求标出语句停顿并背诵，《词五首》2 个题目中竟一个语言练习题目也没有。可见，就整册书的课后练习而言，教材编者对"言语内容"给予了足够的关注，而对"言语形式"的关注则相对不足。

对于语文课程来说，这显然是不太合理的。言语作品是言语形式和言语内容的统一体，从根本上讲，语文课程应该让学生学习的是言语形式而不是言语内容。"不论国文、英文，凡是学习语言文字如不着眼于形式方面，只在内容上去寻求，结果是劳力多而收获少。"① 语文教材中的一篇篇"选

---

① 叶至善、叶至美、叶至诚主编：《叶圣陶集》（第 16 卷），江苏教育出版社 1990 年版，第 31 页。

文"主要是作为言语形式的范例来使用的。叶圣陶曾举例说，《项羽本纪》本是历史科的教材（即仅从其史实来研究），只有"当作文章去理解，去学习章句间的法则的时候"，才是国文教材，而作为国文教材来学习，就"不应只是着眼于故事的开端、发展和结局，而应是生字难句的理解和文章的方法的攫取。"① 因此，作为帮助学生学习语文、对语文教学起着导航作用的课后练习设计，就应该着重从言语形式方面考虑而不是把重点放在言语内容上。让学生读懂课文、明白课文"说了些什么"固然必要，但这不是目的，练习设计还应该引导学生从"说了些什么"中走出来，学习作者是"怎么说"的——比如是如何安排"说"的顺序的，是如何恰当地运用词汇、句子、修辞手法、表现技巧把"情"抒发得淋漓尽致、把"意"表达得恰到好处的，等等，如果不注重引导学生在"怎么说"上下功夫练习，那么语文能力的培养就是一句空话。

c. 练习方式"玄妙笼统"，落实不够

新课标语文教材在练习设计上力图改变过去过分强调理性训练的弊端，更加注重语文学习的感悟性、体验性，加强了诵读、感悟、品味等练习项目的分量，这无疑有着积极的意义，但认真分析，我们又看到，在这一点上，新课标语文教材似乎又向"真理"的前面多走了一步，以致练习方式在"转变学习方式"的旗号下部分地变得"玄妙笼统"起来。

其一是过分注重感悟、体验，对扎扎实实的训练不够重视。翻看新课标语文教材的课后练习题目，"感悟""品味""体会""想象"等词语频频入眼，而"分析""思考""改错""填空"等词语却难觅踪影。对人教版《义务教育课程标准实验教科书·语文》七年级下册课后练习题题干中有关练习方式的术语进行统计，发现"品味"一词共出现4次，"体验"出现2次，"体会"出现5次，"体味"和"悟出"各出现1次；而"填空""改错"之类的题目根本没有。

---

① 叶至善、叶至美、叶至诚主编：《叶圣陶集》（第16卷），江苏教育出版社1990年版，第31页。

要求学生"体会""品味""感悟"的不仅包括课文的思想内容，也包括语词的微言大义、情味等。如下面几例：

① 人教版九年级上册《沁园春·雪》课后练习一："发挥想象，用自己的话描绘一下诗人笔下的北国雪景图，并谈谈你的感受。"

② 人教版七年级下册《观舞记》课后练习二："这篇文章大量运用比喻、排比等修辞手法来描写卡拉玛姐妹优美的舞蹈。找出你认为写得精妙的句段，细心体会并加以积累。"

③ 人教版八年级下册《我的母亲》课后练习二："结合上下文，品味下面语句中加点词语的分寸感。"

这些练习题，从总体上看，给人以务虚有余而务实不足之感，这种"虚而不实"的题目是不利于学生历练语文能力的。学习语言固然需要联系自己的生活经验、调动自己的思想感情去品味、去体验，但只是一味"品味""体验"而不进行切切实实的练习，是不能将语言学到手的。漂亮的钢笔字、标准的普通话且不说，就是快速阅读的能力、准确遣词造句的能力又岂是仅仅通过"品味""体验"就能获得的？再说，如何去"品味"？如何去"体验"？设计者并没有提供适当的"刺激"和给予方法的指引，这就使得"品味""体验"有些虚幻缥缈、难以落到实处了。关于这一点我们接下来还要讨论。

其二是缺乏操作程序设计和方法指导。我国语文教材中的练习设计普遍不注重练习程序的设计，也不注重读、写、听、说方法的指导，绝大多数练习题都只是笼统地给出练习内容，提出练习要求，让学生自己去摸索。不仅新课程改革以前的语文教材是这样，新课程改革之后的语文教材有很多也是这样。比如，人教版《义务教育课程标准实验教科书·语文》九年级上册《心声》一课后的练习第二题："提取小说主要情节，把课文缩写成300字以内的故事。"阅读叙事类作品，提取故事梗概是一种很重要的练习，而关于如何提取，这里却并不提示，只是提出了一个缩写课文的要求。事实上，这也是我国语文教材在类似练习设计上的一个通例——练习中绝少编入教学生如何去做的内容，因而"做"的方法通常只能由教师随机授予或由学生自己尝试。再如，同一册课本《香菱学诗》一课的课后练习第三题："下面是香菱试作的第三稿（即'梦中所得'的那一首），仔细品味一番，说说跟前两稿相比，这首诗好在什么地方。"比较诗歌的妍媸，而且是古典诗歌，别说是九年级的学生，就是对于缺乏专业训练的大学生来说，也是具有相当的难度的。在这里，设计者没有介绍相关的知识，也没有指明品味、比较的路径和方法，可想，绝大多数学生拿到这个题目，只会丈二和尚摸不着头脑，无从下手。

相比之下，国外一些母语教材的练习设计在操作程序、学习方法的引导方面就要精细得多。比如，同样是写故事梗概的练习，德国北威州编写、维斯特曼出版社出版的《现代德语》第七册（初中）是这样设计的[①]：

如何写"故事梗概"？

有位同学对小说《分币痣》选段"小丑的喊叫"写了一篇故事梗概，试阅读分析：

"故事梗概"示例	提示与思考
课文《小丑的喊叫》摘自盖特·罗施茨的小说《分币痣》。小说通过核心故事描写主人公汤姆·考尔特如何从一个被崇拜者捧上天，后因一件小事又被他们摔下地的过程。	这是"故事梗概"的开头。思考： ●开头应包括哪些内容点？ ●怎样表达课文是一篇小说的选段？ ●开头部分介绍了小说的哪些信息？
汤姆·考尔特是一个世界明星，是世界上最棒的杂技演员，拥有最大的马戏团。	短短三句话就概括了主人公的价值和个性。思考：课文中哪些细节未写入"故事梗概"？
一次，在某个大都市的演出前，他发现自己额头上有个黑斑，本想将其遮盖一下。	作品中提到开罗、埃及国王等。思考：为什么这里不需要详细交代？
……	……

① 洪宗礼、柳士镇、倪文锦主编：《母语教材研究》第 7 卷，江苏教育出版社 2007 年版，第 225—229 页。

1. 试比较：书面的故事梗概（如上述同学的习作）与口头的故事梗概（如青年文学社的讨论会）有何区别？（在此之前，出示了一篇关于小说《分币痣》的讨论记录稿，稿中再现了讨论的情况：会议主席安科要求大家就小说《分币痣》发表看法，见大家争论不休，就请大家把故事的主要内容为读者和听众概括出来，于是就有了口头表述的故事梗概。——笔者注）

2. 进一步分析故事梗概：

● 采用什么时态？

● 不采用直接引语，那么采用哪种表达方式？

● 故事梗概的顺序与原文有何不同？

● 哪些地方需要说明情节变化的来龙去脉，而原文却没有直接交代？

3. 故事梗概的写作目的是什么？为什么采用现在时，而不是过去时，像小说那样？为什么不能采用第一人称？

"故事梗概"写作说明：

● 写"故事梗概"应当采用现在时。

● 一则故事可以用第一人称叙说，但"故事梗概"不可以采用第一人称，必须是第三人称。

● "故事梗概"应当把握主要内容情节，舍弃次要内容情节。如果人物的思想和感情只是起到点缀作用，那么也应该省略。换言之，"故事梗概"只介绍对全局发展有特殊意义的情节步骤和内心活动。

● 人物对话和直接引语都用概括报道性的语言表达出来，必要时可采用间接引语。

● "故事梗概"的开头应当介绍作品的类型（长篇小说或现代短篇小说）和中心话题。

● "故事梗概"的结尾可以形式多样：笔者可以对作品发表自己的评述，或者对文中所提及的问题发表个人见解，或者阐明该作品适合哪种读者对象。

4. 请阅读小说《分币痣》的第二个选段："木工的坦言"。（文略）

5. 谁在讲述这个"核心故事"？读完这篇选段之后，你对第一选段中"小丑的喊叫"有什么惊奇的发现？

6. 试比较这两个选段的开头部分：

● 叙述的人称：第一人称还是第三人称？

● 关于"痣"的喊声对整个故事发生什么作用？它到底是指的什么？

● 木工的叫声对他自己造成什么后果？

7. 以下是同学们写的"故事梗概"的开头句。请判断是否正确，如何修改。

（1）我曾做过一件可怕的蠢事，直到今天还摆脱不了它的阴影。

（2）这篇小说选段中，木工瓦尔茨讲述了他对马戏团团长汤姆·考尔特所犯的过错。

（3）从盖特·罗施茨所著的小说《分币痣》中节选的这段故事讲述了一件影响到两个人命运的事件。

8. 还有一个同学，他的"故事梗概"是这样开头的：

当身穿小丑服装的木工口中滑出一句"他有痣！"的时候，全场像开了锅似的，即刻乱成一团，人们叫呀喊呀："一颗痣！他有一颗痣！"

这个同学不是在写故事梗概，而是在复述故事情节。应该怎样写故事梗概呢？请参阅前面的"故事梗概写作说明"。

9. 小说的后半段，木工发出这样的问题："到底谁在折磨着我呀？"请思考一下，怎样用间接引语把这句话表达出来。

10. 写一篇关于第二选段"木工的坦言"的故事梗概。文章要简短，结构要合理，处理好开头和结尾。

这一则练习设计，首先以表格的形式出示一则故事梗概的示例，让学生一边阅读示例，一边通过"提示与思考"了解故事梗概的写法，并将它与口头的故事梗概作比较，明确故事梗概写作的目的、时态、人称、直接引语的表达方式等等，紧接着对"故事梗概"写作的方法进行具体说明；通过这样的设计，实际上是要告诉学生故事梗概"应该怎么写"。这可以看做是练习的预备阶段。接下来进入练习的"实战"阶段：先让学生阅读一个小说片断，并通过问题引导把学生的关注点集中在与"故事梗概"有关的内容上，再出示几则存在问题的"故事梗概"，让学生辨别并改错；通过这样的设计，实际上是要告诉学生故事梗概"不应该怎么写"。然后，在这一基础上，出示练习题目，让学生按要求进行实际的练习。这样的设计，有例子的示范，也有方法的说明；有正面的引导，也有反面的提示；不仅训练内容安排充实精当，而且训练组织明晰细致，训练策略科学适用，为学生的语文实践铺建了平阔的道路。这正是我们在设计教材练习时应该借鉴的。

（4）教师对现行教材练习设计质量的看法

作为教材的使用者，教师对教材练习设计质量的意见至关重要。在调查中，当问及"您对您所使用的语文教材上的实践活动（包括课后练习）设计质量满意吗"，348 位被调查者中，认为非常满意的有 8 人，占 2.3%；基本满意的 172 人，占 49.4%；而不满意和很不满意的则分别有 144 人（占 41.4%）和 24 人（占 6.9%），两项合计，达 168 人，占 48.3%，将近一半。将近一半的教师对教材上的实践活动设计（包括课后练习）质量不满意，说明教材实践活动设计质量还有待提高。为什么有这么多教师对教材上的实践活动设计质量不满意呢？经调查，主要原因有（按照被选频数从高到低排列）：（1）缺乏系统性、连贯性（136 人，占"不满意"和"很不满意"总人数的 80.95%，下同。）；（2）不能够很好地引导学生的读写活动（96 人，57.14%）；（3）脱离语文生活实际（58 人，34.52%）；（4）缺乏情境设计，枯燥乏味（38 人，22.61%）；（5）题型单一，缺少变化（30 人，17.85%）；（6）难度太大（28 人，16.66%）；（7）难度太小（20 人，11.90%）。这里，"缺乏系统性、连贯性"位列第一，表明相当多的教师是希望语文教材在实践活动设计上讲究系统性和连贯性的；而"不能够很好地引导学生的读写活动"位居第二，又正好印证了笔者在前面所指出的现行语文教材练习"缺乏操作程序设计和方法指导"、在练习方式上"'玄妙笼统'、落实不够"的问题。另外，"脱离语文生活实际""缺乏情境设计""题型缺少变化"等问题也值得教材编写者们进一步思考。

第二节　教学实践维度的考察

语文课程的实践迷失现象不仅存在于课程标准和教材编制之中，更存在于教学实践之中。通过对语文教学案例及相关文献资料、问卷调查结果和笔者的课堂观察记录进行整理、分析，我们发现，当代语文教学存在的"实践迷失"现象可以归结为这样四大类：遭受漠视，散乱失序，异化变形，虚化窄化。

（一）现象之一：遭受遮蔽

所谓"遭受遮蔽"，是指因把语文课教成知识课或因繁冗讲析而挤压和遮蔽了本应作为语文教学主路径的"语文实践"。

1. 把语文课教成知识课，语文实践遭到遮蔽

现象素描：在当代语文教育中，把语文课教成知识课的现象不乏其例。比如1956年实行汉语、文学分科，其中汉语课程按汉语知识体系设计，教学中教师就按照大纲和教材将系统讲授汉语知识作为教学的主要任务，语文知识教学由此掀起一个高潮。[1] 再如，20世纪八九十年代，一些教师引导学生勾画语文"知识点""知识链""知识树"，还有一些教师则在教学中探索"语文基础知识概念教学的方法"[2]"语文知识记忆的方法"[3]"知识短文的教法"[4]，其目的都在于帮助学生掌握和记忆语文知识。从当时一些课例看，围绕知识体系来设计和组织教学的不在少数，要么直接传授知识，要么通过

①　李杏保、顾黄初：《中国现代语文教育史》，四川教育出版社2000年版，第288—289页。
②　谭绪文：《加强语文基础知识概念的教学》，《湖南师大社会科学学报》1987年第2期。
③　吕京洲：《语文知识记忆八法》，《山东教育科研》1995年第6期。
④　林运来：《知识短文教法的探索》，《语文教学通讯》1985年第9期。

课文分析"提炼"出知识，要么以语言材料印证知识，"语文教学的实践过程变成了语文知识的宣讲过程。"① 当然，讲知识的同时也没有忘记"实践"，不过这里的"实践"多被理解为"做练习"，它不过是获得新知后用以巩固新知和练习技能的一个环节。如下面两个案例：

a. 魏老师的"语文知识树"（见下图）

在教学中，魏老师了解到，学生感觉语文不像别的学科那样知识结构清楚，每节课都有实效，学习处于被动局面。他认为，"要摆脱这种被动局面，就必须从弄清语文知识内部结构的规律入手，解决语文知识结构科学化的问题。"② 他把系统的语文知识比成一棵有干、有枝、有权、有果的树，并引导学生在通读初中六册语文教材的基础上画"语文知识树"。最终画出的"语文知识树"包括4部分22项131个知识点：4部分依次为"文言文知识""基础知识""阅读与写作"和"文学常识"。"文言文知识"包括"实词""虚词""字"和"句式"4项；"基础知识"包括"文字""句子""修辞""标点""语音""词汇""语法"和"逻辑"8项；"阅读与写作"包括"中心""结构""语言""材料""表达"和"体裁"6项；"文学常识"包括"古代""现代""当代"和"外国"4项。每一项下面又包含若干知识点，共131个。

在教学中，魏老师就"按语文'知识树'，尽可能教给学生一点可以当作'定理''公式'的规律性东西，教给学生钥匙"③，同时，还按"语文知识树"的体系去安排进度，每讲一点知识，都引导学生明确所学知识在"语文知识树"中的位置，并自觉地把它纳入头脑中的"语文知识树"，储存起来。

---

① 李海林：《"语文学科"和"语文课程"辨——兼论语文教学的整体失误》，《中国教育学刊》1993年第1期。
② 魏书生：《魏书生谈语文教学》，河海大学出版社2005年版，第121页。
③ 魏书生：《培养学生的自学能力》，顾黄初、李杏保主编：《二十世纪后期中国语文教育论集》，四川教育出版社2000年版，第619页。

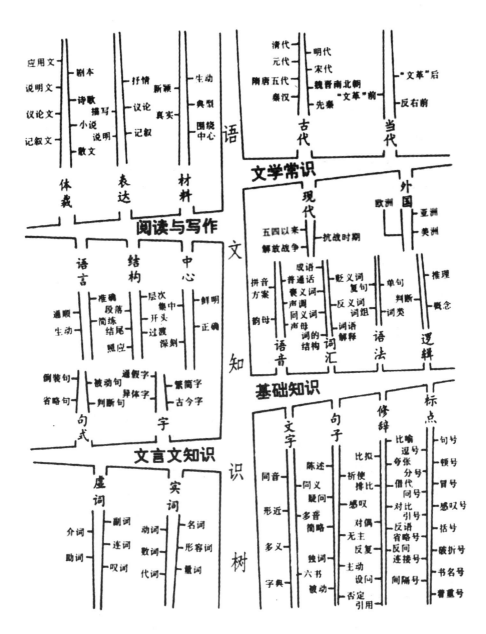

（扫描自刘国正、张定远主编：《中国著名特级教师教学思想录·中学语文卷》，江苏教育出版社 1996 年版，第 829 页。）

b. 高中第二册第四单元教学方案①

[单元教学目的]

1. 通过分析复杂说明文的结构层次，领会本单元根据不同说明对象来合理安排说明顺序的写作特点，掌握几种不同的说明顺序。

2. 分析并掌握课文中采用的几种常见说明方法，注意多种说明方法的综合运用。

3. 总结说明文比较阅读的一般方法。

[重点难点考点]

1. 重点：几种常见的说明顺序。

2. 难点：选择合理说明顺序

3. 可考点：① 几种常见说明方法的分析和运用；② 说明文的比较阅读；③ 复杂说明文的写作；④ 说明文的文体知识。

[教学过程设计]

整个单元的教学分为四大部分进行。（这里选录第一部分）

第一部分讲读课文教学。两篇课文共用三个课时。

第一课时　学生熟读《眼睛与仿生学》和《一次大型的泥石流》两课，编制这两篇课文的结构提纲，理清作者的行文思路。在此基础上讨论：两文的整体结构各有何形式特点？两文的主体部分的结构安排有何不同？引导学生掌握说明文整体结构安排的一般形式（总—分—总）和主体结构安排的两大类型——横式（并列关系）和纵式（层进关系）。小结说明文对比阅读中如何分析文章结构。

第二课时　重点讨论分析以下问题：①《眼睛与仿生学》中写了哪几种生物的眼睛？作者是按什么顺序来安排有关材料的？这样安排说明顺序有什么好处？② 在完成《一次大型的泥石流》课后"思考和练习"第四题的基础上，分析本篇课文与《景泰蓝的制作》一文的说明

---

① 文涛：《高中第二册第四单元教学方案》，《语文教学与研究》1995 年第 4 期。

顺序有何异同。通过讨论，让学生明确以下要点：① 掌握三种常见的说明顺序：时间（程序）顺序、空间（结构）顺序和逻辑顺序；② 说明顺序的选择必须兼顾两个因素：一是要合乎事物和事理本身的存在、运动的方式及其内在逻辑关系，如大小、主次、因果、整体部分、一般特殊等；一是要合乎人们认识该事物的一般规律，如由此及彼、由表及里、由简单到复杂、由感性到理性等。③ 小结说明文阅读时比较说明顺序的方法。

第三课时 ① 引导学生比较分析两课在说明方法的选用上的异同，掌握说明方法选用的原则及其具体运用时应注意的问题。例如：《眼睛与仿生学》一课主要运用"举例证"和"作比较"的方法，其实是扣住课文题目中的"与"字行文，着重阐明"眼睛"与"仿生学"之间的关系；《一次大型的泥石流》则主要运用列数字的方法，以便从次数、规模、威力等方面揭示泥石流"巨大"的特点。② 以两篇课文为例，比较阐述性说明文和记述性说明文的区别，并且注意分析记述性说明文和一般记叙文的区别。

在这两个案例中，教师都是把语文课当成知识课来教的。第一个案例可以看作是语文知识体系教学的典型。这里，师生把初中所要掌握的语文知识从六册语文书中提取出来，画成了一棵"语文知识树"，教学所要做的就是把这棵"语文知识树""种"在学生头脑中。其中隐含的观念是：知识在语文课程中具有独立的价值，语文教学的一个重要任务就是让学生掌握一套关于"语文"的知识，这套关于"语文"的知识也像其他课程知识一样具有明晰的结构，可以清楚明白地"装进"学生的头脑中。第二个案例可以看作是以知识统帅课文教学的典型。"单元教学目的"和"教学重点难点考点"已表明，让学生掌握"说明顺序""说明方法""说明文比较阅读的一般方法"等知识是本单元的主要教学目的，而"教学过程"中所安排的分析课文、比较阅读等教学活动，又的确都是围绕"单元教学目的"和"教学重点难点考点"中所罗列的知识点来进行的，其最终目的就是要从中提炼出"说明顺序""说明方法"等知识让学生掌握；即使说明方法的运用和说明文比较阅读，也要最终将它归结为"说明方法选用的原则及其具体运用时应注意的问题""说明文比较阅读的一般方法"等"规律性知识"。可见，在这里，"知识"是整个教学设计的主要出发点和归宿。

新课改之后，情况怎么样呢？先来看看语文教师对语文课程实践性的认识。调查显示，对于"语文课程是实践性课程，应着重培养学生的语文实践能力，而培养这种能力的主要途径也应是语文实践"这一说法，46.55%的教师表示"非常认同"，44.25%的教师表示"基本认同"，9.19%的教师表示"不认同"，没有教师表示"很不认同"；对于"您赞同把语文课应该上成实践课吗"这一问题，13.22%的教师回答"非常赞同"，55.74%的教师回答"基本赞同"，30.46%的教师回答"不赞同"，0.57%的教师回答"很不赞同"。这一结果表明绝大多数语文教师是认同语文新课标提出的"实践"理念的，也是清楚语文能力的培养是需要通过语文实践的，并且大多数教师是赞同"把语文课上成实践课"的。

需要注意的是，尽管大多数教师接受了语文实践观，赞同把语文课上成实践课，但并不等于教师们关于知识教学的观念就已经完全更新了。我们知道，过去曾流行这样一种观念，认为："语文知识是语文能力的基础"，要培养学生的语文能力，必须先让他们懂得相关的语文知识；或者说，只要学生懂得了相关的语文知识，再加上适当训练，他们的语文能力就不难提高。这里的语文知识是指什么呢？"如果把识字、写字、语言积累等视为语文知识，这个命题尚可成立。因为不识字，不会写字，没有一定的语言积累，阅读、写作就无从谈起。但是，事实上，在大多数人的心目中，这里的'语文知识'指的是已经成为理论体系的语言学、文章学、文学等学科方面的知识。"但是，"多年的教学实践证明，这些知识只对理解语言和运用语言有一定的辅助作用，并不是语文能力形成和发展必备的基础"。① 然而在调查中，当问及是否认同"语文能力的培养必须以语文知识（如语法修辞知识、听说

---

①　丁培忠：《试论语文课程的实践性》，《课程·教材·教法》2003 年第 8 期。

读写知识等）的掌握为基础"时，33.90% 的教师表示非常认同，55.17% 的教师表示基本认同，10.91% 的教师表示不认同；这里，有 89.07% 的教师非常认同或基本认同"语文能力的培养必须以语文知识的掌握为基础"——而这里的知识，从题干括弧里的提示我们看到，仍是传统的语法修辞、读写听说知识及文学常识等，这表明在知识教学与能力培养的关系问题上，绝大多数教师仍然停留在"知识＋训练＝语文能力"的观念上，对语文知识与语文能力的辩证关系缺乏新认识。

就课堂上知识教学的实际情况而言，我们通过调查了解到：26.43% 的教师经常会以语文知识（如语法修辞知识、读写听说知识、文学知识等）为主线来设计和组织课堂教学，59.19% 的教师有时会以语文知识（如语法修辞知识、读写听说知识、文学知识等）为主线来设计和组织课堂教学，只有 10.91% 的教师很少这样做，3.44% 的教师从不这样做。这表明，在教学实践中，有很多教师也是较为倚重知识教学的，而这其中就可能存在只重知识的传授、记忆而不重语文实践的情况，这有事实为证——有观察者发现，新课改背景下把语文课教成知识课的现象并未"绝迹"，如：教学《赤壁赋》，有的教师用 20 分钟讲"赋"的流变；教学《沁园春·长沙》，有的教师大讲词的词牌和平仄，等等。① 另外，从前文我们也看到，30.46% 的教师表示不赞同、0.57% 的教师表示很不赞同"把语文课上成实践课"，这说明部分教师还对以引导实践的方式来教语文持保留意见。

现象评析：把语文课教成知识课，其基本理路是：（1）整个教学围绕"知识系统"展开，以知识的系统掌握为鹄的；（2）强调知识教学的优先性，将能力培养建基于知识掌握之上。这，对于语文课来说合适吗？不合适。其一，语文课从根本上讲不是一门知识课，其根本目的不在于帮助学生掌握一套有关"语文"的知识，而是要培养学生的语文能力，这正如英国学者 G.E. 埃利克斯所说："英语教学当然有应该学到的知识，如语法、语音、音位，等等，但是……不要忘了，你是在教英语，而不是在教关于英语的知

---

① 黄厚江：《谈语文学科的知识观》，《语文建设》2006 年第 10 期。

识。"①；其二，就语文能力培养而言，试图像典型的学科课程（如数、理、化课程）那样先教给学生一定的理论知识——特别是过去那一套被视为"正确地揭示了语文规律"的"语言学、文章学、文学阅读学、写作、交际语言学的简化了的理论知识和读、写、听、说知识"②——然后通过训练让学生学会运用这些知识去解决问题的方式来培养，也并不可靠。因为语文能力不同于数学、物理、化学、政治等学科的学科能力，这些学科的学科能力是运用学科理论知识去分析问题、解决问题的能力，因此，它们必然是以相关的学科理论知识为基础的，如果缺乏相关知识，就不可能具备相应的能力。而语文能力却并不是这样，语文能力是指完成听、说、读、写活动的能力，人们的听、说、读、写活动在通常情况下并不是像数理活动那样是直接运用语言学、文章学、写作学等学科理论知识去解决问题的过程，"母语的语言能力很大程度上是以语感的方式形成和运行的"③，因此，语言学、文章学、写作学等学科的理论知识并不必然构成语文能力的基础：拥有丰富的语言学、文章学、写作学知识，并不等于具有相应程度的语文能力。比如，写作学教授的写作能力并不一定就比作家强，语言学家的口才并不一定就比演讲家好；再反过来看，不懂或缺乏语言学、文章学、写作学等学科的某些理论知识，也并不一定就会影响语言的理解和运用，比如，一个人不懂什么语法，并不等于他就不能听懂和说出合符语法的句子；一个人不懂什么是论点、论据，并不等于他就不能读懂和写出逻辑严密的议论文。因此，语文教学主要应该是在教师的指导下学生进行语文实践的过程，而不是语文知识的证实、传递和储存过程。

当然，反对把语文课教成知识课，并不是说语文课不需要教知识，事实上，"合宜的能力要有适当的知识来构建"④，语文课程总是离不开知识的。这里，我们反对的仅仅是无视语文课程的实践性，在课堂上花费大量

---

① 转引自曾祥芹、韩雪屏：《国外阅读研究》，大象出版社 1992 年版，第 107 页。

② 王世堪：《中学语文教学法》，高等教育出版社 1995 年版，第 389 页。

③ 刘大为：《语言知识·语言能力与语文教学》，《全球教育展望》2003 年第 9 期。

④ 王荣生：《语文科课程论基础》，上海教育出版社 2003 年版，第 214 页。

的时间和精力去分析、讲解知识，结果到头来学生只获得一大堆零碎的语文符号性知识、却并未形成真正的语文能力的做法。至于"合意的能力要有适当的知识来构建"的问题，是另一性质的问题，在后文中我们另有讨论。

2. 以讲析语文挤压、代替学生的语文实践

现象素描：20 世纪 50 年代，"一般语文课都是如此：教师讲 45 分钟，学生听 45 分钟"，"在教学过程中，教师只顾自己讲，学生只管听，有的教师甚至连学生看也不看一眼"①。当时，教师每讲一篇课文都按一套固定的程序进行：主题思想、时代背景、作者生平、段落分析、写作方法，如果讲的是故事、小说，还要加上情节分析、人物描写、性格分析……教师备课时广泛收集资料，上课时不看对象，不考虑教学目的，就根据这些资料大讲时代背景和作者生平，等等，结果有老师教《卖火柴的小女孩》，讲了四课时，还没有认真讲解课文；另一位教师教《党费》，只"时代背景"就用了两课时，讲完这一课竟用了十课时；还有一位教师教鲁迅的《药》，用了八课时。小学识字教学则盛行"故事法"，有位教师教认"白天黑夜"四个字竟用了三课时。不少教师因为强调分析课，一周五到七课时讲不完一篇课文，甚至有的教师一学期只能讲十一二课。②

20 世纪八九十年代，在一部分优秀教师如钱梦龙、魏书生、洪镇涛、蔡澄清、张富、洪宗礼等力图革除传统课堂教学的弊端、锐意探索新的教学模式的同时，绝大多数教师却依然抱守着"教师中心""师传生受"的观念，在课堂上以讲析代替学生的语文实践。对于 20 世纪八九十年代的"讲析之风"，人们亦有颇多议论。1993 年，曹隆圣撰文指出："书声琅琅应该是学校的特征，尤其是语文课堂教学的特征，可是现在充塞于语文课堂的是老师无休无止的讲解和大量的所谓'知识点'的练习，这些讲解和练习，占据了

---

① 叶苍岑：《从〈红领巾〉的教学谈到语文教学改革问题》，载张鸿苓、陈金明主编：《新中国中学语文教育大典》，语文出版社 2001 年版，第 129—130 页。

② 洛寒（刘松涛）：《不要把语文课教成文学课》，载张鸿苓、陈金明主编：《新中国中学语文教育大典》，语文出版社 2001 年版，第 177—178 页。

学生'熟读精思'的宝贵时光。"①1995 年，吴心田在一篇文章中说："在我近几年听的 300 多节课中，尽管基本上见不到'满堂灌'式的、教师一讲到底的课了，但是多数还是教师讲析占了大部分时间，一堂课总算起来，一般说学生活动的时间只占 10 分钟左右。长此以往，学生总是大部分时间在被动地听老师讲析，而自己主动地动脑、动口、动手练习的时间很少。"②1998 年，《中国语文教育忧思录》辑录了李吉林的《搬掉语文园地的"两座山"》一文，文章说：在语文教学的园地里，有"两座山"挡住了小学语文发展的出路，其中一座就是课堂上"问答式的分析"如山，这种"问答式的分析""在教学的现实中，在风行全国的 AB 卷上，随处可见"，"课堂宝贵的40 分钟往往就在这种可有可无、牵强附会、强加给作者的'分析'中耗费掉。"③1999 年，《中国教育报》发表记者调查说："当前，语文教学仍然跳不出'分析'的框架，局限于'理解'这一层面，提问式分析方法仍然统治着语文教学，满堂讲、满堂问、串讲串问，用问题带着学生去找所谓标准答案，把阅读课上成分析课、串讲课，以讲代学、以问代学，课堂上气氛活跃，热热闹闹，但学生受益甚微。"④ 可见，20 世纪八九十年代，在祖国大江南北的语文课堂上，讲析之风虽然不像 60 年代那样"猛烈"，但却依然吹刮不息。

新课程改革以来，一方面，在实验区的语文课上，教师独演主角、学生做冷漠看客的现象少见了，那种贯穿课堂始终的滔滔不绝的"讲风"显著地减弱了，语文教师们已经自觉地意识到自己只是教学的组织者、引导者和合作者，不能包办代替学生作为生命主体的言语实践及其内心体验；⑤ 另一方面，走进日常课堂，走向广大地区，我们看到，很多语文教师依旧"老调

---

① 曹隆圣：《关于语文教学改革的几点思考》，《中学语文教学》1993 年第 9 期。

② 吴心田：《谈提高语文教学效率问题》，《课程·教材·教法》1995 年第 11 期。

③ 李吉林：《搬掉语文园地的"两座山"》，载王丽主编：《中国语文教育忧思录》，教育科学出版社 1998 年版，第 166—167 页。

④ 李建平：《走出串讲串问的模式——如何改革中小学语文教学之二》，《中国教育报》1999年 6 月 3 日。

⑤ 潘涌：《语文新课程：反思与展望》，《课程·教材·教法》2005 年第 8 期。

重弹"，语文课堂依然"江山如故"：一样的字词句篇，一样的语法修辞，一样的中心思想，一样的写作特点，一样的老师"讲深讲透"，一样的学生昏昏欲睡。① "日常课总体上仍是以灌输为主，学生被动地接受；仍是以训练为主，简单、机械的训练逼仄着学生的思维，个性化阅读还处于边缘；课堂仍比较封闭，学生的视野还是被限制在文本里和教室里。"② 就新课改大力提倡的自主、合作、探究式学习的实施情况来说，调查显示：62.7%的学生表示他们的课堂上"老师讲授为主，有适量的提问和练习"；29%的学生表示"除了老师讲授外，学生有较多的讨论和交流"；8.3%的学生表示"教师能让学生在课前和课堂上进行充分的独立学习"。③ 可见，目前教师主要的教学方式还是讲授，学生还没有能够充分地进行自主、合作、探究学习。

　　再来看笔者问卷调查的结果。调查显示，在设计教学时，约36%的教师重点考虑"我如何讲，学生才能懂"，约53%的教师重点考虑"如何引导学生进行语文活动"，约11%的教师重点考虑其他方面的问题。而从教师观课评课的关注点来看，约11%的教师重点关注"教师的讲解是否准确、深刻、精彩"，约有46%的教师重点关注"学生的语文实践活动是否充分、有效"，重点关注"教学方法是否灵活多样"和"教学过程安排是否恰当"的教师分别有5%，另有33%的教师重点关注"教学内容的选择和处理是否恰当"。这一结果说明，一方面，在教学上很多教师是务实的，比较关注学生的语文活动，但是另一方面，也有相当一部分教师还是把关注点集中在自己或他人的讲授上。

　　再从课堂上的时间分配来看。当问及阅读课上的时间分配情况时，21.83%的教师回答"会花更多的时间用于老师的讲解而不是学生的读写听说实践"，35.63%的教师回答"会花更多的时间用于学生的读写听说实践而不是老师的讲解"，33.90%的教师回答"老师讲解的时间和学生读写听说实

---

① 刁瑞珍：《关于语文课程改革中出现的新问题》，《陕西教育学院学报》2005年第8期。

② 成尚荣：《不要淡忘了课改的使命——语文教学改革主导思想的追问》，《人民教育》2006年第20期。

③ 张青明、包海霞：《关于语文新课改的一个调查》，《语文建设》2006年第2期。

践的时间差不多"，8.62% 的教师回答"不确定"。而当向学生询问同样的问题时，29.35% 的学生回答"阅读课上大部分时间被用于老师讲解"，27.81% 的学生回答"用于学生活动（如朗读、讨论、做练习等）"，26.71% 的学生回答"老师讲解和学生活动的时间差不多"，16.11% 的学生表示"不清楚"。（见下表）可以看出，在这一问题的回答上教师和学生有些出入，有更多的教师认为他们是把阅读课的时间用于学生的语文实践活动而不是自己的讲解，而有更多的学生认为阅读课的时间大部分用于教师讲解而不是学生活动，这可能是由教师和学生回忆上的误差造成的，也可能是由于部分教师或学生的回答不够真实。究竟是怎样的，我们下面还会有进一步的调查。不管怎样，我们看到，把阅读课的时间更多地用于学生活动的教师比例都远低于50%，这说明，在实际的教学中，很多教师是把课堂时间更多地用在自己的讲解而不是学生的活动上。

表4 阅读课师生活动时间调查统计表

选择比例\答案\回答者	A.用于教师讲解	B.用于学生活动	C.老师讲解和学生活动的时间差不多	D.不确定
教师	21.83%	35.63%	33.90%	8.62%
学生	29.35%	27.81%	26.71%	16.11%

我们再以一项惯常的、也是颇具代表性的语文活动——"阅读课文"为例来说明学生在语文课上的活动情况。从下图可以看出，在阅读课上，7% 的学生通读课文的遍数不到 1 遍，31% 的学生能够通读 1 遍，34% 的学生能够通读 2 遍，17% 的学生能够通读 3 遍，11% 的学生能够通读 4 遍及以上。前两项合计，在阅读课上只能通读课文 1 遍甚至还不到 1 遍的同学占到了38%；前三项合计，在阅读课上只能通读课文 2 遍的同学占到了 72%，这说明，仅就"阅读课文"这一项语文活动而言，大部分老师所给的时间就是不够充裕的。

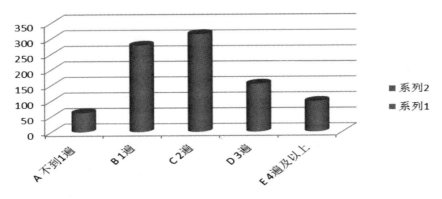

350
300
250
200
150
100
50
0

A 不到1遍 B 1遍 C 2遍 D 3遍 E 4遍及以上

■ 系列2
■ 系列1

图6 阅读课上学生阅读课文遍数统计图

笔者近两年在北京、四川、重庆、安徽、山东等地听课调研时,对其中 42 节阅读课的师生活动时间作了记录;同时对搜集到的 12 节阅读教学录像课的时间分配也作了记录;两类合计共 56 节课(其中高中 25 节,初中 19 节,小学高段 9 节,小学中段 3 节),经统计,结果如下表:

表5 语文课堂师生活动时间调查统计表

活动 比例 时间	0—8 分钟	9—16 分钟	16—24 分钟	24—32 分钟	32 分钟以上
教师讲授	3 节 5.4%	10 节 17.9%	22 节 39.2%	15 节 26.8%	6 节 10.7%
师生互动(问答、讨论等)	5 节 8.9%	12 节 21.4%	19 节 33.9%	15 节 26.8%	5 节 8.9%
学生语文活动(朗读、复述、抄写、写作、做练习等)	21 节 3.8%	19 节 33.9%	9 节 16.1%	6 节 10.7%	1 节 1.8%

从上表可以看出,多数课堂还是教师的讲析以及师生之间的问答等互动活动占了大部分时间,用于学生读写听说活动的时间则明显不足。再从学段来看,总的情况是:高中语文教师用于讲解的时间比初中语文教师多,初中教师比小学教师多,小学高年级比低年级多。"问答式的讲解"在初中、高中仍然常见,甚至还有"一问到底""满堂讲"的现象。比如,一位青年

教师（教龄 3 年）用一节课的时间讲《我的空中楼阁》的"语言美"，她从"音乐美""修辞美""诗意美"等几方面说开去，涉及"长句、短句""节奏""博喻""倒挂式比喻""远取譬""拟人""化用古诗词""套用古文句法"等众多内容。整堂课，教师只管自己把一些词句从课文中抠出来分析，却并不让学生去读一读，写一写，结果教师的讲授占去了 36 分钟。其间，学生的活动只有两次，一次是"听音乐，浏览课文，找出自己喜欢的段落有感情地朗读"，一次是让学生找出文中的比喻句，这两次活动一共才用 9 分钟时间。还有一位青年教师（教龄 1 年）讲苏轼的《念奴娇·赤壁怀古》，由作者和作品生发开去，旁征博引，引经据典，大讲苏轼的生平、苏词的特点和地位、豪放词的发展及其经典作品等等，把大学中文系讲古代文学的那一套照搬到中学课堂里来，毫无节制地展示自己在宋词方面的"博学多才"，整节课学生除了齐读一遍课文外，再没有其他的活动，整堂课都只听老师在那儿"神侃"。

现象评析：讲授、分析是语文教学的重要方法，它可用于传授知识、开启思路、促进理解、引导实践，但当这种方法用过了头，以至于"满堂讲""满堂析"，以至于以繁冗讲析代替学生的语文实践时，那就成为一种弊病。那么，为什么教师总是钟情于"讲"而不是让学生去进行"大量的语文实践"？这当然有着教学观念①、教学传统②、"文选型"教材体制的影响③ 等多方面的原因，其实，更为切近地考察，我们发现很多老师之所以这样做，主要是基于这样一些考虑——（1）如果不讲，学生自己难以学懂（约 27% 的教师这样认为）；（2）课堂时间有限，与其让学生读写实践，慢慢摸索，不如老师讲解（约 26% 的教师这样认为）；（3）学生的读写听说实践活动难于控制，质量和效率得不到保证（约 26% 的教师这样认为）。分析这些原

---

① 比如师传生受的教学传递观、主从师生关系观，等等。

② 比如传统语文教育"讲书"的传统、20 世纪 50 年代"红领巾教学法"所确立的"作品分析"教学范型等，这些传统经过语文教师的代际传递，深深潜藏在语文教育的观念系统里。

③ 比如，韩雪屏就明确指出"文选制度是'讲风'太盛的风源"。参见韩雪屏：《语文教育的心理学原理》，上海教育出版社 2000 年版，第 157 页。

因，发现其中暗含着一种共同的假设——教师讲析比学生实践更有质量、更有效率。再进一步分析，发现这种假设其实与教学传递观、"讲书"传统等的内在逻辑是一致的：重"讲"重"传"重"析"，是因为教师比学生"有知""多知""更懂"。这种假设，维护了教师"讲"的合法性，却不自觉地遮蔽了学生"语文实践"的合法性。我们知道，语文能力作为一种个体经验，具有内隐性、非传递性，它主要是在对具体语文材料的感知中、通过主体的语文实践获得的，而非他人所能"传递"和"告知"，因此，以教师"多知""更懂"为理由强调"讲"的优先性和重要性而忽视和挤兑学生语文实践的做法并不合理。事实上，无论教师多么"有知""多知""更懂"，都不可能"讲"出学生的能力；对于语文能力的培养来说，语文实践的作用比"讲"更为根本。

（二）现象之二：散乱失序

现象素描：学生语文能力的发展是有规律的，支撑语文能力发展的语文实践活动也是应该有序列的，而要使语文实践活动有序列，应该在教学实施之前对之加以系统规划和设计。笔者的调查显示，最近 3 年，对每一册语文教材中的阅读能力训练都作过通盘规划的教师 46 人，约占 13%；"某几册作过，并非每一册都如此"的 130 人，约占 37%；"没有做过，但教课文时会考虑本课的阅读能力训练内容"的 152 人，约占 44%；"既未通盘考虑一册语文教材的阅读能力训练序列，也很少研究每一课的阅读能力训练内容"的 20 人，约占 6%。就学生的写作活动而言，最近 3 年，坚持按学年或学期通盘规划的 122 人，占 35.1%；"某些学期（学年）有规划，某些学期（学年）没有"的 189 人，占 54.3%；"从未规划"的 37 人，占 10.6%。江苏连云港徐华最近的调查也显示，有 80.4% 的教师回答"没有系统的写作计划"，81.2% 的教师回答"没有规范的写作教案"。[①] 就学生的口语交际活动而言，最近 3 年，坚持按学年或学期通盘规划的 88 人，占 25.2%；"某些学期（学年）有规划，某些学期（学年）没有"的 191 人，占 54.9%；"从未规划"

---

① 徐华：《初中作文教学现状分析及突围路径》，《中学语文教学》2015 年第 2 期。

的 69 人，占 19.8%。就学生的课外阅读活动而言，最近 3 年，坚持按学年或学期通盘规划的 74 人，占 21.2%；"某些学期（学年）有规划，某些学期（学年）没有"的 225 人，占 64.7%；"从未规划"的 49 人，占 14%。从这些数据可以看出，虽然有部分教师坚持每学年或每学期对学生的阅读、写作、口语交际等语文实践活动进行规划，但是，也有相当多的教师某些学年（学期）没有进行规划，甚至还有一部分教师从未进行规划，而且，就是进行了规划的教师，也不一定严格按计划实施。实际上，据笔者调查，严格按计划实施 18 人，仅占 5.17%；"基本按计划实施，但有调整"的 245 人，占 70.40%；"由于多方面原因，大部分不能落实"的达 83 人，占 23.85%；还有 2 人"全都没有落实"，占 0.57%。另外，当向学生询问是否"每一次大作文训练都有明确的训练重点"时，51% 的学生认为"有"，41% 的学生认为"有时有，有时没有"，6% 的学生认为"很少有"，2% 的学生认为"从来没有"，学生的回答从另一个侧面说明有的教师有时没有对作文训练作规划。由此我们推断，在教学中，不讲语文实践活动的序列、学生的语文实践散乱无序的情况是完全有可能存在的。

表 6　学生语文实践活动规划调查统计表

调查结果　　　　选项 问题	A、是的，一直坚持	B、某些学期（学年）有规划，某些学期（学年）没有	C、从未规划
最近 3 年，您是否坚持按学年或学期通盘规划学生的写作活动？	122 人 35.1%	189 人 54.3%	37 人 10.6%
最近 3 年，您是否坚持按学年或学期通盘规划学生的口语交际活动？	88 人 25.2%	191 人 54.9%	69 人 19.8%
最近 3 年，您是否坚持按学年或学期通盘规划学生的课外阅读活动？	74 人 21.2%	225 人 64.7%	49 人 14%

上面是语文教师对学生的语文实践活动进行宏观规划的情况，下面再来看看课堂这一微观层面的情况。当问及"在设计一节课的教学时，您会细致规划学生的语文实践活动吗"时，25% 的教师回答"经常"，60% 的教师回答"有时"，15% 的教师回答"很少"，这表明，在微观层面上，教师设

计教学时未对学生的语文实践活动进行规划的情况是在一定程度上存在的，而事先不对教学过程中的语文实践活动进行规划，就很有可能导致语文实践的散乱无序。

对 34 节语文课① 进行微观分析，发现以学生的语文实践活动为主线展开教学的仅 5 节课，其余的 29 节课，学生的语文实践大都穿插在"教"的环节之中，有的甚至就只是为配合教师的"教"而进行的，"随兴所至"，散乱，无序，用王荣生的话来说，就是："我们的语文课堂，学生往往只是在'教的活动'的间隙，零星地、零散地、不成结构地进行了一些'学的活动'"②。比如下面这节课：

《在山的那边》教学实录		
教学环节	教师的活动	学生的活动
导入	提问：同学们，你们想象一下，山的那边会是什么？	想象（思考），回答问题
朗读比赛	1. 指示：齐读课文 2. PPT 展示朗读要求：① 正确，② 流利，③ 有感情 3. 抽学生朗读诗歌第一节，并在学生朗读之后点评 4. 抽学生朗读第二节中自己喜欢的句子，并要求谈感受。教师对学生的表现进行评价（仅是简单的表扬、认同，没有具体分析和引导）	1. 齐读课文 2. 听、看朗读要求 3. 被抽到的学生分别朗读，其余的学生听朗读和教师点评 4. 学生朗读并谈感受
整体感知	1. PPT 展示：① 诗歌中反复出现了哪些景物（意象）？② "山""海"的含义分别是什么？③ 概括诗歌两部分的内容 2. 分别抽学生回答上述问题 3. 提问：作者通过"山""海"两个意象向我们传达了什么样的写作意图 接着 PPT 展示"主题归纳"	1. 学生看 PPT 上展示的问题 2. 几个学生先后回答上述问题，其余的学生听讲 3. 学生齐读一遍 PPT 展示的"主题归纳"

---

① 这 34 节课包括：笔者观察记录的 20 节，选自各类期刊的课堂实录 10 节，教学录像 4 节。其中高中 18 节，初中 12 节，小学 4 节。

② 王荣生：《求索与创生：语文教育理论实践的汇流》，山东教育出版社 2013 年版，第 275 页。

《在山的那边》教学实录		
教学环节	教师的活动	学生的活动
拓展延伸	1. PPT 出示：韩东的《山民》一诗。和学生一起读这首诗 2. 抽学生谈读这首诗的感受，比较其与《在山的那边》的异同 3. 出示一组山里孩子努力寻找出路、渴望走出大山的图片	1. 学生看 PPT，读诗 2. 几个学生分别起来谈感受，比较两首诗的异同 3. 学生看图片
体验反思	1. PPT 出示，同时教师口述：在你的学习、生活中，一定也有无数座山，已被你征服或者等着你去征服，请大家把自己的生活经历与人生理想与同学们分享（组内交流，代表发言）	1. 同桌交流后，几个学生分别起来发言
课的结束	请学生齐唱《真心英雄》，结束本课学习	学生齐唱《真心英雄》

这里，单看"学生的活动"这一栏，我们可以很清楚地看到整个教学过程中学生活动的情况，归结起来，学生的活动主要经历了这样几个环节：朗读诗歌、谈感受→理解诗歌的意象、归纳主题→拓展阅读《山民》、谈感受→分享生活经历与人生理想。从大的教学环节上来看，这些活动似乎是有序的。但是，仔细分析，我们发现这些活动大都是"印象式"的——老师带领学生匆匆走一遍，并不明确地指向一个或几个能力训练项目。比如"朗读诗歌、谈感受"这一活动，似乎其中一个指向是训练朗读能力，然而，这里教师虽然明确地提出了朗读的要求，但只是就几个学生的朗读略作评价（大都是"读得很好""读出了感情"之类的评语）而已，并没有就某一方面或几方面的朗读技巧进行系统指导和反复训练，因而，朗读能力训练这一目标的落实就大打折扣。再如，"理解诗歌的意象、归纳主题"这一活动，老师只是让学生寻找诗歌中反复出现的意象，并分析其中两个核心意象"山"、"海"的含义，而并没有就如何理解类似诗歌中类似意象进行引导，因而其作用或许就只在帮助学生理解"这"首诗的"这"两个意象及诗歌主旨，而不能让学生获得阅读同类诗歌及意象的系统经验。其后的《山民》一诗的阅读，也是仅仅停留在朗读、谈感受、比较异同这样的散点式活动上，既不是对前面朗读训练的延续，也不是对前面"意象理解"训练的进一步强化，不

知其能力目标指向。总之，这节课看似学生的活动很多，但由于缺乏一个或几个核心能力目标的统摄，所以并不能让学生能获得某一方面或几方面的较为完整的读诗经验。

新课改以来，流行一种自由品读式的阅读教学方式，其教学用语通常为："找出你最喜欢的句子（或段落），用你喜欢的方式读一读"，"找出你最喜欢的句子（或段落），谈谈你的理解和感受"，等等。这种教学方式"极大地激发了学生的个性化阅读体验，高度尊重学生的阅读体验和感悟；促进了课堂教学内容的生成，出现了很多不可预见的精彩"，[1] 但是，其弊端也是显而易见的，其中最大的弊端就在于：把关注点放在学生对课文零散句段的零星感受上，忽视了语文能力训练的整体性和有序性。比如下面这个教学片断[2]：

　　师：《散步》，写的是一件寻常事，没有游名胜古迹，没有吃豪华大餐，却能拨动我们的心弦。请同学们自由品读，找出其中的妙词佳句，以及表达有情趣、有深意的段落，先自己品读，再一起分享。

　　（大屏幕展示：第二步——自由品读　妙词　佳句　情趣　意蕴。）

　　（生读，师巡视。）

　　师：可以开始交流了吗？

　　生：可以。

　　生：我觉得第三节"今年的春天来得太迟，太迟了，有一些老人挺不住，在清明将到的时候死去了。但是春天总算来了。我的母亲又熬过了一个酷冬。"这里"太迟，太迟了"用了反复修辞，与"总算"照应，表达了"我"盼望冬天快点过去，春天早些到来的急切心情，说明"我"很担心母亲的健康。

　　生："挺""熬""酷"三个词很有表现力，母亲身体状况的糟糕、

---

① 魏小娜：《语文阅读教学"流行语"的解读与启示》，《课程·教材·教法》2012 年第 9 期。

② 李凤、刘占泉：《走向无痕的哲学思考——〈散步〉教学实录与点评》，《语文建设》2010 年第 5 期。

冬日的严寒、儿子为母亲的担忧跃然纸上。

师：讲得很到位。

生："小家伙突然叫起来：'前面也是妈妈和儿子，后面也是妈妈和儿子。'我们都笑了"很有意思，小家伙瞬间的发现和归纳，表明他的聪明机灵；"我们都笑了"，是对孩子的褒奖，表现出亲情的温馨。

生：文章中像这样对称的句子还有："有的浓，有的淡。""我和母亲走在前面，我的妻子和儿子走在后面。""母亲要走大路，大路平顺；我的儿子要走小路，小路有意思。""我的母亲虽然高大，然而很瘦，自然不算重；儿子虽然很胖，毕竟幼小，自然也轻。"

师：这样的句式在表达上有什么特点？

生：形式整齐匀称，和谐流畅，强调了表达的内容。

师：对！我们一起读读看，体会句式、韵律的美，加深对内容的理解。我读前一句，你们读后一句。

（师生读。）

生：我认为最后一句话含义深刻，写出了中年人的责任感："我和妻子都是慢慢地，稳稳地，走得很仔细，好像我背上的同她背上的加起来，就是整个世界。"

生：我和他一样欣赏这一句。"慢慢地，稳稳地""很仔细"，因为"我们"在散步，而且走的是小路，背上还背着"我们"最亲爱的人，所以责任重大，每一步都很小心、很稳当，"我们"都想让他们好好享受初春的美景。

师：真是个细心的孩子。请问你是如何理解"整个世界"的？

生：母亲是老人，是上一代，儿子是下一代，"我"和妻子是中年人，"我们"三代人，就是这个家的全部。世界是由一个个家庭组成的，所以家庭就是中年人要顾及的整个世界。

师：是啊，母亲代表老去的生命，孩子代表新生的生命，"我们"中年人代表成熟的生命。中年人承前启后，背着老人、孩子，既关爱老去的生命，又呵护新生的生命，责任重大。（板书：责任感）

……

生：我最喜欢这一段："但是母亲摸摸孙儿的小脑瓜，变了主意：'还是走小路吧！'她的眼随小路望去：那里有金色的菜花，两行整齐的桑树，尽头一口水波粼粼的鱼塘。'我走不过去的地方，你就背着我。'母亲对我说。"一个细节"摸"，写出了奶奶对儿子的体谅、对孙子的爱。在我家里，奶奶也总是依着我的。

母亲提出走不过去的地方让"我"背，说明母子关系非常亲密。

生：我注意到"她的眼随小路望去"，这表明母亲不是一味地迁就孙子，而是发现小路真的很有意思。

师：很有意思的发现哦！愿闻其详。

生：金色的菜花，色彩美；整齐的桑树，行列美；水波粼粼的鱼塘，活力美。

师：的确有意思，三美。厉害，出口成章！这是文章写到的美，同学们可以联系自己的生活经验，发挥想象，南方初春的田野，除了金灿灿的菜花，还有——

生：桃红、梨白、杏粉……

……

在这一名为"自由品读"教学片断中，学生的主要活动是自由读书，到课文中寻找"妙词佳句，以及表达有情趣、有深意的段落"，然后交流、发言。从"交流发言"部分，我们可以很清楚地看到学生"寻找"的结果——有的找到了这句，有的找到了那句；有的体味出了这个词所渗透的思想感情，有的觉察出了那个句子句式上的特点，有的领悟到了这句话的深刻含义，有的看到了那个句子所使用的修辞手法，等等。总之，一切都是随兴的、凭个人印象的，"找到哪里算哪里"。这种随兴的、自由的品读，由于缺乏具体目标的统摄，因而也是零散的、无序的，零散无序的读书、交流带给学生的也只能是零碎的、不成系统的经验。

现象评析：为什么语文教学中会出现这种语文实践"失序"的现象呢？

分析起来，笔者认为，主要有以下几个方面的原因：第一，正如前文所分析的那样，新颁布的语文课程标准、特别是高中语文课程标准没能建构起语文能力训练序列和与之匹配的语文实践活动序列，而按照新课标理念编制的语文教材很多又按照"生活主题"组元，也对能力训练的序列缺乏具体的安排。第二，以"讲析"为中心的教学使得很多教师往往过多关注自己的"教"，而很少从"学"这一面来考虑问题。教师在学期或学年初都要制订教学计划，但这教学计划往往是从"教"的角度来制定的，很少从"学"的角度考虑"这一学年或学期应该安排哪些语文活动""这些语文活动在学生语文能力发展的链条上起什么作用"等问题。就具体的教学实施而言，在很多教师的观念里，教语文就是"讲课文"，而"讲课文"也往往是从"教"的角度来设计和组织的，拿到一篇课文后，教师首先想到的往往是"这篇课文我教什么？怎么教？"，而不是"引导学生读这篇课文，应该组织哪些实践活动？可能出现什么情况？该怎么指导？"不从学生"学"这一面来考虑语文实践活动的组织，学生语文实践活动就极有可能出现无组织、无序列的现象。因此可以说，学生语文实践的失序是"讲析中心"的副产品。第三，还有一个重要原因，那就是国内对学生的语文能力发展规律和语文实践活动序列的研究都很不够，已有成果还不足以支撑科学的语文实践活动序列的建构。

（三）现象之三：异化变形

所谓"异化变形"，是指有的教师虽然认识到了语文学习需要"实践"，但却不顾语文课程"工具性和人文性相统一"的特点，在教学中或者偏重技术技巧，大搞机械训练，题海战术；或者一味强调人文内涵，而把言语形式的学习撇在一边，使语文实践偏离了方向。这两种倾向都背离了语文实践的真义，扭曲了语文课程的实践品格。

1.机械训练，题海战术，语文实践遭到异化

现象素描：当代语文教育中，大搞机械训练、题海战术的做法屡遭挞伐，但从未止息。在日常教学中，有人把语文训练等同于习题演练，并视这种演练为达成语文教学目标的唯一途径，于是将语文教学内容分解为一个个"知识点""能力训练点"，然后围绕这些"点"设计若干练习题，再让学生

反复地、机械地演练。例如，为了积累词语，就让学生死记硬背词语解释；为了训练病句修改能力，就一遍又一遍给学生归纳病句类型，总结修改技巧，然后出一大堆练习题让学生做；为了训练现代文阅读能力，就先以一段文字条分缕析"示范"方法、步骤，然后再让学生对照刚才所讲的"法则"进行练习；为了训练写"读后感"的能力，就先传授写作"秘笈"：一"叙"二"议"三"联"四"结"，然后再让学生依法炮制。① 这种"习题式的训练"，具有如下几个特点：

一是量大。这从学生完成作业所需的时间便可见一斑。调查显示，23.5%的学生每天花在语文作业上的时间为 30 分钟及以下，46.6%的学生为 30—45 分钟，20.8%的学生为 45—60 分钟，5.7%的学生为 1 小时—1 个半小时，3.4%的学生为 1 个半小时以上，后三项相加，29.9%的学生每天单是花在语文作业上的时间就超过 45 分钟（见下图），这显然超过了正常的学业负担。到一些学校观课，笔者也了解到，不少教师每天给学生布置的作业，除了教材上的练习外，还有习题册上的习题、生字词抄写、课文预习、课文背诵、每日一记、课外阅读等等。甚至有几所学校还实行一课一练，即每学完一篇课文，就出一套"试题"让学生练习。可以说，在平日的学习中，这些学生就已经处于"题山题海"的重压之下了。

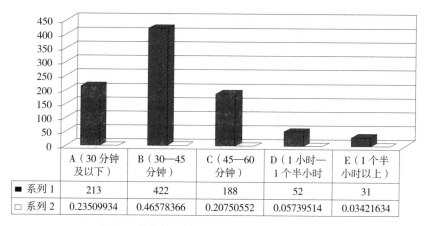

	A（30 分钟及以下）	B（30—45 分钟）	C（45—60 分钟）	D（1 小时—1 个半小时	E（1 个半小时以上）
■ 系列 1	213	422	188	52	31
□ 系列 2	0.23509934	0.46578366	0.20750552	0.05739514	0.03421634

图 7　学生每天的语文作业时间调查统计图

---

① 卞幼平：《摈弃"理科式"训练》，《中学语文教学》2002 年第 9 期。

二是以习题演练为主，名目繁多。通过调查，我们了解到，不管是教师还是学生，都有更多的人认为：给学生布置的语文作业中，语文习题集上的练习题最多。其中，当问及教师"给学生布置语文作业中，采用下列哪一类作业的时候最多"时，五个备选项的被选率从高到低分别是：（1）语文习题集上的练习题（42.8%），（2）课外阅读、日记、小作文等（37.6%），（3）语文教材上的习题（13.8%），（4）综合性的语文实践活动（5.2%），（5）其他（0.6%）；当问及学生"平时语文作业的形式主要有哪些（可多选）"时，七个备选项的被选率从高到低分别是：（1）做练习册或测试卷（21.9%），（2）预习、阅读（20.5%），（3）抄写、背诵（19.3%），（4）做课后练习题（16.7），（5）写作文、日记、周记等（16.5%），（6）演讲/朗诵/表演（3.3%），（7）其他（1.9%）。而就习题集上的习题种类来看，可谓名目繁多。笔者在几所学校搜集到若干份"一课一练"试卷，上面的题目有：给加点字注音、解释句子中加点的字、根据词义填成语、改正错别字、用词造句、辨别语病、采用给定的句式造句、补充句中省略的词、将同义词连线、改正标点符号使用不当之处、文学常识填空、关于课文理解的各种选择题和问答题、文言文阅读题、现代文阅读题、段落写作练习、整篇写作练习，等等。而从具体的某项练习看，又有花样百出的多种练习形式，比如，小学语文题中，单是句子的练习形式，就有把句子补充完整，乱词排句，乱句排段；按标点符号写句子；指定词儿写句子；照例句改写句子；按规定的修辞手法写句子，修改有病的句子，等等。① 有的题目，命题思路怪异，不知其意义之所在。比如，让学生写反义词："仰视对天空正如俯视对（　）""坚硬对骨头正如（　）对肌肤"；让学生根据词义写出带有"笑"字的词语：诚实的笑——，无情的笑——，有意味的笑——，讨好别人的笑——，开心的笑——，挖苦别人的笑——，兴奋的笑——，讽刺别人的笑——（某小学四年级习题册上的练习题），如此之类。

---

① 李吉林：《搬掉语文园地的"两座山"》，载王丽主编：《中国语文教育忧思录》，教育科学出版社 1998 年版，第 166—167 页。

　　在考试指挥棒的作用下，一些学校和老师片面追求考试成绩和升学率，更是把习题式的训练当作应试的手段，大搞题海战术。这种训练，专门针对所谓"考点"而进行，考什么就练什么，不考就不练；命题范围一变，训练的范围也跟着变。"你不是考阅读吗？各种文体概念、表达方式、修辞技巧、描写方法、谋篇艺术烂熟于心，通过机械训练，反复操作，准让你披文得分。你不是考写作吗？什么话题展开的艺术、小标题的设置方法、半命题作文的补题技巧、名人名言的适当点缀让你运用自如，再把各种版本的考场满分作文背上几篇，学会嫁接与拼装，如果再强调书写认真、篇幅圆满，保证能得高分。"① 应试需处处设防，需强化训练，所以又只好靠"题海战术"来"奋力一搏"。走进毕业班教室，"不闻读书声琅琅，但见习题如海洋"②，课桌上，复习资料堆叠如山，什么"优化训练""复习攻略""复习精要""冲刺训练"，等等，应有尽有，大有如临大敌之势。高中六个学期的语文课程，许多教师用四个学期的时间就教完了，到了高三就完全进入强化训练阶段，一天一小考，五天一大考，"全面检测""专项检测""模拟·仿真·检测""猜题检测"……不一而足。教师的主要任务就是找试卷和讲解订正试卷。③ 这就是应试桎梏下语文训练的普遍境况。这种训练，在 20 世纪八九十年代曾达到白热化的程度；新课程改革之后，仍然大量存在。

　　更有甚者，为了应试，直接将课文"习题化"。"好端端的文质兼美的文章肢解成若干习题，抠这个字眼，抠那个层次，文章的灵魂不见了。有些佳作名篇学生学过之后对文章的脉络、作者的写作意图、文中思想的闪光点竟然不甚了了，脑子里如马蹄杂沓，堆砌了许多字、词、句的零部件，这个知识点，那个知识点，用以备'考'。"④ 比如，有一位语文教师教《白毛女选段》，备课时，首先想到，假若中考考到这篇课文时，可能会怎样命题，于是针对课文各段内容按照考点共设计了 46 道训练题。上课时，不让学生完

①　岳增学、刘建启：《现实的语文教学离新课程究竟有多远》，《中学语文教学》2004 年第 2 期。
②　于漪：《弘扬人文　改革弊端——关于语文教育性质观的反思》，《语文学习》1995 年第 6 期。
③　盛书山：《关于语文教育的世纪思考》，《中学语文教学》2000 年第 12 期。
④　于漪：《弘扬人文　改革弊端——关于语文教育性质观的反思》，《语文学习》1995 年第 6 期。

完整整地诵读课文，只让学生整整花三个课时去做练习题。① 这种"课文教学习题化"的现象不是个别的，也不止在课改前才存在。目前某些地方流行的"导学案"教学就是如此，所谓"导学案"，不过是"练习卷"的翻版。2013 年 11 月，笔者到 BC 中学调查，发现该校正在进行一项改革——改"教案"教学为"学案"教学。何谓"学案"？顾名思义，"学案"应该是引导学生学习的蓝图、方案。但是，根据笔者从该校搜集到的语文学案看，这些"学案"并非真正的学案，而更像是练习卷——几张试卷大小的纸上，除了"课文题目""学习目标""作者信息""生字词"等内容外，接下来就是一长串练习题：关于字词的，关于句子的，关于课文的思想内容的，关于拓展阅读训练的，等等。上课时，教师就根据"学案"教学，学生先读课文，做"学案"上的题目，然后教师再逐一讲解。"学案"上的题目做完，讲解完，这一课的教学任务也就完成。据教研组长介绍，这是他们从该市几所重点高中取的"经"，据说这样一方面体现了"以学为主"的教学理念，另一方面，从学生的考试成绩看，效果也不错。

现象评析：应该说，机械训练、题海战术也是一种"语文实践"，只是这种"语文实践"往往受应试功利的驱动，把掌握语言符号的"组装"技术和应对考试的技巧作为最高目标。一方面它无视语文学科的人文性，摒除了语文学习过程中应有的人文熏陶、情感体验、思想感悟，把语文训练变成孤立的字词训练、抽象的语言规则训练和枯燥的技巧训练；另一方面，它又隔绝了现实语文生活，把语文实践变成了远离真实语文生活的习题演练和技术操作，因此，这是一种变形、变质、变味的语文实践，这种"语文实践"，除了败坏学生学习语文的胃口外，并不能真正培养起他们应对日常生活所需的语文能力——因为"言语能力总是和人的认识、情感不可分割地交融在一起，而绝不仅仅是语言工具的操作技术问题"②。

其实，对于通过习题式训练来学语文的做法，很多教师和学生也是持

① 刘永康：《语文教学的破与立》，《四川师范大学学报（社会科学版）》，1999 年第 4 期。
② 王尚文：《语感论》，上海教育出版社 2000 年版，第 367 页。

反对意见的。调查显示，有 47.70% 的教师对通过大剂量的习题式训练来提高学生语文成绩的做法表示"不赞成"，还有 3.45% 的教师表示"坚决反对"；而学生这一面，有 50.22% 的学生对于通过大量做题的方式来学习语文的做法表示"不太赞成"，还有 18.43% 的学生表示"非常讨厌"。但是，同时我们也注意到，对于大量的习题式训练，也有 3.16% 的教师表示"完全赞成，因为中小学有升学压力"，45.69% 表示"基本赞成，但认为需要改进"，另外 47.70% 的教师虽然表示"不赞成"，但认为"可以理解"；就学生这一面而言，也有 2.54% 的学生表示"完全赞成"，24.28% 的学生表示"基本赞成"，这一方面说明了部分教师和学生对于习题式训练的认可，另一方面其实也反映出教师和学生在应试高压下的一种无奈心态。

　　人们常常有一种误解，认为语文教学中的"机械训练""题海战术"罪魁祸首在"工具论"。其实不然，"'工具'的作用正在于'用'，不解决实际问题，文字游戏式的'语文教学观'，不是'语文工具论'——那是'玩具论'"。[①]"工具论"正是从"语文是生活、学习、工作必不可少的工具"这一前提出发而极力主张语文课程的根本目的是培养学生使用语文工具的能力的，它并不否认语言的人文性，也"不否认人的灵性和悟性"[②]，相反，它认为语言"和思想老是长在一起的"，因此，在对待语文实践（训练）上，它从来就主张：(1) 要"文道统一"，"文字应该和语言思想一贯训练"[③]；(2) 要科学有序，按照语文教育的规律办事，"学语言，学文字，都有规律可循。弄清楚这些规律，有意识地、恰当地运用于语文训练，可以大大提高训练的效率"[④]；(3) 要"把听、说、读、写融会在一起""面向实际应用、密切结合生活、学习、工作实际"，做到"生动""丰富多样""饶有兴趣"[⑤]；认为只有这样，才能更好地帮助学生掌握语文工具。甚至，它还反对"呆读

---

①　李杏保、陈钟梁：《纵论语文教育观》，社会科学文献出版社 2001 年版，第 64 页。

②　董旭午：《"工具说"的科学内涵及其意义》，《语文学习》1997 年第 3 期。

③　叶至善、叶至美、叶至诚：《叶圣陶集》（第 1 卷）江苏教育出版社 1987 年版，第 70 页。

④　张志公：《张志公文集》（第 3 卷），广东教育出版社 1991 年版，第 63 页。

⑤　张志公：《张志公文集》（第 3 卷），广东教育出版社 1991 年版，第 34 页。

死记以及无对象、无目的，搜索枯肠，硬'做'文章等等那类实践"①，反对"把语言文字同文章的思想内容割裂开来，孤立地去摘字、词、句、篇"，认为那样"非但放弃了进行思想教育的很大的可能性，反而连自己所重视的掌握语文工具的目的也达不到。"② 可见，"工具论"非但不是造成机械训练的罪魁，反倒是反对机械训练的旗手，把语文教育中的机械训练现象归罪于"工具论"，是不公平的。

2."泛语文"，语文实践偏离方向

现象素描：所谓"泛语文"，就是语文教学内容走向泛化，成为百科知识的大拼盘，而其本身应当担负的培养学生语言能力的任务却被悬空，成为没有"语文"的语文课。③20世纪五六十年代"把语文课上成政治课"的现象，八九十年代"种了别人的田，荒了自己的园"的现象，新课改以来"语文课堂人文话题大讨论"的现象，从某种意义上讲，都是"泛语文"的表现。

如下面几个教学案例：

（1）有位教师在讲《春蚕到死丝方尽》时，学生怎么也弄不懂吐丝原理，于是教师布置学生去图书室或上网收集资料，两天后，师生在充分准备的基础上广泛交流，终于弄懂了什么是"吐丝原理"。④

（2）一位老师教《三峡之秋》，主要过程如下：一上课，教师就播放了一段有关三峡风光的录像带。接着全班集体朗读课文，并请几名同学简要概括一下文章的层次和大意。此后，教师出示幻灯片，问题如下：

① 在三峡地区，我们国家正在建设一个什么工程？

② 就你掌握的资料看，这一工程有什么作用？

---

① 张志公：《张志公文集》（第3卷），广东教育出版社1991年版，第34页。

② 张志公：《张志公语文教育论集》，人民教育出版社1994年版，第29页。

③ 金业文、刘志军：《论"泛语文"倾向的纠正》，《中国教育学刊》2014年第1期。

④ 徐相斌：《现象、反思与对策——初中语文课堂观察与思考》，《语文教学通讯》（初中刊）2005年第1期。

③ 这一工程对三峡地区的生态环境有何影响?

④ 假如爆发战争,这一工程是否存在安全隐患?

⑤ 你知道党和国家三代领导集体是如何关心和重视这一工程的?

这几个问题在师生互动、交流、争论中占了整个课堂时间的三分之二。

(3) 课改实验区一些学校引导学生开展语文研究性学习,题目有:"东阳民间传说研究""上海石库门文化研究""吴文化研究""湖州特色小吃研究""关于上海创建国际金融中心的若干研究"……

现象评析:语文实践的"泛语文"偏向,从根本上讲,是语文课程性质观和内容观的偏误所导致的。

第一,语文课程性质观的偏误。语文课程性质观决定着语文教学方向,左右着语文教学行为,可以说,有什么样的语文课程性质观,就有什么样的语文教学。1958 年开始的"大跃进"运动,左倾思潮泛滥,一些人片面强调语文课程的政治性和思想性,把"为政治服务"作为语文教育的指导思想,致使语文基础训练弱化,语文教育质量严重滑坡。"文化大革命"期间,语文教育沦为政治斗争的工具,语文课被上成"政文课",语文教育几近瘫痪。① 当代语文教育的这两次重大失误,究其根源,就是因为语文课程性质观发生了严重偏差,一些人无视"工具性"是语文课程的本质属性,错误地用"思想性""政治性"取代"工具性"所致。这些历史事实值得我们警醒。

前些年,一些人又一味贬低、指责"工具论",把语文课程的"人文性"抬高到不恰当的位置。"'人文性'的'后起强势'则是显而易见的。在有些人看来,讲人文性便是理念的进步,便觉趾高气昂;坚持工具性便是

---

① 一些"工具论"批判者又把罪状强加到"工具论"头上,说"'工具说'基于语言的工具性,既然是工具,为什么不能、不应该成为政治的工具呢?";照此推论,"泛人文"的现象似乎也可以怪罪于"工具论"——语文又何尝不是人文教育的工具?如此,岂不荒谬?

因循保守，便觉羞于见人。"① "时至今日，似乎再谈'工具性'，便是落伍了。"② 甚至，有人认为人文性才是语文课程的本质属性，"语文教育本质上就是人的教育"。在这种情况下，一些教师为了体现"人文性"，在教学中处处标榜"人文"，深挖所谓"精神""灵魂""美""爱""生命""关怀"等等人文话题，把语文课上成人文课，这样，"泛人文""非语文"等现象便出现了。

第二，对语文课程内容的认识不清。语文之外的其他课程都有明确的内容可教，而语文课却是一门没有确定的教学内容的课。在我国，由于"语文课程内容研制的缺失"，"长期以来，语文课程具体形态被淹没在教材层面，语文教材顶替着语文课程。"而语文教材又是由一篇篇选文所组成，所以实际上是"选文朦胧地顶替着语文课程与教学内容"③，至于用这些选文来"教什么"，不同的教师又不同的想法和设计。又由于选文本身具有综合性，几乎其中所有的内容都可以成为教师教学选择的对象，甚至还可能由此拓展开去，所以这就"往往导致教师们在'教'的内容选择上随意而杂乱，错误乃至荒唐"④，"不分青红皂白、不问甜酸苦辣、不论东西南北，似乎什么都可以往里面塞，反正教这样、教那样都是语文课，甚至茶馆式的瞎扯闲聊也不例外。"⑤ 正因语文课程内容如此不确定，再加上一些人文论者在那里摇旗鼓吹"人文性"，所以一些教师把学生语文活动的重点放在言语内容而不是言语形式上就在所难免了。

从语文课程的根本目的任务看，语文课程的基本内容应该是教材的言语形式而不是言语内容，因此，教师应把学生语文实践的着眼点放在言语形式上，"带领着学生从文章里走个来回"——即遵循"形式—内容—形式"的原则："首先把语言文字弄清楚，从而进入文章的思想内容，再从思想内

---

① 周建成：《语文新课标强势话语下的"真理"遮蔽》，《教学大参考》2004 年第 9 期。
② 钱梦龙：《为语文教学招"魂"》，《中学语文教学》2004 年第 2 期。
③ 王荣生：《新课标与"语文教学内容"》，广西教育出版社 2004 年版，第 18 页。
④ 王荣生：《新课标与"语文教学内容"》，广西教育出版社 2004 年版，第 18 页。
⑤ 王尚文：《语言·言语·言语形式—试论语文学科的教学内容》，《浙江师范大学学报（社会科学版）》1996 年第 1 期。

容走出来，进一步理解语言文字是怎样组织运用的"①，而不是把教学重点放在言语内容上，一味深究课文"说了什么"，这样，语文训练才能落到实处。如果像一些"泛人文"教学那样，把学生带进言语内容里后，就由言语内容生发开去，任其在其中游弋，"沉醉不知归路"，而不带领学生"走出来"学习作者是如何运用语言文字来表情达意的，学生就难以获得运用语文的经验，语文能力培养的目标就难以落实。

（四）现象之四：虚化窄化

所谓"虚化"，是指在教学中虽然也重视学生的语文实践，但却或者由于追求表面的热闹与花哨，或者由于疏于指导、指导乏力，而不能落到实处，未能收到实效；所谓"窄化"，是指因对"语文实践"理解狭隘而缩小了语文实践的范围，限制了语文实践的时空。这包括以下三种情况：

1. 形式主义，语文实践凌空蹈虚

现象素描：不管在新课改之前，还是在新课改之后，我们都可以看到一些"热闹"的语文课堂，特别是某些"展示课""公开课""观摩课"。"热闹"主要表现在学生的活动上。走进这样的课堂，但见：在教师的"导演"之下，学生或唱或跳，或说或笑，一会儿配乐朗读，一会儿正反方辩论，一会儿课本剧表演……活动花样不断翻新，十八般武艺轮番上。"凡是生活中的场景、凡是舞台上的做法，都要在语文课堂上翻版出现，语文课堂俨然成了'综艺大观''生活大舞台'"。② 请看下面两个教学案例：

（1）高一某教师用现代庭审的方式，让学生扮演法官、原告、被告，教读《诗经》中的《氓》，让课堂变成法庭，几个学生一番表演，谴责负心男子，判原告被告离婚。整节课教师完全把原诗抛开，只取其中的几个枝节让学生表演，名曰：自主、合作、探究。为了这样一节课学生课外用了大量的时间去了解有关庭审的知识，作开庭的准备。③

① 张志公：《张志公语文教育论集》，人民教育出版社1994年版，第549页。
② 夏家顺：《谨防语文教学中的形式主义倾向》，《中学语文教学》2007年第3期。
③ 肖耀武：《语文教学不能忘却根本》，《中学语文教学》2006年第8期。

（2）在一次大型教学观摩课上，一位教师讲《美丽的草原》。草草读了一遍课文后，老师问："美丽的草原是什么样的?"学生异口同声地回答："是美丽的!"再问："草原上有什么?"学生答："草、鲜花、羊群……"几分钟就把课文讲完了。接下来，老师问："谁能用画笔把它表现出来。"于是，有学生上黑板画画；又问："谁能用歌声把它表现出来?"于是，有学生到讲台前唱《美丽的草原我的家》；最后问："谁能用舞蹈来表现呢?"于是，几个孩子跳起了舞蹈《草原英雄小姐妹》。①

现象评析：改变传统教学中教师滔滔讲授、学生端坐静听的局面，让学生成为语文学习的主人，通过各种语文活动去学语文、用语文，这符合语文课程的实践性特点，是教学观念的进步。并且，我们也不反对活动形式的创新。但组织语文实践活动，至少应该明确两点：第一，活动的目的是什么?第二，活动的过程和结果是否有效? 如果不问活动的目的，仅仅为活动而活动，或者仅仅为了标榜自己是"课改着"的、仅仅为了增加课堂的"看点"和"亮点"而活动；如果不问活动的过程和效果，活动老是浮光掠影，走马观花，而不落到课文的字里行间；如果只有肢体的活动而没有思想的跃动，只有活动的过程而没有深入的反思，那么，这样的活动就很难将语文经验印刻在学生的记忆中，不能形成真正的能力。

目前语文课堂上暴露出的这种形式主义倾向，反映了某些语文教育工作者的浮躁心态——为了标榜自己是"课改着"的，为了增加课堂的"看点"和"亮点"，一些老师不是在"语文"上下功夫，而是在活动形式一味追新逐奇。这种浮躁心态对语文教育有害无益，其结果是"一篇课文教下来，学生读课文仍然结结巴巴，丢三落四，如同没有学过一样；问及课文语句，更是茫然不知所答。"②面对这种现象，笔者不由得想起了1978年《全日制十年制学校中学语文教学大纲（试行草案）》中的一段话："无论读或

---

① 王鹏伟：《规定性与开放性：语文教学的盲点与错位》，《语文建设》2008年第1期。
② 钱梦龙：《为语文教学招"魂"》，《中学语文教学》2004年第2期。

写，都要认真。课文要仔仔细细地读，字要规规矩矩地写，练习要踏踏实实地做，作文要认认真真地完成。"① 这段话出自张志公先生之手。两相对比，如今某些"热闹"的语文课堂显得多么的浅薄！

2. 疏于指导或指导乏力，语文实践盲目寡效

现象素描：这有两种情况。一种是教师将学习任务布置下去后，就作"壁上观"，任由学生自己在语文实践中"摸爬滚打"，不讲解，不指导，不检查，不督促，甚至在学生的学习出现了明显错误时，在学生瞎折腾时，在他们遇到困难急需得到帮助时，也不加引导，保持沉默，"一直微笑着，除了传递话筒，几乎不置一词"②。比如下面这个教例：

> 《春》的教学。入课后，老师交代了本课学习目标要求，接着，学生自主学习，可以看书思考，可以默读，可以同桌小声讨论；10 分钟之后，集中研讨问题，主要方式是老师主问，学生随意地回答，正误老师也不置可否，待时间差不多之后，老师看学生的回答五花八门、不着边际，便急急"收网"：同学们，刚才大家做了很好的交流，都说得不错，我根据大家的意见，总结如下……看整个课堂教学活动中，几乎没有学生拿出过字词典，很少见到同学查阅其他资料，很少有同学在课文的字里行间、天头地脚写写划划。③

还有一种是：对学生的语文实践，教师也试图给予指导，但却心有余而力不足——或者云遮雾罩，"导"而不明；或者蜻蜓点水，"导"而不深；或者不知所云，"导"而无方。笔者曾观察了一位教师教学《屈原列传》（高中《语文》第六册）时指导学生实践的情况，主要过程如下（两课时）：

---

① 课程教材研究所编：《20 世纪中国中小学课程标准·教学大纲汇编：语文卷》，人民教育出版社 2001 年版，第 440 页。
② 这是沈坤林在《课堂讨论需要理性调控》提到的一个个例，具有一定的代表性。见沈坤林：《课堂讨论需要理性调控》，《中学语文教学》2003 年第 10 期。
③ 严华银《关于语文学习方式的现实思考》，《中学语文教学》2007 年第 9 期。

（1）朗读课文。入课之后，教师简单地交代第一项任务：朗读课文，限时15分钟。随后学生自由朗读。读完后，教师请学生按座位顺序依次单独朗读课文。遇有读错的字，教师给予纠正，方法是：将字写在黑板上，注音，告诉学生怎么读，但未带领学生朗读。学生读错的字有：怛、訾、蝉蜕、淖、爝、汶、啜，等等。其中有的字课文注释中注了音。

（2）翻译课文并串讲各段大意。分小组自行翻译课文前三段，每组各一段，教师巡回答疑，在整个过程中，共有6个学生向教师请教。学生翻译完后，教师请各组推荐代表到上台翻译。

A组代表上台翻译，翻译得不够连贯。学生翻译后，教师未作点评，问A组同学：这一自然段主要讲了什么？生：屈原的生平和他所做的事。师：主要讲的是屈原的生平和地位。然后教师翻译第一自然段，串讲。

B组代表上台翻译。声音较小，后几排听不太清楚。在学生翻译的过程中，教师讲解了两个词语：与、伐。翻译结束后，教师提问：这一自然段主要讲了什么？学生回答后，教师指正：主要讲屈原被疏远。但未作进一步分析。

C组代表上台翻译。翻译得不够连贯，有的地方不会翻译。教师不时点拨、讲解。翻译结束后，教师提问：这一自然段主要讲了什么？C组学生坐在座位上七嘴八舌地回答。随后教师简单地指正："主要讲了屈原创作《离骚》的原因，以及对《离骚》的高度评价"。

而后，教师让全班学生自行翻译第四自然段。在学生翻译时，教师不时提醒：不懂的地方请举手。这一过程中，有3个学生举手，教师给予个别指导。也有的学生心不在焉，无所事事。学生自行翻译，直到下课。

课后，笔者随机问了几个学生：能翻译了吗？都懂了吗？

生1：基本上都懂了。（笔者立刻来了个"小测验"，请她翻译"入则与王图议国事"一句，她翻译为"他进去就根据图画与怀王商议"，这说明这个学生并没有真懂，她过于自信。）

生2：能翻译个大概。有的地方不太懂。（他指了几处）

生3：有的地方还是不会翻译。如"冀幸君之一悟，俗之一改也。……卒以此见怀王之终不悟也"，等等。

这是两节普通得不能再普通的"家常课"。两节课教师都没有独霸讲台，而是把时间交给学生，让他们自主实践，但最后为什么教学效果还是不太理想、很多学生还是似懂非懂呢？分析起来，教师指导乏力、落实不够是其中一个重要原因：（1）朗读指导中的问题。教师没有给学生示范朗读，也没有在读的方法如断句等方面作指导。学生读错字音时，教师只是将该字写在黑板上，给学生说怎么读，而没有带领学生朗读。学生只听老师说一遍便能掌握这些字音吗？（2）翻译指导中的问题。在学生翻译的过程中，尽管教师一再强调"不懂就问"，但整个过程只有9个学生提问，是不是其余那些学生就没有遇到问题？有没有大多数学生都会遇到的翻译难点？整节课，教师没有就翻译的难点、重点作集体指导。在小组代表翻译后，教师也没有作具体的点评、指导，小组代表究竟哪些地方翻译得好、哪些地方还需改正，很多学生都不清楚。（3）段落大意分析中的问题。教师在请学生概括各段大意后，没有分析其对错，只是简单地把结论抛给学生。比如，分析第三自然段的大意时，教师只是简单地说"主要讲了屈原创作《离骚》的原因以及对《离骚》的高度评价"。屈原创作《离骚》的原因究竟是什么，作者用了怎样的语言来评价《离骚》，中间为什么要穿插一句"夫天也"，这一句跟前后的句子有什么联系，这些都没有深入剖析。总之，整个教学过程，教师的指导都显得浮光掠影，既没有在具体的教学点上引导学生探幽析微，也没有在方法上给学生以指导，因此很多学生在阅读、翻译、理解时都是凭感觉行事，似是而非，这种似是而非的实践只能产生似懂非懂的结果，学生今后面对类似的问题时也可能模模糊糊，难以把握。

现象评析：第一种情况，如果不是因为教师缺乏责任心的话，就是由于对相关理念如"弘扬学生的主体性""倡导自主学习"等的误解所致。弘扬学生的主体性，倡导自主学习，放手让学生去实践，并不等于教师就可以撒手不管。事实上，学生的学习离不开教师的指导，学生主体性的弘扬有赖于教师主体性的发挥，教师应积极为学生的实践开源引路，释疑答难，指点迷津。不认识到这一点，一切都任由学生"自己做主"而不加引导、督促，那么学生的语文实践就有可能受到自身水平的限制而迷失方向，盲目低效，而所谓"主体性"也不过是"学生肤浅表层的甚至是虚假的主体性（假性主体）"[1]。

　　再来看，在《屈原列传》的教学中，教师的指导为什么不能深入细致？在《春》的教学中，教师为什么对学生的回答不置可否？教师的沉默意味着什么？难道仅仅是一个放弃责任的问题？其实，从高高在上的讲授者转变为学生实践的指导者，对教师的素质提出了更高的要求。如果说"授"可以事先把一切准备好而"照图施工"的话，那么"导"则更需要"见机而作"。学生的语文实践因人而异，复杂多端，那么：教师能不能及时地发现学生实践中的问题？能不能准确判断学生实践中的疑难？能不能迅速地对学生的实践作出反应、评价？能不能适时地给学生释疑解惑？能不能正确地给学生的实践指引方向？……这些对教师的学养才情、经验储备和教学机智等等都提出了挑战。如果不能迎接挑战，如果自己心里也没底，选择不置可否，选择沉默，也是有可能的。

　　笔者曾在两所小学听了三位语文教师上识字、写字课。教写字，教师的示范很重要，但笔者看到，一堂课，十多个生字，三个老师都只勉勉强强、遮遮掩掩地在黑板上示范了一两个字的写法，其余的字一律用多媒体打出来。为什么？字太差，没法露脸。笔者也曾翻阅了一些教师批阅的作文本，很多评语都是"中心明确""内容充实""语言通顺""论证严密"或"条理不清楚""错别字较多""书写欠工整"等套话，既不能具体地肯定作文的优点，也不能中肯地指出作文的问题之所在。这些事实不正说明：为了更好地指导学生的语文实践，某些教师的语文素养、教学素养还有待提升吗？

---

① 余文森：《新课程教学改革的成绩与问题反思》，《课程·教材·教法》2005 年第 5 期。

3. 理解偏差，语文实践偏颇窄化

先来看看教师们对"语文实践"的理解。在回收的 348 份教师问卷中，有 213 位教师写下了他们对"语文实践"的理解，剔除 15 个与"语文实践"毫无关系的回答，我们将其余 198 位教师的回答进行整理归类，最终将教师对"语文实践"的理解分为如下 10 类：

（1）听、说、读、写等活动。多读、多写、多说、多听。听、说、读、写、思贯穿语文学习的始终。听、说、读、写、思。听说读写活动。阅读和写作。语文实践是指一切与语文学习相关联的实践活动，听说读写皆归于内。听的过程、说的过程、读写的过程。听说读写的操作。课堂及生活中听说读写的运用及训练。与人交流、口语表达、写作。……

（2）在活动中学语文。活动中学语文。在课堂上创设实践的情境，让学生参与。让学生将书面语和口语相结合，展开实践活动。在一定的活动中激发学生对语文的兴趣。阅读，积累，多参与活动。语文实践就是让学生多参与一些活动，从中提升语文能力。让学生成为学习语文的主体，多动手动脑。学生对语言文学进行生活化、符合其认知水平的一些活动。组织语文活动，通过实践提升能力。让学生的眼、耳、口、手、心都动起来。动脑、动情、动手。让学生动脑、动手、动口，进行创造性活动。活动课堂中的实践。……

（3）综合实践活动或课外活动。开展一些课外活动，培养课外兴趣。参加情境实践，如话剧表演等。扩大课外阅读，参加课外活动。开展一些课外活动，提高学生对语文的兴趣。……

（4）语文知识运用的过程。语文实践是将所学语文知识用于实际生活，以检验语文知识的可靠性、可行性。在掌握语文知识的基础上，熟练运用语言进行交流沟通。学了知识一定要过手，过手才能形成能力。……

（5）在生活中学语文，或将语文运用于生活。语文实践指语文同社会生产、生活的有机联系，突出语文的工具性、实用性和操作性，让学生充分认识语文的实际作用。语文服务生活，生活丰富语文；在适量、有效训练中巩固知识，提升能力；以读促写，以写促读，全面提高言语能力。语文与生活相联系，解决实际问题，从现实出发。必须和现实生活紧密结合。语文即生活，在生活中交际、运用、提升。语文实践就是能将语文生活化，将书本的体验与生活体验相结合。生活中对语文的运用。于生活中体验语文，又能把所学灵活运用于生活。语文来源于生活，服务于生活，语文就应该在实践中去学习。语文当是学生一辈子的课程，要用一生的经历和感悟去学习，去实践。语文实践是无时无刻，随时随地的。在生活中用语文。就是要学生能够在生活、学习中学以致用。将所学的语言文字运用到说话中去，会说、能说。从生活中学得，又用到生活中。在生活实践中学习语文，同时将语文运用到生活实践中。用发生在孩子们身边的事教孩子学语文，必要时走出课堂，走进社会。让学生在生活、学习中把语文用起来。挖掘教材中的实践内容，让学生在课堂上联系生活，唤醒语文意识……

（6）强调学生的主体性、参与性，动脑动手动口。让学生参与课堂生活。在教师引导下，学生主动或被动地去阅读，去感知，去表达，进而引导学生走向自动阅读的过程。把课堂还给学生，尊重学生。理念上，以学生为主体，帮助学生提高素养；操作上，放手让学生学习、交流、合作、提高。凸显学生的主体地位，多互动，深入挖掘文本，共同体验语文的博大与浩瀚。语文实践是最大限度地调动学生去言说，去解读读者与自己的思想。学生参与到课堂中，由悟到收获。让学生更多地参与教学，在体验中获得知识。凡与语文学习有关、亲自参与并体验的过程都可以叫语文实践……

（7）学生的学习行为。学生多花时间自主学习、合作探究。学生的朗读、讨论等一切课堂行为。读书、思考、讨论等学习行为……

（8）语文的运用或听说读写能力。指语文在生活、学习、工作中的运用。实践就是运用，不能只局限于课堂上的各类能力的培养，应运用于生活。运用相应的方法指导不同文本的阅读实践，读懂读准确、读深刻、读出个性，这是语文最基本的需要；能写出合乎规范的不同文本的习作，熟练运用语言表达技巧，这都是细致艰苦的实践活动，是不断重复的过程。语言的运用和表达交流。主要表现在听说读写等方面的实践能力。听说读写，与人交际的能力。理解语文、感悟语言的魅力，运用语文的能力。能说：意思清楚、观点明确、表达清晰；能写：能写自己所想、所思所感；能听：听懂别人的话；能读：看懂文本。语文实践是指在实际的生活情境中能正确运用语言，能进行合理正确的交流。口语交际、写作能力。对语言的领悟与运用能力。语文实践是学生听说读写能力的体现。语文实践就是学生能说，能听，能读，能写。语文实践指语言的表达与交流，思维的碰撞与形成。学生能够通过语文学习，最终学以致用，比如能独立完成古诗文阅读、进行实用类文本写作、能在谈话中"引经据典"……

（9）培养读写听说能力。培养听说读写能力。培养学生的听说读写能力，这种能力的培养不仅在学校，也需要在家庭、社会中培养。培养学生的听说读写能力，提升学生的人文修养。语文实践就是提高学生的综合表达能力（包括读写听说等）。听说读写四种能力的提升过程。平时对学生的口语及书面语的能力训练。语文实践就是培养学生掌握、运用语言的能力。通过一定的教学手段，提高学生听说读写的能力。听说读写等都需要实践，思维和能力必须通过实践来训练和获得。语文综合性能力的训练和培养，多阅读名著名篇，多观察生活、积累素材。从听说读写等方面培养学生的能力，提高学生的语文素养。在读写过程中、生活体验中提高语言文字的感悟能力、表达能力……

（10）一些似是而非的回答。培养学生的综合实践能力。强调工具性和运用性。思考，让学生能思考。活动形式是思想本质的载体，实践中的语言、文字才是最有生命力和张力的。让学生用语言去认识世界，通过语言去把握世界，然后用优美的语言去塑造和完善自己，与世界完美遇合。让学生思想动起来。工具性与人文性的统一，让学生更快地掌握科学文化知识，培养口语交际的能力……

这 10 类解释，根据我们对"语文实践"的理解，除第一类较为符合"语文实践"的本义外，其余 9 类都存在着一定程度的偏颇。第 2、3 类分别把"语文实践"理解为"在活动中学语文"和"综合实践活动或课外活动"——从教师的表述中可以看出，这里所说的"活动"，是指特意组织的课本剧表演、演讲会、读书活动、文学社团活动等等活动课程意义上的"活动"，这显然窄化了"语文实践"的内涵；我们认为，"语文实践"不单单是指所谓"活动"中学语文，也不仅仅是指"综合实践活动或课外活动"，课堂上学生所进行的听说读写活动，如朗读、抄写、默写、理解课文、讨论、写作等；朝读课上学生的读书活动；课后学生完成的语文练习；学生平常写日记、周记，等等，都属于"语文实践"的范畴。第 4 类把"语文实践"理解为"语文知识运用的过程"，也只是指出了"语文实践"的一个方面，实际上，并非所有的语文实践都跟数理学科一样是运用知识去做练习的过程，语文教学中很多语文实践活动其实是"原生态"的。第 5 类把"语文实践"理解为"在生活中学语文，或将语文运用于生活"，也窄化了语文实践的内涵，"语文实践"固然强调"语文学习的外延与生活的外延相等"，但对于正式的学校语文课程来说，在生活中学语文、用语文仅仅是它的一个延伸和补充而已。第 6 类强调学生的主体性、参与性，强调动脑、动手、动口，抓住了语文实践的一个重要特征，但却并不是对语文实践内涵的揭示。第 7 类把"语文实践"理解为"学生的学习行为"，又过于宽泛，其实学生的某些学习行为并非语文实践，比如某些讨论、探究行为。第 8、9 类分别把"语文实践"理解为"语文的运用或听说读写能力""培养读写听说能力"，从概念上看，显然不对位，"实践"是一种活动的过程，并不等于"能力"。至于第 10 类中那些似是而非的回答，那就更是相差甚远了。

除了上述理解偏差外，还存在这样一种情况，那就是对语文实践的去知识化理解，这种理解"将'语文实践'狭隘地等同于与语文实践能力具有同一形态的听说读写实践，在张扬语文实践的同时，有意无意地贬斥语文知识，甚至将两者对立起来"。① 语文实践的"去知识化"理解，主要是由于对语文课程标准相关理念的误读造成的。语文课程标准把"语文实践"作为语文能力培养的主要路径，一些人就此认为，既然语文能力培养主要靠"语文实践"，那么就让学生"实践"得了，即所谓"通过游泳学会游泳"。"通过游泳学会游泳"，一切靠自己摸索，那与在日常生活中学语文有何区别？语文课程的价值在哪里？"'在游泳中学会游泳'，道理固然有正确的一面……但是恐怕也不能这样理解，把学生扔到水里任他们扑腾，就是我们语文课程的形态，甚至是惟一的形态。"② 现代语文教育中的语文实践应该是科学的，再不能回到古代语文教育"沉潜自悟""暗中摸索"的老路上去，而科学的语文实践离不开知识，因此，对"语文实践"的理解就不应该局限在"自然形态的、与语文实践能力具有同一形态的听说读写"上，而更应该强调另两类"语文实践"——即"潜藏着特定语文教学内容（语文知识）的，对所要培养的语文实践能力有直接促进作用的实践活动"和"语识转化为语感的语文实践"。

　　理解的偏差，再加上外部多种因素（如应试的压力、学校的规定、同事的做法等）的影响，必然导致实践的偏颇。这主要表现为三个方面：

　　一是把组织学生搞活动当作"语文实践"的主要形式，一提"语文实践"就是组织学生开展演讲比赛、朗诵比赛、辩论赛、读书交流会、课本剧表演、文学社团活动、街头语文纠错等语文活动，或者就是让学生到广阔的生活中去学语文，而忽视了课堂这个教学主阵地上的读写听说活动和严格的语文训练；

　　二是只是一味地引导学生从事"原生态"的读写听说活动而疏于知识引导和方法点拨。比如，阅读课上一味让学生"傻读"的现象，口语交际课上表演式地开展"打电话""买文具""问路"之类的"活动"却并没有实质性的知识介入的现象，等等，都是典型的例子。

---

① 王荣生：《解读"语文实践"》，《课程·教材·教法》2006 年第 4 期。
② 王荣生：《新课标与"语文教学内容"》，广西教育出版社 2004 年版，第 16 页。

三是只重课本教学那"一亩三分地"和由此延伸出来的各类语文练习，而很少开展各类语文活动（包括语文综合实践活动），不注重引导学生到生活这一广阔的天地里去学语文和用语文。

下面我们用调查数据来对第三方面的问题详加说明。

首先，我们对语文综合性学习的实施情况进行了调查。当问及"对于教材提供的语文综合性学习专题，您的实施情况"时，被调查的 152 名义务教育阶段的语文教师（因为一般义务教育教材才设有"综合性学习专题"），有 103 人表示是"选择其中 1—2 个单元实施，其余的学生自学"，约占 67%；有 20 人表示是"选择其中 3—5 个单元实施，其余的学生自学"，约占 13%；还有 10 人表示"没有时间和条件，根本无法实施"，约占 7%；而表示"按教材安排逐一实施"的只有 19 人，占 13%。而当问及学生"你的语文老师一学期组织几次语文综合性学习"时，参与调查的 198 名初中生中，15 人表示有"8 次及以上"（占 8%），23 人表示有"5—7 次"（占 12%），43 人表示有"4—6 次"（占 22%），81 人表示"1—3 次"（占 40%），36 人表示"从未组织"（占 18%）。这里，不管是教师的回答还是学生的回答，都表明：在义务教育阶段，很多教师组织语文综合性学习的次数是低于教材所安排的次数的（拿人教版 7—9 年级教材来说，每册一般为 6 次）；语文综合性学习的开展率是不高的。再从学生的参与情况看，表示每次综合性学习活动都能充分参与的学生 27 人，占 13.6%；表示"大部分时间能"的 85 人，占 42.9%；表示"偶尔能"的 58 人，占 29.3%；表示从未充分参与的 28 人，占 14.1%。可见，即使教师组织了综合性学习，每次也有相当一部学生不能充分参与。

为什么语文综合性学习不能按教材的安排展开呢？是哪些因素制约着语文综合性学习的开展？为此我们也进行了调查。152 人中，有 66 人（占 43.4%）认为是"社会不能提供资源"，81 人（占 53.3%）认为是"学校不重视"，58 人（占 38.2%）认为是"教师缺乏相应知识和专业素养"，59 人（占 38.8%）认为是"教材中语文综合性学习专题设计不太符合实际"，101 人（占 66.4%）认为是"考试评价方式的制约"，还有 3 人（占 2%）认为是

"学生不适应"。除了这些原因外，教师们没有给出其他原因。

再来看看教师组织语文课外活动的情况。当问及"您是否经常组织学生开展语文课外活动（如演讲比赛、文学创作活动、语文兴趣小组活动等）"时，11.5%的教师表示"经常组织"，49.8%的教师表示"有时组织"，37.1%的教师表示"很少组织"，1.8%的教师表示"从不组织"。当向学生问同样的问题时，9.3%的学生表示"经常开展"，38.6%的学生表示"有时开展"，31.9%的学生表示"很少开展"，20.2%的学生表示"从不开展"。两相比较，教师的回答和学生的回答有些出入，有更大比例的教师认为他们经常组织语文课外活动，而有更大比例的学生认为他们的语文老师从不开展语文课外活动，这也许是样本选择所造成的差异，也许是部分教师或学生的回答不符合实际情况。究竟是什么原因造成这种回答上的差异的，有待进一步研究。但不管怎样，都有相当大比例的教师（37.1%＋1.8%）和学生（31.9%＋20.2%）表示他们很少或从不开展语文课外活动，这表明在当今的语文教学中，语文课外活动这一语文学习的途径是有所缺失的。

那么，影响教师开展语文课外活动的因素有哪些呢？从调查数据看，有54%的教师认为是"没有时间"，有39.9%的教师认为是"学校不支持"，有9.8%的教师认为是"学生不感兴趣"，有67.8%的教师认为是"考试评价方式的制约"，还有27.3%的教师认为是"教师缺乏相应知识和专业素养"。由此可见，影响语文课外活动开展的因素是多方面的，但考试评价方式的制约被认为是首要因素。

再来看看学生课外语文实践的情况。在被调查的学生中，平均每天用于课外阅读的时间为2小时及以上有92人，占10.2%；约为1个半小时—2小时有76人，占8.4%；约为1小时—1个半小时有152人，占16.8%；约为半小时—1小时有324人，占35.8%；半小时以下的有216人，占23.8%；从没有阅读的有46人，占5.0%。而平均每学期阅读10本以上课外书有131人，占14.5%；8—10本的有52人，占5.7%；5—8本的有114人，占12.6%；3—5本的有252人，占27.8%；1—3本的有319人，占35.2%；一本也没有阅读的38人，占4.2%。从这些数据看，学生课外阅读的情况还是比较理想的。进一步了解他们在课外自觉学习语文的情况，当问及"除了规定的作文外，你会自觉地练笔吗"，10%的学生表示"经常会"，30%的学生表示"有时会"，42%的学生表示"很少"，18%的学生表示"从不"；当问及"你是否会有意识地通过读书、看报、看电视、上网等来学习语文"，11%的学生表示"经常会"，41%的学生表示"有时会"，37%的学生表示"很少"，11%的学生表示"从不"，这些数据表明，很多学生在课外、在日常生活中学习语文的自觉性并不高。

为什么很多学生在课外、在日常生活中学习语文的自觉性不高呢？是不是与教师缺乏引导有关？笔者的调查显示，50.9%的教师经常会有意识地引导学生在日常生活中学语文、用语文，43.4%的教师有时会这样做，5.2%的教师很少这样做，还有0.57%的教师从不这样做。从这一数据看，应该说，大部分教师还是注重引导学生在日常生活中学语文的，那为什么一些学生还是缺乏学习语文的自觉性呢？综合笔者的访谈资料和相关研究资料，我们发现，其中主要有这样几方面的原因：第一，在应试高压下，因为语文科在考试成绩的提升上"见效"慢，不像数、理、化、英语等学科那样容易拉开差距，所以很多学生更愿意把时间用于其他更容易"拿分"的学科的学习而不是语文学习；第二，随着信息技术的迅猛发展，学生课余的休闲、娱乐方式更加多样化，与传统媒体时代相比，现在有更多的学生将课余时间用于上网聊天、玩网游、看电影、听音乐，而不是写日记、看课外书；第三，一些语文教师教学方法死板，专注于应试训练，授课枯燥乏味，丧失了语文学科应有的情味，导致学生对语文学习不感兴趣甚至产生反感；第四，在价值观念趋于实用、就业竞争日益激烈的时代背景下，很多学生往往会根据个人发展规划和未来就业方向来分配各学科的学习时间，而"母语水平高低，至少在表面上还不是能否成为热门专业人才的决定因素"[1]，因而这些学生不会太重视语文的学习，也不会在语文学习上花费过多的时间。

---

[1]　教育部基础教育司编：《全日制义务教育语文课程标准解读》，湖北教育出版社2009年版，第29页。

第五章

语文课程实践品格的彰显：课程设计

　　"语文课程是实践性课程"既是一种实然性表达，也是一种应然性表达。说它是实然性表达，是因为它是在考察语文教育实践的基础上对语文课程内在规律和特性所作的揭示，而非人们的主观臆造；说它是应然性表达，是因为它是语文课程建构的一种应有取向，是课程设计、实施应该参照的坐标。从上一章的分析我们看到，在现实的语文课程教学中，还存在着种种漠视、误解和扭曲课程实践特性的"实践迷失"现象，语文课程应有的实践品性还没能得到充分、合理的彰显，而这，必然影响语文能力培养的质量和效率。因此，要优质高效地培养学生的语文能力，科学合理地彰显语文课程的实践品格是关键。

　　回过头去作一鸟瞰，我们发现，林林总总的语文实践迷失现象不外乎这样两大类：一是语文实践这条语文能力培养的主路径被不尽合理的课程设计和某些教学行为如知识宣讲、繁冗讲析等所遮蔽、所挤兑；二是语文实践虽受重视，但却因不科学、不规范而低质寡效。因此，解决语文实践迷失的问题、合理彰显语文课程的实践品格，就应该着力解决这样两个问题：第一，如何保证语文实践成为语文能力培养的主路径？第二，如何促成有效语文实践？

　　本章将从课程设计这一维度对这两个问题进行探讨。前文曾指出，就某门具体的课程而言，课程设计主要是指制订课程标准和编制教材的过程，因此我们的探讨也主要从这两方面展开。

第一节　语文课程标准中的"实践元素"设计

不同类型的课程有着不同的设计逻辑，知识课程是以学科知识为核心并按照学科知识的逻辑体系来设计的，实践课程则是以学科实践为核心并按照学科实践的逻辑来设计的。语文课程，正如我们反复论证的那样，既然是一门实践性课程，就理应按照实践课程的逻辑来设计。按照实践课程的逻辑设计语文课程，仅仅在作为课程设计纲要性文件的课程标准中指明"培养语文能力的主要途径是语文实践"，或者仅仅号召式地提出"应该重视学生的语文实践""应该让学生在大量的语文实践中学语文、用语文"之类的要求是不够的，重要的是要把"语文实践"作为语文课程的一个重要元素予以具体设计。

一、语文实践与语文课程内容的建构

（一）对语文课程内容的理解

"无内容的课程是不存在的"①，无论哪一种课程设计都不能没有内容。关于课程内容的实质，存在着这样三种不同的理解：（1）课程内容即知识；（2）课程内容即活动；（3）课程内容即经验。

"课程内容即知识"，这是知识本位课程观的理解，这种理解把课程内容看做是从相应的学科领域中精选出来的知识所构成，教材和教学都要根据这些知识的逻辑与结构展开。这里的"知识"，"主要指那些经过严格检验，被证明是真实可靠的、能够用文字符号加以明确表达的认识、信念或行之有效的做法"②，其显著特征是客观性、普遍性。因此，这种课程观主导下的课

---

① [美] 艾伦·C. 奥恩斯坦、费朗西斯·P. 汉金斯：《课程：基础、原理和问题》，柯森等译，江苏教育出版社 2002 年版，第 268 页。

② 夏正江：《论课程观的转型及其对新课改的影响》，《课程·教材·教法》2005 年第 3 期。

程内容，显性知识、公共知识、间接经验明显受到重视，而缄默知识、个人知识、直接经验则往往遭到忽视。对于语文课程来说，这显然是不合理的。首先，语文课程并不以掌握"语文知识"为根本目的任务，语文课程的根本目的任务在于培养学生的语文能力；其次，能力是一种类化了的个体经验，因此，对于语文能力的培养而言，缄默知识、个人知识、直接经验显得更为重要，而不应遭到忽视；再次，"知识"不能涵盖情感、态度、价值观等人文内容，而这些内容无疑是语文课程内容的重要组成部分。

"课程内容即活动"，这是活动本位课程观的理解。这种理解把关注的重点放在学习者的活动上，而不是学科知识体系上，它"强调学习者是课程的主体"，"强调以学习者的兴趣、需要、能力、经验为中介实施课程"，"强调活动的完整性，突出课程的综合和整体性，反对过于详细的分科"[①]，这对于张扬学习者的主体性、满足学习者的兴趣爱好和个性发展都具有重要意义。但是，这种理解往往注重学生的外显活动，而"无法看到学生是如何同化课程内容的，无法看到学生的经验是如何发生的"[②]，因而有可能偏离学习的本质。事实上，这种理解更适宜于以游戏、活动为主的学前教育和中小学活动课程，对于中小学学科课程来说，它可能造成对知识学习的忽视以及对各门学科自身逻辑结构的忽视。

"课程内容即经验"，这种理解源自杜威，后来在卡斯威尔和坎贝尔（Hollis L，Caswell，Doak S. Campbell）、拉尔夫·泰勒（Ralph W.Tyler）、哈斯（Hass）等人那里得到了延续，在60—70年代，课程的经验本质观甚至支配了整个西方课程理论研究。[③] 比如，泰勒就认为，"学习经验（learning experience）这个术语，不等同于一门学程所涉及的内容，也不等同于教师所从事的活动"，而是指"学习者与他对作出反应的环境中的外部条件之间的相互作用"，因为，学习是通过学生的主动行为而发生的，学生的学习取

---

① 丛立新：《课程论问题》，教育科学出版社2000年版，第78—79页。
② 施良方：《课程理论：课程的基础、原理与问题》，教育科学出版社1996年版，第108页。
③ 郝德永：《关于课程本质内涵的探讨》，《课程·教材·教法》1997年第8期。

决于他自己做了什么，而不是教师做了什么。① 相比较而言，这种理解具有更强的包容性和更大的合理性。一方面，从"经验"一词的内涵看，它不仅可以理解为一个动词，也可以理解为一个名词。当把它理解为一个动词时，"经验"是指参与活动、亲身经历的过程；当把它理解为一个名词时，"经验"不仅包括间接经验、公共经验和理性经验，还包括直接经验、个人经验和非理性经验。因而，将课程内容理解为"经验"，就把"知识"和"活动"也包含在其中了。另一方面，从学习的实际过程看，"如果没有将学习内容转化为学习者个人经验（名词）的经验过程（动词），学习就不可能是真正有意义的。"因此，"只有那些真正为学生经历、理解和接受了的东西，才称得上是课程。"② 综上所述，我们倾向于从"经验"而不是从"知识"或"活动"的角度来理解语文课程内容。

从"经验"的角度出发，我们把语文课程内容看做是向学习者提供的关于"语文"的教育性经验。

（二）语文实践是语文课程内容的核心元素之一

特定课程目标需要特定的课程内容来匹配。为了达成语文课程能力目标，需要向学生提供哪些关于"语文"的教育性经验呢？

根据前文对语文能力的实质、结构与形成机制的分析，我们认为，语文课程应该向学生提供如下语文教育性经验：

● 显性语文知识

显性语文知识因为可以明确地表达，所以应该通过教材和教师明晰地传递给学生，让学生在规范学习中获得。这类知识包括：（1）语言符号知识。即要让学生识字习词、积累词汇，掌握字词的音、形、义和用法。（2）言语规约知识。包括语境知识、言语行为知识、会话准则知识、语篇交际知识、语体知识等等。这类知识可以根据课程目标和学生的实际需要，从语用学、语境学、篇章语言学、交际语言学、社会语言学等相关学科精选出来提供给

---

① ［美］拉尔夫·泰勒：《课程与教学的基本原理》，施良方译，人民教育出版社 1994 年版，第 49 页。

② 丛立新：《课程论问题》，教育科学出版社 2000 年版，第 90、77 页。

学生。（3）听说读写方法知识。这类知识可以从演讲学、阅读学、写作学、文章学、文艺学等学科中精选出来提供给学生。

需要注意的是，上述三类知识虽然是通过语言、符号明确地提供给学生的，但如果它们仅仅以符号记忆的方式储存在学生的头脑中，而没有转化为他们的个体言语经验，那么它对于学生语文能力发展的作用就是有限的；而要让这些知识转化为学生的个体言语经验，就要通过语文实践使之隐性化，这样它才能成为可以自如使用的工具或为语文活动定向。

● 语文活动范例和语文实践活动

从波兰尼的知识分类看，我们发现，语文课程实际所需要的知识远比人们所能明确提供的知识丰富得多，因为能明确提供的（即能够用语言、符号呈现出来的）知识只能是显性知识，而培养语文能力所需的缄默知识则根本不可能事先明确地提供出来，它必须依靠学生通过内隐学习或显性知识隐性化的方式获取。就语文学习而言，根据前面对语文能力形成机制的分析可以看到，内隐学习或显性知识隐性化的具体途径有：学习语文作品，观摩语文活动，进行语文实践。换个角度看，则是说，语文课程向学生提供知识的途径，除了上述的"显性知识的呈现"外，还应该有以下三条：一是提供语文活动的范例，二是提供语文活动的结果——语文作品，三是提供语文实践活动。通过对语文活动范例和语文作品的观摩、分析、比较、鉴赏以及亲历语文实践活动，学生就能通过内隐学习或将显性知识隐性化而获得事先无法明确提供出来的缄默知识。其实，因为语文实践及语文作品蕴含着几乎所有的言语符号知识、言语规约知识和听说读写方法知识，所以这三条途径的价值还不仅如此，它们本身还可以提供显性语文知识（需从中抽绎、归纳），以及为显性语文知识提供鲜活的例证。

最近一些年来，学界在探讨语文课程内容时，往往在能够明确提供出来的知识内容上下功夫，而对以上三条提供语文经验的途径有所忽视。其实，从上面的分析可以看到，仅仅从"知识"的层面来探讨语文课程内容是有局限的——因为很多时候我们并不知道教哪些"知识"（特别是支撑语文能力形成的大量缄默知识）才能让学生获得某种特定的语文能力；而在"知识"所不及之处，语文实践及其结果（语文作品）恰好可以发挥它的效用——它们可以提供培养语文能力所需而我们又无法事先提供的那些语文教育性经验，因而我们说，"语文实践"（包括语文作品）也理应是语文课程内容的一个重要元素。从"实践"的向度来思考语文课程内容，正好弥补了"知识"向度的不足。一方面，为了培养某种特定的语文能力，在有知识可依傍的情况下，我们可以将这些知识潜藏在语文实践中或让学生从事语识转化为语感的语文实践活动①，以使知识转化为学生的个体经验和能力，这时，语文实践充当的是知识转化的桥梁作用和语文教学的路径；另一方面，当我们事先不清楚或不完全清楚要教哪些"知识"才能让学生获得"那种"能力时，我们所能做的便是提供实践的机会，让学生"从做中学"——这正如皮特·科德所说："我们所教的仅仅是我们知道怎样描写的那一部分。只要我们不剥夺学生的机会，让他能利用那些使他得以自学的资料"，学生就"最终能够学会许多我们由于没有充分的描述而未曾教或无法教给他们的东西"②。当然，没有知识可依傍并不等于"从做中学"就是盲目的，我们可以通过对语文实践活动本身的设计（比如确定其对象、范围、要求、程度、序列等）来让学生的能力朝着预期的方向发展。在这种情况下，语文实践就不仅仅是教学路径，而已经成为了语文课程的内容要素。

　　●语文技能训练

　　语文技能训练可以被视为专门的、集中化的语文实践。但是，却不能反过来用含义更广的语文实践来代替语文技能训练。语文技能训练给学生提供的是语文活动所需的言语动作经验，因此，它应该成为语文课程的一项重要内容。如何根据语文能力所内含的语文技能要素及其形成规律来设计语文技能训练的序列，是语文课程设计需要考虑的问题。

　　●表达和整合言语经验的机会

　　除了以上内容外，语文课程还应该给学生提供各种表达、整合和重组

---

① 王荣生：《求索与创生：语文教育理论实践的汇流》，山东教育出版社 2013 年版，第275 页。

② [英] S. 皮特·科德：《应用语言学导论》，上海外国语学院外国语言文学研究所译，上海外语教育出版社 1983 年版，第 129、23 页。

言语经验的机会；帮助学生即时梳理和表达在言语活动范例、言语作品以及语文实践活动中获得的经验；引导学生将在不同时间、不同地点获得的零星言语经验进行整理、归类；引导学生将所获言语经验运用到新的情境中，实现经验的迁移；组织学生交流言语经验，实现经验的共享；等等。通过这些活动，学生就能将各种渠道获得的言语经验进行同化、顺应和重组，从而在头脑中建构起一个言语经验的网络化组织——言语经验格，而这正是语文能力形成的核心。

从上面四点可以清楚地看到，在指向语文能力目标的语文课程内容之中，语文实践是一个至关重要的元素，它不仅是提供语文缄默知识（语感）的主要渠道，也是转化显性语文知识、形成语文技能、整合言语经验的必要路径。因此，确定语文课程内容，"语文实践"这一元素就不可或缺。

事实上，翻阅中外语文课程标准，我们看到，有的就是直接把"语文实践"纳入语文课程内容之中的。

比如，日本文部科学省 2004 年颁布的《中小学国语学习指导纲要》，就在"内容"和"内容处理"部分明确地指出了应予以指导的语文实践项目。以"高中国语表达Ⅰ"为例，"内容"部分列出的 5 个项目中前 4 项都是语文实践项目：(1) 有条理地表述自己的意见，并在尊重对方意见的基础上进行交谈；(2) 收集、处理信息，并将之写成准确而简洁的文章；(3) 根据目的和场合，以适当的遣词造句和文体进行口头表述和写作；(4) 研究和欣赏各种表达的效果，并以此锻炼和促进自己的表达。此外，"内容处理"部分还特别指出"指导时可通过下列语言活动进行（举例）"：a. 提炼自己的观点，在此基础上进行演讲、发言、讨论等；b. 将观察和调查的事情作记录，并归纳写出总结报告；c. 根据不同的对象和目的写出有关如通知、介绍、联络事项等文件；d. 让学生收集身边人的各种表达，思考其效果，并对各自的表达进行自我和相互评价。① 很明显，日本的这一"国语学习指导纲要"是把语

---

① 洪宗礼、柳士镇、倪文锦主编：《母语教材研究》第 6 卷，江苏教育出版社 2007 年版，第 257 页。

文实践作为内容要素来安排的。

再如，智利 2004 年的《卡斯蒂利亚语与交际》教学大纲，在"基本目标"中指明了需要培养的能力，"具体内容"则是以语文实践活动为主干来匹配的。以中学三年级为例，"具体内容"列出的实践活动有："口头交际"——a. 分析带有议论性的口语交际情况（如辩论等），b. 参与口头论述；"文字交流"——a. 阅读有关日常交际的议论性文章，b. 写作议论文；"文学"——a. 至少阅读 6 部不同时期和类型的世界名著，b. 观察作品的描写和基本表现手法，c. 结合作品的创作和阅读背景对其进行分析，d. 模仿作品的内容、形式进行文学创作；"大众传媒手段"——多读报刊，收听收看广播电视节目，着重研究消息和广告中的议论性成分。[①]

有的教学大纲（课程标准）虽然没有明确地将"语文实践"写入课程内容中，但在其他部分却是有着语文实践活动的设计和指向的。比如，2005年美国纽约州颁布的《英语语言艺术核心课程标准》，就以"实践项目"的形式对英语能力指标进行了详细描述。以 4 年级阅读为例，《标准》规定学生应掌握的能力指标包括 4 个"标准"：标准 1——学生进行获取信息和理解的听说读写活动，标准 2——学生将进行文学思考和表达方面的听说读写活动，标准 3——学生将进行批判性分析和评论方面的听说读写活动，标准4——学生将进行社会交际方面的听说读写活动；在每一个"标准"下面，又罗列了具体的实践活动内容，比如标准 2 下面就列有"根据个人需要和兴趣选择不同体裁和不同作家的文学作品""在小组和全班进行有目的的大声朗读""每天以娱乐为目的默默阅读印刷版本和电子版本的文学作品"等活动项目。[②] 这里，尽管课程标准表述的是"能力指标"，但实际上也可以看做是对课程实践内容的陈述。

再看我国的语文教学大纲（课程标准），有的也是将"语文实践"列入

[①] 洪宗礼、柳士镇、倪文锦主编：《母语教材研究》第 6 卷，江苏教育出版社 2007 年版，第 451—452 页。

[②] 洪宗礼、柳士镇、倪文锦主编：《母语教材研究》第 6 卷，江苏教育出版社 2007 年版，第 128—130 页。

课程内容之中的，除了前文所提及的 1956 年《小学语文教学大纲（草案）》、1963 年《全日制小学语文教学大纲（草案）》外，1963 年的《全日制中学语文教学大纲（草案）》、1988 年的《九年制义务教育全日制初级中学语文教学大纲》、1992 年的《九年义务教育全日制小学语文教学大纲》等等，也是这样。如 1988 年的《九年制义务教育全日制初级中学语文教学大纲》就明确地将"能力训练"作为一项重要内容列入"教学内容"之中，要求要进行"朗读、默读、精读、略读、速读""摘录、提要""书写""观察事物、选择材料、编列提纲""记叙文、说明文、议论文、应用文习作""问答交谈""讲述见闻"等阅读、写作、听话、说话的训练。1992 年的《九年义务教育全日制小学语文教学大纲》也在"教学内容和教学提示"部分要求对学生进行听讲、朗读、复述、答问、讨论、口述作文、词句理解、概括课文主要内容和中心思想、写作等各项"实际训练"。

　　近些年，语文实践与语文课程内容的关系问题也受到一些专家学者的关注。王荣生通过考察认为，在我国语文课程标准研制中，语文课程目标、语文课程形态、语文课程内容都与"语文实践"有着密切的联系，"语文课程的具体目标，很大程度上就是对'实践'什么的具体规划；语文课程形态的选择，很大程度上就是对如何'实践'的具体部署"。[①] 由此他把"具有课程意义的语文实践活动"看做是语文课程内容的三大方面之一。韩雪屏在探讨语文课程知识体系建构时，也对"言语行为策略和实践活动"的价值予以了充分考量，说："丰富的、有意义的阅读、写作和口语交际实践活动理应成为语文课程的一项重要内容"[②]。

　　综上可见，将"语文实践"纳入语文课程内容的范畴，不管是理论上还是事实上都有足够的理据，而这，又为解决目前语文课程内容标准研制缺失的问题打开了一个缺口。承认语文实践是语文课程的一大内容元素，在研制语文课程内容时，我们就不仅要考虑对于达成语文课程目标而言"什么知

---

① 　王荣生：《认知与筹划：语文课程标准研制的双重制约》，载洪宗礼、柳士镇、倪文锦主编：《母语教材研究》第 9 卷，江苏教育出版社 2007 年版，第 84—85 页。

② 　韩雪屏：《语文课程知识初论》，江苏教育出版社 2011 年版，第 223 页。

识最有价值"，也要考虑语文实践作为一种课程元素在语文课程整体架构中的价值和地位。因此，我们建议，在语文课程标准层面，针对语文课程能力目标，建立两大内容标准：一是语文知识内容标准，即从相关学科领域精选出达成语文课程目标所需的"语文知识"作为显性知识提供给学生；二是语文实践内容标准，指出实践的范围、程度、方式和规则，规定实践活动项目设计和实践指导的原则、方法；这样，两大标准就眉目清楚，体系分明，在语文课程实践中既"各司其职"，又相互配合，共同为达成语文能力目标提供关于"语文"的教育性经验。

二、语文实践内容标准的建构

特定的课程目标需要特定的课程内容来支撑，缺乏内容支撑的课程目标只能是可望而不可及的空中楼阁。遗憾的是，我国现行语文课程标准恰恰就只呈现了课程目标，而没有提供完整清晰的课程内容标准。虽然 2011 语文课程标准对此进行了"补救"，将"目标"改成"目标与内容"，但其后的表述只作了字句调整，没有实质性的进步，课程内容标准依然处于缺失状态。在这种情况下，建构合理的语文课程内容标准实乃当务之急。下面，我们就拟在现行语文课程标准的框架之内，针对其中课程内容标准缺失的状况，以 7—9 年级的阅读为例，对如何建构语文实践内容标准作一番探讨。

所谓课程"内容标准"，是经选择和组织之后的课程内容在课程标准中的具体呈现。① 根据课程设计的一般原理，课程内容的选择和组织是以课程目标的确定为前提的，因此，建构课程内容标准，首先就应该确定课程目标。这里，由于现行语文课程标准目标是既定的，因此讨论就从对既定目标的分析开始。

---

① 周立群：《缺失与重构：基于标准的语文课程内容的思考——以小学语文课程教学为例》，《课程·教材·教法》2010 年第 6 期。

（一）课程目标的"行为化"分析

课程内容是课程目标的具体化，因而，从总体上说，制约课程内容选择的直接依据是课程目标。① 由此出发，我们认为，根据既定目标选择课程内容，关键是要对目标作进一步分析，使较为概括的目标明晰化、具体化。

据王荣生先生研究，我国的语文课程目标从表述方式看可以分为三类：内容目标、能力目标、活动目标。② 对于能力目标和活动目标来说，如果我们能够通过分析使之"行为化"——即将目标具体化为可观察、可测量的行为表现，那么与之相匹配的语文实践内容也就不难确定——因为"行为"就是实践，要让学生获得某种行为能力，必须给他们提供实践这一"行为"的机会；对于内容目标而言，如果能清楚地界定处理这一内容的行为方式，我们也可以由此推知应该给这一内容匹配什么语文实践活动，因为处理内容的"行为"往往也是实践。这种将课程目标具体化为学生行为表现的做法，我们称之为课程目标的"行为化"分析。

现行义务教育语文课程标准 7—9 年级阅读的 12 条目标，从总体来看，比较抽象概括，因此尤须进行"行为化"分析。从国内外已有经验看，将课程目标具体化、"行为化"的主要方法有界说、分解、描述、说明等。

1. 界说。将目标涉及的概念、范畴、关系等作进一步的界定，科学地定义学习者要掌握的语文能力。比如第 8 条目标："阅读简单的议论文，区分观点与材料（道理、事实、数据、图表等），发现观点与材料之间的联系，并通过自己的思考，作出判断。阅读新闻和说明性文章，能把握文章的基本观点，获取主要信息。阅读科技作品，还应注意领会作品中所体现的科学精神和科学思想方法。阅读由多种材料组合、较为复杂的非连续性文本，能领会文本的意思，得出有意义的结论。"这里，什么叫"简单的议论文"？什么叫"较为复杂的非连续性文本"？"简单"抑或"较为复杂"有何判定标准？

① 廖哲勋、田慧生：《课程新论》，教育科学出版社 2003 年版，第 186 页。

② 王荣生：《语文课程标准编制的历史经验与教训——1956 年教学大纲述评》，《课程·教材·教法》2008 年第 1 期。

"科技作品"具体包括哪些文类？"说明性文章"和"科技作品"有何联系？有何区别？什么叫"有意义的结论"？"能领会文本的意思"中的"领会"作何理解？这些都需要进一步的界定和说明，这样才能使所要传授的知识和所要培养的能力清晰起来。

2. 分解。对能力目标或活动目标进行逐层分解，分析它是由哪些知识和技能要素构成的。加拿大《阿尔伯特省K—9年级英语语言艺术课程标准》的目标建构就可以看做运用"分解"方法的范例，如对"总学习结果2"的分解：

这里，课程标准对"总学习结果2"进行了三次分解，第一次按能力要素

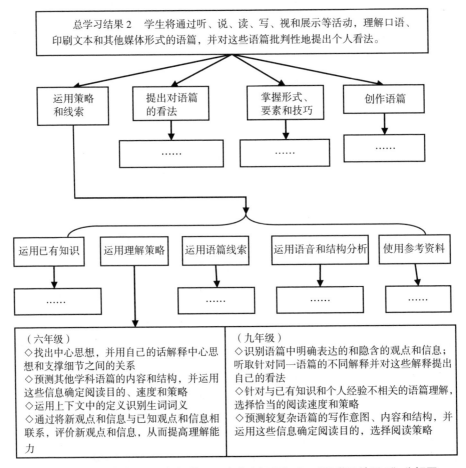

图8 《阿尔伯特省K—9年级英语语言艺术课程标准》"总学习结果2"分解图

提出了此学段的学生在该目标上应该掌握的四种能力，第二次又分别按不同的标准对这四种能力进行再分解。就拿"运用策略和线索"这一内容来说，第二次就按学习策略体系分解出了"运用已有知识""运用理解策略"等更具体的策略。然后在此基础上进行第三次分解。比如"运用理解策略"这一内容，就分别针对六年级和九年级的学生分解出不同的"理解策略"，从而对不同年级的学生应该掌握的"理解策略"作了具体说明。这样的分解，使抽象的课程目标一步步地清晰起来、具体起来，最终转化为可观察、可测量的学生行为。

　　如果运用这种方法来分析现行义务教育语文课程标准 7—9 年级阅读第 3 条目标："在通读课文的基础上，理清思路，理解、分析主要内容，体味和推敲重要词句在语言环境中的意义和作用"，第一次就可以拆解出"理清课文思路""理解、分析课文主要内容""体味和推敲重要词句在语言环境中的意义和作用"等三个内容要素；然后再对这三个要素进行二次分解——如"理清课文思路"按照能力构成又可分解出"知道什么是'文章思路'""从课文结构入手探究课文的思路""掌握分析文章思路的方法和策略""把握课文思路与主旨的关系"等要素；然后进行第三次分解——如"从课文结构入手探究课文的思路"便可分解出"给课文划分段落、编写提纲""寻找文章线索或表明思路的标识性语言""分析文章局部结构（段落中的层次或句与句间的逻辑关系）"等项内容，这样，通过层层级级的分解，我们最终就能将这一条目标分化为若干学生的具体行为表现。

　　3. 描述。对目标涉及的语文能力等内容进行描述，列举学习者在特定阶段能够完成的典型的语文活动或可能的语文行为。这是课程目标分析的重要方法，在国外的课程标准研制中运用得比较成熟，其中的"能力表现标准""学习成果评价标准"等实际上就是对学生学科能力表现的标准化描述。比如 21 世纪初出台的澳大利亚维多利亚州《课程与标准框架》（第二版）英语"阅读（水平 4）学习结果与指标"中的"情境性理解"条目①：

———————

① 丛立新、章燕主编：《澳大利亚课程标准》，人民教育出版社 2005 年版，第 36 页。

表7 维多利亚州英语课程阅读水平4"情境性理解"指标描述

学习结果	指　标
情境性理解4.6说明文本是如何根据特定的目的和对象建构的	当学生获得这种学习结果时，他们能够： ·说明作家或电影制片人如何建构文本以引起读者或观众的某种反应，例如恐怖片所引起的情绪反应 ·识别并说明广告等文本用以影响特定观众的技术 ·说明文本的结构和特征，如一系列指示，如何满足来自特定背景的观众的需要、兴趣和期望 ·识别和理解书面和非书面文本中的模式化的描述，说明其目的和对读者影响

这里，"学习结果"实际上就是课程目标，"指标"则是对"学习结果"的具体描述，通过这样的描述，就可以清楚地知道学生达到阅读水平4之后在"情境性理解"方面的能力表现是什么，从而为课程内容的选择、课程实施和评价提供参考标准。需要注意的是，对目标的描述要尽量使用具体明确、"有强烈动作意味"的动词，而不要使用抽象笼统的词汇。下面，我们尝试运用这种方法对第7条目标"欣赏文学作品，有自己的情感体验，初步领悟作品的内涵，从中获得对自然、社会、人生的有益启示。对作品中感人的情境和形象，能说出自己的体验；品味作品中富于表现力的语言"进行描述（先分解，再分别描述）（见表8）：

由上面两个例子可以看到，对语文课程目标进行描述，关键是要从不同角度对课程目标所涉语文能力的构成要素（知识、技能、策略等）进行分

表8 2011年版语文课程标准阅读目标7指标描述

课程目标		指　标
（阅读）目标7	欣赏文学作品，有自己的情感体验，初步领悟作品的内涵，从中获得对自然、社会、人生的有益启示	·能够口述或笔述作品所表达的情感 ·能够具体陈述阅读所引起的情感反应 ·能够陈述作品的内涵（如作品的主旨、形象的思想意义、作者的看法、作品的象征义、比喻义等） ·能够解释作品的内涵，找出辅助观点和支撑细节 ·能够陈述自己所获得的对自然／社会／人生的启示

课程目标	指　标
对作品中感人的情境和形象，能说出自己的体验	·能够说出感动自己的情境/形象 ·能够对情境/形象中的感人因素进行分析 ·能够陈述自己对情境/形象的体验（如情感体验、形象体验、意境体验、审美体验等）
品味作品中富于表现力的语言	·能够找出文中富有表现力的词句、语段、语言符号 ·能够陈述所找出的语言的表现力量、意趣、情味 ·能够从结构、修辞、感情色彩、语境等角度分析语言在表情达意方面的作用和力量

析，在此基础上建立一套准确完备的语文能力指标描述系统，为描述各种语文能力提供标准。在这一方面，目前我们还有大量的工作需要做。

4. 说明。对目标所隐含的行为的达成条件、学习表现或学习结果所要达到的程度、目标的适用范围等进行说明。国外的课程标准很注重这一方面的说明，比如"在别人帮助下通过找到和运用图书馆多媒体资源获取信息""在小组和全班进行有目的的大声朗读"（美国纽约州 2005 年《英语语言艺术核心课程标准》）[1]，"写出结构完好的文章片段，适合主题事件的需求；标点正确，意义和结构清晰""在自己的阅读课业中评述超越时代的英语语法变化"（1990 年英国《国家英语课程》）[2]，"集体对话的情景（与老师和班级的交流）——很快抓住交流的要点，记住后续的信息"，"参照写作计划和课堂复习建议来改写课文，为此，要对课文进行增加、删减、移动或替代，或手工完成，或借助文字处理软件"（2002 年《法国小学教学大纲·法语》）[3]，等等。这里，"在别人帮助下……"，"运用适合年龄的字典和/或电脑软件等各种资源……""参照写作计划和课堂复习建议……"等就是"条件"，"结构完好的""标点正确，意义和结构清晰"表述的就是"程度"，"在

---

① 洪宗礼、柳士镇、倪文锦主编：《母语教材研究》第 6 卷，江苏教育出版社 2007 年版，第 128、131 页。

② 朱绍禹、庄文中主编：《国际中小学课程教材比较研究丛书：本国语文卷》，人民教育出版社 1999 年版，第 111、108 页。

③ 洪宗礼、柳士镇、倪文锦主编：《母语教材研究》第 6 卷，江苏教育出版社 2007 年版，第 174、175 页。

自己的阅读课业中……""集体对话的情景（与老师和班级的交流）"表述的就是"范围"。在对我国课程标准中的课程目标进行细化、具体化时，也要注意对行为的条件、学习表现或学习结果所要达到的程度、目标的适用范围等进行说明。比如，第 6 条目标"能够区分写实作品与虚构作品，了解诗歌、散文、小说、戏剧等文学样式"，就可以作这样的说明：（1）任意指定一部适合的作品，能够判断是写实作品还是虚构作品；（2）能够举例说出诗歌、小说、戏剧的要素和特征，做到基本正确；（3）指定一篇散文，能够独立说明其"形散神不散"之表现……在目标制约内容选择的情况下，对"条件""范围""程度"等的说明显然影响着课程内容的选择。

（二）语文实践内容的确定

"通过尽可能清晰地界说那些预期的教育结果，课程编制者对选择内容、提出学习活动和决定采取何种教学程序，便有了一套最有效的准则，事实上，也就是对实施课程设计的所有后继步骤有了一套最有效的准则。"① 具体化、特别是"行为化"了的语文课程目标往往能够直接提示应该选择的语文实践内容。比如，"（阅读文学作品后）能够口述或笔述作品所表达的情感"这一目标，就提示着应该给学生提供机会阅读文学作品，体味其中的情感，并用口语或书面语将其表达出来；"改写一个故事，同时变换故事的时态、叙述者、时间顺序等"这一目标，就提示着要让学生进行改写故事的实践，并在改写的过程中变换时态、叙述者、时间顺序等；"讨论和解释对同一口语、印刷文本和其他媒体语篇的不同解释"这一目标，意味着要给学生提供一些口语、印刷文本和其他媒体语篇及对它们的不同解释，让他们就这些不同的"解释"展开讨论和解释活动。甚至，在某些情况下，细化的行为目标还可以直接转化成语文实践内容。国外语文课程标准中细化了的"能力指标""能力表现标准""学习成果评价标准"等中的一些有关"行为"的条目，实际上既可以看做课程目标，也可以看做语文实践内容。比如"在小组

---

① ［美］拉尔夫·泰勒：《课程与教学的基本原理》，施良方译，人民教育出版社 1994 年版，第 48 页。

和全班进行有目的的大声朗读""每天以娱乐为目的默默阅读印刷版本和电子版本的文学作品"（美国纽约州 2005 年《英语语言艺术核心课程标准》)）①、"写成一个没有写完的故事""构建一个虚构故事，并把它写出来"（1995 年《瑞士日内瓦州法语教学大纲》)）②、"学生阅读并理解至少 4 本有关同一事件或主题的书籍（或相当量的读物），或是由同一位作家撰写的 4 本书，或同一风格的 4 本书，并提供如下读后证明……"（美国《初中英语能力表现标准》)）③，等等。从这个意义上讲，对语文课程目标进行"行为化"分析，可以说就是将语文课程目标具体化为语文实践内容的过程；或者说，语文实践内容的确定，可以通过对语文课程目标进行"行为化"分析而得以实现。

当然，设计语文实践内容，仅仅简单地指出应该给学生提供的语文实践机会是不够的，同时还应该注意以下几点：

第一，尽可能指明语文实践的范围、程度、方式和规则。比如，我国 1956 年《小学语文教学大纲（草案）》就有颇多关于语文实践的范围、程度、方式和规则等的规定，如："自觉地（能够理解）、正确地（不读错音，不脱落音节）、流利地（不一字一顿，不拖长尾韵）、清晰地朗读课文"——程度的规定，"把观察自然现象所得记在自然历上，大概记五六句话"——量的规定，"根据课文内容，根据上下文，解释下列词语：意义相同而色彩浓淡不同的词，用于引申意义的词，多义词，生动的形容语（描写自然景色、物体特征、人物外貌、人物品质的），譬喻语，对比语，夸张语，褒贬语，委婉语，反话"——范围的规定，"在教师帮助下，把读过的文章用变换人称的方法（如把第一人称改为第三人称）改写"——方式的规定，"详细复述课文，根据独立编写的段落大意复述课文"——规则的规定，等等。这些规定，使得特定年段的语文实践内容更加清楚明确，有利于课程实施。

---

① 洪宗礼、柳士镇、倪文锦主编：《母语教材研究》第 6 卷，江苏教育出版社 2007 年版，第 129 页。

② 洪宗礼、柳士镇、倪文锦主编：《母语教材研究》第 6 卷，江苏教育出版社 2007 年版，第 290 页。

③ 转引自黄伟：《我国语文课程标准建设虽须加强与完善——来自美国〈初中英语能力表现标准〉的启示》，《课程·教材·教法》2008 年第 1 期。

在设计语文实践内容标准时，我们也应该尽可能地指明语文实践的范围、程度、方式和规则，这样才便于将实践内容落实到教材和教学之中去。

第二，尽可能地设计"潜藏着特定语文知识的语文实践活动"和"语识转化为语感的语文实践活动"。让学生通过语文实践学习语文，并非把学生扔到实践的"泳池"里任其扑腾即可，现代语文教育中的语文实践应该是科学的，再不能回到让学生在暗胡同摸索的老路上去，而科学的语文实践离不开知识，因此，在设计语文实践内容时，应尽可能地将语文知识潜藏在语文实践活动中或引导学生进行语识转化为语感的语文实践活动。一项语文实践内容可能包含了知识、技能等多方面的内容在内。在这一方面，国外的一些语文课程标准中的实践内容设计是值得我们学习的。比如，前面提到的加拿大《阿尔伯特省 K—9 年级英语语言艺术课程标准》就堪称范例，下面列举的是其中一个片段①：

提出对语篇的看法

欣赏语篇的艺术性	
（六年级） ◎解释比喻、拟人和提喻等修辞手法如何用于创造语篇的基调、刻画形象 ◎尝试使用句型、比喻和夸张等手法创造语篇基调、刻画形象 ◎讨论口语、印刷文本和其他媒体语篇中如何用细节加强对人物、背景、行为和基调的描写	（九年级） ◎讨论口语、印刷文本和其他媒体语篇中讽刺、象征、远景、对称等技巧在传达意义、强化效果方面的作用 ◎从行为的一致性和变化的可信度方面讨论人物的发展 ◎阐述主题、主要观点和基调如何通过语言运用的选择和情节、背景及人物的相互关系表现和发展 ◎识别各种口语、印刷文本和其他媒体语篇的语篇特点；讨论各种语体的差异，及不同语体对内容和听众的影响

这里所列出的语文实践内容，涉及一系列语文知识：比喻、提喻、语

---

① 洪宗礼、柳士镇、倪文锦主编：《母语教材研究》第 6 卷，江苏教育出版社 2007 年版，第 344 页。

篇的基调、形象的刻画、细节、讽刺、远景、人物的发展、主题、语体，等等。将这些知识潜藏于或运用于"听、说、读、写、视和展示活动"，就相当于为学生"欣赏语篇的艺术性"搭建了一个脚手架，通过反复实践，他们就能学会自觉地运用这些知识去"欣赏语篇的艺术性"，而不是茫茫然不知从何入手。

但需要注意的是，并不是任何时候都能够提供合适的知识来支撑语文实践以达致特定的目标，因为很多时候我们确实不清楚或不完全清楚要教哪些"知识"才能让学生获得某种能力。比如，为了达到"在正确掌握发音的前提下，读绕口令，读得又快又准"的目标，我们应该教给学生哪些知识呢？恐怕很难确定。这时我们所能做的便是提供实践的机会，让学生通过"自然形态的、与语文实践能力具有同一形态的听说读写实践"来获得相应的"那种"能力。

第三，抽象的"实践"是没有的，实践总是和内容结合在一起的，"学生不可能只是单纯地学习而不参与一些活动或实践一些内容。教师也不可能不涉及经验和活动而教内容。"① 因此，制定语文实践内容标准，除了要考虑实践的形式外，还要考虑实践的内容。对于语文课程来说，实践的内容往往决定着语文经验的"语文"属性。比如，"熟读唐代七言格律诗 3 首"，因为读的是"唐代七言格律诗"，所以阅读者获得的经验是有关唐代七言格律诗的，它跟读元代散曲所获得的语文经验是不一样的，甚至跟读唐代七言绝句所获得的经验都不一样。由此看来，要让学生获得某方面的语文经验，就应该给学生提供相应的语文实践内容。就拿《义务教育语文课程标准（2011年版）》7—9 年级阅读第 5 条目标来说，这条目标要求学生"在阅读中了解叙述、描写、说明、议论、抒情等表达方式"，因此所提供的语文实践的内容就应该是：包含了叙述、描写、说明、议论、抒情等表达方式的若干语言材料，有关叙述、描写、说明、议论、抒情等表达方式的若干知识，等等。

---

① ［美］艾伦·C.奥恩斯坦、费朗西斯·P.汉金斯：《课程：基础、原理和问题》，柯森等译，江苏教育出版社 2002 年版，第 236 页。

第四，"语文实践内容"属于课程内容的一种，因此语文实践内容的选择应遵循课程内容选择的一般原则。关于课程内容选择的原则，持不同课程取向的学者有不同的看法。对于语文实践内容的选择来说，下面两种看法可资参考：

泰勒提出，选择学习经验应遵循五条一般原则[①]：（1）为了达到某一目标，学生必须具有使他有机会实践这个目标所隐含的那种行为的经验；（2）学习经验必须使学生由于实践目标所隐含的那种行为而获得满足感；（3）学习经验所期望的反应，是在学生力所能及的范围之内的；（4）有许多特定经验可用来达到同样的教育目标；（5）同样的学习经验往往会产生几种结果。

巴恩斯（Barnes）提出，活动的选择应考虑如下九条原则：（1）符合学生的学习能力；（2）依照学校教育目标、价值，以及适合于学科内容的程序性原则；（3）根据先决概念和先决技能的分析去选择和安排活动；（4）采用逐渐增加知识的学习模式；（5）活动配合目标；（6）学习活动应有变化；（7）使学习者有机会应对与现状不符的事例（解难活动）；（8）提供讨论和写作的机会，以促进反省和吸收；（9）学习应由熟悉的脉络引导至不熟悉的情况。[②]

（三）语文实践内容的组织和呈现

选定了语文实践内容之后，还需对它们加以组织，以使它们相互强化，产生累积效应。泰勒指出，有效组织学习经验，必须符合3条主要准则：连续性（continuity）、顺序性（sequence）、整合性（integration）。[③]下面，我们就依照这3条准则对语文实践内容的组织问题加以讨论。

1. 连续性，"连续性是指直线式地重申主要的课程要素"。任何一种语

---

① 〔美〕拉尔夫·泰勒：《课程与教学的基本原理》，施良方译，人民教育出版社1994年版，第51—52页。

② 李子建、黄显华：《课程：范式、取向和设计》，香港中文大学出版社1996年版，第254页。

③ 〔美〕拉尔夫·泰勒：《课程与教学的基本原理》，施良方译，人民教育出版社1994年版，第67—69页。

文能力几乎都不可能通过一次训练就形成，要形成语文能力，必须反复训练——"教育经验是以一种滴水穿石的方式产生其效用的"①。因此，同样的或类似的语文实践内容应在一段时间内或在不同的时段重复呈现。

比如，《义务教育语文课程标准（2011年版）》要求学生能"阅读简单的议论文，区分观点与材料（道理、事实、数据、图表等），发现观点与材料之间的联系，并通过自己的思考，作出判断。"学生要具备这样的能力，仅仅有一次阅读议论文的机会是不够的，他们必须多次接触不同题材、不同类型的"简单议论文"，看看它们都是如何呈现观点的，如何用材料来支撑观点的，材料和观点之间究竟存在哪些复杂的联系，这样才能获得阅读议论文的各种经验。这就要求课程在一段时间内或在不同的时间为学生安排多次阅读议论文的活动，并让他们有机会在不同的水平上重复这一活动。另外，课程标准还要求学生"能用普通话正确、流利、有感情地朗读"，"养成默读习惯"，"能较熟练地运用略读和浏览的方法"，这些能力，也都不是通过一两次训练就能获得的，要让学生获得这些能力，就应该提供若干次机会让学生练习用普通话朗读文字材料，运用略读和浏览的方法去阅读各种文本，直到达到课程标准的要求为止。有时这样的练习可能持续整个学段。

2. 顺序性，顺序性强调"把每一后继经验建立在前面经验基础之上，同时又对有关内容作更深入、广泛的探讨"。课程内容的组织通常涉及学科内容的逻辑顺序和处理内容的方式这样两个方面，对于语文课程中的实践内容来说，则涉及实践的"内容"和实践的技能两个方面。究竟依循哪一个方面来组织课程内容，不同国家、地区的语文课程标准有不同的做法。归结起来看，大致有这样四种情形：一是以实践技能为主线定序，如日本2004年颁布的"中小学国语学习指导纲要"就是如此；二是以实践材料类型为主线定序，如我国1986年的《全日制中学语文教学大纲》、1988年的《九年制义务教育全日制初级中学语文教学大纲》、1990年的《全日制中学语文教学

---

① [美]拉尔夫·泰勒：《课程与教学的基本原理》，施良方译，人民教育出版社1994年版，第66页。

大纲》就是以文体为序而将一般读写技能训练穿插其间的；三是分别列出所涉的材料类型和需要训练的技能，如《巴西小学（八年制）葡萄牙语课程标准》就分别列出了"适合口语教学工作、书面语工作的类型"（语文材料）和"口语、书面语的使用及形式"（语文技能）两个方面的内容；四是针对特定的读写实践内容提出特定的技能训练内容，如《哥斯达黎加初中西班牙语教学大纲》的"阅读"部分就是如此。这些做法，各有其道理。但笔者认为，不管按照哪一方面来组织课程，实际上都必须兼顾另一个方面，因为在语文课程实践中，技能训练总是要依凭具体的材料来进行，脱离具体材料的抽象技能训练是不存在的。

回到《义务教育语文课程标准（2011 年)》上，我们注意到，7—9 年级的 12 条阅读目标，既涉及阅读的技能，又涉及阅读的文本类型。这里，应该如何围绕课程目标所涉的这两大方面来组织课程内容呢？这需要作具体分析。进一步分析，我们发现，这里所涉及的阅读技能包括这样两类：一是一般阅读技能，即前 5 条目标提到的"朗读、默读、略读、浏览、理清思路、分析主要内容、体味和推敲重要词句的意义和作用"，等等；二是特定文本的阅读技能，即第 6—9 条目标提到的"对作品中感人的情境和形象，能说出自己的体验""阅读简单的议论文，区分观点与材料，发现观点与材料之间的联系"等等。两类阅读技能，需要分别对待。就特定文本的阅读技能来说，当然应该在特定文本的阅读中进行训练；就一般阅读技能来说，可以集中训练，也可以将其糅合在特定文本中进行训练。从这里的情况来看，我们认为将其糅合在特定文本中进行训练更为合适，因为：第一，这里所提到的一般阅读技能，很多都需要经过长时间的经常性训练才能牢固掌握，因此应该在多种文本类型的阅读中予以持续安排，而不是集中训练一段时间就搁浅；第二，这样能够充分照顾阅读材料的类型特征，有利于培养适应不同类型文本的一般阅读技能，让学生获得具体文本类型的系统阅读经验。综上所述，我们建议在语文实践内容的组织上建立以文本类型为主线、适当兼顾一般阅读技能的双重顺序。

以文本类型为主线来组织语文实践内容，首先需要为文本类型定序。

这里涉及的文本类型主要有：(1) 文学类文本——诗歌、散文、小说、戏剧等；(2) 实用类文本——议论文、新闻、说明性文章、科技作品、非连续性文本；(3) 古代诗词、文言文。严格地说，这些文本类型之间本身并不存在"序"的问题，这里所谓的"序"，是指根据学生心理发展水平、阅读兴趣和需要、文本特征等多方面的因素来为这几类文体的学习人为地定一个"序"。根据已有的经验和学生的阅读兴趣，我们认为实用类文本、文学类文本和古诗文应交叉安排，这样可以避免单一类型文本所带来的阅读上的单调和乏味。而就实用类文本来说，又以记叙文为先，说明文次之，议论文排后，因为"记叙的要求是写具体的事件、事物、景物，偏于描形摹状，适应低年级学生的操作。说明的要求是有叙述，有论说的成分，介于记叙与议论之间，可以视为过渡。议论是在说理，要运用抽象思维，放到高年级比较适宜"[①]，尽管这种安排和说法有着难以融通的地方，但从实际效果看，也是一种不错的选择。至于文学类文本，几种体裁之间其实也不存在"序"的问题，有的只是文本难度适当与否及内容适切与否方面的考量，因此可以根据学生心理发展特征和能力培养的需要交错安排。如此，我们就可以尝试拟出如下文本类型的安排顺序：

七年级：重点阅读说明文（依次为科学小品文、知识小品文、平实说明文）、新闻（消息、通讯）、小说、诗歌；古代诗词、文言文。

八年级：重点阅读议论文、新闻（报告文学）、散文、小说；古代诗词、文言文。

九年级：重点阅读科技作品、非连续性文本、诗歌、戏剧；古代诗词、文言文。

当然，以文本类型为主线，并不是就完全不顾阅读技能的"序"了，尽管它是糅合在具体文本的阅读之中进行训练的，但也存在一个"序"的问题。为阅读技能训练定"序"，需要综合考虑学生的心理发展水平、阅读

---

① 秦兆基：《文选型语文教材》，载洪宗礼、柳士镇、倪文锦主编：《母语教材研究》第 6 卷，江苏教育出版社 2007 年版，第 63 页。

能力形成的动态过程、阅读兴趣和需要、文本类型等因素。就 7—9 年级的学生而言，他们的抽象逻辑思维开始占优势，但在很大程度上，还属于经验型，常常还需要感性经验的支持；思维的独立性和批判性得到明显发展，但由于知识经验有限，又容易出现片面性和表面化的倾向。① 在语文学习方面，八年级是掌握字、词的关键阶段，掌握实词要比掌握虚词容易，虚词是初中生学习的难点；到八年级，默读习惯已经养成，成为学生的主要阅读方式，默读速度的个体差异很大；整体把握一篇课文还存在困难，概括能力较差，不能很好地概括整篇文章的内容。② 在阅读方面，以九年级学生为例，构成阅读能力结构的主要因素有八个：语言解码能力、组织联贯能力、模式辨别能力、筛选贮存能力、阅读概括能力、评价能力、语感能力、阅读迁移能力，其中，语言解码能力虽然仍居首位，但它在整个结构中的相对重要性已大大降低，新分出来的概括能力、评价能力与原有的组织联贯能力所占的分量已逐步占据了主要地位。③ 根据 7—9 年级学生的上述心理发展特征和语文学习特征，我们认为，在拟定该年段阅读技能训练的序列时需注意以下几点：第一，7—9 年级，训练学生的文本概括能力、组织连贯能力很重要，这样的训练应贯穿整个学程；第二，适应学生思维独立性和批判性发展的特点，应鼓励学生就文本提出自己的看法并进行分析；第三，八年级之前应该抓紧培养学生的默读习惯；第四，八年级应加强字词训练；第五，阅读能力训练的重心应逐渐从语言解码能力、组织联贯能力、模式辨别能力等过渡到评价能力、语感能力和阅读迁移能力。

　　分别确定了文本类型安排的"序"和阅读技能训练的"序"之后，接下来的工作就是以文本类型之"序"为主线，将每一阶段的阅读技能训练"糅合"进相应阶段的阅读实践之中。这种"糅合"的结果，随后将完整地呈现。

　　3. 整合性，"整合性是指课程经验的横向关系。这些经验的组织应该有

---

① 林崇德：《发展心理学》，浙江教育出版社 2002 年版，第 379—383 页。

② 黄煜峰：《初中生心理学》，浙江教育出版社 1993 年版，第 159—167 页。

③ 莫雷：《中小学生语文阅读能力结构的发展特点》，《心理学报》1992 年第 4 期。

助于学生逐渐获得一种统一的观点，并把自己的行为与所学习的课程要素统一起来"。就语文课程内部而言，读、写、听、说各种语文实践活动皆相互联系、相互渗透又相互促进。听和说分别是口语的吸收和表达，读和写分别是书面语的吸收和表达，它们虽然语言形式有别，但却密不可分，相互制约。从读和写的关系看，"读与写关系密切。善读必易于达到善写，善写亦有裨于善读。二者皆运用思考之事，皆有关学科知识与生活经验之事，故而相同"①；从听和说的关系看，"说与听在很多场合无法分离，这两种技能彼此依赖"，"在交际中人们所说的话依赖于他对别人所说的话的理解。"② 因此，在组织语文实践内容时，就应该注意到读、写、听、说之间的这种相互依赖、相互影响的关系，将它们贯通起来，促使各项能力相互迁移转化，从整体上全面提高学生的语文能力。

从语文课程的外部联系看，因为语言是形式和内容的统一体，其表达的内容不但涉及哲学、政治、艺术、历史等人文社会科学的内容，还涉及地理、数学、物理、化学、生物等自然科学的内容，因此与其他课程有着千丝万缕的联系。语文课程的这一特点要求我们在组织语文实践内容时，还应适当关照学校其他课程的学习内容，加强课程之间的横向联系。

(四) 7—9 年级阅读实践内容的呈现

根据上面的分析，我们尝试制定了 7—9 年级的阅读实践内容标准，并按上述三条准则进行了组织编排，呈现如下表：

表 9　7—9 年级阅读实践内容标准

年级	文本类型及阅读实践	针对一般阅读技能的阅读实践
七年级	1. 说明文 ◆精读科学小品文 5 篇、知识小品文 3 篇，难度如布丰的《马》；能从语言、说明方法、风格等	

---

① 叶至善、叶至美、叶至诚：《叶圣陶集》第 16 卷，江苏教育出版社 1993 年版，第 151 页。

② McDonough.J.and Shaw.C. *Materials and Methods in English Language Teaching*：*A Teacher Guide*，Blackwell Publishers Ltd，1993，p.132.

年级	文本类型及阅读实践	针对一般阅读技能的阅读实践
七年级	方面说明其科学性和文学性 ◆精读平实说明文 10 篇，难度如茅以升的《中国石拱桥》；能指出文中的说明方法，陈述说明的顺序，举例说明语言的平实和准确性 2. 新闻（消息、通讯） ◆精读消息 4 则，重点分析消息的构成要素：时间、地点、人物、事件、结果、背景材料等；陈述消息的基本结构 ◆精读通讯 4 篇，重点分析通讯的主题、选材和组材；指明通讯中的议论和描写，并说明其效果 3. 散文 ◆精读散文 10 篇，难度如朱自清的《春》 ◆分析散文的结构层次 ◆在他人帮助下或借助资料分析散文的情感、主旨和遣词造句、修辞手法 4. 诗歌 ◆精读中国现当代诗歌 10 首，难度如郭沫若的《天上街市》 ◆在教师的帮助下划分诗歌的节奏、指出韵脚 ◆和同学讨论诗歌的情感、深层意蕴 ◆指出诗歌意象并从意义、效果等方面作分析 5. 古代诗词、文言文 ◆精读唐宋诗词 5 首，熟读成诵；借助注释和参考书了解诗词大意，描述诗歌意境；分析修辞 ◆精读浅易文言文 4 篇，难度如柳宗元的《黔之驴》；借助注释和参考书将其翻译成现代文；分析文章结构和大意	1. 每日阅读 ◆朗读。大声朗读 30 分钟，做到正确、流畅 ◆默读。累计时间 30 分钟，一边默读一边勾画重要信息 2. 随文练习 ◆给课文划分段落，口头或书面陈述段落间的关系 ◆在通读课文的基础上口头或书面陈述课文的内容要点 ◆体味和推敲重要词句在语言环境中的意义和作用 ◆在课文中举出例子说明什么是叙述和说明，并作适当分析 3. 语言积累和课外实践 ◆随文积累现代汉语词汇 600个、文言实词 25 个、文言虚词 7 个、文言句式 5 个 ◆制订个人阅读计划，课外阅读总量不少于 80 万字；阅读 2部以上名著
八年级	1. 议论文 ◆精读议论文 10 篇，略读 5 篇，难度如鲁迅的《论雷峰塔的倒掉》 ◆分析文章的结构和遣词造句，由教师指导逐步过渡到独立分析 ◆在熟读全文的基础上指出或归纳文章阐述的观点，说明论证的方法 2. 报告文学 ◆精读 3 篇报告文学，略读 2 篇 ◆从及时性、真实性方面分析报告文学的新闻性	1. 每日阅读 ◆朗读。大声朗读 30 分钟，做到正确、流畅、有感情 ◆默读。累计时间 30 分钟，一边默读一边勾画重要信息 2. 随文练习 ◆分析课文结构，给课文编写提纲，在此基础上分析课文思路 ◆概括课文主要内容，做到简明、准确

年级	文本类型及阅读实践	针对一般阅读技能的阅读实践
八年级	◆从人物形象刻画、语言运用、叙事技巧等方面分析报告文学的文学性 3. 散文 ◆精读现当代散文5篇，略读5篇 ◆结合课文分析散文"形散神不散"的特点 ◆细读散文，体味精准的言语表达 4. 小说 ◆精读现当代小说8篇，略读4篇 ◆分析小说中的人物形象和刻画人物的方法 ◆分析小说的情节结构和叙事技巧 ◆分析小说中的环境描写及其作用 5. 古代诗词、文言文 ◆精读魏晋南北朝诗歌5首，熟读成诵；借助注释和参考书了解诗词大意，描述诗歌意境；分析诗歌修辞和韵律 ◆文言文5篇，难度如《邹忌讽齐王纳谏》，背诵6个片段，累计800字；借助注释和参考书将其翻译成现代文；分析文章结构和大意；对文章的炼字炼句进行评说	◆体味和推敲重要词句在语言环境中的意义和作用 ◆在课文中举出例子说明什么是议论和抒情，并作适当分析 ◆从内容和表达两方面对课文提出自己的看法 ◆进行略读练习 3. 语言积累和课外实践 ◆随文积累现代汉语词汇600个、文言实词25个、文言虚词6个、文言句式5个 ◆制订个人阅读计划，课外阅读总量不少于90万字；阅读2部以上名著
九年级	1. 科技作品 ◆精读科技作品10篇，略读5篇 ◆从语言、结构、说明方法等方面分析科技作品的语体规范 ◆围绕科技作品中的科学精神及其表达展开讨论 2. 非连续性文本 ◆学习阅读由多种材料（如曲线图、目录表、问卷、时间表、通知、广告、图像等）组合、较为复杂的非连续性文本，共计8篇 ◆在阅读、观察与分析的基础上，提取或概括主要信息；根据所提供的信息进行推断 ◆从所提供的材料中得出有意义的结论 3. 诗歌 ◆精读外国诗歌8首 ◆在老师的指导下或借助资料阐明诗歌的理趣 ◆对诗歌的意象、意境、构思、语言等进行讨论 4. 戏剧 ◆精读现当代剧本（选节）6篇，略读2篇，难度如贺敬之等的《白毛女》	1. 每日阅读 ◆ 朗读。大声朗读30分钟，做到正确、流畅、有感情 ◆ 独自默读，累计时间30分钟 2. 随文练习 ◆在分析课文结构的基础上概括课文主要内容，陈述课文主旨 ◆体味和推敲重要词句在语言环境中的意义和作用 ◆在课文中举出例子说明什么是描写，指明描写的类别，作适当分析 ◆从内容和表达两方面对课文提出自己的看法 ◆就课文提出有价值的问题，独立或和同学一道分析、解决

年级	文本类型及阅读实践	针对一般阅读技能的阅读实践
九年级	◆在教师的帮助下分析戏剧冲突 ◆对剧本中的人物语言、角色的性格进行讨论 ◆结合戏剧、电影、电视剧等讨论戏剧的舞台意识 5.古代诗词、文言文 ◆精读先秦诗歌6首，熟读成诵；借助注释和参考书了解诗词大意，描述诗歌意境；分析诗歌修辞和韵律 ◆文言文8篇，难度如诸葛亮的《出师表》，背诵6个片段，累计1200字左右；借助注释和参考书将其翻译成现代文；分析文章结构和大意；对文章的炼字炼句和思想感情进行评说	◆随课文学习练习略读和浏览 3.语言积累和课外实践 ◆随文积累现代汉语词汇600个、文言实词25个、文言虚词6个、文言句式5个 ◆制订个人阅读计划，课外阅读总量不少于90万字；阅读2部以上名著

第二节　实践取向的语文教材编制构想

　　教材是课程内容的载体，也是课程设计文本的另一种表现形式。在语文教材编制层面，语文课程的实践性又该如何体现呢？

一、一种构想：以实践为轴心编制语文教材

　　前文曾指出，"文选型"教材是"讲风"盛行的根源之一，容易造成对语文课程实践性的遮蔽。那么，是否可以改变这种教材编制模式，使之凸显"实践性"，以更好地为达成语文课程能力目标服务呢？

　　其实，早在20世纪90年代，柳斌就提出过这样的设想："是否也可以考虑把编写语文教材的着眼点放在增强学生的语言表达能力上，大力加强语言实践活动，而课文、知识则围绕为语言实践活动服务来编写？"[①] 后来，在

---

①　柳彬：《义务教育教材建设问题》，载《中小学课程教材建设资料汇编》，人民教育出版社1990年版，第79页。

考察多种中外母语教材的基础上，韩雪屏也指出：由知识系统转变为训练系统，由范文讲读转变为言语实践是汉语语文课程教材发展的两大趋势。[①] 看来，突破语文教材的文选型体制、凸显语文教材的实践特性，是语文教材改革的一种可能路向。为此，我们以二位学者的提议为基础，提出这样一种语文教材编制的构想：以实践为轴心编制语文教材。

（一）基本格局：以语文实践为中心组织语文材料

在"文选型"教材中，选文是主体，语文实践活动（包括练习）则成为选文的附庸，可以说，正是选文和语文实践活动这种"主—附"格局造成了对语文课程实践品格的遮蔽，因此，为了彰显语文课程的实践品格，改变选文和语文实践活动之间的地位格局是关键。

实际上，根据语文课程的实践特性，实践活动才应该是达成课程核心目标——语文能力培养的根本途径，而选文不过是用于实践的材料，说明词句以及整篇文字所体现的词法、句法、章法等"共同的法则"和"共通的样式"的"例子"[②]，"一种教授语文课程内容的手段，一种学习语文课程内容的媒介或途径"[③]，因此，从这个意义上讲，语文教材编制就应该以语文实践为中心组织语文材料，即：编制者首先对语文课程目标和内容进行研究、分析，将其分解为若干子目标和"子内容"，并确定其顺序，再根据这些子目标和"子内容"设计语文实践活动，然后根据语文实践活动的需要选取相应的语文材料（包括"选文"），配以说明、要求，导以知识、方法，组成活动单元，形成语文教材的整体。这样编制出的语文教材，实际上是语文实践活动的设计方案和材料准备，教学活动的一个蓝本或者说一个脚本[④]，这就从根本上改变了选文和语文实践活动的"主—附"格局：语文实践活动由原来的选文的附庸地位转变为整个教材的中心、主

---

① 韩雪屏：《深入研究母语教材的结构原理》，载柳士镇、洪宗礼主编：《中外母语教材比较研究论集》，江苏教育出版社 2001 年版，第 237—238 页。

② 夏丏尊、叶圣陶：《阅读与写作》，开明书店 1948 年版，第 46 页。

③ 王荣生：《评我国近百年来对语文教材问题的思考路向》，《教育研究》2002 年第 3 期。

④ 李海林：《言语教学论》，上海教育出版社 2000 年版，第 459—460 页。

体，而选文则只作为语文实践活动的材料之一进入语文教材，它的地位下降了——不再是教材的中心，只不过是语文活动的一个组成部分，为语文活动提供材料，从属于语文活动的需要和安排。随着选文和语文实践活动"主—附"格局的改变，由"文选型"教材所造成的"范文讲读""教教材"等现象也将从根本上得以改变：语文教学成为学生在教师的指导下根据语文教材进行语文实践活动的过程，而不是学生听取教师讲授选文或教师引导学生分析选文的过程；教师真正是在"用教材教"，而不是"教教材"；选文真正成为说明课程内容的"例子"、历练语文能力的凭借或供师生双方研讨的材料、展开实践活动的引子，由此，语文课程的实践性便凸显出来。

（二）粗略设计：实践轴心型语文教材编制的一般样式

以实践为轴心编制语文教材，语文实践就成为凝聚语文知识、语文技能、语文材料、语文学习策略和方法等的一条纽带，整套语文教材就由一个个语文实践活动单元所构成，每一个实践活动单元又由一个个语文实践活动项目所构成。因此，实践轴心型语文教材的编制，其关键在于语文实践活动单元和语文实践活动项目的设计，而在此之前，尚需通盘考虑语文实践活动单元的序列。

1.遵循语文学习的规律，构建语文实践活动单元的序列

编制语文教材，首先需要从总体上考虑整部教材的结构框架，对于实践轴心型教材来说，则需要考虑语文实践活动单元的组织序列。根据以往的语文教材编制经验，语文实践活动单元的序列可以以阅读为主线来建构，可以以写作为主线来建构，也可以以方法习惯为主线来建构，还可以多线并行、综合推进，而不管以哪种线索来建构序列，都必须考虑学生学习语文的规律和语文能力发展的规律，或者说，语文实践活动单元序列的建构最终是以学生学习语文的规律和语文能力发展的规律为依据的，单元的排列组织实际上就是语文能力训练点符合规律的排列组织。以学生学习语文的规律和语文能力发展的规律为依据来建构语文实践活动序列，需注意以下几点：
（1）"语文能力的发展并不像数学那样有明显的线性顺序，语文能力是综合

能力，各种能力之间是相互联系、相互制约的"①，这告诉我们，语文实践活动单元的编排不能像数学教材那样一个训练点一个训练点地依次排列，而应该采取螺旋上升的排列方式，对学生的语文能力进行逐步深入、逐步扩展地反复训练；同时还应照顾读写听说多种语文能力的综合训练。(2)"以往教材以单项性的读写能力为训练主线，希望通过这些单项的读写能力训练达到培养语文能力的目的……事实上，单项性的读写能力理解得再深入，积累得再多，也难以转化为整篇的读写能力"，这告诉我们，语文实践活动内容的设计，仅仅注重单项的读写技能训练是不行的，要注重通过综合的语文实践活动推进学生语文能力的综合发展。(3)"一个好的教材序列安排，训练项目的前后顺序有着充分的依据。它不仅表现在项目与项目之间有着密切的联系，而且项目之间还有难易、深浅及梯度的变化"②，这告诉我们，语文实践活动的组织序列应该讲究科学，符合逻辑，前后勾连，形成梯度。那么，究竟按照何种顺序来编排语文实践活动单元呢？其实，2011 颁布的《义务教育语文课程标准》和 2003 年颁布的《普通高中语文课程标准（实验）》已经给我们提供了指引，各学段的学习目标与内容都在很大程度上体现了学生语文能力发展的层级性，依据这些目标和内容，我们便可建构起语文教材中语文实践活动单元的序列。比如，就阅读理解来说，从《义务教育语文课程标准（2011 年版）》中我们可以清楚地看到，前三学段训练的重点各有侧重，第一学段只要求"阅读浅近的童话、寓言、故事……对感兴趣的人物和事件有自己的感受和想法"；第二学段则把"把握主要内容""体会思想感情"作为主要任务，主要解决"写什么"的问题；到第三学段，要求更高，不仅要求理解"写什么"，而且要求思考"怎么写"，提出了"表达顺序""基本表达方法"的要求。这就构成了一个前后勾连、螺旋上升的序列，据此，我们便可对各学段教材的实践活动单元进行有序安排。但需注意的是，因为课程标准未将这些学习目标和内容细化到各学年、各学期，因此在具体编排前尚

---

① 郑宇：《语文能力与语文教材》，《课程·教材·教法》2002 年第 5 期。
② 郑宇：《语文能力与语文教材》，《课程·教材·教法》2002 年第 5 期。

需如本章上一节所讲的那样将各学段的目标和内容细化落实到各学年、各学期。

2. 确定语文学习主题，编排语文实践活动单元

语文实践活动单元是构成实践型语文教材的主要部件，一个单元有一个明确的主题，容纳多个体现主题的实践活动项目，提供多样化的语文学习资源。具体来说，单元的编制需要把握如下几个要点：

（1）确定主题。这里的主题，不是现在所流行的生活主题或人文主题，而是语文学习和语文能力培养主题，如"通讯的阅读与写作""小说中的'故事'与情节""'知人论世'与文学鉴赏""借景抒情手法的理解与运用"，等等。单元主题是对这一单元语文学习核心内容或语文能力训练点的提炼和概括，体现为语文实践活动序列中各个具体的"点"。

（2）提供实践所需的知识。语文课程范畴内的实践更多的应该是知识参与下的实践——即"潜藏着特定语文知识的语文实践"和"语识转化为语感的语文实践"，而不是一味地让学生在不知其然和不知其所以然的实践中"暗中摸索"。因此，有必要给学生提供用以指导实践的知识。教材提供知识的方式是多种多样的，可以在实践活动项目前系统地提供先导性知识，以知识来统帅实践项目；也可以采用"雨夹雪"的方式将知识渗透在各个具体的实践活动项目之前、之中或之后，分散式地呈现；还可以将知识"润物无声"地潜藏在实践活动项目之中，让学生不知不觉地学会运用知识去实践；还可以采用"知识链接""文本框""注释""图表"等方式将知识呈现于教材适当的位置。

（3）提供实践范例。范例对于学习"如何做"的程序性知识是很重要的，"没有大量合适的正、反例，概括化和分化的过程就无法完成，也就很难达到对同类和不同类刺激模式的准确辨别和区分。模式识别无法完成，动作步骤也就不可能被正确运用到该用的问题情境中来。"[1] 要让学生学会如何阅读、如何写作，应该首先给学生提供"这样"阅读、"这样"写作的正例

---

[1]　莫雷主编：《教育心理学》，广东高等教育出版社 2005 年版，第 207 页。

或不应该"那样"阅读、"那样"写作的反例。这样的范例，可以由教材文本直接提供，如"文本解读范本""范文""例句（段、篇）""示例性的图表"，等等；也可以是来自教材文本之外的其他学习资源，如录音、录像、网络资源等等；还可以由教师提供，如范读、"下水"作文、示范性演讲、示范性的课文讲解分析，等等。

（4）设计实践活动项目。语文实践活动项目是构成单元的主体，一个单元就是由若干个围绕主题的语文实践活动项目构成的，这些项目，可以是单一技能训练项目，如朗读、默读、复述、听记、用词造句、拟写作提纲、修改病句，等等；也可以是语文能力整体训练项目，如现代朦胧诗阅读实践、广告语创作实践、议论文写作实践等等；还可以是如人教版教材上的"漫游语文世界""我也追'星'"、苏教版教材上的"模拟新闻发布会""广告多棱镜"等综合性很强的实践项目。一个单元的语文实践活动项目应该融读、写、口语交际为一炉，使得各项活动相互配合、相互促进，整体推进语文能力的发展。

（5）提供学习资源。语文实践不能凭空进行，总需借助一定的学习资源，因此单元内还应围绕语文实践活动项目提供丰富多样的学习资源。这样的学习资源包括语文实践对象和材料、助学材料、相关知识、多种媒体资源（如影视资源、网络资源），等等，这些资源可以以"读写材料""点子库""资源链接""背景材料""插图""示意图""资料卡片""脚注"等多种形式出现。

3.综合多种元素，设计语文实践活动项目

一个语文实践活动单元由若干个语文实践活动项目所构成，因此语文实践活动项目的设计甚为关键。一般说来，一个语文实践活动项目包含如下几个要素：（1）所涉的语文技能。语文实践是根据一定规范展开的听说读写活动，它不可能不涉及一些语文技能。（2）相关知识、策略。要尽可能地将有关知识、策略融入语文实践活动之中，使课程范畴内的语文实践成为一种"专业实践"，从而提高实践的质量和效率。（3）实践的对象、材料。实践对象、材料是语文实践活动中不可或缺的因素，不管是阅读、写作，还是口语交际实践，都需要有具体的对象，使用一定的材料。(4)实践的程序、要求，即要求学生按照一定的规范和指令进行实践，以增强实践的科学性和有效性，减少盲目性和随意性。

设计语文实践活动项目，还要明确语文实践的具体形式。按照言语行为的一般表现形式，语文实践活动通常可以分为读、写、听、说四类。不管是读写，还是听说，其形式都是多种多样的，比如"读"就有默读、朗读、浏览、跳读、诵读、精读、略读等具体形式，"写"就有写字、抄写、写话、写作文、写日记、写读（观）后感、做笔记等多种活动，"听"又有边听边记、以目助听、视听想象、先听后读、先听后说等形式，"说"又有朗读、复述、讲述见闻、介绍事物、发表意见、口头作文等形式。另外，从语文运用的实际情况出发，通常还把听和说结合起来安排口语交际实践；同样的，也是从语文运用的实际情况和语文课程的综合性特点出发，还需考虑将读、写、听、说各项活动综合起来，以及将语文实践活动与其他课程的学习乃至社会生活贯通起来，安排语文综合实践活动。设计语文实践活动项目时，就要根据实际的需要，灵活采用多种实践形式。

设计语文实践活动项目，还要尽可能给学生搭建实践情景的平台。"情境性、思维性、合作性是当今语文教科书编写者共同追求的特点，一个语境创设往往就是一次完整的言语活动。"[1]语文教材中实践情景平台的搭建主要有两种方式：一是设置虚拟的语言情境（包括设置虚拟的对话情境、设计一定的任务情境、以主题探究的形式引导学生完成单一或综合的技能训练这三种具体方式）；二是提供真实的生活场景，即"给学生在具体的言语生活环境中去从事言语实践的机会"[2]，比如让学生在母亲节前夕写一封信寄给自己的母亲，让学生就"校园流行语"进行调查并完成调查报告，等等。情景平台的搭建有助于激发学生学习的兴趣，引发学生的认知冲突和刺激，获得真实情景中的语言运用经验。

---

① 乔晖：《语文教科书中学习活动的设计》，华东师范大学出版社2013年版，第173页。

② 乔晖：《语文教科书中学习活动的设计》，华东师范大学出版社2013年版，第173—174页。

二、实践取向的语文教材试编样章

八年级下册第3单元

<h2 style="text-align:center">小说中的故事与情节①</h2>

【单元导语】

很多同学都喜欢读小说，因为小说里有"故事"。的确，正如英国作家福斯特在他的专著《小说面面观》中所说："小说就是讲故事。故事是小说的基本面，没有故事就不成为小说了。"那么，小说家是如何"讲"故事的呢？作为读者，我们又该如何赏读小说家讲述的故事呢？

这一单元，我们将引导同学们通过一系列语文实践活动，学习赏读小说故事情节的方法和技巧，提高阅读小说的能力。

【知识库】

"故事虽是文学肌体中最简陋的成分"，却是"小说这种肌体中的最高要素"。

——［英］福斯特《小说面面观》

"我一开始就相信，一个作家当他坐下来动手写小说时，必须有故事要讲。"

——［英］安·特罗洛普《谈小说创作》

"可以认为故事在小说中是次要的，但如果没有故事就不能称之为小说。"

——［美］利昂·塞米利安《现代小说美学》

---

① 本节教材编制的主要理论来源：［英］福斯特：《小说面面观》，苏炳文译，花城出版社1984年版；陈果安：《小说创作的艺术与智慧》，中南大学出版社2004年版；陈果安，高静：《小说的欣赏与写作》，湖南大学出版社2006年版；童庆炳：《文学理论教程》，高等教育出版社1998年版。为了保证教材的流畅性，文中不再一一注明出处。

● 故事与事件

故事是按一定的结构方式所组织起来的两个以上的事件，而"事件"又是由所叙述的人物行为及其后果构成。孙悟空大闹天宫是个事件，武松打虎也是个事件，而这些"大"的事件又由若干"小"的事件构成。比如大闹天宫这个事件，又由"力战天神""与佛斗法"两个小的事件构成；武松打虎这个事件，又由"喝酒""上冈""打虎""下冈"四个小的事件构成。这些小的事件还可再分为更细小的事件，如"打虎"就包括猛虎出现、猛虎进攻、打死猛虎三个更为细小的事件。整个总的事件就由这不同层次的小事件构筑而成，在阅读时，我们可以对之进行切分，直到最小的细节（最初级的事件）。

● 从故事到情节

情节是按照深层的内在联系组织起来的一系列事件。这种"内在联系"，首先是指因果联系（因果逻辑）。英国作家福斯特认为，情节不同于故事，故事是特指按照时间顺序讲述的事件，而情节则注重的是事件之间的因果逻辑，"'国王死了，不久王后也死去'便是故事；而'国王死了，不久王后也因伤心而死'则是情节"。但情节并非止于因果逻辑，除了因果逻辑，它通常还涉及性格逻辑、情感逻辑、意识流动逻辑等。

情节具有虚构性。文学作品来源于生活，但它并不是现实生活的照搬，当作者把一种生活用语言表现出来时，本身就带上了虚构的色彩。另外，"生活并不讲故事，生活是混乱的、易变的、任意的，它遗留下成千上万未解开的头绪，参差不齐"①，要将纷繁复杂的生活事件编造成精粹、完整、富于艺术表现力的故事情节，就需要作家进行艺术的提炼和虚构。但情节同时也应该是真实的，"故事尽管是臆造的，却又能令人感到真实可信"。小说家提供的可能是一个真实的现实世界，

---

① 崔道怡、朱伟等编著：《"冰山理论"：对话与潜对话》下册，工人出版社 1987 年版，第670 页。

也可能是一个神奇的世界，一个荒诞的世界，一个悖谬的世界，但无论如何，它都应该"像"现实生活，具有"现实的可能性"。

连接情节线索的因素主要有时间、人物、逻辑联系（因果逻辑、情感逻辑、意识流动逻辑等）、空间等。比如《鲁滨逊漂流记》就是按时间顺序来安排情节的；《水浒传》中的很多故事是通过人物与人物，特别是人物内心矛盾冲突或人物与环境之间的矛盾冲突来展开情节的；《红楼梦》中的一些故事，又是以空间的转换为线索来安排情节的。连接情节线索的因素可以有多种，但小说的情节线索模式却不止一种，有单线，有双线；有明线，有暗线；还有三条以上的复线式结构。

传统现实主义小说讲究故事情节的完整性和曲折性，叙事有头有尾，情节张弛有度、曲折有致。情节的运行，整体上都遵循一个基本的模式：开端——发展——高潮——结局，有的作品还有序幕和尾声。

小说情节的运行本质上是拒绝平滑单一的直线型模式的，好的小说情节应该曲折、生动。小说情节的曲折性、生动性一方面来自生活的丰富性，另一方面来自作者对情节的巧妙构思。为了追求情节的曲折多变，作者常常在故事中设置伏笔、悬念、突转和巧合。

伏笔，是指作者对将要在作品中出现的人物或事件，预先所作的暗示或提示，为人物的出现或事件的发生准备条件。[①]

悬念，是指在作品的某一部位揭示出矛盾或危机的端倪，然后又将其悬置起来，故意在读者和观众心中造成疑念，引起猜测、疑虑、关切、期待的心理情绪的一种常见的写作技法。[②]我国古代的章回体小说，每到关键处，便来个"欲知后事如何，且听下回分解"，这就是故意设下悬念。

突转，是指事件在正常发展的轨道上来了个突然转向，不按照原

---

① 陕西师大中文系文艺理论教研室编写：《文学理论常用术语简释》，陕西人民出版社1974年版，第251页。

② 阎景翰主编：《写作艺术大辞典》，陕西人民出版社1990年版，第286页。

先预想的轨道走，出现了意外。① 如美国作家欧·亨利的小说《警察与赞美诗》，写一个饥寒交迫的流浪汉苏比，因为想去监狱过冬，便屡次以身试法：吃饭不给钱，扰乱社会治安，当着警察的面调戏妇女……结果却屡试屡败。而当他来到一座教堂前，听到教堂里传来的赞美诗乐声因而受到感化，心中正涌动着奋起的力量和对未来生活的美好憧憬时，却偏偏被警察送进了监狱。这就是"突转"。

巧合，是指两种或多种事物（或因素）由于某个偶然的原因凑巧恰合在一起，使故事情节和人物性格发生新的突转的一种常见的写作技法。② 比如，欧·亨利的小说《麦琪的礼物》，写贫穷的德拉为了赠送圣诞礼物给丈夫，忍痛卖掉了引以为豪的长发，为丈夫买了漂亮的表链，但她丈夫回家时则带回了发梳，这是他卖掉怀表为妻子买的礼物。这就是巧合。

【小说情节赏析：尝试与示例】

一、《智取生辰纲》情节赏析

在《水浒传》中，"智取生辰纲"是最为脍炙人口的故事之一，阅读时，你一定会被那跌宕起伏、引人入胜的故事情节牢牢地吸引住。那么，作者是如何构造出这样曲折动人的情节的呢？我们将通过以下活动进行探究。

● 认真阅读课文《智取生辰纲》，一边读一边勾画标识情节发展的关键词句，然后依据这些关键词句在小组范围内口头复述小说的故事情节；

● 阅读《层波叠浪　珠联璧合——〈智取生辰纲〉情节结构赏析》一文，看看本文作者是如何分析这篇小说的情节结构的，注意其中对情节结构、悬念、伏笔的剖析；

● 自我反思和分小组讨论：从前面的"知识库"及这篇赏析文章中

---

① 李子：《李子文集》第 4 卷，天马图书有限公司 2007 年版，第 58 页。

② 阎景翰主编：《写作艺术大辞典》，陕西人民出版社 1990 年版，第 284 页。

获得了哪些赏析小说情节的经验？在笔记本上梳理所获得的经验。

课文《智取生辰纲》（课文略）

层波叠浪 珠联璧合
——《智取生辰纲》情节结构赏析①

李华贵

"智取生辰纲"是《水浒传》的一节，它不仅上挂下联，成为全书有机的一链，而且自成格局，独立成章，艺术构思别具匠心，情节结构很有特色。

"智取生辰纲"的故事，是因北京大名府梁中书为朝贺他丈人、当朝太师蔡京的生辰而引起的。梁中书搜刮民脂民膏，凑成十万贯金珠财宝，要赶蔡京六月十五日生辰，特派杨志押送前往东京。这十万贯贺礼，便唤做"生辰纲"。围绕着这生辰纲，有两股势力在活动着：一股是护送，一股是夺取。这是贯穿"智取生辰纲"故事始末的两条明暗交织的线索。对于夺取的一方，作者在小说第十六回开始时，用了较短的篇幅写晁盖、吴用等七人聚义东溪村，设置圈套，准备夺取生辰纲。究竟是何计策，作者只"如此如此""这般这般"设了一个极大的悬念。自此以后，就中断了关于夺取一方的活动的叙写，而主要写护送一方的活动，直到故事结束，作者才点明吴用等人智取的"机关"。整个故事，看起来是单线叙述，但我们切切不可将大手笔作等闲看，留心读去，作者明写杨志一路如何精明计算，竟处处是为吴用"智取"着墨，梁中书要孝敬生辰纲，他自己也深知这不义之财要千里迢迢送达京师，谈何容易！手下奴才，又无一人可用，不得已而委用押解来大名府不过三月的刚提拔为提辖的配军杨志。杨志呢？他虽然想借此机会邀功请赏，作为向上爬的阶梯，但他毕竟是将门之后，深

---

① 李华贵：《层波叠浪 珠联璧合——〈智取生辰纲〉情节结构赏析》，《南充师范学院学报（哲学社会科学版）》1982年第2期。

知当时"行路的艰难"，于是一再申述自己一介戴罪武夫，官职卑微，路途上强人出没等困难，推诿再三。直到梁中书满足了他改扮客商，一切听他指挥的条件后，方始应允。尽管如此，梁中书也并没有忘记派了个老都管并两个虞侯随同前往，名为伴当，实际上暗地里做了杨志的监军，这是精明的杨志第一个料不到之处。杨志委了一纸领状，一行十五人启程上路了。这是"智取生辰纲"的"入话"，是情节结构的开头。这个开头，起笔不凡，可谓"虎首"。其好处有四：（1）点出当时"强人"伏路抢劫的客观现实，为下文东溪村七好汉截取生辰纲预作伏笔；（2）正写杨志精明孔武，虽当堂如梁中书者，权势不足以乱其方寸，如不允其志则不受其命，不失为将来梁山泊一条好汉；（3）为下文黄泥冈吴用智取生辰纲点染，即使精明如杨志者，虽百般设计，亦难逃吴用神机妙算，以此加强智多星吴用作为将来梁山泊义军军师的形象；（4）埋下矛盾契机，于押送队伍中，凭空添上老都管并两个虞侯，为下文写杨志一行上路后内部矛盾迭起预伏火种。

杨志上路了，故事进入发展阶段。作者并不急于推进情节的发展，而是不惜笔墨，着意描绘那酷热的天气和护送一方的难以避免的内部矛盾。杨志生怕丢失生辰纲，强要冒着酷暑赶路，众军汉却酷热难当，要寻凉处歇息。火性的杨志虽然精明能干，却不善调停，动辄打骂军汉。这是护送一方的致命伤！杨志丢失生辰纲，首先就失在这"不善调停"之上。杨志的失于调停，正好给了要寻机以炫耀自己"奶公"身份的谢都管以可乘之机，他利用杨志与军汉的矛盾，更加两个火上添油的虞侯从中搬弄，完全孤立了杨志，这就给夺取一方造成了可资利用的条件。

军汉的艰辛怨愤，杨志的急躁火爆，谢都管的倚老卖老，两个虞侯的搬弄是非，再加上那暑气袭人的酷热天气，都被作者写得淋漓尽致。应该说，写到此，也就够了，可以腾出手来写夺取一方的活动了，但作者却紧紧抓住护送一方不放，进一步描绘这支护送队伍在酷热的煎熬下，在杨志的逼赶下，一步步向黄泥冈挣扎而去的艰难情状，这样又极自然地把关于护送一方的最紧要的文章，放到黄泥冈来做。因为黄泥冈是护送与夺取两股力量较量的重要战场，内部矛盾的高潮放到黄泥冈来展现，正好和护送与夺取的主要矛盾衔接起来，使两种矛盾错综复杂，文势扑朔迷离。此亦正是写家"集中"时要诀所在。为了将文章做在黄泥冈上，作者写众军汉一路怨愤，不肯向前，但藤条之下，终于不敢躺下不走，偏偏到得黄泥冈，就向杨志"摊牌"，任他打死也不肯起来了。

众军汉的"摊牌"，已经使杨志无可奈何，而谢都管却乘机许诺言，卖人情，拉拢队伍，加剧了杨志与众军汉的矛盾，两个虞侯更是从旁搬弄口舌，惹得杨志性起，"提着藤条喝道：'一个不走的，吃俺二十棍'"，矛盾发展到了白热化程度。老都管见时机已到，于是一反先前的忍耐态度，亮出了他的"王牌"：

"谢都管喝道：'杨提辖；且住！你听我说：我在东京太师府里做奶公时，门下官军，见了无千无万，都向着我诺诺连声。不是我口浅，量你是个遭死的军人，相公可怜，抬举你做个提辖，比得芥菜子大小的官职，直得恁地逞能！休说我是相公家都管，便是村庄一个老的，也合依我劝一劝；只顾把他们打，是何看待？'"

这一通训斥，不仅直端端揭了杨志的老底，而且简直是把护送一方的领导与被领导的地位颠倒了过来，堂堂杨提辖原来不过是一个连挑担的军汉都不如的"遭死的军人"！自称三代"将门之后"的杨志对区区相府奶公的这一通狗血喷头的痛斥，竟然不敢直言抗争，而是避重就轻，以述说行路的艰难来回答谢都管的痛骂，显得奴性十足。

火性的杨志对老都管的训斥是否只作几句无力的辩白而罢休？正当读者要弄个明白的时候，作者却笔锋一转，突然按下那紧张的内部矛盾不表，顺势又牵出一条新的线索来：贩枣子客人突然出现在松林里。于是，内部矛盾的高潮顿时因新情况的出现而跌落，——敌情压倒了内讧。生辰纲的安全与否，是与杨志的前途、性命攸关的事情，弄清楚突然出现在松林里的不速之客为何许人，对于杨志来说，远比对付揭了他老底的谢都管更为重要。于是，杨志与那伙贩枣子客人展开了一场相互摸底、探听虚实的火力侦察。内讧的高潮刚一跌落，敌我矛盾的激浪又起，当杨志终于弄明白那伙客人并非歹徒时，一场虚惊马上又成了老都管他们攻击杨志的趁手材料，内讧的高潮又一次在护送队伍中掀了起来。作者这样把两种矛盾错综交织、层波叠浪的纵意抒写，把战前的气氛描绘得阴云四合，电闪雷鸣。

有张有弛，文武之道。敌情真相大白之后，护送队伍内部进行了短暂的攻讦，便也各自收兵，文势顿时舒缓下来。这时的黄泥冈上，两股"客商"各各歇息在被酷热包围的林荫之下，刚才还电闪雷鸣的两种交织组缠的矛盾夕此时波平浪静了。富有戏剧性的是，这边一股是怕强人夺珠宝而假扮客商，那边一股实属强人为夺珠宝亦假扮客商。都非客商而以"客商"相安，几句交涉便雪融冰释，以致"杨志也把朴刀插在地上，自去一边树下坐了歇凉。"这是精明的杨志的又一个见不到处。

在酷热下辛苦跋涉的众军汉，终于得以在林荫下歇了下来，饮料，便又成为这支护送队伍的燃眉之需。作者正是这样顺应情理，在文势稍一停顿之后，即横插进一个卖酒的汉子来：

没半碗饭时，只远远的一个汉子挑着一副担桶，唱上冈子来。唱道："赤日炎炎似火烧，野田禾稻半枯焦；农夫心内如汤煮，公子王孙把扇摇。"

矛盾的发条又因卖酒汉子的出场而拧紧了，文势顿时由停顿而飞跃，因事变而活泼。卖酒汉子所唱之歌，不仅直道眼下的炽热，而且深寓愤懑。歌中那炎天酷暑、禾稻枯焦的景象，引起军汉们多么强烈的感同身受的慨叹！这支即兴式的歌，实在是作者匠心独运之笔，它简洁明快，寓意深远，早已走出小说而成为脍炙人口的名篇了。行文至此，智取生辰纲的直接参战人员已被作者调动安排就绪，紧接着便展开了故事的高潮。

这个高潮并不是直路推进，而是一波三折的，护送与夺取双方，经过五个回合的较量，始见分晓。

众军汉见有酒卖，便凑钱要买来解渴，杨志怕有蒙汗药在内坚持不允，不仅与众军汉的矛盾又起，且与卖酒汉子也间接发生了矛盾。这是第一回合。这边杨志不肯上钩，那边贩枣子的客人便施引鱼上钩之计，先军汉之前去买酒吃，卖酒汉子佯装不卖，被贩枣子客人数落一通，暗里却是奚落杨志，杨志做声不得，眼睁睁看他们把一桶酒吃光了。这是第二回合。贩枣子客人将一桶酒吃光后，又以要饶另一桶酒吃为借口，将蒙汗药抖在瓢里，趁舀酒之机把药搅到酒里去了，演了一出"当众变酒"的把戏，这是第三回合。一桶酒被吃光了，一桶酒被吃过了，贩枣子的客人争相饶酒的逼真表演不仅蒙过了杨志，而且逗引得众军汉"心内痒起来，都待要吃"，并请出老都管出面说情。此时的老都管拥有众军汉的支持，在气势上早镇住了杨志，他"竟来对杨志说：'……胡乱叫他们买吃些避暑气。'"完全是吩咐的口吻。处于此情此景之下的杨志，只有借梯下台的一条出路，同意了众军汉买酒来吃。杨志的这一决定，一半是中了贩枣子客人的计策，一半是受内部矛盾的逼迫，因为他面临着被众军汉抛弃不顾的威胁。可叹这个一心想往上爬，但在宦海屡遭挫折的勇武而精明的军人，在统治阶级内部的斗争，翻船在臭水沟里。这是第四回合。杨志终于同意众军汉买酒吃了，等闲文笔，必然写众军一拥上前买酒，先牛饮，后药发倒地，于是顺势收笔，好不快哉！可是，作者却不肯让那卖酒汉子的药酒轻易脱手，又于高潮处补写出一段奇文：众军汉凑了钱去买酒吃，可卖酒汉子却因先前杨志的言语所伤而记恨在心，故意不卖。军汉的赔礼，贩枣子的客人的说情也无济于事。势波翻浪涌，真是千钧一发。卖酒汉子硬是不卖，眼看就成僵局，聪明的作者却让贩枣子客人从中转环，"把那卖酒汉子推开一边只顾将这桶酒提与众军去吃。"这样写来，自然逼真，令人信服。如果卖酒汉子急于要将药酒脱手，一走了事，精明的杨志必然要重新犯疑，收回成命，智取的好戏就将毁于一旦。如此看来，作者特别安排的这个卖酒汉子故意不卖的把戏，于故事的全文来看，真是不可缺少的重要文字。卖酒汉子将一桶药酒，不但从容脱手，而且脱手后还是从容退场。你看他眼看着护送队伍上下一十五人都喝了药酒，还有闲心与众军汉讨价还价，直到众军凑出钱来还他，他方"收了钱，挑了空桶，依然唱着山歌，自下冈子去了。"何等从容，何等悠闲！读至此，不能不深深地佩服作者记事手段的高超，那本来闪烁着刀光剑影的场面，被写得来如此闲适轻巧，闻不出半点火药味来。这是第五回合。

经这五个回合的较量，护送一方虽然小心谨慎，层层设防，但毕竟因为内部矛盾剧烈，被夺取一方钻了空子，一再斗智的结果，是夺取一方终于取胜。作者精心结构的这一高潮，真是妙不可言！

两桶酒都被吃光了，剩下的便是故事的结局。护送生辰纲的一行十五人，全被药翻在地，夺取一方未动一刀一枪，便将十一担金珠宝贝夺走。智取生辰纲成功了。劳动人民有组织地与统治阶级进行的第一个回合的斗，以晁盖、吴用等起义农民的胜利而告结束。

智取生辰纲成功了，但故事并没有结束。作者在故事中巧妙地设置的一连串的悬念还没有解开。在十六回的开端部分，作者写吴用等人商量用计夺取生辰纲，到底所用何计？同样的酒，为什么贩枣子的客人吃了不倒，偏偏杨志等人吃了就倒了？直到最后，作者才揭开谜底：

我且问你，这七人端的是谁？不是别人，原来正是晁盖、吴用、公孙胜、刘唐、三阮这七个。却才那个挑酒的汉子便是白日鼠白胜。却怎地用药？原来挑上冈子时，两桶都是好酒。七个人先吃了一桶，刘唐揭起桶盖先兜了半瓢吃，故意要他们看着，只是教人死心塌地。次后吴用去松林里取出药来，抖在瓢里，只做走来饶他酒吃，把瓢去兜时，药已搅在酒里，假意兜半瓢吃，那白胜劈手夺来，倾在桶里，这个便是计策。那计较都是吴用主张，这个唤做智取生辰纲。

悬念解开了，我们为吴用的绝妙计策而惊叹，更为作者高超的写作技巧所折服。那情状逼真的场面，那栩栩如生的人物，那层波叠浪的情节，那珠联璧合的结构，真所谓绝倒文思，扣人心弦，耐人玩味。

（选自《水浒》第十六回，人民文学出版社1952年版）

二、《故乡》情节赏析（课文略）

在这一环节，请围绕鲁迅的小说名篇《故乡》完成以下语文活动：

● 自读《故乡》，一边读一边记录标识事件的关键词句，在此基础上对构成情节的事件进行分析，然后梳理小说情节。

提示：

1. 作者所写的"故事"都由哪些事件所构成？这些事件之间有何内在联系？先在笔记本上用一句话或一个短语概括这些事件，然后用"示意图"来表明这些事件之间的内在联系。

2. 有学者认为，《故乡》浸透着浓郁的诗情，具有诗化小说的特征。[1] 还有学者认为，《故乡》是"散文化小说"，因为它以抒情的笔调渲染童年生活的美丽，既写闰土也写"我"，展现了"我"回到"别了二十余年的故乡"寻梦，又终于绝望而去的心理过程，表现出显著的抒情性特征。[2] 而不管是诗化小说，还是散文化小说，都具有淡化情节的特征。

将《故乡》与《智取生辰纲》作比较，看看它们在情节构造上各有何特点？你还能举出具有类似情节构造的例子来吗？

3. 先阅读"信息窗"中有关"插叙"的知识内容，然后思考：这篇小说运用了插叙的写法吗？这在故事情节的构造中有何作用？

信息窗——知识添翼

插　叙

插叙是在叙述中心事件的过程中，为了帮助展开情节或刻画人物，暂时中断叙述的线索，插入一段与主要情节相关的回忆或故事的叙述方法。比如，我们已学过的课文《爸爸的花儿落了》就多次

---

① 吴晓东：《现代诗化小说探索》，《文学评论》1997 年第 1 期。
② 曾利君：《中国现代"散文化小说"论》，《西南民族学院学报（哲学社会科学版）》2000年第 2 期。

> 运用了插叙的方法，如：在开篇，由衣襟上的粉红色夹竹桃引出前一天去医院探望爸爸的情形；通过忆叙探病时爸爸的一番话，引出六年前因赖床不起受爸爸惩罚以及上学从不迟到的情形；等等。

● 听教师示范分析课文的情节，注意记下要点；然后就仍然有疑问处与同学讨论，或者向老师请教。

● 自我反思和分小组讨论：从教师的讲解及自我学习活动中获得了哪些赏析小说情节的新经验？在笔记本上梳理所获得的经验。

【小说情节赏析：有指导的实践】

在教师的指导下，完成以下语文活动：

● 课文：《我的叔叔于勒》（课文略）

语文活动：

1. 反复阅读本文，然后合上书，记录给自己留下深刻印象的事件、人物和细节。

2. 小说围绕菲利普夫妇对于勒的态度变化，展开曲折的情节。试根据下面的提示，从多种角度，梳理一下课文的情节结构。

原因→结果（逻辑）

期待→破灭（心理）

开端→发展→高潮（情节发展）

悬念→结局（技巧）

3. 思考与讨论：有评论者认为这篇小说"采取大起大落、大开大合的手法铺排故事，看来平铺直叙，实则波澜起伏"。你同意这种说法吗？请作具体分析。

4. 集体讨论：假设对这篇小说的情节作如下改编，会有怎样的效果？和原作相比，哪一种更好？

第一种：顺势正向发展。菲利普一家在船上正好碰上衣锦还乡的于勒，菲利普赶紧上前，紧紧拥抱于勒，眼泪纵横，菲利普太太在一旁大唱赞歌："好心的于勒，你可真算是一个有办法的人。"

第二种安排，于勒此时已成为海盗，看到兄嫂在船上。怒从心头起，恶向胆边生，手起刀落，结果了他们两人……

5. 这篇小说存在"巧合"吗？如果存在，请思考：这一"巧合"合理吗？作者安排这一"巧合"的作用何在？

信息窗——相关资料

关于《我的叔叔于勒》主题的讨论

《我的叔叔于勒》最早发表于1883年8月7日法国的《高卢人日报》上。作者通过菲利普夫妇对其弟弟于勒态度的前后变化，形象地揭露了资本主义社会人与人之间赤裸裸的金钱关系，反映了资本主义社会的黑暗与腐朽。

（资料来源：臧玉书《〈我的叔叔于勒〉分析》，选自《初中语文课文分析集》第五册，广东人民出版社1984年版。）

经济的世界，金钱的关系，毁灭了像于勒这样一些没有金钱意识的人的生活，把他们推入了人生悲剧的深渊，使他们不但失去了生活的经济基础，也失去了亲人的爱和社会的关心；经济的世界，金钱的关系，扭曲了像"我"的父母这样一些不能不重视金钱的人的精神，使他们淡漠了对人的爱和同情，使他们变得庸俗、狭隘和自私。

这一切，都通过一个少年"我"的眼光和心灵折射出来。这个"我"既同情于勒的悲剧命运，也同情父母的悲剧处境，但对金钱关系对成人社会人与人情感关系的破坏却有着较之我们成年人更加敏锐的感受。

我们无法嘲笑于勒，也无法嘲笑"我"的父母。小说让我们反思我们的生活，反思我们的人生，反思金钱关系对我们人性的扭曲和破坏，并且在这种反思中把我们的灵魂从现实的物质的、金钱的关系中升华出来，提醒我们不要失去对人的真诚的爱心和同情。

它对像"我"这样的少年人有什么影响作用呢？

它可以让一代代的儿童都不要忘记、更不能轻视自己少年时期的人生观察和人生体验，并把自己对人的自然、朴素、真诚的爱和同情保留到自己的成年，不要被现实的金钱关系所异化，因为只有这样的心灵，才是人类最健全、最美好的心灵。

（资料来源：王富仁《怎样感受人？怎样感受人与人之间的关系？——简说莫泊桑的短篇小说〈我的叔叔于勒〉》，《语文学习》2003年第5期。）

【小说情节赏析：自主、合作、探究的实践】

● 阅读雨果·克里兹的短篇小说《报复》，思考文中和文后的问题。

报　复

[法] 雨果·克里兹

写字台上的台灯只照亮书房的一角。彭恩刚从剧场回来，他坐到写字台前，伸手拿起电话要通了编辑部："我是彭恩，你好！我又考虑了一下，关于《蛙女》的剧评，最好还是发下午版，因为我想把它展开一些……别提啦！太不像话了！所以我才打算写一篇详细的剧评。上午版你只要留出个小方块刊登一则简讯就行了。你记下来吧：'奥林匹亚剧院：《蛙女》上演，一锅可笑的大杂烩：一堆无聊的废话和歇斯底里的无病呻吟。看了简直要让你发疯。详情请见本报下午版'。你是不是觉得我的措词还不够激烈？这样就行？那好，再见！"

从他放下话筒的动作可以看出，彭恩的情绪越来越愤慨。可就在这时，他猛然一惊，附近有人轻轻地咳嗽了一声。在光线最暗的角落里，他模模糊糊地看见有个人坐在皮沙发里。陌生人蓄着白胡须，身披风衣，头上歪戴一顶礼帽，闪亮的眼睛逼视着评论家。彭恩心里发虚："你，你……你是谁？"

（这个陌生人是谁？接下来故事将怎样发展？不看下文，你能编造出下一个情节吗？）

陌生人慢慢站起来，从衣兜里伸出右手。彭恩看见一支闪闪发亮的手枪。"把手举起来"那人命令道，彭恩两手发抖。

"嘻嘻嘻……"那人像精神病人一样笑着，"你这条毒蛇，现在总算落到了我的手里。再有 5 分钟就是午夜。12 点整，嘻嘻嘻……你将变成一具尸体。文亚明，我的宝贝，"白胡子老头扬起头，"我亲爱的文亚明，5 分钟后你将报仇雪恨。这条毒蛇将永远闭上它的嘴！啊，你高兴吗，文亚明!?"说着白胡子老头立刻举起手枪："别动！"

"听我说，"彭恩战战兢兢道，"请告诉我，你究竟是谁？……我不明白……我对你干了什么？……求你把手枪收起来吧。我们之间肯定有一场误会。"

"给我住嘴，你这个杀人凶手！"

"杀人凶手？你弄错了。我不是杀人凶手！"

"那么请问是谁杀死了我的孩子，我唯一的儿子，亲爱的文亚明？谁呢，彭恩先生？"

"我根本不认识你的儿子！你怎么会生出这种想法？"

（读到这里，你是不是想继续往下读？想想作者采用了什么样的情节构造技巧吸引你读下去。）

"我的儿子叫……文亚明·穆勒！现在你明白了吧？""文亚明·穆勒……我记得，好像是个演员吧？"

"曾经是！因为他已经死了，他对着自己的头开了一枪。而正是你这个无耻的小人毁了他！你在文章里写过他。'为助诸君一笑，还有一位文亚明·穆勒先生值得提及，因为他的表演，真可堪称全世界最蹩脚的演员。'你竟敢这样写我的儿子！而他，可怜的孩子，去买了一支手枪，自杀了。就是这支手枪，过一会儿将把你送到西天！"

彭恩禁不住浑身乱颤："听我说，这并不能怪我……我感到很遗憾……可我只是尽自己的职责而已。你的儿子真的缺乏才华……你明白吗？我本人跟你的儿子并没有仇，可是艺术……"

"你别再胡诌关于艺术的废话了！你是杀人犯！因此你得死！昨天夜里，"老头压低嗓门，"文亚明出现在我的梦里。他对我说：'爸爸，拿上手枪去找那毒蛇。午夜12点的时候，杀了他替我报仇！否则，我的灵魂将永远四处飘流，不得安身！"

"可你不能杀我……看在上帝面上……你简直疯了！……"

（刚才的悬疑解开了吗？现在我们的心是不是又被悬起来了？猜猜接下来将发生什么事？）

老头大声地嘲笑道："真叫人恶心，你是全世界首屈一指的胆小鬼！一条罪恶深重的蛆虫，半文不值的小人！你那自命不凡的优越感哪里去了？你那体面威风哪里去了？现在你已面对死神，没有了你，人人都会如释重负。"

彭恩双手合十，央求道："亲爱的先生，如果你一定要杀我，至少让我能最后给我的亲人写几句诀别的话……并表明我的遗愿。"

"行，我成全你！"陌生人宽宏大量地答应，"写吧，你还可以活15秒钟！"彭恩拿起铅笔，在纸片上写了两三行字……

午夜的钟声响了。

老头怪叫一声，举起手枪扣动扳机。

（这里的情节，与你预想的一样吗？作者的构思符合生活的逻辑吗？）

硝烟散后，陌生人扯下自己的胡子，走近彭恩。

"先生，现在你对文亚明·穆勒的表演才华有了新的看法吧，对不对？看你那个熊样！哈哈……！我想，今后你在评论别人的时候该会学得谨慎一些了！"

看着手里拿着铅笔，满脸蜡黄的彭恩，文亚明伸手拿过那张纸条。只见上面写道：

（彭恩没被打死？你快跳到嗓子眼的心落下来了吧？作者为什么不让彭恩"被打死"？纸条上写了什么？结合标题猜猜。）

"亲爱的文亚明·穆勒，你不仅是全世界最蹩脚的演员，而且是头号傻瓜。你戴的假发套大了一号。彭恩。"

思考：

1. 小说开头写彭恩打电话的情节，有何作用？

2. 小说结尾采用了何种情节构造技巧？产生了何种艺术效果？

3. 作者采用了哪些情节技巧使得故事一波三折？

● 自读欧·亨利的小说《最后的常春藤叶》，对其情节进行独立分析，写出赏析文字，在小组内交流。

以下策略可供参考：

1. 通读全文，一边读一边勾画标识情节发展的关键词句。

2. 情节梳理。依据关键词句依次概括：小说写了哪几件事？这几件事是如何连缀起来的？在此基础上用简洁的语言概括故事情节，讲清故事发展的来龙去脉。

3. 情节鉴赏。思考下列问题，记录思考结果：① 小说在情节构造上有何特点？为什么这样安排情节？某一情节对于表现主题、塑造形象、推动整个故事发展有何作用？② 情节发展是否有高潮？在到达高潮前经过了怎样的铺垫？故事如何结尾？这样结尾有何好处？③ 作者在构造情节时，是否运用了伏笔、悬念、巧合、倒叙等等技巧？有何作用？

4. 情节探究。小说的整个情节构造或某一情节构造是否合理？你赞同这样的安排吗？还可以有其他安排吗？为什么？

5. 将以上思考结果理出个头绪来，写作赏析文章。

【写作实践："故事"的编创】

1. 发挥你的想象，续写下面的故事。可以采用两种方式：一是独立创作，写完整个故事；二是小组或全班接龙——一个人写一两段话或一个故事片段，最后一个人结尾。

J博士先生正要离家出门，他在前厅匆匆照了一下镜子。一看镜中人，他吓了一跳，站在那儿动也不动。西装穿得倒也得体，领带也不歪斜，可是，在他脸部所在的地方，他看见……①

提示：① 情节要符合真实性原则；② 注意运用伏笔、悬念、巧合、

---

① 材料来源：洪宗礼、柳士镇、倪文锦主编：《母语教材研究》第7卷，江苏教育出版社2007年版，第332页。

插叙、倒叙等技巧。

2.请运用下面提供的词语编写一个惊险故事。词语出现的次序可以随便调动。故事情节既要合情合理，又要曲折新奇，注意运用"伏笔""悬念""巧合"等写作技巧。

烟蒂　穿皮夹克的女郎　110　沾血迹的一绺长发　摩托车　破啤酒桶　警犬　指纹　山顶小屋　大桥下面

【本单元语言积累与运用】

●识记、解释下列词语，并用加点的词语造句。

生辰纲　嗔怒　怎地　怨怅　诺诺连声　小本经纪　寻思　勾当　聒噪

萧索　阴晦　聚族而居　无端　愕然　鄙夷　嗤笑　惘然　膈膜　恣睢

拮据　栈桥　福音书　神色张皇　嘟囔　煞白　阔绰　毫无疑义

●语言理解与分析

1.试分析下面句子中的动词对于表现人物性格的作用。

那汉看见，抢来劈手夺住，往桶里一倾，便盖了桶盖，将瓢往地下一丢，口里说道："你这客人好不君子相！戴头识脸的，也这般罗噪！"(《智取生辰纲》)

2.分析《智取生辰纲》中杨志的语言，看看反映了他什么样的性格？你认为他会说话吗？

3.结合课文内容，说说下面这句话的内涵。

希望本是无所谓有，无所谓无的。这正如地上的路；其实地上本没有路，走的人多了，也便成了路。(《故乡》)

4.找出《故乡》中描写闰土肖像的句子，进行对比分析：从少年闰土到中年闰土，闰土在外貌上有何变化？这说明了什么？你能从中学到一些什么样的外貌描写方法和技巧？

5.在《我的叔叔于勒》一文中勾画出"说"前的形容，如"我的母亲也怕起来了，吞吞吐吐地说……"，说说这样的形容对于刻画人物性格有何作用。尝试写一个人物对话片段，在"说"前加上适当的形容。

6. 小说中有些话，看似平常，要读出画面形象，读出真实情感并不是一件容易事。仔细揣摩下面的话，想一想，应当如何读？①

我看了看他的手，那是一只满是皱痕的水手的手。我又看了看他的脸，那是一张又老又穷苦的脸，满脸愁容，狼狈不堪。我心里默念道："这是我的叔叔，父亲的弟弟，我的亲叔叔。"（《我的叔叔于勒》）

● 背诵

背诵《故乡》第十二自然段（这时候，我的脑里……）和最后一自然段。

---

① 这里借用了苏教版《语文》九年级上册《我的叔叔于勒》一文的课后习题。见：洪宗礼主编《义务教育课程标准实验教科书·语文》（九年级上册），江苏教育出版社 2009 年版，第 75 页。

第六章

语文课程实践品格的彰显：教学建议

　　任何课程设计，最终都是通过具体的教学活动才得以完成的，因此，仅仅在语文课程标准和语文教材中凸显实践元素是不够的，要让这些实践元素"活跃"起来并发挥其提升语文素养的功能，还得通过教学。而且，从语文课程的"经验"本性来看，语文教学也并非就是一个与课程设计截然分离的、忠实地传递预先规定好的"课程包裹"的过程，而是一个师生通过经验（动词）创造和建构经验（名词）的过程，即语文课程创生和开发的过程。"真正的课程是教师与学生联合创造的教育经验，课程实施本质上是在具体教育情境中创生新的教育经验的过程，既有的课程计划只是供这个经验创生过程选择的工具而已。"① 因此，语文课程的实践品格与其说是在课程设计中体现出来，不如说是在教学过程中彰显出来的。在教学过程中彰显语文课程的实践品格，必将引起语文教学范式的变革。

第一节　从授受到导练：把语文课上成实践课

　　从根本上讲，"把语文课教成知识课""以讲析语文代替学生的语文实践"等漠视语文课程实践品格的现象是由语文教学的"授受"范式而引发

---

① 　张华：《课程与教学论》，上海教育出版社 2000 年版，第 341 页。

的。所谓语文教学的"授受"范式，是指在"讲书"传统、前苏联教育理论、以作品为中心的读解理论等的影响以及"文选型"教材的制约下形成的一种语文教学信念及其与之相应的语文教学话语和方法体系的集合体：它以"教学是倒水"为前提喻设，把教学过程看作是一个特殊的认识过程，一个知识传递的过程；采用以分析和讲解为主的方法，力求"有效率"地向学生传授知识、分析课文；师生之间形成一种主从关系，学生绝对服从教师。① 在我国当代语文教育实践中，"授受"范式曾作为一种主导范式长期存在——在特定的时期和条件下，它被认为是成功的、有效的，于是就在语文教育工作者头脑中凝筑下来，成为一种普遍的方法论信条和理念框架，成为一种公认的语文教学"解题范例"。

　　但是，当"授受范式"为大多数语文教育工作者所坚信不疑时，却有一些"先知先觉者"觉察到了它给语文教学带来的"反常"，开始怀疑它的效用。比如，早在1962年，叶圣陶就指出，语文教学必须改变"教师滔滔讲说，学生默默聆受"的现象，他说，"凡为教，目的在达到不需要教。以其欲达不需要教，故随时宜注意减轻学生之依赖性，而多讲则与此相违也。"②1963年，吕叔湘也指出，语文教学"现在的问题，至少以白话课文而论，不是讲得太少，而是讲得太多"，他认为，"语文的使用是一种技能，一种习惯，只有通过正确的模仿和反复的实践才能养成。"③ 通过长期观察，钱梦龙也认识到，语文教学中存在着三"多"的弊病——架空的分析多、概念术语多、盲目谈话多；他认为，这三"多"严重地影响了语文教学的质量。④1981年，他通过实验得出了一个结论："提高语文教学效率的决定因素，不是教师的'讲深讲透'，也不在于教师对学生的练习作过细的指导。"⑤20世纪90年代，于漪也撰文说，学生不是语文知识的书橱，语文教师必须改

---

① 李冲锋：《语文教学范式研究》，华龄出版社2006年版，第39—60页。
② 叶至善、叶至美、叶至诚：《叶圣陶集》第25卷，江苏教育出版社1992年版，第19页。
③ 吕叔湘：《吕叔湘论语文教学》，山东教育出版社1987年版，第53页。
④ 张正君：《当代语文教学流派概观》，中国社会科学出版社2000年版，第79页。
⑤ 钱梦龙：《语文导读法的理论构想和基本课式》，载刘国正、张定远主编：《中国著名特级教师教学思想录·中学语文卷》，江苏教育出版社1996年版，第541页。

变"讲得越多，学生语文质量越高"的观念，从"满堂灌"的禁锢中解放出来。①

正是因为认识到了"授受范式"的不足，所以一些语文教育工作者开始思考和探索新的语文教学之路，于漪、钱梦龙、黎见明、洪镇涛、魏书生、洪宗礼、蔡澄清、宁鸿彬、李吉林、欧阳代娜、丁有宽、张富、潘凤湘、余映潮、程翔，等等，都是其中杰出的代表。他们在实践中探索，在探索中总结，提出了富有创见的教学思想，摸索出了行之有效的教学方法、模式。他们的教学思想、教学主张虽然各不相同，教学方法、模式和教学风格虽然各具个性，但是从总体上来看，却都具有一个共同特征，那就是重"练"而行"导"，主要表现为：（1）正确地把握了语文课程的性质，紧紧抓住"语言文字运用"这个关键展开教学，教学中做到文道统一；（2）认识到培养语文能力的根本途径是语文实践，打破了"满堂讲、满堂问"的做法，着重引导学生进行语文实践；（3）确立学生的主体地位，想方设法让学生主动学习；（4）充分发挥教师的组织、示范、引导作用，把"精讲多练"落到实处。其实，不仅这三位杰出教师，放眼教坛，无数优秀语文教师的教学实践和大量成功的教学案例也都说明：凡是成效显著的语文教学都体现了语文课程的实践性；注重学生的语文实践并加以科学引导是提高语文教学质量的必然途径。这种重"练"行"导"的语文教学思想和实践，我们将它称为语文教学"导练"范式。

"导练"范式从根本上改变了"把语文课上成知识课"和"以讲析语文代替语文实践"的做法，"语文实践"成为名副其实的语文能力培养主路径，它是符合语文课程的实践性规律的，因此，我们把它视为语文教学范式的发展方向。这种发展方向，用一句简练的话来概括，就是：把语文课上成实践课。

把语文课程上成实践课，有两大关键：其一是学生的"练"，即语文实践，其二是教师的"导"。下面对这两大关键分别进行讨论。

---

① 于漪：《我和语文教学》，人民教育出版社 2003 年版，第 33—34 页。

一、语文教学中的"练"和"导"

（一）关于"练"的分析

"练"，在传统教学范式里被狭隘地理解为"做练习"。传统教学范式认为，语文课和各科一样，"讲"新知识是课堂教学的中心环节，"练"是获得新知以后，用以巩固新知识和练习技能的一个环节。而在"导练"范式里，我们认为，"练"不仅仅是做练习，更是学生学习语文的一种主要方式，它是学生在教师的指导下有目的有计划地与生动鲜活的语文材料接触，感受语文、操作语文、玩味语文的具体的现实的活动，"练"即语文实践。

分析起来，教学中的"练"，其方式是多种多样的。钱梦龙"导读法"中的"认读感知""复述整理"，魏书生"六步课堂教学法"中的"自学""自测"，洪镇涛"五环节教学法"中的"讨论·切磋""练读·练写"，等等，可以说都是有组织、有计划的语文之"练"。分析一些成功的课例，如钱梦龙的《故乡》、余映潮的《假如生活欺骗了你》、贾志敏的《卖鱼的人》、王崧舟的《与象共舞》等等，我们还可以从中发现学生的"练"——即语文实践的更多形态和特点：个体实践、小组同步实践、组内交互实践、班集体共同实践；情境活动型实践、任务型实践、作业型实践；有指导的朗诵实践、复述实践、文本细读实践、写作实践；等等。这些内容，我们将在下一节结合具体案例作详细分析。

对具体课例进行研究，我们发现，"练"的目标主要指向能力，但其实际功能又不仅限于历练能力，事实上，它的功能是综合性的。"'练'的过程，实际上是一个全面发展的过程。学生的知识在训练中获得，技能在训练中形成，智力在训练中发展。与此同时，思想情绪、审美能力、学习习惯、学习兴趣以及学习方法，都可以在一个组织得很好的训练过程中得到培养。"① 比如，贾志敏老师上的《卖鱼的人》一课，大致有三个教学环节：

---

① 夏秀容、钱家珏、宛士奇：《语文教学系统与语文教学过程》，《语文教学通讯》1987 年第 1、2 期。

(1) 由"人"字引出课题"卖鱼的人",然后引导学生通过朗读、解释等方法学习"挨家挨户""疑惑""毫不迟疑""屋檐"等新词,扫清阅读障碍;(2) 反复朗读课文第二小节,从中拈出"疑惑""想不通""不太明白""不可思议"等词语让学生品味,并引导学生结合课文内容用如下句式说话:"让我想不明白(疑惑、想不通、不太明白等)的是……而他……"。这一环节一举两得,既让学生进行了造句练习,又让他们在解开一个个"疑惑"的同时明白卖鱼的人是个"诚信"的人,理解了课文的思想内容;(3) 让学生结合课文内容谈谈对"诚信"二字的理解,并用它写一句话。这一环节让学生在词句的训练中进一步加深了对课文内容的理解,自然而然地对"卖鱼的人"这个普通人身上所具有的诚信品质产生了敬意,明白了做人应该诚信的道理。可以说,在这一堂课里,"练"的多方面功能——语文能力训练的功能、思维训练的功能、人格熏陶的功能、学习习惯养成的功能,等等,都得到了充分的体现。

(二)"导"的内涵和方法

"导",作为一种教学方法论可谓源远流长。我国春秋时期的孔子和古希腊的苏格拉底都注重在教学中采用"启发"的方法;近现代以来,卢梭的"发现教学论"、杜威的"问题教学法"、布鲁纳的"发现教学法",等等,可以说都富含"导"的思想。什么是"导"?我们认为,一切对学生的学习起诱导、引导、指导、领导、辅导、督导作用的教学行为都可以称之为"导"。而且,在我们看来,"导"在这里不仅仅指一种种具体的方法,它已经上升到了方法论的层面,反映出一种与"授"迥然不同的教学过程本质观和教学方法观。

分析钱梦龙、魏书生、洪镇涛、程翔、余映潮等优秀教师的成功教学案例,可以看到,教师的"导"体现在教学诸环节中:(1) 确定教学目标并据此筹划教和学的活动;(2) 激发学生参与教学的兴趣,启动和组织语文实践活动;(3) 采用多种方法手段推动语文实践活动的有效进行;(4) 对学生的语文实践活动作出评价,并引导他们总结、反思,整合在实践中获得的经验。从这一系列"导"的行为来看,"导练"范式中的"导"其实就是

"教"，或者也可以反过来说，教师的"教"就是"导"。"教"就是"导"，表明教学过程不再是师传生受的单向过程，而是学生在教师指导下主动实践、与实践对象及老师和同学相互作用的多向互动过程；教师的角色也发生了深刻变化，他不再是高高在上的"知识权威""真理奉送者"，而成为学生语文实践的组织者、促进者、合作者、对话者。

"导"的方法也是多种多样的，如：示范，即教师向学生演示一定的活动、行为、态度，供学生模仿；讲解，即运用口头语言为学生指引方向，指点迷津，传授知识和方法，以引导学生实践，"所谓讲，应当理解为给学生以指点与引导，使学生逐步达到自己阅读"①；问答，即通过设置问题，引导思考，诱发学生参与教学和实践；组织讨论，即引导学生就某些问题各抒己见，展开交流，使学生在与同学、与教师的交流中受到启发、得到帮助、达成共识。可见，几乎所有的教学方法都可以看作"导"的方法；反过来，在"导练"范式中，所有的教学方法也应该从"导"的角度去理解和运用。"在这样的教学格局中，教师也可以有必要的讲和问，但讲也好，问也好，都是为了'导'：把学生'导'向一个主动求知的情境中去。"② 除了上面所说的常规"导"法外，不少教师还摸索出了一些自成体系的"导"法，如钱梦龙的"语文导读法"，洪镇涛的"八字教学法"，蔡澄清的"点拨法"，洪宗礼的"双引教学法"，等等。这些"导"法各具特色，其最终目的都是为了促进学生有效地"练"和"学"。

二、语文教学中"导"和"练"的相互关系

（一）"练"为主线，"导"为"练"服务

"练"是达成语文课程根本目的的主要途径，是学习语文的一种主要方式，因此，它应该成为贯穿教学全过程的一条主线，而不仅仅是一个环节。

---

① 叶至善、叶至美、叶至诚：《叶圣陶集》第 13 卷，江苏教育出版社 1992 年版，第 198 页。

② 钱梦龙：《主导·主体·主线》（下），《内蒙古教育》2001 年第 8 期。

从钱梦龙的"训练为主线"、魏书生的"45分钟以学为主"、洪镇涛的"五环节教学法"等语文教学主张和模式中，我们可以很清楚地看到这一点。把"练"作为教学的主线，反映了一种生成的、动态的教学过程观。

"导"是为"练"服务的。这也就是说，教师一切"导"的行为都应该以学生的"练"为出发点和归宿，不能反过来让"导"主宰、挤兑、压抑"练"，更不能以讲代练、单向灌输，所谓"道而弗牵，强而弗抑，开而弗达"是也。即使阅读课，教师也应该有这样的意识：我不是"讲"课文，而是帮助学生"读"课文；我所做的工作，如介绍背景材料、提问、范读、分析、组织讨论等等，都是为了引导"读"、帮助"读"，为"读"服务。

在语文教学中，"导"和"练"是相互影响、相互制约的："导"总是针对"练"而进行，为"练"服务，"导"的水平在很大程度上决定了"练"的质量；而"练"总是在"导"之下进行的，受"导"影响的，"练"的内容和状况又在很大程度上决定着"导"的方式方法。

（二）"练"和"导"所反映的师生主客体关系

语文教学中的"导"和"练"可以被看做两种独立活动，但它们又因共同的目标而耦合在一起。"导"和"练"的独立，决定了教师和学生在各自活动中的主体地位；"导"和"练"的耦合，决定了教师和学生互为主客体的关系。

"导"虽然是为"练"服务的，但对于教师来说，却是他以教学内容、学生为对象的实践活动，他要站在"导"的角度，确定教学目标，组织实践活动，推动实践活动顺利进行，因此，他是"导"的主体。所谓"主体"，是指有健全意识的、能够能动地从事现实的实践活动和认识活动的人。主体是相对于客体而言的，"实践主体的实质体现在主客体的辩证关系中"，"只有实践才能体现出实践主体的规定性，也只有实践才能使人成为实践活动即变革活动的主体。"①在"导"中，教师作为主体，教学内容、学生等就成为客体，教师的主体地位是"导"这一实践活动决定的。

---

① 贺善侃：《实践主体论》，学林出版社2001年版，第13、16页。

"练"虽然是在教师的"导"之下进行的，这并不意味着学生的"练"是被动的，任由教师牵着鼻子走、完全服从于教师的，相反，对于学生来说，"练"是他以语文材料为对象的实践活动，他要从改造自身语文能力结构和主观世界的目的出发，有意识地选择实践对象和实践方法，确定实践的程序，有选择性地处理和加工老师传达的"导"的信息，并在实践中进行自我监督、自我控制和自我调节，这些活动其他任何人都不能包办代替，因此，他是"练"的主体。在"练"中，学生作为主体，教学内容、言语材料、教师传达的信息等就成为客体。学生的主体地位是由"练"这一实践活动决定的。

看来，教学中的主客体都是相对而言的。在"导"中，教师只有充分发挥主体性，才能更好地"导"，但是，教师主体性的发挥，并不妨碍学生学习主体地位的确立；相反，正是因为他发挥了主体性，正确地认识了学生和教学内容，才更加尊重学生的学习主体性。在"练"中，学生只有充分发挥主体性，才能有效地"练"，但是，学生主体性的发挥，也并没有否定教师是"导"的主体，相反，学生主体性的发挥还离不开教师主体性的发挥，学生"练"的主动性、自觉性、参与程度都有赖于教师主体的引导、指点。可以说，在教学活动中，教师的主体性和学生的主体性是相辅相成、和谐统一的。

第二节 课堂情境中的语文实践：组织与方法

如果说"把语文课上成实践课"是一种值得肯定的教学取向的话，那么接下来的问题就是：以实践为核心的语文课堂具有何种样态？如何组织与引导课堂情境中的语文实践？下面将结合案例具体讨论。

一、"导练"型语文课堂的基本样态

从"授受"范式向"导练"范式转型，或者说把语文课上成实践课，

意味着学生的语文实践活动将成为整个课堂教学的基点和核心，而其他教学要素如教师的"教"、知识、教学资源、教学媒体等则以一定的方式介入其中，成为学生语文实践活动的支撑力量、促进力量。同时，因为是以学生的语文实践活动为中心来组织教学的，因而整个课堂样态也会发生结构性的变化。

先看下面这个课例。

《故乡》教学设计①

一、教学内容

1. 完成对课文中"这来的便是闰土……可以听他自己去拣择"这一部分的精细的品读。

2. 对学生进行"小说阅读三步法"的阅读方法训练。

二、大体安排

1. 课时：一节课

2. 课型：教读课

三、预习要求

1. 读课文，重点阅读"这来的便是闰土……可以听他自己去拣择"这一部分。

2. 思考：这一部分有哪些地方写得特别好，为什么说它们写得特别好。

3. 自选角度，综合课文内容，说说中年闰土是一个什么样的人。

四、教学设计

导入：今天我们以《故乡》为例来学习一种阅读小说的方法——小说阅读三步法：理解内容，揣摩妙点，评说人物。

教学板块一：理解内容

1. 请同学们自读课文"这来的便是闰土……可以听他自己去拣择"这一部分。

---

① 余映潮：《余映潮阅读艺术50讲》，陕西师范大学出版社2005年版，第83—85页。

2. 请同学们准备就课文内容谈自己的理解。

教师点拨：理解课文内容或者理解课文片段的内容，要注意运用"多角度品析"的方法，要学会从不同的角度，如情节、人物、环境、人物活动、表达方式、描写角度、结构层次、修辞手法、段落大意、表达目的、情感表达等各个方面去进行理解，力求自己有独到的发现，有自己的心得体会。

3. 同学们发言，进行合作的学习。

如对"这来的便是闰土"这一段，同学们说：

从表达方式看，这是一个描写段，给人一种苍凉之感。

从人物看，少年闰土的活泼能干、勃勃英气已经荡然无存，在我们面前的，是一幅生活在痛苦中的中年闰土的画像。

……

教学板块二：揣摩妙点

1. 教师点拨：所谓"揣摩妙点"，就是从词语运用、句子内容、形象塑造、情节结构、表达方式、修辞手法、构思特点以及同学们可以发现的其他方面体会课文中写得好的地方，写得精妙的地方，以使自己透彻地理解、品味课文。

2. 同学们读课文，圈点勾画，准备发言，教师组织同学们互相交流、讨论。

3. 教师进行妙点揣摩示范。

4. 同学们揣摩妙点，进行全班交流，教师与同学们的对话穿插其中。如：

妙在对闰土一双手的描写，表现出人物的地位和心理状态。

妙在"非常难"三个字显得很沉重，它表现闰土在痛苦之中挣扎。

……

教学板块三：评说人物

1. 同学们再读课文。

2. 教师组织同学们准备评议中年闰土。

教师点拨：所谓评议人物形象，就是对人物形象进行概括，进行议论，通过它来认识小说中人物的典型意义。同学们在评说时，要注意综合全文内容，运用"多层次表达"的方法，由浅入深地表达自己对人物的理解。先从对人物的外貌、语言描写的角度来评说，再从人物经历、命运的角度来评说，再从小说塑造人物目的的角度来评说。

3.教师进行人物评说示范。

4.同学们评说。

教学板块四：回扣课文主题，课堂学习小结

1.提问：作品写了闰土的巨大变化，写了他的痛苦和麻木，作者想通过这告诉人们什么？

2.诵读文中最后一部分。

3.教师小结之一：作者真切地抒发了对现实的强烈不满，表达了希望有新生活的炽热感情。

4.教师小结之二：

小说阅读三步法 {
理解内容——多角度品析
揣摩妙点——多侧面发现
评说人物——多层次表达
}

我们认为，这是一堂典型的语文导练课。整个课由四大板块构成，四个板块都主要是学生的语文实践活动——自读课文、谈对课文内容的理解、圈点勾画、揣摩妙点、评说人物、思考和回答问题、交流评议等等，这些实践活动都明确地指向教学目标（这里所说的"教学内容"实际上也可看做"教学目标"）。当然，围绕这些实践活动的还有教师的"教"（点拨、示范、提问等）、知识和方法的渗透以及相应的教学资源等，与学生的语文实践活动相比，这些要素是支撑性的、"服务"性的，它们与学生的语文实践活动一道构成了一种独特的课堂样态。

这种课堂样态可用下面的图来表示：

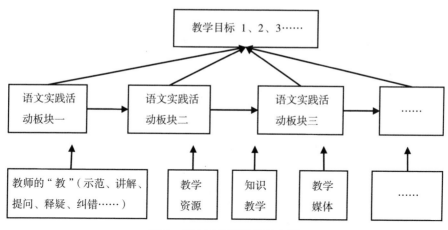

图 9　语文导练型课堂样态图

　　一堂课可以只有一个实践活动板块，也可以由若干个实践活动板块构成，每一个实践活动板块既相对独立，又互有联系。相对独立，是说每一个实践活动板块都是一个自足的语文实践单元，完成一个小型的教学任务，具有相对完整的结构。比如，上述课例的第三板块，完成的任务是"评说人物"，由四个步骤构成：学生再读课文——教师点拨如何评说人物形象——教师示范评说——学生评说，这四步有起始、有结束，构成了一个完整的教学环节。互有联系，是说构成一堂课的各实践活动板块因教学目标、内容等因素而联系在一起，形成了并列、层进、总分、呼应等逻辑关系。比如上述课例的前三个板块，从各自完成的任务看，构成了并列关系；从"小说阅读三步法"这一总体内容看，构成了层进关系；而第四板块，作为"课堂学习小结"，则与前三大板块构成了总分关系。这样的设计，使得整个教学活动简洁明快、层次清楚、结构严整而又不失灵动。

　　每一实践活动板块又是由若干小的活动单位所构成，这些活动单位不仅仅是学生的活动，也包括教师的活动。其中，学生的活动，可以是单项的读、写、听、说技能训练，也可以是读、写、听、说的组合性实践，还可以是综合了多种元素的综合性实践；从组织形式看，可以是个人独立实践，也可以是小组合作实践，还可以是集体性实践。不管是哪种实践样式和组织形式，都涉及实践的对象和材料、相关知识和策略、实践的方法、程序和要求等多种要素。教师的活动作为学生活动的支撑力量，则以一定的方式穿插交织于学生的活动中。这种穿插交织，可能是在学生活动之前，比如：交代学习任务，明确学习目标，创设情境激发兴趣，讲解相关知识、方法，示范引导，等等；也可能是在学生活动之时，比如：问答引路，解决疑难，提供相关资料，提示纠错，和学生一起行动，参与学生活动，等等；也可能是在学生活动之后，比如：评价反馈，组织讨论交流，帮助学生总结、反思，指导学生再实践，安排后续活动，等等。所有这些穿插交织其中的教师活动，其目的都在于引起、维持、促进学生的活动。

一言以蔽之，"导练"型语文课就是教师针对教学目标组织和指导学生从事语文实践活动的课。当然，这是仅就其基本思路而言，实际上，"导练"型语文课的具体形态应该是丰富多样、多姿多彩的。

二、课堂中语文实践的组织形式

在课堂教学中，学生的学习活动总是按一定的方式组织起来的，语文实践活动也一样。所谓活动的组织，就是按照一定的目的、任务对活动的要素和形式加以安排、编制的方式。通过研究若干典型案例，我们从组织形式的角度将课堂上的语文实践概括为"示导—练习"型语文实践、"自主—练习"型语文实践、"合作—互动"型语文实践、"问题—探究"型语文实践、"体验—感悟"型语文实践及综合型语文实践六个基本类别。

（一）"示导—练习"型语文实践

"示导—练习"型语文实践是指在教师的示范、指导下，学生按照一定的动作原型、要求和准则所进行的语文练习活动。"示"即示范、演示，"导"即指导、引导、诱导。学生在教师的示范、指导下进行写字练习、朗读练习、分析文章结构的练习、遣词造句的练习等等，都属于"示导—练习"型语文实践。"示导—练习"型语文实践是一种重要的语文实践形式，因为"示范——模仿——练习"是语文学习的一条重要路子，教师的示范和指导可以激发学生的实践动机，帮助学生掌握听说读写的要领，明确实践的要求、方向和方法。对于初学者来说，教师的示范和指导更是必不可少，因为对于自己一无所知的语言，没有谁可以无师自通。比如，幼儿园的小朋友面对一个从来没有学过的声母"b"，如果没有老师（或其他任何人）给他示范朗读，他绝对不可能知道这个声母如何发音。

"示导—练习"型语文实践有三个关键，即教师的"示""导"和学生的"练习"。教师的"示"包括示范和演示，不管是示范或演示，都要做到正确、熟练、清楚，以为学生的实践准确定向。教师的"导"，一是要使学生作好学习准备；二是要有效地提供信息，以逻辑的、组织良好的顺序，用清晰的语言、熟悉的术语、例子、模型、演示以及类比来呈现信息，"向两个大脑半球教学"；三是检查和理解并给以有指导的练习。[①] 学生的"练习"，要做到方向明确，方法正确，认真扎实，直至正确熟练地掌握所练习的技能技巧为止。

（二）"自主—练习"型语文实践

"自主—练习"型语文实践是指学习者在自我驱动的学习动机指引下，自觉地确定实践目标，自主地选择实践内容和实践方式，自我调控实践进程并自觉评价和反思实践结果的语文实践活动。自主是相对于他主而言的。"他主"的语文学习，学习的目标、内容、方法和进程等都是由他人（教师、家长等）决定的，学生处于一种被动、依赖的状态中；而在自主语文实践中，学生则成为学习的主人，实践的目标、内容、方法、进程等都由他们根据总体教学目标和自身的条件、需要自行决定，教师和家长可以提出建议，提供资料，作以指导，但却不能包办代替，更不能压服逼迫。在语文课程中，学生自主阅读、自主练笔、坚持写日记等，都属于"自主—练习"型语文实践。

"自主—练习"型语文实践属于自主学习的范畴。自主学习是学习主体有明确的学习目标、对学习内容和学习过程具有自觉的意识和反应的学习方式，其基本要素包括：强的学习动机，发展性基础学力，合理的学习方式和

---

① 陈琦、刘儒德：《当代教育心理学》，北京师范大学出版社 1997 年版，第 256—257 页。

方法。① 因此，引导学生进行"自主—练习"型语文实践，需要激发学生的学习动机，培养学生的自主意识和自我调控能力，教给他们学习的方法和策略，使他们成为真正的学习主体，最终达到"不需要教"的自主状态。

（三）"交往—合作"型语文实践

"交往—合作"型语文实践包括两个要点：一是"交往"。交往即主体间的交流与沟通。对于语文教学来说，交往就是教师和学生或学生和学生之间运用语言符号进行相互交流而达成理解和共识的活动。语文实践中的交往包括个体与个体间的交往、个体与群体间的交往、群体与群体间的交往三种类型。二是"合作"。这里的"合作"有两层含义：（1）以言语交际为目的的主体间的相互作用或配合，比如演讲就是演讲者与观众之间的合作，会话就是会话者之间的合作，辩论就是辩论双方的合作，等等，这一"合作"是言语交际意义上的合作；（2）合作学习意义上的"合作"，即"学生在小组或团队中为了完成共同的任务，有明确的责任分工的互助性学习"②，其要义是"责任分工""互助"。从"合作"的两层含义看，"交往—合作"型语文实践又可以分为两个亚类：一类是言语交际意义上的"交往—合作"型语文实践，一类是合作学习意义上的"交往—合作"型语文实践。

组织言语交际意义上的"交往—合作"型语文实践活动，要注意创设言语交际的情境，让学生在情境中扮演一定的角色，还要教给学生言语交际的知识和语言活动的方法，安排合理的程序，精心组织，让学生在言语交际实践中获得言语交际的经验。组织合作学习意义上的"交往—合作"型语文实践活动，可从合作学习的五大要素入手：（1）积极互赖。要求学生不仅为自己的学习负责，而且也为其他同伴的学习负责。（2）面对面的促进性交互作用。要求学生进行面对面地交流、学习，相互促进。（3）个人责任。要求学生必须承担一定的学习任务，并理解所分配的任务，分工明确，责任到人。（4）社交技能。要求教师必须教会学生一定的社交技能，提高合作的质

---

① 裴娣娜：《现代教学论》第1卷，人民教育出版社2005年版，第261页。
② 王坦：《合作学习论》，教育科学出版社1994年版，第18页。

量。（5）小组自评。要求合作学习者定期评价合作学习的情况，检讨合作学习方法与效果。①

（四）"问题—探究"型语文实践

"问题—探究"型语文实践是指在教师的指导下，学生以探究的方式所展开的"问题解决"式语文实践活动。"问题—探究"型语文实践对应的学习方式是探究学习，它有如下特征：（1）问题性。"问题—探究"型语文实践的核心要素是问题，实践过程就是学生在教师的指导下提出问题、分析问题和解决问题的过程。（2）过程性。"问题—探究"型语文实践是一个探究未知领域的过程，在这一过程，学生主动地去发现，去探究，去体验，从而建构个体经验。（3）开放性。"问题—探究"型语文实践的过程和结论都是开放的，探究的过程"没有起点也没有终点"，探究的结论不存在"标准答案"，允许多元理解。

组织"问题—探究"式语文实践，教师要做的工作是：创设问题情境，引导学生提出问题；然后组织学生展开探究，提供必要的指导：或授以探究的方法，或告知资料的来源、查找方法和途径，或就学生无法解决的问题提供必要的帮助；探究活动结束后，对活动作出及时评价，一方面帮助学生整理经验，另一方面也要指出问题之所在及改进的路向。

（五）"体验—感悟"型语文实践

"体验—感悟"型语文实践的核心是"体验"。在心理学上，"体验是在对事物的真切感受和深刻理解的基础上对事物产生情感并生成意义的活动"。② 在教育学上，体验主要指主体内在的历时性的知、情、意、行的亲历、体认与验证。③ 这里，不管是心理学上的解释，还是教育学上的表述，都表明：体验既是一种过程，又是一种结果。作为过程而言，体验意味着主体的亲历及主体与客体的精神碰撞、交融，其间伴随着认知和情感；作为结

---

① Johnson，D. W. &Johnson，R. T. "Towards A Cooperative Effort"，*Educational Leadership*，ASCD Publications，1989，Vol. 46，pp. 80—88.

② 陈佑清：《体验及其生成》，《教育研究与实验》2002 年第 2 期。

③ 沈健：《体验性：学生主体参与的一个重要维度》，《中国教育学刊》2001 年第 2 期。

果而言，体验意味着意义、情感的生成及主体自我精神世界的提升。

　　基于对"体验"的认识，我们认为，"体验—感悟"型语文实践是指学生主体通过与语言文字或言语作品的相互作用而对其内容或形式进行体认或再体认，从而获得语文经验和情感体验、产生美感、提升精神境界的活动。语文课程具有丰富的人文内涵，同时又具有"非科学性"①，因而，对于语文学习来说，理性思维不能解决所有的教学问题，如语言所表现的鲜活的形象、细腻的情感、幽隐的精神世界就很难通过理性认知、逻辑推理把握到，缄默知识也很难通过概念界定、言语解说得以传递。理性所不及之处正是体验之所长。从这个意义上来说，语文课程离不开"体验—感悟"型语文实践。

　　"体验—感悟"型实践的起点不是"零"。面对一个崭新的言语作品，学生初读时即使不借助任何帮助也总会有所体验——我们将这种体验称之为"原生体验"。原生体验自然、真实、具有原发性。但是，受知识经验、阅读能力、思维水平等的限制，学生的原生体验常常停留在作品表层，粗糙、逼仄、零碎、缺乏深度。显然，这种体验有待提升为"再生体验"。我们把学生在语文实践中通过外部诱因（如教师的引导、情境的刺激、同学的启发等）的作用而在原生体验基础上生成的体验称之为再生体验。与原生体验相比，再生体验更深刻、更开阔、更独特、更完整。可以说，"体验—感悟"型语文实践的过程就是学生在与教师、与同学、与文本、与自身的对话中，不断从原生体验向再生体验转化的过程。

　　学生的体验从原生向再生转化的过程是复杂的，受多种因素的影响。首先，再生体验的产生有赖于教师和学生主体性的发挥；其次，对体验对象的深刻认知是再生体验产生的保证；"事实上，没有对事物的深刻全面的理解，就不可能产生深刻的领悟。"②再次，适宜的情境是再生体验生成的催化剂；最后，再生体验的生成及深度还与体验主体的生活经验、阅读经验、领

---

① 卫灿金、行恭宝：《谈谈语文学科的非科学性》，《语文建设》2003 年第 1 期。
② 黄伟：《体验在语文教学中的运用》，《课程·教材·教法》2005 年第 7 期。

悟能力、思维水平等有很大的关系。因此，在教学中，应充分弘扬师生的主体性，通过提供资料、分析、讲解等加深学生对文本的理解，创设适宜的情境，唤醒学生的阅读经验，补充生活经验，促进学生再生体验的生成。

（六）综合型语文实践

现实生活中的语文运用通常是很复杂的，很多具有"综合"的性质，而综合型语文实践的旨归就在于尽量还原语文生活的本来面目，让学生从书本走向生活，获得适应真实生活情境的语文能力。这里所谓"综合"，包括三个方面的含义：一是目标的综合，即要通过实践活动促进学生智识、能力、情意的整体性发展，提高学生综合运用语言文字的能力，加强能力培养的整合性；二是内容的综合，不仅融读、写、听、说多项训练内容为一炉，还注重跨学科学习，体现语文所涉内容的广泛性和运用环境的整体性、有机性；三是方式的综合，强调读写听说多种实践形式和自主、合作、探究等多种学习方式的综合运用。

综合型语文实践与新课程所提出的综合性学习有相通之处，只是我们这里所说的综合型语文实践更多地是一种实践方式，而非一种课程形态或学习方式。设计综合型语文实践活动，语文生活情境的创设和活动形式的设计是两个关键。创设语文生活情境，可以是仿真的情境，比如模拟面试、模拟新闻发布会等等，也可以是真实的语文生活，比如让学生就某个社会问题进行团体调查、撰写调查报告、然后召开主题报告会，等等，总之，要尽可能让学生处于一种"真实"的语文情境脉络之中。设计活动形式，要着力体现"综合"的特点，将听、说、读、写的多种形式按照语文生活的本来面目整合起来，让学生从中得到阅读、写作、口语交际等多方面的锻炼，获得一种完整的、情境化的语文能力。

三、科学引导，促成有效语文实践

（一）全面正确地理解"语文实践"

全面正确地理解"语文实践"，是科学引导语文实践、防止语文实践异化变形和虚化窄化的前提条件。

什么是"语文实践"？前文曾指出，在语文课程范围内，语文实践是指学生为了提高自身语文能力而自觉能动地在一定的语言运用规范和学习规范的制约和制导下展开的现实的感性的具体的听说读写活动。从这一定义看，将语文实践仅仅理解为语文课外活动和语文综合实践活动，或者将语文实践简单等同于日常生活中自然形态的听说读写活动，都是偏颇的。事实上，语文实践的时空应该是广泛的，课内课外皆可有其一席之地；语文实践的方式也应该是规范的，它有着明确的目标、内容和科学的程序、方法，与自然形态的语文实践迥然有别。

科学引导语文实践，还要注意把握语文实践"工具训练和人文实践相统一"的特点。语文实践既是工具训练的过程——即实践主体要通过听说读写的练习形成语文能力、掌握语文工具，又是人文实践的过程——"语用实践不是单纯的肢体活动，同时更是心灵和情感的活动，人在语用过程中，无不带上个人的主观思想和情感，无不体现着特定文化的底蕴，而且语用活动往往是在人与人的关系中进行的"[①]。只注重工具训练，不顾及语言文字所包含的人文内容对学生人格、精神世界的影响，把具有极强人文性的"语文实践"简化为习题操练；或只注重人文实践，把语文实践演化成脱离语言文字应用的人文研讨、思想说教，都是不妥当的。科学引导语文实践，既要注重通过训练提高学生的语用能力，又要同时照顾到语言文字对学生精神世界的影响，并有意识地促成这种影响的发生。

（二）给予学生的语文实践以专业指导

课堂情境中，学生的语文实践是在教师的指导进行的。从"语文"作为学校教育一个独立专业领域的事实来看，这种指导理应具有专业性。然而，现实的种种尴尬却往往容易使人产生"语文实践指导的专业性不强"的看法，比如：其他科的老师也可以上语文课，而语文教师却不一定能上其他学科的课；"外行"也可以对语文教学说三道四，而语文教师却不一定能对

---

① 刘光成：《语文课应培养学生的语用能力》，《中学语文教学》2015年第3期。

其他学科的教学评头品足；很多学生反映，语文课听不听一个样，少听一节课甚至若干节课影响也不大；等等。深究起来，所谓"语文实践指导的专业性不强"实质上是指：

第一，语文课知识含量不足。语文实践是知识参与下的实践，实践的质量和效率在很大程度上受到相关知识状况的制约。但一个不争的事实却是，"在中小学语文课程与教学中，小说，除了被拧干了的'人物、情节、环境'这三个概念，事实上已没有多少知识可教了；诗歌，在感知、背诵之外，只有体裁（如绝句四句、律诗八句、几种词牌名称）、押韵等屈指可数而且极为表面的知识；散文，也只有'形散神不散''借景抒情''情景交融''托物言志'等似知识又似套话的几句说法，以不变应万变；戏剧，除了'开端、发展、高潮、结局'的套路，再不见有像样的知识。"[①] 走进语文课堂也发现，一节课下来教师其实并没有讲多少有质量的知识，与其他知识密集型学科相比，语文课的知识含量十分稀薄。而所讲的数量不多的知识中，有很多还是"语文教师中流行的、某几个编撰者乃至某个教师'独特'的语文知识。这里面有真知灼见的发明，但也掺入了不少似是而非乃至古古怪怪的东西。"[②] 比如下面这节题为"把话往下说"的高一年级作文课：

1.教师自我介绍：我也是××学校毕业的，你们学校王校长就是我当年的数学老师。

2.请同学谈自己在作文方面的困惑，引入课题：怎样把话往下说。

3.教师简单解答：不知道怎样把话往下说，就是不知道怎样思考，不知道怎样去挖掘话题的潜在信息。

4.举例："人生如梦"的潜在信息？基于一个前提——人生不是梦。

5.围绕刚才老师的自我介绍"王校长就是我当年的数学老师"，你能得出（推断出）有关老师的多少信息？

① 　王荣生：《新课标与"语文教学内容"》，广西教育出版社2004年版，第46—47页。
② 　王荣生：《新课标与"语文教学内容"》，广西教育出版社2004年版，第47页。

学生1：老师您毕业于××中学，您的数学老师是王老师而不是其他老师。

学生2：同学1后半句话是废话。刚才您说了您的数学老师是王老师教的，怎么可能是其他老师呢？

老师：事实上我当年的数学老师除了王老师，还有曲老师，还有李老师。

由学生的发言总结"对立思维"（蜻蜓点水而已，并未明确地结合例子讲什么是"对立思维以及如何运用它来打开思路)。

老师：还能想到哪些信息？

学生3：您的年龄比王老师小。

老师：这个确定吗？确定。还有呢？

学生3：您尊师重教，多年以后还记得老师。

老师：这位同学给我们提供了新的思维方式。你能利用这种思维方式加入一些新元素吗？

学生4：您回到母校来上课，您是一个知恩图报、热爱祖国的人。

学生5：我觉得王老师教书肯定教得很好，因为教出了您这样优秀的学生。

学生6：说明王老师当时对您的人生有启发。

……

6.教师讲解（板书）：什么叫"思维"？"维"：绳子。思维的本质就是找联系，建立事物与事物间的关系。

7.以这次会议主题"××语文"为话题展开思考：你能够得出哪些信息？

（同上，请若干学生分别发言，教师随机点评。）

8.总结思维的方式：因果思维。（点到即止，并未展开）

9.在"影子、喝咖啡、节制、成全"四个词语中任选一个进行思维训练。

　　这是笔者听到的一节公开课。这节课究竟教给了学生哪些作文知识？一路看下来，似乎什么也没教。当然，如果硬要从中抠出所谓"知识"的话，那么这里讲得最多的就是关于"思维"的知识，如：什么是"思维"；对立思维，因果思维，等等。但是，这些知识属于语文学科的专业知识吗？而且都教对了吗？单凭这几点支离破碎、随意点到的"知识"能够帮助学生学会"把话往下说"吗？分析起来，答案都是否定的。首先，这里所讲的"思维"知识，并没有经过严格的审议，而是老师自己随心所欲产生的"知识"，这单从对"思维"这一概念的解释就可以看出来；这样就使得所教的"知识"很不专业，因为其他任何一个没有受过专业训练的人也可以像这样按照自己的感觉和经验来讲"思维"；其次，这些知识似乎也并没有对学生的作文行为产生什么作用，这从最后一环节（即在四个词语中任选一个展开思维）学生的表现就看得出来，因为这里学生仍然是散乱地思考、散乱地叙说，并没有遵循老师所教的"对立思维""因果思维"展开思维过程。回头想想，这样的作文课，语文老师可以讲，数学老师、政治老师、音乐老师就不可以讲吗？完全可以。其实，不仅是作文课，口语交际课乃至占用课时最多的阅读课也是如此。比如阅读课，很多时候教师不是凭借专业知识去引导学生阅读，而是凭人人都有的感觉和常识，而其他学科却很少这样。

　　第二，语文实践指导方式不够专业。声乐教学、钢琴教学、体操教学等，给予学生的是专业的训练。这种专业训练主要体现为三个方面：一是专业示范，如声乐老师给学生示范发声技巧，体育老师给学生示范体操动作；二是专业评判，如在钢琴教学中，老师可以很准确地判断：学生指法是否正确？连奏是否弹得圆润连贯？如果有问题，问题出在哪里？是什么原因导致的？等等。三是专业指导，即从专业的角度给学生指点方法、技巧。对照这三个方面对语文课中的语文实践指导进行反思，我们发现，很多时候这种指导是不够专业的。比如阅读课中的朗读指导，要求学生读得"正确、流利、有感情"，但老师却很少给学生示范，这一句、这一段、这一篇究竟应该怎么读才算正确、流利、有感情（一位老师就曾坦言，她教书二十多年，从未在课堂上给学生范读过，因为她认为自己读得不好）。不少老师的做法是直接指名让学生读，在学生读了之后，只是笼统地评价"好"或"不够好"，而不能从专业的角度（比如重音、停连、语气等的处理）进行准确评判，也不能专业地给学生指点朗读的方法、技巧。再如，作文课上，针对学生作文中存在的"内容空洞，言之无物""选材不典型"等问题，老师除了口号式地号召学生要"多观察生活，多读书"或教条式地要求学生"选材要典型、要表现中心"之外，再也没有更专业、更对症的指导了。又如，口语交际课上，教师只是一味地组织"打电话""招待客人""采访""辩论"之类的活动，却很少从会话方式、辩论技巧等角度对学生的活动进行专业评判与点拨，于是活动也就仅仅停留在"活动"的层面上。走进课堂，可以看到这种不够专业的指导大量存在。

语文实践指导的这种"不专业"，与其缺乏公共的、明确的专业工作标准和操作规范有关。称得上一门专业的工作，应该具有公共的、明确的专业工作标准和操作规范，"工作标准和操作规范越明确、具体，这门专业的专业性就越强，专业地位就越容易确立"①。然而语文教学或者说语文实践指导呢？集团性的各行其是。一篇课文，愿教什么就教什么，想怎么教就怎么教；作文课，想安排些什么内容就安排些什么内容，想怎么训练就怎么训练。没有统一的标准，没有公认的阅读指导、写作指导、口语交际指导规范。如果说与医生、律师等职业相比，教师是一种"准专业"的话，那么语文教师就只能是"准专业"中的"准专业"了。

语文实践指导的"不专业"，还与一些语文教师缺乏专业水准有关。"一项工作之所以成为专业工作，是因为专业工作者能表现出非专业工作者所不具备的非凡的专业能力和素质。"②语文尽管人人都在用，但语文教师作为"语文"专业人士，理应比非专业人士表现出更强的语文专业能力和素质。然而，有种种证据表明：并非如此。一些教师的阅读能力显得很平庸，离开了教参，他们对课文的理解跟普通读者差不多；一些教师平时从来不写文

---

① 刘小强、蒋喜锋：《教师教育改革走向何方》，《高等教育研究》2015 年第 1 期。

② 刘小强、蒋喜锋：《教师教育改革走向何方》，《高等教育研究》2015 年第 1 期。

章，对写作很不"在行"。笔者曾在不同场合请中学语文教师不借助任何参考资料，独立分析台湾诗人洛夫的名作《因为风的缘故》，结果有超过一半的人不能读懂这首诗，有的解读让人啼笑皆非。比如有人说："诗人通过这首诗歌想告诉我们什么道理呢？我认为诗人是想借'火''风'来告诉人们：在从事崇高事业的时候，必然会面临一些不可避免的或突如其来的灾难、困境，而我们应该抓住时间，在灾难来临之前燃烧自己，奉献自己。"还有人说："我觉得这是一首革命诗，作者以火自喻，愿意为革命的胜利奉献青春、燃烧自己，又以风喻指反革命势力，因为'风'的存在，使这位革命者的行为显得不被人理解。正是在这种情况下，革命者发出了呐喊，希望地下革命者在'雏菊'凋零之前……发展革命势力，更多的爱国革命者。因为'我'将在反革命势力的逼迫下，燃烧完自己的热血，走向熄灭。"这样的解读，显然有失专业水准，南辕北辙，与诗歌本身已相去甚远。试想：如果教师自己在阅读、写作方面都不专业，怎么能够专业地指导学生阅读、写作？

综上可见，要提高语文实践指导的专业性，首先就要建立明确的、公认的语文实践指导标准和操作规范，包括：第一，语文能力标准以及支撑这些能力形成的知识标准。在基础教育阶段，学生究竟要形成哪些语文能力，这些能力要达到何种标准；每一学段、每一学年、每一学期需要达到的标准各是什么；这是在课程文件中应该予以明确的（但遗憾的是，目前的语文课程标准还未能予以清晰具体地描述），也是教师应该清楚的。只有明确这些标准，熟悉这些标准，才可能教得明白、教得"专业"。另外，为了培养这些能力，还需要建立相应的知识标准，因为语文课程范畴内的语文实践理应是一种"专业实践"，应尽可能地依傍知识来进行，而具体要依傍哪些知识来进行，应该有相应的标准。第二，各项语文实践活动的指导标准和指导规范。教学是艺术，教无定法，鲜活灵动；但另一方面，教学也是科学，总得遵循一些基本的标准和规范。语文课里的实践活动指导也如此，比如指导朗读，得有朗读指导的标准和规范，如何训练学生读准字音，如何教会学生把握语气、语调、重音、停连等等；指导文章阅读，得有各体文章阅读指导的标准和规范，如何指导学生把握记叙文的叙述顺序，如何指导学生读出诗歌意境的韵味等等；指导写作，也应该有一套写作指导的标准和规范，如何指导学生审题、选材、谋篇等等。这就好比声乐指导有声乐指导的标准和规范、体操指导有体操指导的标准和规范一样。但目前我们缺乏的正是这样一套为语文教学共同体所公认的基本标准和规范，因此亟须学界加紧研究，尽快建立。

教师是决定教学质量的关键因素。因此，要提高语文实践指导的专业性，还要努力促进教师的专业发展。研究表明，学科教学知识（Pedagogical Content Knowledge，简写为 PCK）是教师专业发展的基础和核心，也是影响教与学的关键变量。[①] 从这个意义上讲，促进语文教师的专业发展，关键是要不断丰富他们的学科教学知识。PCK 研究领域的国际权威专家、荷兰莱顿大学教授扬·范德瑞尔（Jan Van Driel）认为，影响教师 PCK 的习得与提升的基本因素有两个：一是教师必须清楚地知道自己所教的内容，"每次我们做研究时都会发现，教师是否能够真正理解自己的教学内容，都是至关重要的"；二是教师必须要有教学经验，"虽然，你可以通过阅读研究文献加强对 PCK 的习得。但是，真正提高 PCK 水平的方法莫过于亲自去进行教学实践。而且，教一次是远远不够的，显然你必须教过很多次"。[②] 由这两个基本因素出发，我们认为，要提升语文教师的 PCK 水平，应从以下两方面做起：

一是引导教师尽可能深入地掌握语文学科知识。这里所谓学科知识，是指"subject matter knowledge"（SMK）。学科知识（SMK）是教师的一种最基本的学科素养，扎实深厚的 SMK 能使教师具备知识的联结能力、多种方法解题的能力、温故而知新的能力、知识纵横联贯以及探究能力。[③] 美国学者卡尔森（Karlsen）的研究表明，当教学内容是某位教师的知识薄弱环节时，他就只能提出一些简单的、低水平的问题；当教师在教学内容上有丰

---

① 鲍银霞、孔企平：《学科教学知识：影响教与学的关键变量》，《教育发展研究》2014 年第 18 期。

② 翟俊卿、王习，廖梁：《教师学科教学知识（PCK）的新视界——与范德瑞尔教授的对话》，《教师教育研究》2015 年第 7 期。

③ 徐章韬、龚建荣：《学科知识和学科教学知识在课堂教学中的有机融合》，《教育学报》2007 年第 6 期。

富的知识时，他就会提出一些富有启发性的问题，使课堂气氛活跃，学生的参与性得以充分展示。①2002 年，美国教育部部长佩奇（Rod Paige）在提交给国会的题为《迎接高质量教师的挑战》的年度教育报告中也指出，学科知识和口头表达能力是高质量教师最核心的特征。② 因此，提高教师专业水准，最重要的是要不断丰富他们的学科知识（SMK）。对于语文教师来说，就是要引导他们融会贯通地掌握与语文有关的语言知识、文学知识、文章学知识、阅读知识、写作知识、口语交际知识等，对他们进行专业的阅读训练（如朗读训练、各体文本解读训练、各种阅读技巧训练等）、写作训练、口语交际训练，让他们深切把握自己所教的学科，真正成为"语文"专家。

　　二是提升教师的教学经验。教师不仅要对所教的学科了如指掌，还要知道如何更好地"教"，即掌握"学生如何学""教师如何教"的知识。这类知识，尽管在教学理论书籍上也可以找到，但它最终是根植和落实在教师的教学经验之中的。有经验的教师总是能在教学时清楚地意识到：学生理解什么，无法理解什么，我作为一个老师下一步应该怎么办，应该使用怎样的教学策略才会有效。③ 所以，提升教师的 PCK 水平，还应该不断涵养其教学经验。首先，教师应主动在自己的经验内成长。"对于专业人员来说，最难的问题不是应用新的理论知识，而是从经验中学习。学术知识对于专业工作是必需的，但又是远不够的。因此，专业人员必须培养从经验中学习和对自己的实践加以思考的能力。"④ 教师要学会"从做中学"，对自己的教学实践进行经常性反思。通过反思，不断调整和修正自己的教学行为，组织和重构自己的经验结构，从而借助自身的经验成长。其次，要借助"外力"提升教师

① ［美］格劳斯主编：《数学教学研究手册》，陈昌平等译，上海教育出版社 1999 年版，第 36—38 页。

② U. S. Department of Education Meeting, *the Highly Qualified Teachers Challenge*：*The Secretary's Annual Report onTeacher Quality*, Washington D.C, 2002, p.9.

③ 翟俊卿、王习，廖梁：《教师学科教学知识（ＰＣＫ）的新视界——与范德瑞尔教授的对话》，《教师教育研究》2015 年第 7 期。

④ ［美］李·S. 舒尔曼：《理论、实践与教育的专业化》，王幼真、刘捷编译，《比较教育研究》1999 年第 3 期。

的经验水平。"外力"，即教师自身以外的力量，比如职前教育、职后培训、"传帮带"、同伴互助等等。"外力"不能仅仅停留在理论层面上，也不能仅仅停留在经验层面上，而是要在理论和实践之间寻找恰当的契合点，既为教师提供实践技能和经验，也为教师提供以不同的学科视野去感受、理解、思考"实践"的各个部分、侧面和层面的机会以及研究"实践"的方法、经验。比如教师培训中有理论引领和专家指导的主题研讨、共同备课、案例分析、教学诊断、实践观摩、读书指导、模拟课堂等就是较为有效的方式。通过这样的方式，可以较好地提升教师的教学技能、专业判断力和敏感性，帮助他们提炼经验、积淀经验。

第三节　从课堂到生活：语文实践的拓展延伸

课堂语文和生活语文是构成学生语文生活的两个相互联系却又各不相同的世界。课堂语文源自生活语文，无时无刻不受生活语文的影响，同时它又反作用于生活语文，和生活语文构成了互动共生的关系；但课堂语文又不同于生活语文，生活语文是自然生长的、零散随意的，而课堂语文则追求语文经验的集中化、科学化和自觉性，可以说，学生游走在生活语文和课堂语文之间，就是游走在语文学习的自然与自觉之间的，其间的奥妙值得我们探究。

一、沟通语文世界和生活世界

语文世界和生活世界息息相通。生活世界是语文世界最为深厚的根基，同时又是语文世界赖以存在的最为广阔的生态环境，离开"生活"这个生态环境，语文就将失去本源，成为空壳；语文世界总映现着生活世界，言语作品是对生活世界的描摹和言说，深藏着生活世界的图景。因而，进行语文教育，应该将语文世界与生活世界沟通起来，实现语文教育和生活世界的有机融合。

　　首先，语文课程要引入生活的源头活水。学习语文，就是通过语言文字走进生活、体验生活、认识生活，因此，它不能脱离生活孤立地进行。"读（包括听），是通过语文认识生活和学习怎样生活；脱离生活，就变成无意义的活动，吸收鉴赏都失去辨别优劣美恶的基本标准。写（包括说），是运用语文反映生活，表达自己的见解，并服务于生活；脱离生活，写就变成无源之水，技巧就变成无所附丽的文字游戏。"①语文实践之所以异化为"机械训练"，其中一个重要原因就是将学生的语文实践囿于课本之内、考试范围之内，隔绝了语文学习同生活世界的联系，把语文实践变成一种技术化的符号操作。因此，在语文课程中有必要引入生活的源头活水。将生活的源头活水引入语文课程，可以通过图画、音乐、电影、电视、多媒体等再现生活，也可以引导学生观察生活、回忆自己的生活经历，或引导他们展开联想、想象，尽量让他们联系生活经验来学习语文，通过生活经验激活蕴含于语言文字之中的生命力。将生活的源头活水引入语文实践，还要引导学生善于通过语言文字来表现生活，赞美生活中的真善美，鞭笞生活中的假恶丑。比如，帮助学生养成写日记的习惯，记录生活中发生的点点滴滴；让他们对某些社会现象进行评析，表达自己的看法，等等。"大语文教育"正是看到了语文同生活广泛而深刻的联系，所以主张语文教学应"以语文课堂教学为轴心，向学生生活的各个领域开拓、延展，全方位地把学生的语文学习同他们的学校生活、家庭生活和社会生活有机结合起来。"②"大语文教育"的这一主张反映了语文和生活的本质联系，对于建设"开放而有活力的语文课程"具有重要的启示意义。

　　其次，语文课程要引导学生体验生活，积累生活经验。作家萧乾说："文字是天然含蓄的东西……即就字面说，它们也只是一根根的线，后面牵着无穷的经验。字好像是支票，银行却是读者的经验库。"③萧乾的这段话形象地道出了生活经验与语言文字间的密切联系。语言文字的学习伴随着生活

---

①　刘国正：《刘征文集》第 1 卷，人民教育出版社 2000 年版，第 314 页。

②　张国生、丁之凤主编：《大语文教育论集》，人民教育出版社 2002 年版，第 21 页。

③　曾祥芹编著：《百家读书经》，中原农民出版社 1989 年版，第 243—244 页。

经验的积淀，生活经验的积淀又反哺于语言文字的学习，生活经验愈丰富，对语言文字的理解就愈深刻，如果缺乏相关的生活经验，那么对语言文字的理解和运用也就失去了基础。如，一个学生从来没有见过草原，不知草原为何物，他也就根本无法体悟到"风吹草低见牛羊"所描绘的辽阔、悠远的意境。因此，培养学生的语文能力，还要引导学生体验生活，积累生活经验。首先，要引导学生热爱生活，留意生活的一切方面。其次，应解放学生的时间和空间，让他们走进大自然，去观察那一抹流云、那一片残贝，去聆听那一阵鸟语、那一路泉吟，去触摸那一棵古槐、那一块青石；让他们走上街头、走入熙熙攘攘的人群，去捕捉现代生活的讯息，去品味世象人情的意味；让他们走进田间地头，去感受"千里莺啼绿映红"的真实景象，去体会"谁知盘中餐，粒粒皆辛苦"的真正内涵……如果说这些都是直接体验，获取的主要是直接生活经验的话，那么还有间接体验，也即让学生通过阅读书籍文章、报刊杂志以及通过电视、电影等途径去认识生活，了解自己未曾经历或无法经历的生活，以此积累间接生活经验。不论直接生活经验还是间接生活经验，都是语文理解和运用的基础，当它们融入语文实践时，语文实践就变得生动活泼，生机盎然。

二、引导课外语文实践

"语文学习的外延和生活的外延相等"，生活蔓延到哪里，学习语文的机会也就蔓延到哪里，尤其在如今这样一个文字密集的时代，社会语文生活更加丰富，触目皆文字，入耳皆语言，学习语文的机会无处不在。从这个角度讲，仅仅把语文学习的筹码押在教室之内、教材之上是不可取的，这正如于漪老师所说："教语文，忽视生活活水，忽视引导学生对生活观察、认识、体验、积累、实践，抓住课内一小块，放弃课外一大片，那无疑是沙上建塔，根基极差，虽煞费苦心，但终难见效。"[①] 事实上，学生课外语文实践

---

① 于漪：《我和语文教学》，人民教育出版社 2003 年版，第 114 页。

的总量，包括读书、看报、看电视、上网、参加各种包含语言交际的活动等等，已经大大超过了课内语文实践的总量。因此，对于学生的课外语文实践，我们也需要认真研究和对待。

前文曾把语文实践分为自然语文实践和自觉语文实践两类，学生的课外语文实践也存在着这两类实践。从课程与教学的角度看，自然语文实践是不可计划、不可控制的，对学生语文能力的影响是潜移默化的；自觉语文实践则是可计划、可调控的，它本身就以提高语文能力为直接目的。因此，这里我们着重从课程与教学论的意义上对课外的自觉语文实践加以讨论。

（一）课外自觉语文实践的主要模式

课外自觉语文实践可以是课程安排或教师组织下的语文实践，也可以是自主进行的语文实践，其内容丰富，形式多样。从其组织模式看，大致有三种：学科模式、跨学科模式和活动模式。①

1.学科模式

即以语文学科内容为主的课外读写听说实践。主要有：

课外阅读实践。比如配合课内讲读的课外阅读（类比性阅读、对比性阅读、追索性阅读、扩充性阅读、印证性阅读、评价性阅读等），朗诵会、读书报告会、书评活动、阅读比赛，等等。

课外写作实践。主要有：课外定期作文、专题作文、自由作文；日记、周记、札记、日知录；文学社团活动；征文比赛、采风、通讯报道；办黑板报、墙报、手抄报；QQ 空间日记、微博微信；等等。

课外听说实践。主要有：朗读、朗诵、背诵、采访活动、报告会整理、录音整理、组织收听广播、看电影电视节目、网络视频、即席讲话、演讲、问题研讨、辩论会、故事会、演剧活动等等。

2.跨学科模式

即语文学科作为重要内容参与其中的跨学科综合实践。"综合化"是 20 世纪 90 年代以来各国课程改革的重要趋势，不少国家的语文课程都注重引

---

① 刘正伟：《国际语文课程与教学比较》，浙江大学出版社 2008 年版，第 239—240 页。

导学生开展跨学科的综合实践活动。比如，新世纪以来，法国就在初中开展了一项名为"发现之路"的跨学科学习计划，这项计划涵盖四大领域：自然与人类，艺术与人文，语言与文明，创造与技术；几乎每一领域都涉及语文学科内容。比如，在"自然与人类"领域，有"健康—文学"这样的项目；在"艺术与人文"领域，有"文学—语言"项目；在"语言与文明"领域，有"数学—文学""健康—文学—历史和地理"项目；在"创造与技术"领域，有"物理—文学"项目。② 从这些具体项目可以看到，"发现之路"的确具有鲜明的跨学科特征，不仅在人文、社会学科内部进行了跨越，还大胆地在人文社会和自然科学之间进行了跨越。

新世纪以来，我国的新课程改革也明确提出了综合性学习的要求，语文课程标准在课程基本理念中指出，要"拓宽语文学习和运用的领域，注重跨学科的学习和现代科技手段的运用，使学生在不同内容和方法的相互交叉、渗透和整合中开阔视野，提高学习效率，初步养成现代社会所需要的语文素养"；在课程目标中提出，要让学生"策划简单的校园活动和社会活动，对所策划的主题进行讨论和分析，学写活动计划和活动总结""关心学校、本地区和国内外大事，就共同关注的热点问题，搜集资料，调查访问，相互讨论，能用文字、图表、图画、照片等展示学习成果"③。语文综合性学习的提出和实施，顺应了当代基础教育发展的新趋势，满足了学生的不同兴趣、特长和个性发展之需要，有利于培养学生综合运用多学科知识解决问题的能力、提升学生应对复杂情境所需的语文实践能力。

3. 活动模式

活动模式，主要通过远足、旅游等活动方式进行，语文学科内容蕴含其中。日本的自然教室活动、修学旅行，美国的服务性学习，就属于这种模式。所谓自然教室活动，就是教师带领学生，以住宿形式到远离闹市的国立和公立"青年之家"，通过切身体验，进行各种教育活动，其中一些活动就

---

② 李丽桦：《法国初中的跨学科学习》，《上海教育科研》2003 年第 10 期。
③ 《义务教育语文课程标准（2011 年版）》，北京师范大学出版社 2012 年版，第 4、14、18 页。

蕴含着语文学科内容，比如观察记录、朗诵、给亲友写信等等。所谓修学旅行，就是把学生组织起来，集体外出旅行，包括参观历史古迹、风景名胜以及滑雪、登山等运动，通过这些活动，增加学生的文史、自然知识，陶冶情操，净化心灵。[①] 修学旅行中也包含着一些语文活动，比如要求学生在旅行中记录旅行的感受，旅行结束后写游记，等等。所谓服务性学习，是一种学生通过参与真实世界中所需的服务，用自己所学的课程知识服务于社区，从而促进知识和技能学习，并培养学生良好的公民责任感的教育形式。其中一些服务项目与语文学科直接相关，比如做图书馆助理、辅导新移民口语和写作、接听电话、为老人读书读报等等。研究表明，参加过服务性学习的学生在写作、科学、语言艺术等方面具有更高的学业测验分数，更强的问题解决技能和复杂问题的认知能力。[②] 这里，不管是日本的自然教室活动、修学旅行，还是美国的服务性学习，都充分体现了语文学习生活化的理念。可以说，带领学生走进生活、体验生活，把语文学习自然而然地融入生活化的活动之中，是活动模式的主要特点。与那种成天把学生关在教室里讲课文、做练习题的做法相比，这种模式更能让学生获得实际生活情景所需的语文经验。

（二）课外自觉语文实践的引导策略

自觉的课外语文实践可以是自发进行的，也可以是在课程安排下有组织、有计划地进行的，不管是哪种情况，都有必要给予适当的引导。

1. 从引导"自觉"着眼

前文曾指出，受语文生态、学习兴趣、应试功利等多种因素的影响，很多学生缺乏在课外、在日常生活中自觉学习语文的意识和习惯。对于此种情况，固然需要从学习兴趣的激发、考试评价制度的改革等方面来解决，但从已有经验看，课程层面的规划和成人的引导也是十分重要的。

首先，在课程层面加以规划。在课程层面对学生的课外语文实践加以

① 刘正伟：《国际语文课程与教学比较》，浙江大学出版社 2008 年版，第 250 页。
② 潘利若、姚梅林：《美国服务性学习对我国中小学综合实践活动课常态化实施的启示》，《教育科学》2011 年第 4 期。

规划，是很多国家的一贯做法。比如德国巴符州的语文课程标准就对7、8、9、10四个年级的课外阅读提出了要求，除要求阅读数量不等的诗歌、小说、青少年读物、童话、戏剧和广播剧外，还列出了四年里需要阅读的从青年读物到电视、报纸等不同级别不同结构的阅读材料。① 美国纽约市的语文综合课程纲要则提出了如下课外语文实践要求：把实地旅行、科学实验或社会研究项目用于准备写作；整理和组织从书面材料和采访中收集到的信息，利用它们作为写作的基础；参加使用电子技术宣传媒介的活动，如电影、录像和录音等；参加使用印刷品宣传媒介的活动，如报纸、杂志、期刊……② 这样的规定，使得课外语文实践成为一种有计划、有组织的活动，有利于培养学生自觉学习语文的意识和习惯。我国新世纪颁布的语文课程标准也对学生的课外语文实践进行了规划，如提出了关于课外读物的建议，指出要"创造性地开展各类活动，增强学生在各种场合学语文、用语文的意识，通过多种途径提高学生的语文素养"，等等。这样的规划构筑了课外语文实践的理想境界，但从目前的情况看，要使这些规划由构想转化为广大师生的一种自觉的、普遍的行为，还面临着思想观念、学校管理、评价导向等方面的诸多困境。

其次，重视成人的引导作用和环境的熏染功能。成人的引导和环境的熏染对于培育学生自觉学习语文的意识和习惯无疑具有积极作用。古人云："父子更兼师友分，夜深常共短檠灯"，这说明，古人已经注意到了家长和家庭学习氛围对于儿童学习的濡染、引导作用。的确，除教师外，家长无疑是影响学生学习的"重要他人"，很难想象，一个不爱读书也不引导孩子读书的家庭，会让孩子爱上读书。正因如此，很多国家在制度化的教育之外，还很重视家长对学生课外语文实践的引导。比如，美国威斯康星州教育局制定的《英语语言艺术课程指导计划》就在"帮助孩子进行文学欣赏""帮助儿童发展演说技能""帮助儿童提高写作水平"等方面给家长提出了建议。如

---

① 刘正伟：《国际语文课程与教学比较》，浙江大学出版社2008年版，第233页。

② 朱绍禹、庄文中主编：《国际中小学课程教材比较研究丛书：本国语文卷》，人民教育出版社2001年版，第190页。

就"父母应该怎样帮助孩子进行文学欣赏"这一点，这份文件要求家长：为孩子读或背诵韵语和简单的诗歌，和儿童一起唱歌，帮助孩子以图画书为基础再创作故事；用准确、独特、能扩大儿童词汇的语言与儿童交谈，鼓励儿童重复这些词语；对于儿童所感兴趣的或讲述的富有想象力的故事要耐心地倾听；规定一个家庭讲故事的时间，在这段时间里家长和儿童可以共同阅读和欣赏好书；鼓励儿童把故事读给父母、祖父母以及其他人听；帮助儿童自制图书卡片，并经常带他们去图书馆……① 这样的建议，不仅让家长成为孩子文学欣赏的示范者和促进者，还由此营造了一种语文学习的氛围，这对于提高孩子的文学赏读能力、培育他们自觉学习语文的意识和习惯都是大有裨益的。

2. 从指导"实践"着力

学生课外的语文实践要体现自愿、自主的原则，成人不能包办代替、过多地干涉，但也不是听其随便，放任自流，因为无指导的、放任自流的语文实践通常盲目寡效。比如，就阅读来说，美国一项针对 1—12 年级 45670 名学生的调查表明，如果教师不加指导，学生读书时间对阅读学业成绩的影响只是中等水平。② 因此，对于学生的课外语文实践，成人应该积极启发、指导，提高他们实践的效率和质量。从教师这一方面来说，可从以下几方面做起：

第一，沟通课堂内外。一方面，引导学生将课内所学运用于课外。比如，课内阅读指导学生列提纲、写摘要，即可要求学生课外阅读时也列提纲、写摘要；课内学习了消息、通讯的知识和阅读方法，即可引导学生运用这些知识和方法阅读近期报纸、浏览网页新闻，组织新闻发布会。通过类似的活动，可以使学生"得法于课内，得益于课外"。另一方面，在课堂教学中引入学生课外所获。比如，教学课本上有关《水浒传》的篇章，即可请课

---

① 朱绍禹、庄文中主编：《国际中小学课程教材比较研究丛书：本国语文卷》，人民教育出版社 2001 年版，第 291 页。

② Topping，K.J.，Samuels，J.，& Paul，T. *Does practice make perfect？ Independent reading quantity，quality and student a chievement*. Learning and Instruction，Vol.17，No3，2007.

外读过《水浒传》或看过《水浒传》电视剧的同学讲讲水浒故事，以深化学生对课文的理解和对《水浒传》的认识；指导学生阅读非连续性文本，即可联系学生阅读课程表、列车时刻表、浏览网页的经验，以让他们借助已有经验来学习新的经验。

第二，从内容和方法两方面予以指导。首先，要有意识地对学生课外语文实践的内容予以引导。这种引导，可以是对集体活动的规划，比如一学期之内组织数次语文综合性学习，明确每一次活动的主题；也可以是对个人语文实践的建议，比如向学生推荐阅读书目，鼓励他们多读书、读好书；等等。通过这样的引导，可以让学生在纷繁复杂的语文生活中明确实践的路向。其次，要适时给予方法上的指导。课外语文实践也应该讲究方法，这些方法可以是对课内方法的运用，也可能是课内并未涉及的方法。对于课内未涉及的方法，应该予以重点指导。比如，课内训练得最多的是单篇文章的阅读方法，很少涉及整本书的阅读，在这种情况下，假如我们要求学生课外阅读整本书，就有必要教给他们阅读整本书的方法和技巧，这样才能让学生学得明白、学有所获。

第三，提供机会提升学生的经验水平。学生在课外语文实践中所获得的经验很多时候是零散的、印象式的，因此有必要给学生提供梳理、交流和统整经验的机会，提升其经验水平。除了我们所熟悉的引导反思和总结、组织学生展示学习成果、交流学习经验等做法外，海内外的其他一些做法也是值得借鉴的。比如，香港学者祝新华就在 2009—2010 学年期间组织开展的"主题阅读活动"中，尝试让学生自选汇报交流的形式，结果大多学生选择了"口头汇报""戏剧表演""多元汇报""互动交流""手工操作"等交流形式，取得良好的效果。① 再如，英美国家流行的"文学圈"教学模式，学生自主选择阅读材料，组成临时阅读小组（即文学圈），小组中的每个成员都承担特定角色和任务，并据此独立阅读，做好读书笔记，然后在小组中展

---

① 祝新华、廖先：《持续而有效地推进广泛阅读：国外的经验与我们的改进策略》，《教育研究与实验》2012 年第 4 期。

示阅读成果，按预先准备好的内容进行讨论，随后每小组将本组讨论中的精华内容与其他小组进行交流和共享。当完成一本书籍的阅读、讨论与展示之后，临时小组解散，学生再选择其他阅读材料，进入下一轮"文学圈"。① 这样，通过反复的阅读、讨论、展示，学生的阅读经验就不断得到积累、统整，阅读能力自然也就在这一过程中得以提高。

---

① 吕旭红：《英语阅读教学"文学圈"模式与传统模式探析》，《集美大学学报（教育科学版）》2013 年第 3 期。

结　语

　　学习语文必须注重实践，这并不是一个现在才有的命题。古人早就认识到："熟读唐诗三百首，不会作诗也会吟"；"操千曲而后晓声，观千剑而后识器"，语文必须通过学习者的亲身实践才能学会。到了现代，许多老一辈语文教育家如叶圣陶、吕叔湘、张志公、夏丏尊等也强调，教语文要让学生多读多写，让学生在读写实践中掌握运用语文的规律。自新世纪以来几大语文新课程标准明确地把"语文是实践性很强的课程"作为课程的基本理念提出后，"语文实践""语文课程的实践性"等话题更是一时为广大语文教育同人所热议，"语文课程具有很强的实践性"这一命题几乎成为一个常识。但是，目前不管是理论界还是实践界都对这一命题缺乏应有的关注和深入的研究，这或许正因为它几近常识吧。理论的表层化必然导致实践的浅尝辄止，当前语文教学中存在的相关问题正好说明了这一点。

　　本研究正是在这一背景下展开的。首先，我们需要探明这一命题的逻辑前提。很多人是在没有明确该命题的逻辑前提的情况下开始探讨的，这或许是目前对于这一命题缺乏深度关注的原因之一。判定语文课程具有显著的实践品格的前提是什么？是对语文课程本体的认识。如果语文课程是一门纯理论（知识）课程，或者是一门文学鉴赏课程；或者是一门人文熏陶课程，那么它还具有"很强"的实践性吗？结论不言而喻。通过对"语文"含义的正本清源，通过对语文课程性质的探讨，我们看到，正因为语文课程不是一门教"语言"（语言学知识、理论）而是一门教"言语"（言语行为及其结果）的课程；是一门以培养学生正确理解和运用祖国语言文字的能力、帮助学生掌握语文工具为根本目的任务的文化基础课程，所以它才有可能具有很强的实践性。文中，我们对"工具论"进行了辩护，坚持认为语文课程的本质属性是"工具性"。在"工具论"遭到强势批评、受到冷落的情况下，这一辩护是艰难的。

在坚持"工具论"的前提下，我们把语文课程实践品格的内涵理解为：语文课程的根本目的是培养学生的语文能力，语文能力的培养必须依靠语文实践，因此，语文课程应该是一门实践课程。这里，需要进一步追问的是：为什么语文能力的培养必须通过语文实践？学生在语文实践中形成语文能力的内在机制是什么？仅仅凭经验或通过类比来说明是不够的。通过从哲学、语言学、心理学、教育学等多学科维度考察，我们发现，语文能力的形成涉及实践主体和客体的双向对象化过程、认识和实践的辩证统一、汉语文运用和理解的"意合性""体悟性"，语识的学习、语感（缄默知识）的积淀、言语技能的获得及其类化，以及语文课程的经验特性等一系列复杂问题。可见，问题不像人们想象的那么简单。

走进历史，放眼国外，我们又看到，"语文课程是实践性课程"不仅仅是一个停留在理论层面的命题，也是一个真真切切的事实存在。我国古代语文课程的实践品格主要体现为"多读多写"，但也存在不重知识引导、脱离语言实际等缺憾；现代语文课程在社会思想文化变革、外来教育思潮、语言文学新变等多种因素的影响下，积极倡导"儿童自动"，语文知识越来越多地介入语文实践，但以讲代练、重活动形式轻严格训练的倾向也越来越明显；当代语文课程的实践性主要体现为注重"语文训练"，教学大纲和语文教材都凸显了训练的地位，不少语文教育名师也积极倡导和践行语文实践（训练）观；国外语文课程的实践品格则体现在课程目标、教材编制、课堂教学等诸多方面，给我们提供了有益启示。语文课程发展史表明：只有正确把握并合理彰显语文课程的实践品格，语文教育才能取得应有的效果；漠视、扭曲语文课程的实践品格，语文教育就少慢差费。

至此，我们就从理论和历史两个维度完成了对"语文课程具有很强的实践性"这一命题的论证。

    但是，论证命题不是目的，我们所要关注的是当下这一命题的实践命运。事实告诉我们，在当代语文课程与教学实践中，语文课程的实践品格一方面在一定的范围内受到部分有识之士和语文教育工作者的尊重，并在语文课程设计和教学活动中凸显出来，语文教育由此取得了应有的成绩；但另一方面，在更大的范围内，语文课程的实践品格又遭到相当一部分语文教育工作者的漠视、曲解，比如语文教材中语文实践活动设计不尽人意，把语文课教成知识课而忽视"实践"这一重要教学路径，课堂教学以讲析语文代替学生的自主实践，语文实践异化为机械训练、题海战术，语文活动重人文内容而轻言语形式，教师对学生实践的指导乏力，语文实践缺乏知识的导引，等等，其结果是学生的语文能力未能得到应有的发展。因此，改变漠视、扭曲语文课程实践品格的状况，合理塑造语文课程的实践品格是提高语文教育质量和效率的关键。

    合理塑造语文课程的实践品格，就是要做到：第一，使语文课程的实践品格在语文课程设计和教学中凸显出来；第二，使学生的语文实践科学有效。为此，我们对语文课程内容的实质进行了探讨，认为语文课程内容就是向学生提供的关于"语文"的教育性经验，语文实践不仅应该是语文课程内容的一个重要组成部分，而且也应该成为凝聚语文课程内容的一条纽带。在分析大量中外语文课程标准、语文教材和语文教学案例的基础上，本书对语文实践的类型以及语文实践与语文知识的关系进行了探讨。在此基础上，提出如下建议：在语文课程标准层面，针对语文课程能力目标，建立两大内容标准：一是语文知识内容标准，即从相关学科领域精选出达成语文课程目标所需的"语文知识"作为显性知识提供给学生；二是语文实践内容标准，指出实践的范围、方式、程度和规则，规定实践项目设计和实践指导的原则、方法。在语文教材层面，积极探索实践取向的语文教材编制策略，即以语文实践为轴心来组织语文材料、语文知识和语文学习活动，让语文教材成为融合了语文知识、实践材料的实践脚本；同时针对各项语文能力设计适宜的阅读、写作、口语交际以及综合性实践活动项目。在语文教学层面，实现语文教学范式从"授受"向"导练"的转型，把语文课上成实践课，即语文教学要变"知识传授"为"能力历练",变"讲析主导"为"实践主线",同时,充分发挥教师"导"的作用,让学生在生态化的教学情境中科学有效展开语文实践活动。

语文课程是基础教育阶段一门最基础、最重要的课程,语文课程的实践性是一个与课程的根本目的——语文能力培养密切相关的重要理论命题,同时也是一个非常复杂的问题,其中涉及很多具体内容,比如:研制课程标准时如何将"语文实践"作为一种课程元素予以具体设计?教材层面,如何建构语文实践体系、如何设计多样化的语文实践活动?教学中如何科学地引导学生进行语文实践?等等。而且,"语文实践"也并不是一个笼统的概念,而是涉及各式各类具体的活动——阅读实践、写作实践、口语交际实践、综合性实践等等。就拿阅读实践来说,其因阅读对象的不同就有诗歌阅读、散文阅读、实用文阅读等多个类别,而每一类别又涉及文体知识、阅读方法、阅读策略、阅读心理等多个问题。因此,要具体深入地研究语文课程与教学中的"语文实践"问题,还有大量的工作要做。到目前为止,我们这项研究只能算是抛砖引玉,如能引起更多的学者关注这一关涉语文教育质量与效率的重要问题,则幸甚至哉。

语文教学中语文实践现状的
调查问卷（教师卷）

亲爱的老师：

　　您好！

　　感谢您抽出宝贵的时间填写此问卷！我们是西华师范大学的语文教育研究人员，现正从事"语文课程的实践性探究"的课题研究，拟对语文课程与教学中的语文实践状况进行调查，希望能得到您的支持与配合。本问卷采用无记名方式，答案无对错之分，所填信息仅供科研之用。我们对调查结果绝对保密，绝不会给您带来任何影响。

　　一、基本情况：

　　1.您的学校所在地：A、城市　B、乡镇　C、农村

　　2.您所任教的年级：A、小学低段　B、小学中段　C、小学高段
D、初中　E、高中

　　3.您的教龄：＿＿＿＿＿＿　职称：＿＿＿＿＿＿

　　二、请您在您认为通常情况下最为接近或最为符合的选项上划"√"。

　　1."语文课程是实践性课程，应着重培养学生的语文实践能力，而培养这种能力的主要途径也应是语文实践"，您认同这种说法吗？

　　A、非常认同　B、基本认同　C、不认同　D、很不认同

　　2.请写下您对"语文实践"的理解。

＿＿＿＿＿＿＿＿＿＿＿＿＿＿＿＿＿＿＿＿＿＿＿＿＿＿＿＿＿＿＿＿＿＿

3. 您认为您所使用的语文教材上的课后练习题题量：

A、较多 　　　　B、适中 　　　　C、较少

4. 您对您所使用的语文教材上的实践活动（包括课后练习）设计质量满意吗？

A、非常满意 　B、基本满意 　C、不满意 　D、很不满意

【如果选 C、D 请继续回答第 5 题；如果选 A、B 请跳过第 5 题。】

5. 您不满意所使用的语文教材上的实践活动（包括课后练习）设计质量，是因为（可多选）：

A、难度太大

B、难度太小

C、不能够很好地引导学生的读写活动

D、脱离语文生活实际

E、题型单一，缺少变化

F、缺乏情境设计，枯燥乏味

G、缺乏系统性、连贯性

H、其他_____

6. 最近三年，你是否对每一册语文教材中的阅读能力训练做过通盘规划？

A、做过，每一册都如此。

B、其中某几册做过，并非每一册都如此。

C、没有做过，但教课文时会考虑本课的阅读能力训练内容。

D、既未通盘考虑一册语文教材的阅读能力训练序列，也很少研究每一课的阅读能力训练内容。

7. 最近三年，您是否坚持按学年或学期通盘规划学生的课外阅读活动？

A、是的，一直坚持。

B、某些学期（学年）有规划，某些学期（学年）没有。

C、从未规划。

8. 最近三年，您是否坚持按学年或学期通盘规划学生的写作活动？

A、是的，一直坚持。

B、某些学期（学年）有规划，某些学期（学年）没有。

C、从未规划。

9. 最近三年，您是否坚持按学年或学期通盘规划学生的口语交际活动？

A、是的，一直坚持。

B、某些学期（学年）有规划，某些学期（学年）没有。

C、从未规划。

10. 您按学年或学期为学生规划语文活动（阅读、写作等），主要依据什么确定其序列：

A、语文课程标准　　B、语文教材　　C、自己的经验

D、教学管理部门要求　　E、参考相关资料（如论文、理论书籍等）

F、同行研讨　　G、借鉴他人经验

H、其他_____

11. 您为学生规划的学期或学年语文活动，是否都按计划得到了实施？

A、是的，严格按计划实施。　　B、基本按计划实施，但有调整。

C、由于多方面原因，大部分不能落实。　　D、全都没有落实。

12. 您在设计教学时，重点考虑：

A、我如何讲，学生才能懂

B、如何引导学生进行语文活动

C、既不考虑如何"讲"，也不考虑学生的语文活动，而是重点考虑其他方面（如针对考试内容进行设计、教学进程的安排等等）

13. 在设计一节课的教学时，您会细致规划学生的语文实践活动吗？

A、经常　　B、有时　　C、很少　　D、从不

14. 您在一节阅读课的时间分配上，通常

A、会花更多的时间用于老师的讲解而不是学生的读写听说实践

B、会花更多的时间用于学生的读写听说实践而不是老师的讲解

C、老师讲解的时间和学生读写听说实践的时间差不多

D、不确定

【如果选 A 请继续回答第 15 题；如果选其他选项请跳过第 15 题。】

15. 在阅读课上，您花更多的时间用于老师的讲解而不是学生的读写听说实践，是因为（可多选）：

A、如果不讲，学生自己难以学懂

B、课堂时间有限，与其让学生读写实践，慢慢摸索，不如老师讲解

C、学生的读写听说实践活动难以控制，质量和效率得不到保证

D、习惯了讲，不讲反而不习惯

E、其他＿＿＿＿＿＿＿＿

16. 评价一堂阅读课，您最关注下列哪个指标（只选一项）？

A、教师的讲解是否准确、深刻、精彩

B、学生的语文实践活动是否充分、有效

C、教学方法是否灵活多样

D、教学过程安排是否恰当

E、教学内容的选择和处理是否恰当

F、其他＿＿＿＿＿＿＿＿

17. "语文能力的培养必须以语文知识（如语法修辞知识、听说读写知识等）的掌握为基础"，您认同这一观点吗？

A、非常认同　B、基本认同　C、不认同　D、很不认同

18. 您会以"语文知识"（如语法修辞知识、读写听说知识、文学知识等）为主线来设计和组织课堂教学吗？

A、经常　　　B、有时　　　C、很少　　　D、从不

19. 您认为现行语文教材中最需要增加哪一种知识的分量？

A、语法修辞知识　B、文学知识　C、文体知识　D、读写听说知识

E、其他＿＿＿＿＿＿＿＿

20. 关于学生作文能力的培养，您面临的困惑主要有（可多选）：

A、学生普遍对作文不感兴趣　　B、学生没有充足的时间进行写作练习

C、语文教材没有提供足够的写作知识　　D、不知如何指导

E、考试评价不能反映学生的真实写作能力　　F、教学手段落后

G、其他＿＿＿＿＿＿＿＿＿

21.您给学生布置语文作业中，采用下列哪一类作业的时候最多？

A、语文教材上的习题

B、语文习题集上的练习题

C、课外阅读、日记、小作文等

D、综合性的语文实践活动

E.其他＿＿＿＿＿＿＿＿＿

22.对通过大剂量的习题式训练来提高学生语文成绩的做法，您的态度是

A、完全赞成，因为中小学有升学压力

B、基本赞成，但认为需要改进

C、不赞成，但可以理解

D、坚决反对

E、其他＿＿＿＿＿＿＿＿＿

23.您认为语文课程有必要设置语文综合性学习吗？（小学、初中教师答）

A、完全没有必要　　B、非常有必要

C、想法非常好，但中小学有升学压力，没有开展的时间和条件

24.对于每册教材提供的语文综合性学习专题，您的实施情况（小学、初中教师答）

A、按教材提供的专题和教学建议逐一实施

B、选择其中1—2个单元实施，其余的学生自学

C、选择其中3—5个单元实施，其余的学生自学

D、没有时间和条件，根本无法实施

25.您认为制约语文综合性学习开展的因素有哪些？（可多选）（小学、

初中教师答）

　　A、社会不能提供资源

　　B、学校不重视

　　C、教师缺乏相应知识和专业素养

　　D、教材中语文综合性学习专题设计不太符合实际

　　E、考试评价方式的制约

　　F、学生不适应

　　G、其他_____

26.您是否经常组织学生开展语文课外活动（如演讲比赛、文学创作活动、语文兴趣小组活动等)？

　　A、经常　　B、有时　　C、很少　　D、从不

27.您认为制约语文课外活动开展的因素有哪些?（可多选）

　　A、没有时间　B、学校不支持

　　C、学生不感兴趣　D、考试评价方式的制约

　　E、教师缺乏相应知识和专业素养　F、其他_____

28.您是否会有意识地引导学生在日常生活中学语文、用语文?

　　A、经常　　B、有时　　C、很少　　D、从不

29.您赞同把语文课上成实践课吗?

　　A、完全赞同　B、基本赞同　C、不赞同　D、很不赞同

再次感谢您的参与!

语文教学中语文实践现状的
调查问卷（学生卷）

亲爱的同学：

你好！我们是西华师范大学的语文教育研究人员，为了了解当前同学们的语文学习特别是语文实践状况，以便改进语文课程和教学、更好地为你们的语文学习服务，特此设计了这份问卷，希望能得到你的支持与配合。

本次调查为匿名调查，你无需在问卷上填写自己的姓名。所有资料仅用作科学研究，我们对调查结果绝对保密，绝不会给你带来任何影响。每题的答案无对错之分，除题干有提示的题目外，每题只选一个答案，你只需根据实际情况和你的真实想法作答即可。

感谢你的参与！

1. 你的学校所在地：

A、直辖市或省会城市　B、地级市或县城　C、乡镇农村

2. 你所在的年级：＿＿＿＿＿＿＿＿＿＿＿＿＿

3. 语文课上，你更喜欢通过哪种方式学语文？

A、自己从事各种语文活动（读、写、听、说）

B、听老师讲解

C、做练习册、测试卷

D、同伴之间合作学习

E、其他＿＿＿＿＿＿＿＿＿

4. 阅读课上，你希望老师讲得多一点还是少一点？

A、多一点

B、少一点

C、无所谓

5. 通常情况下，在阅读课上，你能够通读课文多少遍：

A、不到 1 遍　　B、1 遍　　C、2 遍　　D、3 遍　　E、4 遍及以上

6. 阅读课上大部分时间被用于

A、老师讲解

B、学生活动（如朗读、讨论、做练习等）

C、老师讲解和学生活动的时间差不多

D、不清楚

7. 你的作文能力主要得益于：

A、对课文的学习

B、作文课上老师的讲解

C、课外阅读

D、勤写多练

E、同伴间的相互学习、交流

F、其他学科的学习

G、其他_____

8. 一学期内，语文老师所安排的大作文的次数是：

A、1—3 次　　B、4—6 次　　C、7—9 次　　D、10 次及以上

9. 每一次大作文训练都有明确的训练重点吗？

A、每一次都有

B、有时有，有时没有

C、很少有

D、从来没有

10. 作文时，你会自觉地运用学到的作文知识写作吗？

A、一定会

B、有时会，有时不会

C、很少运用

D、凭感觉写作，从来不会

11. 你的语文老师一学期会上几次专门的口语交际训练课?

A、1—3 次　　　　B、4—6 次　　　C、7—9 次

D、10 次及以上　　E、从来不上

12. 在专门的口语交际课或日常的语文课上，你进行口语表达的机会:

A、经常有　B、有时有　C、很少有　D、几乎没有

13. 平时语文作业的形式主要有（可多选）:

A、预习、阅读

B、抄写、背诵

C、做课后练习题

D、做练习册或测试卷

E、写作文、日记、周记等

F、演讲 / 朗诵 / 表演

G、其他

14. 平均每天你花在语文作业上的时间大约是:

A、30 分钟及以下　　　B、30—45 分钟

C、45—60 分钟　　　　D、1 小时—1 个半小时

E、1 个半小时以上

15. 目前的语文作业中，你最讨厌的是（　　），最喜欢的是（　　）（每问最多选两项）

A、抄写、背诵　B、预习、阅读课文　C、写作文、日记、周记等

D、做课后练习题　E、看课外书　F、课题研究

G、演讲 / 朗诵 / 表演　H、其他＿＿＿＿＿＿＿＿

16. 你做语文作业，往往因为:

A、提高自己的能力　B、为了考试拿高分　C、应付老师或家长

D、发展兴趣、爱好　E、其他＿＿＿＿＿＿＿＿

17. 你对通过大量做题的方式来学习语文的态度是：

A、完全赞成　　　　B、基本赞成　　　　C、不太赞成

D、非常讨厌　　　　E、无所谓

18. 你的语文老师一学期组织几次语文综合性学习？

A、8 次及以上

B、5—7 次

C、4—6 次

D、1—3 次

E、从未组织

19. 每次开展语文综合性学习你都能充分参与吗？

A、每次都能　　　B、大部分时间能　　　C、偶尔　　　D、从未

20. 参与语文综合性学习，你主要的收获有（可多选）

A、提高了自己的读写听说能力

B、拓展了知识面，开阔了视野

C、提高了考试成绩

D、掌握了学习、探究的方法

E、彰显了个性，发展了兴趣爱好

F、其他_____

21. 你的语文老师是否经常组织开展语文课外活动（如演讲比赛、文学创作活动、语文兴趣小组活动等)？

A、经常　　　　B、有时　　　　C、很少　　　　D、从不

22. 你最感兴趣的语文课外活动是：

A、演讲、诗歌朗诵　　　B、辩论　　　　C、调查访问、写研究报告

D、文学创作、练笔　　　E、书法比赛　　　F、办报纸

G、小记者活动　　　　　H、课外阅读、读书交流会

I、语文知识竞赛　　　　J、话剧、课本剧的编排、表演

K、其他_____

23. 平均每天你用于课外阅读的时间约为：

A、2 小时及以上

B、1 个半小时—2 小时

C、1 小时—1 个半小时

D、半小时—1 小时

E、半小时以下

F、从没有阅读

24. 你平均每学期阅读多少本课外书？

A、0 本　　B、1—3 本　　C、3—5 本　　D、5—8 本

E、8—10 本　　F、10 本以上

25. 除了规定的作文外，你会自觉地练笔吗？

A、经常会　B、有时会　C、很少　D、从不

26. 你是否会有意识地通过读书、看报、看电视、上网等来学习语文？

A、经常会　B、有时会　C、很少　D、从不

27. 你认为影响你语文成绩的最重要因素是（只选一项）：

A、教师的教学和指导　B、自己的语文学习和实践

C、同伴之间的合作与分享　D、学校、家庭以及社会语文环境

E、其他_____

28. 你认为你最欠缺哪一方面的语文能力？

A、阅读能力　　　　B、写作能力

C、口语交际能力　　D、媒介阅读与沟通能力

29. 你最希望通过哪种方式来提高你所欠缺的语文能力？

A、教师讲授　　　B、有指导的语文实践　　　C、做练习题

D、向他人学习　　E、其他_____

30. 关于语文学习，你最想对语文老师说的一句话是：

_____

_____

再次感谢你的参与！

主要参考文献

一、中文著作

[德] 恩斯特·卡西尔：《人论》，甘阳译，上海译文出版社 2004 年版。

[德] 威廉·冯·洪堡特：《论人类语言结构的差异及其对人类精神发展的影响》，姚小平译，商务印书馆 1999 年版。

[捷] 夸美纽斯：《大教学论》，傅任敢译，教育科学出版社 1999 年版。

[美] 艾伦·C.奥恩斯坦、费朗西斯·P.汉金斯：《课程：基础、原理和问题》，柯森等译，江苏教育出版社 2002 年版。

[美] 拉尔夫·泰勒：《课程与教学的基本原理》，施良方译，人民教育出版社 1994 年版。

[美] 约翰·杜威：《民主主义与教育》，王承绪译，人民教育出版社 2001 年版。

[美] 约翰·杜威：《我们怎样思维·经验与教育》，姜文闵译，人民教育出版社 1991 年版。

[瑞士] 费尔迪南·德·索绪尔：《普通语言学教程》，高铭凯译，商务印书馆 1980 年版。

[苏] M.H. 斯卡金特：《现代教学论问题》，张天恩译，教育科学出版社 1982 年版。

[英] S. 皮特·科德：《应用语言学导论》，上海外国语学院外国语言文学研究所译，上海外语教育出版社 1983 年版。

《马克思恩格斯全集》第 42 卷，人民出版社 1979 年版。

《马克思恩格斯选集》第 1、2、4 卷，人民出版社 1995 年版。

《毛泽东选集》第 1 卷，人民出版社 1991 年版。

北京大学哲学系外国哲学史教研室编译：《古希腊罗马哲学》，商务印书馆 1961 年版。

北京大学哲学系外国哲学史教研室编译：《十六——十八世纪西欧各国哲学》，生活·读书·新知三联书店 1958 年版。

曹明海主编：《语文教育智慧论》，青岛海洋大学出版社 2001 年版。

岑运强：《言语的语言学导论》，北京大学出版社 2006 年版。

曾祥芹、韩雪屏：《国外阅读研究》，大象出版社 1992 年版。

陈黎明、林化君：《20 世纪中国语文教学》，青岛海洋大学出版社 2002 年版。

陈琦、刘儒德：《当代教育心理学》，北京师范大学出版社 1997 年版。

陈学恂主编：《中国教育史研究·明清分卷》，华东师范大学出版社 1995 年版。

陈学恂主编：《中国近代教育史资料》，人民教育出版社 1961 年版。

褚宏启：《杜威教育思想引论》，湖南教育出版社 1997 年版。

丛立新：《课程论问题》，教育科学出版社 2000 年版。

冯契主编：《哲学大辞典》（修订本），上海辞书出版社 2001 年版。

冯忠良、冯姬：《教学新论：结构化与定向化教学心理学原理》，北京师范大学出版社 2011 年版。

冯忠良：《结构化与定向化教学心理学原理》，北京师范大学出版社 1998 年版。

高清海主编：《马克思主义哲学基础》，人民出版社 1987 年版。

顾黄初、顾振彪：《语文课程与语文教材》，社会科学文献出版社 2001 年版。

顾黄初、李杏保：《中国现代语文教育史》，四川教育出版社 2000 年版。

顾黄初、李杏保主编：《二十世纪前期中国语文教育论集》，四川教育出版社 2000 年版。

顾黄初、李杏保主编：《二十世纪后期中国语文教育论集》，四川教育出版社 2000 年版。

顾黄初：《语文教材的编制与使用》，江苏教育出版社 1996 年版。

顾黄初：《语文教育论稿》，人民教育出版社 1995 年版。

顾黄初主编：《中国现代语文教育百年事典》，上海教育出版社 2001 年版。

顾明远主编：《教育大词典》（增订全编本）下册，上海教育出版社 1998 年版。

韩雪屏：《语文教育的心理学原理》，上海教育出版社 2000 年版。

韩雪屏：《语文课程知识初论》，江苏教育出版社 2011 年版。

韩雪屏：《中国当代阅读理论与阅读教学》，四川教育出版社 2000 年版。

贺善侃：《实践主体论》，学林出版社 2001 年版。

洪宗礼、柳士镇、倪文锦主编：《母语教材研究》，江苏教育出版社 2007 年版。

黄希庭：《心理学导论》，人民教育出版社 2001 年版。

江苏母语课程教材研究所编：《当代外国语文课程教材评介》，江苏教育出版社 2004
年版。

教育部基础教育司编：《全日制义务教育语文课程标准解读》，湖北教育出版社 2009
年版。

教育部师范教育司组编：《李吉林与情境教育》，北京师范大学出版社 2006 年版。

教育部师范教育司组编：《钱梦龙与导读艺术》，北京师范大学出版社 2006 年版。

教育部师范教育司组编：《魏书生与民主教育》，北京师范大学出版社 2006 年版。

课程教材研究所编：《20 世纪中国中小学课程标准·教学大纲汇编：语文卷》，人民
教育出版社 2001 年版。

李冲锋：《语文教学范式研究》，华龄出版社 2006 年版。

李国钧主编：《清代前期教育论著选》，人民教育出版社 1990 年版。

李海林：《言语教学论》，上海教育出版社 2000 年版。

李海林主编：《语文教育研究大系（1978—2005）·理论卷》，上海教育出版社 2005
年版。

李维鼎：《语文课程初论》，浙江教育出版社 2004 年版。

李维鼎：《语文言意论》，上海教育出版社 2000 年版。

李杏保、陈钟梁：《纵论语文教育观》，社会科学文献出版社 2001 年版。

李杏保、顾黄初：《中国现代语文教育史》，四川教育出版社 2000 年版。

李宇明：《儿童的语言发展》，华中师范大学出版社 2004 年版。

李子建、黄显华：《课程：范式、取向和设计》，香港中文大学出版社 1996 年版。

廖哲勋、田慧生：《课程新论》，教育科学出版社 2003 年版。

林崇德:《发展心理学》,浙江教育出版社 2002 年版。

林治金:《中国小学语文教学史》,山东教育出版社 1996 年版。

刘国正、张定远主编:《中国著名特级教师教学思想录·中学语文卷》,江苏教育出版社 1996 年版。

刘国正:《刘征文集》第 1 卷,人民教育出版社 2000 年版。

刘焕辉:《言与意之谜——探索话语的语义迷宫》,中国社会科学出版社 2001 年版。

刘正伟:《国际语文课程与教学比较》,浙江大学出版社 2008 年版。

柳士镇、洪宗礼主编:《中外母语课程标准译编》,江苏教育出版社 2000 年版。

吕叔湘:《吕叔湘论语文教学》,山东教育出版社 1987 年版。

吕叔湘:《吕叔湘论语文教育》,河南教育出版社 1995 年版。

马浩岚编译:《美国语文——美国著名中学课文精选》,同心出版社 2004 年版。

马克思:《1844 年经济学哲学手稿》,刘丕坤译,人民出版社 1979 年版。

马正平主编:《中学写作教学新思维》,中国人民大学出版社 2003 年版。

毛礼锐、沈灌群主编:《中国通史》第 3 卷,山东教育出版社 1987 年版。

孟宪承主编:《中国古代教育文选》,人民教育出版社 1983 年版。

莫雷主编:《教育心理学》,广东高等教育出版社 2005 年版。

倪文锦、欧阳汝颖主编:《语文教育展望》,华东师范大学出版社 2002 年版。

潘新和主编:《新课程语文教学论》,人民教育出版社 2005 年版。

裴娣娜:《现代教学论》第 1 卷,人民教育出版社 2005 年版。

彭聃龄主编:《普通心理学》(第 4 版),北京师范大学出版社 2012 年版。

乔晖:《语文教科书中学习活动的设计》,华东师范大学出版社 2013 年版。

申小龙:《汉语与中国文化》,复旦大学出版社 2003 年版。

施良方:《课程理论:课程的基础、原理与问题》,教育科学出版社 1996 年版。

施平:《语文教材经纬》,北京理工大学出版社 2010 年版。

舒新城主编:《中国近代教育史资料》,人民教育出版社 1981 年版。

王炳书:《实践理性论》,武汉大学出版社 2002 年版。

王丽主编:《中国语文教育忧思录》,教育科学出版社 1998 年版。

王荣生:《求索与创生:语文教育理论实践的汇流》,山东教育出版社 2013 年版。

王荣生：《新课标与"语文教学内容"》，广西教育出版社 2004 年版。

王荣生：《语文科课程论基础》，上海教育出版社 2003 年版。

王尚文：《语感论》，上海教育出版社 2000 年版。

王尚文主编：《语文教育学导论》，湖北教育出版社 1994 年版。

王世堪：《中学语文教学法》，高等教育出版社 1995 年版。

王坦：《合作学习论》，教育科学出版社 1994 年版。

王永昌：《实践活动论》，中国人民大学出版社 1992 年版。

魏书生：《魏书生谈语文教学》，河海大学出版社 2005 年版。

温立三：《语文课程的当代视野》，中国社会科学出版社 2007 年版。

夏建国：《实践规范论》，中国社会科学出版社 2006 年版。

夏丏尊、叶圣陶主编：《国文百八课》，生活·读书·新知三联书店 2008 年版。

夏丏尊：《夏丏尊文集》（文心之辑），浙江文艺出版社 1983 年版。

肖前、李淮春、杨耕主编：《实践唯物主义研究》，中国人民大学出版社 1996 年版。

徐通锵：《基础语言学教程》，北京大学出版社 2001 年版。

徐梓等编：《蒙学要义》，山西教育出版社 1991 年版。

阎景翰主编：《写作艺术大辞典》，陕西人民出版社 1990 年版。

叶蜚声、徐通锵：《语言学纲要》，北京大学出版社 1997 年版。

叶汝贤、李惠斌主编：《马克思主义实践哲学的现代解读》，社会科学文献出版社 2006 年版。

叶至诚、叶至善、叶至美主编：《叶圣陶集》，江苏教育出版社 1992 年版。

于漪：《我和语文教学》，人民教育出版社 2003 年版。

于源溟：《预成性语文课程基点批判》，社会科学文献出版社 2007 年版。

余映潮：《余映潮阅读艺术 50 讲》，陕西师范大学出版社 2005 年版。

张伯行纂辑：《养正类编》，中华书局 1985 年版。

张国生、丁之凤主编：《大语文教育论集》，人民教育出版社 2002 年版。

张鸿苓、陈金明主编：《新中国中学语文教育大典》，语文出版社 2001 年版。

张华：《经验课程论》，上海教育出版社 2000 年版。

张华：《课程与教学论》，上海教育出版社 2000 年版。

张隆华、曾仲珊：《中国古代语文教育史》，四川教育出版社2000年版。

张汝伦：《历史与实践》，上海人民出版社1995年版。

张伟胜：《实践理性论》，浙江大学出版社2005年版。

张正君：《当代语文教学流派概观》，中国社会科学出版社2000年版。

张志公：《传统语文教育初探》，上海教育出版社1962年版。

张志公：《传统语文教育教材论：暨蒙学书目和书影》，中华书局2013年版。

张志公：《张志公文集》第3卷，广东教育出版社1991年版。

张志公：《张志公语文教育论集》，人民教育出版社1994年版。

郑国民：《从文言文教学到白话文教学——我国近现代语文教育的变革历程》，北京师范大学出版社2000年版。

郑国民：《新世纪语文课程改革研究》，北京师范大学出版社2003年版。

郑国民等：《当代语文教育论争》，广东教育出版社2006年版。

中外母语教材比较课题组编：《中外母语课程标准译编》，江苏教育出版社2000年版。

中外母语教材比较研究课题组编：《外语文教材评介》，江苏教育出版社2000年版。

中央教育科学研究所编：《叶圣陶语文教育论集》，教育科学出版社1980年版。

钟启泉：《现代课程论》（新版），上海教育出版社2003年版。

周庆元：《语文教育研究概论》，湖南人民出版社2005年版。

朱曼殊：《心理语言学》，华东师范大学出版社1990年版。

朱绍禹、庄文中主编：《国际中小学课程教材比较研究丛书：本国语文卷》，人民教育出版社1999年版。

朱绍禹：《美日苏语文教学》，吉林文史出版社1991年版。

朱绍禹：《中学语文教材概观》，人民教育出版社1998年版。

祝新华：《语文能力发展心理学》，杭州大学出版社1993年版。

邹贤敏：《洪镇涛：打开"学习语言"的大门》，湖北教育出版社2001年版。

（宋）朱熹：《朱子语类》，黎靖德编，王星贤点校，中华书局1986年版。

（宋）《朱熹集》，郭齐、尹波点校，四川教育出版社1996年版。

（元）程端礼：《程氏家塾读书分年日程》，黄山书社1992年版。

（清）曾国藩：《曾国藩家书》，中国画报出版社 2012 年版。

（清）唐彪：《读书作文谱》，岳麓书社 1989 年版。

（清）颜元：《习斋四存编》，上海古籍出版社 2000 年版。

二、中文期刊论文

[美]李·S. 舒尔曼：《理论、实践与教育的专业化》，王幼真、刘捷编译，《比较教育研究》1999 年第 3 期。

[美]鲁斯·M. 诺伊斯：《美国关于中小学作文指导的最新看法》，刘春健、刘云祥译，《外国教育动态》1981 年第 5 期。

鲍银霞、孔企平：《学科教学知识：影响教与学的关键变量》，《教育发展研究》2014 年第 18 期。

卞幼平：《摈弃"理科式"训练》，《中学语文教学》2002 年第 9 期。

蔡可：《语文实践与语法学习——从胡适"五四"前后对"文法"的认识说起》，《中学语文教学》2009 年第 7 期。

曹隆圣：《关于语文教学改革的几点思考》，《中学语文教学》1993 年第 9 期。

曾素林、郭元祥：《中美义务教育语文课程标准比较及启示》，《中国教育学刊》2013 年第 1 期。

常月华：《大学生语文能力现状调查与分析》，《郑州大学学报（哲学社会科学版）》2007 年第 5 期。

巢宗祺：《关于语文课程性质与基本理念的对话》，《语文建设》2002 年第 7 期。

陈桂生：《"课程"辨》，《课程·教材·教法》1994 年第 11 期。

陈勇：《"语文能力"新解及对语文课程内容建构的启示》，《天津师范大学学报（基础教育版）》2014 年第 1 期。

陈勇：《语文课程"工具论"的辩护与坚守》，《教育学报》2010 年第 6 期。

陈勇：《语文实践的内涵、特征与设计》，《内江师范学院学报》2013 年第 11 期。

陈勇：《正本清源话"语感"》，《宁波大学学报（教育科学版）》2009 年第 6 期。

陈佑清：《体验及其生成》，《教育研究与实验》2002 年第 2 期。

陈钟梁：《是人文主义，还是科学主义？——语文教学的哲学思考》，《语文学习》1987 年第 8 期。

成尚荣：《不要淡忘了课改的使命——语文教学改革主导思想的追问》，《人民教育》2006 年第 20 期。

褚宏启：《论杜威课程理论中的"经验"概念》，《课程·教材·教法》1999 年第 1 期。

戴汝潜：《语文实践活动是语文课程的生命线》，《教育科学研究》2004 年第 3 期。

丁培忠：《试论语文课程的实践性》，《课程·教材·教法》2003 年第 8 期。

董旭午：《"工具说"的科学内涵及其意义》，《语文学习》1997 年第 3 期。

高湘萍：《隐性知识的获得及其显性化的心理途径》，《全球教育展望》2003 年第 8 期。

顾之川：《高中语文课程：内容的分量与难度》，《课程·教材·教法》2013 年第 5 期。

郭根福：《试论语言训练中的几个辩证关系》，《课程·教材·教法》1996 年第 4 期。

郭思乐：《课程本体：从符号研究回归符号实践》，《教育研究》2003 年第 7 期。

郭秀艳：《内隐学习和缄默知识》，《教育研究》2003 年第 12 期。

韩军：《限制科学主义，弘扬人文精神——关于中国现代语文教学的思考》，《语文学习》1993 年第 1 期。

韩雪屏：《当代国外母语课程知识状况》，《全球教育展望》2007 年第 8 期。

韩雪屏：《国外母语课程教材管窥》，《江苏教育研究》（理论版）2008 年第 8 期。

洪镇涛：《变"研究语言"为"学习语言"——我的语文教学思想及实践》（下），《内蒙古教育》2001 年第 10 期。

洪镇涛：《构建"学习语言"语文教学新体系》，《课程·教材·教法》1998 年第 3 期。

洪镇涛：《是研究语言还是学习语言——浅论语文教学中的一个误区》，《中学语文》1993 年第 5 期。

黄厚江：《谈语文学科的知识观》，《语文建设》2006 年第 10 期。

黄伟：《体验在语文教学中的运用》，《课程·教材·教法》2005 年第 7 期。

黄伟：《我国语文课程标准建设虽须加强与完善——来自美国〈初中英语能力表现标准〉的启示》，《课程·教材·教法》2008 年第 1 期。

解光穆：《语文知识与语文能力关系再论——以张志公先生对语文知识的论述为分析视角》，《宁夏大学学报（人文社会科学版）》2015 年第 3 期。

金业文、刘志军：《论"泛语文"倾向的纠正》，《中国教育学刊》2014 年第 1 期。

靳玉乐：《中小学生学习效能的现状及提升策略》，《中国教育学刊》2015 年第 8 期。

李海林：《"语文学科"和"语文课程"辨——兼论语文教学的整体失误》，《中国教育学刊》1993 年第 1 期。

李海林：《语言的隐含意义、语感与语感教学》，《语文学习》1992 年第 10 期。

李华平：《语文教学中"教"的学理审视》，《课程·教材·教法》2015 年第 4 期。

李吉林：《"情境教学"的操作体系》，《课程·教材·教法》1997 年第 3 期。

李吉林：《为全面提高儿童素质探索一条有效途径——从情境教学到情境教育的思考》，《教育研究》1997 年第 3 期。

李吉林：《运用情境教学　发展儿童语言》，《中国教育学刊》1995 年第 6 期。

李丽桦：《法国初中的跨学科学习》，《上海教育科研》2003 年第 10 期。

李维鼎：《"语文课"就是"言语课"——再从语文学科的工具性说起》，《长沙水电师院社会科学学报》1994 年第 1 期。

李维鼎：《语文课程要以"经验"为主位》，《宁波大学学报（教育科学版）》2005 年第 12 期。

廖哲勋、罗祖兵：《试论学习活动方式的本质含义和重要作用》，《课程·教材·教法》2013 年第 1 期。

林运来：《知识短文教法的探索》，《语文教学通讯》1985 年第 9 期。

刘从华、谢牛：《语文实践活动：综合性学习的重要途径》，《教育研究》2002 年第 7 期。

刘大为：《语言知识、语言能力与语文教学》，《全球教育展望》2003 年第 9 期。

刘大为：《作为语言无意识的语感》，《华东师范大学学报（哲学社会科学版）》2003 年第 1 期。

刘光成：《语文课应培养学生的语用能力》，《中学语文教学》2015 年第 3 期。

刘国正：《灯火阑珊处——语文教学管窥》，《课程·教材·教法》1993 年第 8 期。

刘华：《广义知识观下的语文课程内容重构》，《课程·教材·教法》2012 年第 10 期。

刘晶晶、郭元祥：《小学语文阅读素养：内涵、构成及测量》，《课程·教材·教法》2015 年第 4 期。

刘立群：《"本体论"译名辨正》，《哲学研究》1992 年第 12 期。

刘淼、韩晓蕾：《美国的语文教育》，《中学语文教学》2003 年第 1 期。

刘淼、沈幗威、韩晓蕾：《从传统向现代迈进的法国语文教育》，《中学语文教学》2003 年第 5 期。

刘淼、肖颖：《实用有序基础上的多元化教学——论当前德国语文教育的特点》，《中学语文教学》2003 年第 4 期。

刘小强、蒋喜锋：《教师教育改革走向何方》，《高等教育研究》2015 年第 1 期。

刘永康：《语文教学的破与立》，《四川师范大学学报（社会科学版）》，1999 年第 4 期。

刘正伟：《现代性：语文教育的百年价值诉求》，《教育研究》2008 年第 1 期。

鲁洁：《教育：人之自我建构的实践活动》，《教育研究》1998 年第 9 期。

马爱莲：《国外母语教材练习系统的特色》，《语文教学通讯》（高中刊）2005 年第 9 期。

毛力群：《对中国传统属对教学的再认识》，《课程·教材·教法》2004 年第 3 期。

孟万金：《论言语能力及其语言教学改革》，《教育理论与实践》1996 年第 2 期。

莫雷：《中小学生语文阅读能力结构的发展特点》，《心理学报》1992 年第 4 期。

倪文锦、郑桂华、叶丽新：《阅读评价的国际借鉴》，《课程·教材·教法》2014 年第 12 期。

倪文锦：《当前我国语文课程改革的十大特点与趋势》，《教学月刊》2002 年第 1、2 期。

倪文锦：《我国语文教材建设的历史轨迹》，《中学语文教学参考》1997 年第 1 期。

倪文锦：《我看工具性和人文性》，《语文建设》2007 年第 7—8 期。

倪文锦：《西方国家语文教育发展的三种模式》，《全球教育展望》2001 年第 4 期。

欧治华：《中国百年初中语文课程标准变迁的考察》，《华南师范大学学报（社会科学版）》2014 年第 3 期。

欧治华：《中美语文教材练习设计的比较与思考》，《惠州学院学报（社会科学版）》2007 年第 10 期。

潘利若、姚梅林：《美国服务性学习对我国中小学综合实践活动课常态化实施的启示》，《教育科学》2011 年第 4 期。

潘新和：《语文课程性质当是"言语性"》，《中学语文教学》2001 年第 5 期。

潘涌：《语文新课程：反思与展望》，《课程·教材·教法》2005 年第 8 期。

裴娣娜：《基于变革性实践的创新——对李吉林情境教育思想的再认识》，《课程·教材·教法》2009 年第 6 期。

钱梦龙：《请给"训练"留个位置》，《中学语文教学》2008 年第 1 期。

钱梦龙：《为语文教学招"魂"》，《中学语文教学》2004 年第 2 期。

钱梦龙：《训练——语文教学的基本形态》，《课程·教材·教法》2009 年第 7 期。

钱梦龙：《语文导读法的理论设计和结构模式》，《课程·教材·教法》1989 年第 11、12 期。

钱梦龙：《主体·主导·主线》，《光明日报》1984 年 2 月 10 日。

乔晖：《国外母语教科书中学习活动的设计》，《全球教育展望》2009 年第 3 期。

权珊：《中韩两国小学语文教学大纲》，《课程·教材·教法》2001 年第 5 期。

荣维东、朱建军：《国外作文教学实验结果综述》，《语文建设》2009 年第 5 期。

沈健：《体验性：学生主体参与的一个重要维度》，《中国教育学刊》2001 年第 2 期。

盛书山：《关于语文教育的世纪思考》，《中学语文教学》2000 年第 12 期。

石中英：《波兰尼的知识理论及其教育意义》，《华东师范大学学报（教育科学版）》2001 年第 6 期。

时晓红：《积淀与蜕变：古代语文教育思想浅论》，《课程·教材·教法》，2002 年第 1 期。

苏立康：《语文课程的稳定与变革》，《中国教育学刊》2008 年第 6 期。

孙素英、李英杰、王云峰：《阅读能力：测试框架、发展状况及分析》，《中国教育学刊》2010 年第 1 期。

陶本一、于龙：《"语文"的阐释》，《课程·教材·教法》2007 年第 11 期。

田水、柯华桥：《语文课程实践性的多层次理解》，《教学大参考》2006 年第 9 期。

王鉴、王明娣：《高效课堂的建构及其策略》，《教育研究》2015 年第 3 期。

王鹏伟：《规定性与开放性：语文教学的盲点与错位》，《语文建设》2008 年第 1 期。

王鹏伟：《汉语文教育传统与汉语文教育的民族化方向》，《教育研究》，1999 年第 1 期。

王荣生：《解读"语文实践"》，《课程·教材·教法》2006 年第 4 期。

王荣生：《评我国近百年来对语文教材问题的思考路向》，《教育研究》2002 年第 3 期。

王荣生：《语感、语识与语文实践活动——对语感教学的课程论思考》，《语文教学通讯》（初中刊）2006 年第 10 期。

王荣生：《语文课程标准编制的历史经验与教训——1956 年教学大纲述评》，《课程·教材·教法》2008 年第 1 期。

王尚文、王诗客：《语文课是语文实践活动课》，《课程·教材·教法》2009 年第 4 期。

王尚文：《论语文课程的复合性》，《课程·教材·教法》2006 年第 12 期。

王尚文：《语言·言语·言语形式—试论语文学科的教学内容》，《浙江师范大学学报（社会科学版）》1996 年第 1 期。

王世堪：《人文性、工具性及其他》，《课程·教材·教法》2009 年第 6 期。

卫灿金、行恭宝：《谈谈语文学科的非科学性》，《语文建设》2003 年第 1 期。

魏本亚：《基于"新课标"的有效语文训练》，《徐州师范大学学报（哲学社会科学版）》2011 年第 7 期。

魏书生：《45 分钟以学为主》，《语文教学通讯》1996 年第 5 期。

魏书生：《探索语文教学管理科学化的途径》，《课程·教材·教法》1994 年第 12 期。

魏小娜：《语文阅读教学"流行语"的解读与启示》，《课程·教材·教法》2012 年第 9 期。

温小虹、张九武：《语言习得研究概述》，《世界汉语教学》1992 年第 1 期。

文涛：《高中第二册第四单元教学方案》，《语文教学与研究》1995 年第 4 期。

吴立岗：《建国后对小学语文课程性质、任务的认识的历史发展》，《小学语文教学》2004 年第 9 期。

吴心田：《谈提高语文教学效率问题》，《课程·教材·教法》1995 年第 11 期。

吴忠豪：《关于语文训练的讨论》，《课程·教材·教法》2008 年第 12 期。

吴忠豪：《美国的小学语文课程和阅读教学》，《外国中小学教育》2002 年第 3 期。

伍新春：《关于言语能力的实质与结构的探讨》，《北京师范大学学报（社会科学版）》1998 年第 1 期。

夏浩：《"语文能力"内涵及其与知识、智力本质联系刍议》，《西南师范大学学报（哲学社会科学版）》1993 年第 1 期。

夏家发：《论语文训练和语文实践的关系》，《小学语文教学》2005 年第 3 期。

夏家顺：《谨防语文教学中的形式主义倾向》，《中学语文教学》2007 年第 3 期。

夏秀容、钱家珏、宛士奇：《语文教学系统与语文教学过程》，《语文教学通讯》1987 年第 1、2 期。

夏正江：《论课程观的转型及其对新课改的影响》，《课程·教材·教法》2005 年第 3 期。

肖北方、杨再隋：《论语文教学的工具性、教育性和审美性——对语文学科性质的再认识》，《课程·教材·教法》1995 年第 6 期。

肖耀武：《语文教学不能忘却根本》，《中学语文教学》2006 年第 8 期。

徐相斌：《现象、反思与对策——初中语文课堂观察与思考》，《语文教学通讯》（初中刊）2005 年第 1 期。

徐云知：《语感的影响因素分析》，《首都师范大学学报（社会科学版）》2001 年第 2 期。

徐章韬、龚建荣：《学科知识和学科教学知识在课堂教学中的有机融合》，《教育学报》2007 年第 6 期。

严华银：《关于语文学习方式的现实思考》，《中学语文教学》2007 年第 9 期。

叶圣陶：《关于语言文学分科的问题》，《人民教育》1955 年第 8 期。

于漪：《弘扬人文　改革弊端——关于语文教育性质观的反思》，《语文学习》1995 年第 6 期。

余文森：《新课程教学改革的成绩与问题反思》，《课程·教材·教法》2005 年第 5 期。

余应源：《再论语文教学科学化》，《教育研究》1993 年第 3 期。

俞吾金：《如何理解马克思的实践概念——兼答杨学功先生》，《哲学研究》2002 年第 11 期。

俞吾金：《一个被遮蔽了的"康德问题"——康德对"两种实践"的区分及其当代意义》，《复旦学报（社会科学版）》2003 年第 1 期。

岳增学、刘建启：《现实的语文教学离新课程究竟有多远》，《中学语文教学》2004 年第 2 期。

翟俊卿、王习、廖梁：《教师学科教学知识（PCK）的新视界——与范德瑞尔教授的对话》，《教师教育研究》2015 年第 7 期。

张广录:《仅有"能力"就够了吗?》,《中学语文教学》2015 年第 2 期。

张亮、许士荣:《语感生成:认知图式的心理学描述》,《学科教育》2002 年第 12 期。

张青明、包海霞:《关于语文新课改的一个调查》,《语文建设》2006 年第 2 期。

张世栋:《语文学科名称之百年流变》,《中国矿业大学学报(社会科学版)》2004 年第 4 期。

张燕华、郑国民、关惠文:《中学生语文学科能力表现——基于 Rasch 模型的语文测试评价》,《课程·教材·教法》2014 年第 11 期。

张在仪:《国外语文阅读教学探析》,《山东师大学报(社会科学版)》1997 年第 1 期。

张志公、庄文中:《工具　实用　现代化》,《语文学习》1996 年第 11 期。

赵家祥:《准确把握实践界限,克服泛实践论倾向》,《学习与探索》2005 年第 2 期。

赵健:《默会知识》,《全球教育展望》2003 年第 8 期。

郑又赞:《关于实践唯物主义的几个问题》,《中国社会科学》1991 年第 3 期。

郑宇:《语文能力与语文教材》,《课程·教材·教法》2002 年第 5 期。

周纪焕:《论叶圣陶语文实践思想》,《课程·教材·教法》2008 年第 5 期。

周纪焕:《语文实践的冷思考》,《教育探索》2008 年第 3 期。

周立群:《缺失与重构:基于标准的语文课程内容的思考——以小学语文课程教学为例》,《课程·教材·教法》2010 年第 6 期。

周明兆:《新解"语文"——对叶(圣陶)老题名的再思考》,《语文学习》1995 年第 5 期。

三、其他中文文献

《义务教育语文课程标准(2011 年版)》,北京师范大学出版社 2012 年版。

《普通高中语文课程标准(实验)》,人民教育出版社 2003 年版。

《全日制义务教育语文课程标准(实验稿)》,北京师范大学出版社 2001 年版。

陈赞周:《实践活动论纲》,博士学位论文,中共中央党校,1994 年。

张洁银:《试论中学语文教学实践性的迷失与建构》,硕士学位论文,江西师范大学,2006 年。

四、外文文献

Hilda. Taba. *Curriculum Development：Theory and Practice* [M] . New York：Harcourt, Brace Jovanovich, 1962.

Johnson, D. W. &Johnson, R. T.. Towards A Cooperative Effort [J] . *Educational Leadership*, ASCD Publications. 1989, Vol. 46.

McDonough.J.and Shaw. C. *Materials and Methods in English Language Teaching：A Teacher Guide* [M] . Lonkon：Blackwell Publishers Ltd, 1993.

OECD. *PISA 2009 Assessment Framework Key Competencies in Reading*. Mathematics and Science [S] . http：//www.oecd.org/dataoecd/11/40/44455820.pdf/2013-10-23.

Pella, Shannon M. Learning to Teach Writing in the Age of Standardization and Accountability：Toward an Equity Writing Pedagogy [J] . *Teaching / Writing：The Journal of Writing Teacher Education*, Vol.4, No.1, 2015.

Peter Teo. Making the familiar strange and the strange familiar：a project for teaching critical reading and writing [J] . *Language and Education*, Vol.28, No.6, 2014.

Polanyi, M. *The study of Man* [M] . London：Routledge&Keganpaul. 1957.

R. S. Zais. *Curriculum：Principles and Foundations* [M] . New York：Harper Collins Publishers. 1976.

Reber, A. Transfer of syntactic structure in synthetic languages [J] . *Journal of Experimental Psychology*, Vol.81, 1969.

Robin Griffith, Michelle Bauml, Bonnie Barksdale. In-the-Moment Teaching Decisions in Primary Grade Reading：The Role of Context and Teacher Knowledge [J] . *Journal of Research in Childhood Education*.Vol.29, No.4, 2015.

Sternberg, R. J. What do we known about tacit knowledge？ Making the tacit become explicit [A] . Sternberg, R. J. &Horvath, J. A., ed.. *Tacit knowledge in professional practice：researcher and practitioner pesperctives* [C] . London：Lawrence Erlbaum associates inc. 1999.

Topping, K.J., Samuels, J., & Paul, T. Does practice make perfect? Independent reading quantity, quality and student achievement. *Learning and Instruction*, Vol.17, No.3, 2007.

U. S. Department of Education Meeting. *the Highly Qualified Teachers Challenge*: *The Secretary's Annual Report onTeacher Quality* [Z] .Washington D.C, 2002.

后　记

　　这本书是在本人博士论文的基础上修改而成的。

　　选题的灵感来自我读中等师范的经历。为了把我们培养成合格的小学教师，师范学校除了开设跟普通高中类似的文化课程外，还特别重视音乐、美术、体育等课程的学习。在我的印象中，音乐、美术、体育、舞蹈这四门课程，第一学年是所有同学必修的，从第二学年开始，就根据各自的兴趣和专长选修。我选修的是音乐。修音乐的每人一间风琴琴房，供平时练习用。除了风琴外，一些修音乐的同学还选学了其他乐器，学校组建有管弦乐队、电声乐队，成员就是在这些同学中选拔出来的。平日的训练、节日的演出、周末舞会的演奏、每年实习时到各乡镇学校的"巡回演出"……都是我们最兴奋的时刻。此外，学校还很重视书法训练和口头表达能力训练。在正式的书法课之外，每天中午另有半个小时的习字课，要求练习毛笔字、粉笔字（钢笔字课余自行练习）；每天晚上，则有专门的读报时间，所谓"读报时间"，不仅限于读报，而主要用于演讲、朗诵、辩论、文娱等活动。全班同学轮流登台，或独立表现，或两人合作，或多人组合，在自己班里轮完后，又到其他班级"巡回演出"。就这样，一天天，一月月，一年年……音乐，从最初的略识五音，到后来能够在舞台上有板有眼地演出；美术，从最初的不会握画笔，到后来素描、水彩、油画、国画样样都能画得有模有样；演讲，从最初登台的战战兢兢，到后来能够当众侃侃而谈、滔滔不绝……同学们成长起来了。后来，通过进一步努力，很多同学成为中小学教师队伍中的佼佼者，还有一些同学做了专职的音、体、美教师，在各自的领域独当一面。

　　由此，我时常思考一个问题：人的能力是怎样形成的？是靠知识"堆"出来的吗？是靠老师"讲"出来的吗？如果真是如此，那么中师生的能力是怎样得到增强的？在我的印象中，中师教育的场面可不总是静啃书本知识、静听教师讲解，而是欢腾热烈、生动活泼的啊！想着想着，也就慢慢悟出了一点道理：对于能力的培养来说，知识和讲解固然必要，但如果没有主体积极主动的实践，能力也就难以形成。所以，当博士论文选题在即，我重读《全日制义务教育语文课程标准（实验稿）》读到"语文是实践性很强的课程，应着重培养学生的语文实践能力，而培养这种能力的主要途径也应是语文实践"这句话时，目光便在此处停留了下来，中师时代那些活跃在操场、琴房、画室、舞台、讲台的所有美好记忆都奔涌而至——是啊，音乐能力、绘画能力、体育能力是在实践中形成的，语文能力也应如此吧？渐渐地，围绕"语文课程的实践性"来做论文的想法便明晰起来。后来，跟导师李森教授反复商量，将博士论文选题定为"论语文课程的实践品格"。

　　我是2007年9月到西南大学攻读博士学位的，在美丽的缙云山下度过了3年时光。在这3年里，李老师耳提面命，悉心点化。我的博士论文从开题到写作再到修改，整个过程都凝聚着导师的心血。恩师的指导洞幽烛微、鞭辟入里，不仅给我以智识上的启迪，更给我以方法上的导引和人格上的濡染，每每使我醒思快意，感佩于心。博士毕业后，恩师还时时牵挂着学生，关心着论文修改的情况。因此，在这本博士论文即将出版之际，首先要向我的导师李森教授致谢！

　　在这里，还要感谢我的硕士导师周林教授。是周老师把我引上教育研究之路并领略到沿途的最初风景的。周老师以实际行动告诉我们：教育学不是关在书斋里冥思苦想"想"出来的，也不是从故纸堆里"翻"出来，它活跃在教育实践的广袤田野上，作为教育研究者，必须到教育现场去捕捉、去挖掘，就像农业科学家必须到田间地头、矿物学家必须到山间矿场去一样。这样的教诲让我终生受益。在修改博士论文期间，周老师还和我多次讨论"实践"的问题，并给我推荐了哲学阅读书目，让我受到教益的同时也感受到了师恩的厚重。

感谢所有关心我、帮助我的西华师范大学领导和同事！他们在日常工作中为我提供了专业发展的平台，给予我诸多思想启迪和智力支持，为我的研究注入了一股股学术的清泉……所有这些来自同事的关心和帮助，都让我感动于无声，铭记于心耳。

感谢四川师范大学的刘永康教授、马正平教授、余虹教授、靳彤教授、唐代兴教授、张伟教授、许书明教授、四川省教科所的陈元辉博士，感谢西南大学的靳玉乐教授、廖其发教授、于泽元教授、王牧华博士，他们是我最尊敬的师长，昨日的教诲和今日的守望促我成长，催我奋进。感谢四川师范大学的李华平教授、胡斌教授，西南大学的魏小娜博士、王天平博士，重庆市教育评估院的张东博士，长江师范学院的吴文博士，他们是我最亲爱的同窗、学友，彼此间的问候寒暄和思想交流总能荡起快乐的涟漪。

感谢中央教育科学研究院院长田慧生教授、北京三十五中朱建明校长、王红军副校长、宋京红主任以及语文组的全体语文老师们！2012年5月，我曾到北京三十五中观摩学习一周，这趟京城学习之旅是在田老师的关心和帮助下成行的，同时也得到了三十五中领导和老师的大力支持。短短的一周，让我感受到了京城名校的井然有序和勃勃生机，也让我目睹了语文教师的风采和魅力。除北京三十五中外，还有很多学校给我提供观摩和调研的机会，如上海洋泾中学、成都双流中学、安徽铜陵铜都双语学校、山东杜郎口中学、重庆永川中学、重庆市渝北区空港实验小学、重庆市渝北区东和春天实验学校、南充一中、南充五中、南充市白塔中学、北川中学、蓬溪中学、射洪县太和中学等等。在此，一并呈上我的谢意和祝福！

感谢西华师范大学文学院2012、2013、2014级学科教学（语文）和语文课程与教学论专业的研究生们。本研究的部分问卷就是他们带到全国各地去发放并回收和统计的。这些同学虽然已经毕业或将要毕业，但他们留在西华师大的笑声和为这本书付出的劳动是我不能忘记的。

本书的最终面世离不开人民出版社资深编审李惠老师的辛勤付出。和李老师素未谋面，但一联系上后，李老师就开始为本书的出版而操劳了。在编辑的过程中，她总是尽职尽责，一丝不苟，不辞辛劳。本书的字里行间深藏着她劳动的足迹，浸润着她智慧的甘露。在此，谨向李惠老师表达我最诚挚的谢意！

还要将本书献给我的父母、妻子和儿子。这些年来，总是在书房、图书馆与教室之间奔忙，读书、教书、写书的时间远比陪他们的时间多。每念及此，心怀愧疚。愿这本书的出版能给他们带来些许慰藉，聊以弥补我在过去的时光里未能尽到的责任和未能给予的关爱。

最后，还想说的是，当初选定这个题目的时候，真有点初生牛犊不怕虎的劲头，心想好歹也算在这个领域摸爬滚打了六七年，拿下它应该不在话下。博士毕业后，回过头去翻阅这本藉以获得学位的论文，才发现不成熟的地方实在太多。于是，五六年来，修修补补，补补修修，以至于有很多地方被修补得面目全非，结果越修补发现问题越多，这才意识到：自己可能进入一项浩大的"工程"之中了！的确，研究"语文实践"和"语文课程的实践性"是一项浩大的"工程"！现在看来，短时间内仅凭一个人的力量是无法完成这项"工程"的了，于是先把完工的一部分抛出来，一方面以引方家之美玉，另一方面也希望得到专家学者、读者朋友的批评，并愿借助这种批评的力量在今后的日子里将这项"工程"继续下去。

陈　勇

2016 年 1 月于嘉陵江畔